"十二五"职业教育国家规划教材

经全国职业教育教材审定委员会审定

ROAD & RAILWAY
ENGINEERING TEST
2ND EDITION

道路与铁道工程试验检测技术

◎ 主　编　白福祥　韩仁海
◎ 副主编　马延红　邓福廷　孙龙梅　赵立冬
◎ 主　审　邹德玉

（第2版）

人民交通出版社股份有限公司
China Communications Press Co.,Ltd.

内 容 提 要

本书以施工全过程为主线，按照工程项目建设程序的要求编写，全书分为工程试验检测基础知识、公路工程试验检测技术、铁道工程试验检测技术三篇，共十三章。系统介绍了道路与铁道工程试验检测技术理论知识、实际操作技能和案例。

本书可供高职交通运输与土建类专业相关课程作为教材使用，也可供公路工程、铁路工程试验检测人员作为培训用书。

图书在版编目(CIP)数据

道路与铁道工程试验检测技术/白福祥,韩仁海主编.—2版.—北京:人民交通出版社股份有限公司, 2016.1
ISBN 978-7-114-11950-7

Ⅰ.①道… Ⅱ.①白…②韩… Ⅲ.①道路试验—检测—高等职业教育—教材②轨道(铁路)—检测—高等职业教育—教材 Ⅳ.①U416.03②U216.3

中国版本图书馆 CIP 数据核字(2015)第 003589 号

书　　名:	道路与铁道工程试验检测技术(第2版)
著 作 者:	白福祥　韩仁海
责任编辑:	杜　琛
出版发行:	人民交通出版社股份有限公司
地　　址:	(100011)北京市朝阳区安定门外外馆斜街3号
网　　址:	http://www.ccpress.com.cn
销售电话:	(010)59757973
总 经 销:	人民交通出版社股份有限公司发行部
经　　销:	各地新华书店
印　　刷:	北京虎彩文化传播有限公司
开　　本:	787×1092　1/16
印　　张:	20.625
字　　数:	460千
版　　次:	2008年9月　第1版 2016年1月　第2版
印　　次:	2024年1月　第6次印刷　总第16次印刷
书　　号:	ISBN 978-7-114-11950-7
定　　价:	45.00元

(有印刷、装订质量问题的图书由本公司负责调换)

前言

本书第一版自 2008 年 9 月出版以来,多次重印,受到了高职高专院校工程专业学生和不少工程技术人员的青睐,为培训施工和监理单位道路工程、铁道工程试验检测技术人员发挥了重要的作用,并在施工企业工程的质量管理方面发挥了积极的作用。

第二版修订的原则:对第一版原有内容进行补充和完善。修订的重点,一是编者根据近几年自己在教学和实际工程项目实践试验检测工作中对新标准和新规范的了解和掌握,并结合国家和行业最新颁布的现行标准和规范,对本教材进行了系统地补充和更新;二是在原有十章内容的基础上增加了工程试验检测基础知识、公路工程和铁路工程隧道工程试验检测技术三章内容。统一了高速公路、高速铁路的试验检测方法和内容以及标准规范的引用和编排,以实现本教材对铁路、公路试验检测方法内容的全覆盖。使本书在指导工程试验检测人员在工程中实际运用、指导学生实践教学时更具有可操作性。

本书是第一批入选的教育部"十二五"职业教育国家规划教材,为进一步适应高职课程改革的总体思路,使学生能把所学知识同工程现场实际紧密地结合起来,达到毕业即能上岗的目的,编者结合道路与铁道工程施工特点,以培养交通运输与土建工程类施工技术人员的技能为目标,本着"注重理论联系实际、以工程应用为主"的原则,将交通运输与土建工程项目从传统的材料试验检测课程在结构、内容、考核方式、教学方式与学习手段等方面进行了大胆地改革与实践探索,以工程施工全过程为主线,按照建设程序的要求系统地编写了本版教材。该教材的总体优势是:涵盖了高速公路、高速铁路试验检测方法和内容,对铁道工程技术专业、道路桥梁工程技术专业、工程监理专业、工程造价专业等专业学生都适用;总体特点是:按照施工准备阶段—施工过程中—竣工验收阶段即全过程试验检测人员应做的试验检测工作的顺序来编写。全书共分为三篇,共计十三章,第一篇为工程试验检测基础知识,第二篇为公路工程试验检测技术,第三篇为铁道工程试验检测技术。另在各章中还加入了相应的技术标准和判断公式以及工地现场的具体试验检测案例,便于学生对试验检测知识融会贯通,不仅使学生会做每一项试验,而且能按照工程项目建设程序,把所学的知识同现场实际相结合,根据现场施工情况合理安排试验检测工作。最终目的是使学生能运用所学试验检测知识和技能,不仅能有效地控制工程质量,还能合理地安排试验检测工作,缩小学校和就业岗位之间的缝隙。

本书由华铁工程咨询有限责任公司白福祥、哈尔滨铁道职业技术学院韩仁海任主编;哈尔滨铁道职业技术学院马延红、赵立冬,华铁工程咨询有限责任公司邓福廷,中铁三局运输工程公司孙龙梅任副主编;全书由中铁十九局第二工程有限公司邹德玉主审。全书具体编写分工如下:白福祥编写第一章、第二章、第九章和第十章;马延红编写第三章、第五章、第十一章;韩仁海编写第四章;赵立冬编写第六章;邓福廷编写第七章和第十三章;孙龙梅编写第八章和第十二章。

本次修编和校稿感谢中铁八局中心试验室李增琼、中交四公局试验室江柳元、中铁三局试验室孙军华、北京铁建监理公司试验室赵鑫,他们提出了很多建议,由于时间仓促,且涉及多个领域,编写中不可避免地存在疏漏甚至错误,请专家、读者及时反馈使用中的问题和建议,以便修订时进一步完善。

编者

2015 年 12 月 28 日

目　　录

第一篇　工程试验检测基础知识 ………… 1

第一章　试验检测管理体系 ……… 3
第一节　试验检测的目的和意义 … 3
第二节　我国的标准体系 ………… 4
第三节　工地试验室的组建 ……… 5
第四节　工地试验室的内部管理 ……………………… 9
第五节　试验数据的统计分析和处理方法 ………………… 14
思考题 ……………………………… 21

第二章　工程试验检测基础知识 ……………………… 22
第一节　工程材料的基本性质 … 22
第二节　混凝土用工程材料的基本理论 ………………… 24
思考题 ……………………………… 28

第二篇　公路工程试验检测技术 …… 29

第三章　路基土石方工程试验与检测方法 …………… 31
第一节　土的概念及基本物理性质指标 ………………… 31
第二节　土的工程分类 …………… 32
第三节　施工准备阶段路基工程的试验检测内容 …… 36
第四节　施工过程中的试验检测内容 …………………… 60
第五节　竣工验收阶段试验检测内容 …………………… 75
思考题 ……………………………… 75

第四章　桥涵工程试验检测方法 …………………… 77
第一节　施工准备阶段桥涵工程的试验检测内容 …… 78
第二节　混凝土配合比设计方法 … 115
第三节　施工过程中桥涵工程的试验检测内容 …… 127
第四节　桥涵工程竣工验收阶段试验检测内容 …… 138
思考题 …………………………… 138

第五章　隧道工程试验检测方法 …………………… 140
第一节　施工准备阶段隧道工程的试验检测内容 …… 140
第二节　施工过程中隧道工程的试验检测内容 …… 144
第三节　竣工验收阶段隧道工程的试验检测内容 …… 149
思考题 …………………………… 149

第六章　浆砌工程试验检测方法 …………………… 150
第一节　施工准备阶段试验检测内容 …………………… 150
第二节　砂浆配合比试验检测内容 …………………… 155
第三节　施工过程中浆砌工程试验检测内容 …… 159
第四节　竣工验收阶段浆砌工程试验检测内容 …… 161
思考题 …………………………… 161

第七章　路面基层、底基层试验检测方法 …… 162
第一节　基层、底基层的技术要求 … 162
第二节　施工准备阶段基层、底基层的试验检测内容 …… 168
第三节　施工过程中基层、底基层的试验检测内容 …… 182
第四节　竣工验收阶段基层、底基层的试验检测内容 …… 184
思考题 …… 185

第八章　路面工程试验检测方法 …… 186
第一节　路面工程的技术要求 … 186
第二节　施工准备阶段路面工程的试验检测内容 …… 191
第三节　施工过程中路面工程的试验检测内容 …… 204
第四节　竣工验收阶段路面工程的试验检测内容 …… 204
思考题 …… 205

第三篇　铁道工程试验检测技术 … 207

第九章　客运专线铁路路基工程试验检测 …… 209
第一节　概述 …… 209
第二节　土的工程分类（TB 10077—2001） …… 209
第三节　客运专线路基工程试验检测方法（TB 10102—2010） …… 218
第四节　地基处理的方法、技术要求和频次要求 …… 225
第五节　A、B组填料及改良土检测项目及技术要求 …… 226
第六节　路基填筑检测要求 …… 227
第七节　过渡段施工检测项目及技术要求 …… 229
第八节　路基工程现场试验检测方法 …… 229
思考题 …… 241

第十章　客运专线铁路桥涵工程试验检测 …… 242
第一节　概述 …… 242
第二节　原材料试验检测项目及频次要求 …… 243
第三节　技术要求 …… 249
第四节　原材料取样方法（GB/T 12573—2008） …… 257
第五节　细骨料化学分析试验检测方法（GB/T 14684—2011） …… 260
第六节　粗骨料化学分析试验检测方法（GB/T 14685—2011） …… 269
第七节　外加剂试验方法（GB 8076—2008） …… 277
第八节　粉煤灰试验方法（GB/T 1596—2005） …… 281
第九节　高性能混凝土试验方法 …… 283
思考题 …… 299

第十一章　铁路客运专线隧道工程试验检测 …… 300
第一节　概述 …… 300
第二节　原材料试验检测项目及频次要求 …… 300
第三节　隧道工程试验检测方法 …… 304
思考题 …… 305

第十二章　客运专线混凝土配合比设计 …… 306

第十三章　客运专线预应力混凝土预制梁试验检测 …… 317
第一节　技术要求 …… 317
第二节　混凝土施工工艺 …… 318
第三节　质量要求 …… 319
第四节　预制梁质量要求和检验频次 …… 319
思考题 …… 321

参考文献 …… 322

第一篇

工程试验检测基础知识

第一章 试验检测管理体系

第一节 试验检测的目的和意义

工程项目能保质保量地完成,并且满足业主的要求按照计划工期交付使用,合理进行建设投资,是建设工程项目管理工作的重要内容。建设工程项目管理工作就是努力促使建设工程质量、工期、投资这三大目标的不断协调统一,进行全过程全方位的控制,圆满完成建设工程项目。这不仅符合业主的利益,也符合参建各方的利益,并且可为今后施工单位承揽大型工程打下良好的基础。建设工程试验检测工作是建设工程项目管理的重要组成部分,同时也是建设工程施工质量控制和竣工验收评定工作中不可缺少的一个重要环节,是工程质量科学管理的重要手段;要满足建设工程项目管理的三大目标,工程试验检测工作起关键作用。

工程试验检测工作是建设工程项目管理中的一个重要组成部分,建设工程试验检测的目的和意义是:

(1)工程施工准备阶段——要求试验检测人员及时配合项目经理、总工程师及材料部门进行现场调查分析工程所在地料源的实际情况,根据施工图纸、规范、标准等用定量的方法科学地评定建设工程所用各种原材料、成品和半成品、构件的质量,并合理地选择料源。一般建设工程施工中材料费用要占总投资的60%~70%,试验室若科学合理地进行配合比设计,则不仅可为企业创造良好的经济效益打下坚实的基础,而且既能节约投资,又能保证工程质量,这是项目成本管理的重要组成部分。一个大型工程项目如果配合比设计合理,可能就要节约几百万元成本;反之,如果试验人员业务水平不高,或工作不认真、设计不合理,则不仅不能节约成本,更严重的是可能导致工程质量事故。因此,保证用于工程的原材料质量满足要求而且价格合理,是控制建设工程质量的首要环节,也是建设工程按期开工的首要条件。

(2)施工阶段——要求试验检测人员严格按照建设程序对建设工程施工质量进行全过程全方位的控制,保证施工过程中的每个部位、每道工序特别是隐蔽工程等关键过程、关键工序的工程质量,上道工序未经过检查或检查不合格,严禁进行下道工序的施工。对施工过程中出现的质量问题、工程质量事故,试验检测人员应提供准确的检测数据,以便准确判定其性质、范围和程度,合理评价事故损失,明确参建各方责任,保证工程质量。

(3)竣工验收阶段——要求试验检测人员运用有效的试验检测手段,对工程实体质量进行检测,提供科学准确的数据和记录报告,来判定工程实体质量是否符合要求,从而保证交付业主使用的工程质量满足规范和图纸的要求,保证人民生命和财产的安全。

总的来说,试验检测工作对于提高工程质量,加快工程进度,降低工程造价,推广新材料、新技术和新工艺,保证人民生命财产安全,推动工程施工技术进步,都起到极为重要的作用。建设工程试验检测技术,融试验检测基本理论和测试操作技能及建设工程相关科学基础知识于一体,是工程设计参数、施工质量控制、施工验收评定、养护管理决策的主要依据。作为工程试验检测人员,应严格做好路用材料质量的控制、施工控制参数的确定、现场施工过程质量控制和分部分项工程验收这四个关键环节的把关工作。

随着公路和铁路建设技术等级的提高,各级建设主管部门及交通运输行业主管部门和施工单位已对加强质量检测与施工质量控制和验收工作予以高度重视。工程实践经验证明:不重视施工检测和施工现场质量控制管理工作,而仅靠经验评估是造成工程早期破坏的重要原因之一。因此,要想切实提高建设工程施工质量、缩短施工工期、降低工程造价,在建立健全工程质量控制检查制度的同时,必须配备一定数量的试验检测设备和相应的专职试验检测技术人员。

第二节 我国的标准体系

工程试验检测工作是按照一定的标准规定进行的,无论是试验检测的项目,还是采用的试验方法,均应按照相关标准来进行。因此,作为工程试验检测人员,应对我国的标准体系有一定的了解,以便能正确采用相应的标准来从事试验检测工作。

所谓标准,是对重复性事物和概念所做的统一规定。它以科学、技术和实践经验的综合成果为基础,经有关方面协商一致,由主管机构批准,以特定的形式发布,作为共同遵守的准则和依据。

我国工程建设标准分为国家标准、行业标准、地方标准和企业标准四级,编号由标准代号、标准发布顺序号和标准发布年号三部分组成。

(1)国家标准,由国家标准化和工程建设标准化主管部门联合发布,在全国范围内实施。1991年以后,强制性标准代号采用GB,推荐性标准代号采用GB/T。发布顺序号大于50000者为工程建设标准,小于50000者为工业产品等标准。例如:GB 50011—2001,GB/T 50344—2004(1991年以前,工程建设国家标准的代号采用GBJ)。

(2)行业标准,由国家行业标准化主管部门发布,在全国某一行业内实施,同时报国家标准化主管部门备案。行业标准的代号随行业的不同而不同。与"交通"相关的标准,强制性标准代号采用JTG,推荐性标准代号采用JTG/T;与"铁道"相关的标准,强制性标准代号采用TB,推荐性标准代号采用TB/T。

(3)地方标准,地方(省、自治区、直辖市)标准化主管部门发布,在某一地区内实施,同时报国家和行业标准化主管部门备案。地方标准的代号随发布标准的省、自治区、直辖市而定。强制性标准代号采用"DB+地区行政区划代码的前两位数",推荐性标准代号在斜线后加字母T;属于工程建设标准的,不少地区在DB后另加字母J。例如:北京市DBJ 01-602—2004;河南省DBJ 41/T046—2002。

(4)企业标准,由企业单位制定,在本企业内实施,并报当地标准化主管部门备案。企业标准代号为QB。

标准具有以下特点:

(1)当标准只做局部修改时.在标准编号后加(××××年版)。

(2)四级标准的编制原则是:下一级标准提出的技术要求不得低于上一级的标准,但下一级标准可以提出更高的要求。国家标准为最低标准,也可看作市场准入标准。

(3)标准的分类。按照标准的法律属性,我国的技术标准分为强制性标准和推荐性标准两类。作为强制性标准,它具有法律属性,在规定的适用范围内必须执行;而对于推荐性标准,它具有技术权威性,经合同或行政性文件确认采用后,在确认的范围内也具有法律属性。我国实行的是强制性标准与推荐性标准相结合的标准体制。

我国工程建设标准有三种表达形式:

(1)标准——内容通常是基础性和方法性的技术要求。

（2）规范——内容通常是通用性和综合性的技术要求。

（3）规程——内容通常是专用性和操作性的技术要求。

此外，自2000年起，建设部（现为住房和城乡建设部）发布《工程建设标准强制性条文》，对现行强制性国家标准和行业标准中涉及安全、卫生、环保、节能和公共利益等内容的强制性条文进行汇编。其目的是重新界定强制性条文的范围，它相当于WTO要求的"技术法规"。该条文通过施工图审查和竣工验收等环节确保贯彻执行。

作为从事道路与铁道工程试验检测的技术人员，应根据所从事的行业来选择相应的标准，从事道路工程，应选择交通行业标准；从事铁道工程，就应该选择铁道标准来从事相关试验检测工作。当然，铁道行业也有采用交通行业的标准来进行试验检测的情况，但技术人员也应是先从铁道行业的标准中查起。如，铁道行业对砂石的检测方法，在《〈铁路混凝土工程施工质量验收补充标准〉混凝土分项工程原材料标准局部修订条文》（铁道部〔2009〕152号文）中规定采用《普通混凝土用砂、石质量及检验方法标准》（JGJ 52—2006）进行；在2010年的《铁路混凝土工程质量验收标准》中，废除了铁道部〔2009〕152号文，对砂石的检测方法规定采用《建筑用砂》（GB/T 14684—2011）和《建筑用卵石、碎石》（GB/T 14685—2011）进行。同样，交通行业也有可能采用国家标准来进行试验检测，但一般会在交通行业标准中注明。所以，标准选择顺序一般应为：企业标准──→地方标准──→行业标准──→国家标准，当发现有下级标准不满足上级标准要求时，就说明下级标准要进行修订了。

第三节　工地试验室的组建

按照工程建设施工程序的要求，在施工准备阶段，作为施工单位，应做好开工前的各项准备工作，包括：施工料场的选择、线路中线的测量、工地试验室的组建。

其中最主要的工作是前期提交开工报告需要附带的试验资料，必须满足设计文件和规范标准的要求，否则业主和监理工程师不会批准施工单位进行施工。这样不仅会影响工期，而且会造成人员窝工、设备停用。如果影响业主按期投入使用，还会受到业主的索赔和罚款，给企业带来很大损失。要选择合格进场材料，首先要成立试验室，这是试验检测工作的基础。如，《江苏省交通建设工程工地试验室管理实施细则》第七条就明确规定，"在工程开工前，符合设立工地试验室条件的施工、监理单位应建立工地试验室，并申领工地试验室合格证书"。第八条规定，"对不具备条件设立工地试验室的施工、监理单位应办理委托试验手续，经相关单位确认后，受委托单位可从事现场试验检测工作"。成立工地试验室要严格按照规定程序进行，保证试验室的各个方面符合试验检测机构临时资质条件的要求，取得相关单位的认可，并获得许可，在许可的范围内承担试验检测任务。

无论是公路工程还是铁路工程工地试验室，均应满足《实验室资质认定评审准则》的要求。

对公路工程，交通部（现交通运输部）还以2005年第12号令在《公路水运工程试验检测管理办法》的第三十一条明确规定，"取得《等级证书》的检测机构，可设立工地临时试验室，承担相应公路水运工程的试验检测业务，并对其试验检测结果承担责任。并对人员、管理体系、法律责任等予以明确"。此外，各省（区、市）还制定了具体的规章制度，如，江苏省就出台了《江苏省交通建设工程工地试验室管理实施细则》，对工地试验室进行了更详尽的规定。

对铁路工程，原铁道部出台了《铁路建设项目工程试验室管理标准》（TB 10442—2009），统一和规范了铁道行业的工程试验室管理工作，适用于铁路建设项目工程试验室管理。对建设单位、施工单位和监理单位三方的分级分类设置原则、资质、人员资格、仪器设备及环境设施条件、工地试验室工作条件的确认、各级试验室的主要管理制度均做出了具体规定。此外，原铁道部工程管理中心还以工管工〔2009〕57号文的形式发布了《客运专线铁路工地试验室建设管理手册》，在客运专线铁路工地试验室建设管理中参考使用。

一 公路工程工地试验室

1. 工地试验室的类型

依据设置单位的不同，公路建设工程工地试验室一般有监理单位设置的试验室和施工单位设置的试验室，有些项目还有建设单位设置的试验室。

监理单位试验室可以分为监理中心试验室、高级驻地试验室、项目经理部工地试验室三级。

（1）监理中心试验室规模较大，负责建设项目全线工程质量的监督和抽检工作，并指导、安排高级驻地试验室对所辖工程的质量检测工作。

（2）高级驻地试验室负责对本辖区合同标段的工程质量进行监督和抽检工作，并按时向监理中心试验室上报试验报表、资料。

（3）项目经理部工地试验室负责所承揽的合同段工程试验检测任务，按时向高级驻地试验室上报试验资料，对重大工程试验项目，还必须上报监理中心试验室审批。

施工单位设置的试验室一般分为中心试验室和试验分室。对管段较短、工程量较小的项目一般不设试验分室，直接由中心试验室管理。

2. 申请工程项目工地试验室临时试验资质的主要程序

工地试验室临时试验资质的申请主要包括如下程序：
（1）确定工地试验室的组织机构。
（2）根据工程量及投标承诺，确定需要配备的人员数量及职业资格资料。
（3）确定工地试验室主要仪器设备配置。
（4）选择试验室地址，对工地试验室进行合理布置。
（5）对试验室计量器具进行标定和自校。
（6）建立健全试验室岗位职责和试验室各项管理制度。
（7）根据上级行政主管部门授权成立工地试验室及人员配备情况的批复文件等资料，申请母体试验室验收、授权。
（8）根据相关文件（交通运输部、各省细则）完善相关资料，申请工地试验检测机构临时资质。
（9）各省级质监机构对工地试验室进行验收，合格后启用。
（10）母体试验中心下发计量认证合格证书复印件。

3. 工地试验室资质、人员资格及配备

一般各省级质监机构对工地试验室设置的资质、人员资格及配备都有明确规定，在筹建试验室时应根据工程的实际情况和各省的具体规定进行。如江苏省的《江苏省交通建设工程工地试验室管理实施细则》规定：

（1）设立工地试验室的试验检测机构，必须取得交通运输部《等级证书》，并在其《等级证书》核定的项目和参数范围内从事试验检测活动。

（2）试验检测人员应熟练掌握业务范围内的交通建设工程试验检测的标准、规范、规程及

仪器设备的原理、性能和操作方法，具有法定计量单位的基本知识，具备出具准确试验报告的能力。

（3）工地试验室至少需有试验检测人员 4 名以上，持"试验检测员"以上资格证书者达 70%以上，持"试验检测员培训证"者 100%。

（4）工地试验室负责人必须具有"试验检测工程师"资格证。

不同的省级质监机构规定略有差别，但不管有什么差别，最终是为了确保工程的顺利进行，确保人员素质、数量满足工地施工的实际需要。

4. 工地试验室主要仪器、设备配置

工地试验室的主要仪器、设备配置要根据工程实际情况，合理安排，应满足完成工程所需各类试验检测项目及保证建设工程质量的需要。

5. 工地试验室布置

（1）基本要求：

①试验室应有良好的通风、采光条件，保证检测人员的身体健康，并考虑隔热、保暖的要求，保证试验数据的准确度。

②试验室的用电量应根据试验设备用电量计算，采用集中配电室控制。电路必须有安全接地，养生室的电路及灯具必须有防潮装置，大型、精密和大功率的仪器设备尽量设专用线路，保证其正常运转，使试验检测工作顺利开展。

③砂石室、水泥室、混凝土室等的上下水应顺畅，均须设沉淀池，防止堵塞。化学室要定期处理，减少环境污染及对人员的伤害。

④仪器设备的安装要考虑检测人员工作方便。

⑤试验室要有完善的消防安全设施。

（2）平面布置：

应根据试验室的规模、工程任务量的大小确定工地试验室的平面布置。

二 铁路工地试验室

作为铁路行业的工地试验室，主要依据《铁路建设项目工程试验室管理标准》（TB 10442—2009）进行设立。对于客运专线，还应参考原铁道部工程管理中心（现中国铁路总公司工程管理中心）以工管工〔2009〕57 号文的形式发布的《客运专线铁路工地试验室建设管理手册》设立。

1. 工地试验室的类型

根据工地试验室设立的主体不同，一般将工地试验室分为建设单位、施工单位、监理单位和设计单位设立的试验室。建设单位可不设试验室，施工单位、监理单位应根据项目规模分别设立试验室。设计单位必要时可进行独立的试验检测工作。

施工单位试验室应按中心试验室和试验分室两级设置。对规模较小的项目也可只设中心试验室。中心试验室、试验分室应是有资质的母体试验室的派出机构。预制梁（板）场应单独设置试验分室；混凝土拌和站应设专职试验人员。试验分室的管理跨度一般在 25km 以内。

监理单位必须独立设置试验室。当监理标段不超过 60km 时，可只设中心试验室。当标段超过 80km 时，除应设中心试验室外，还应增设试验分室，每个试验分室的管理跨度一般为 60km；中心试验室宜设在管段的中部且保证交通便利。

2. 工地试验室工作条件确认程序

试验室经母体试验室检查合格后,向建设单位或监理单位提出书面申请,各级试验室在通过工作条件确认后,方可投入使用。

申请文件的内容包括:

(1) 机构成立文件。

(2) 母体试验室资质及参数表。

(3) 人员台账、职称证书、铁路工程试验检测专业培训合格证、身份证、毕业证等。

(4) 设备台账、设备档案、检定证书、校准证书等。

(5) 环境条件、平面布置图。

(6) 管理制度及办法。

(7) 检测能力。

(8) 外委机构的资质能力。

(9) 申请表。

《试验室工作条件确认申请表》的格式应采用《铁路建设项目工程试验室管理标准》(TB 10442—2009)规定的统一格式,考核单位应在规定的时间内完成工作条件确认工作。

3. 工地试验室资质、人员资格及配备

工地试验室母体机构的资质必须通过省部级以上行政主管部门的计量认证,通过的参数应能满足工地实际需要,对母体不具备的试验项目必须外委有资质的单位进行。工地试验室必须通过试验室工作条件确认后方能开展工作。

施工单位和监理单位的各级试验室一般由主任、技术主管、试验人员等组成。

(1) 施工单位中心试验室经铁路工程试验检测专业培训合格的人员不应少于 8 人,且具有工程师及以上技术职称的不应少于 2 人。技术主管应具备工程师及以上技术职称,从事本专业工作 5 年以上,并经铁路工程试验检测专业培训合格。试验分室经铁路工程试验检测专业培训合格的人员不应少于 5 人,技术主管应具备助理工程师及以上技术职称,从事本专业工作 5 年以上,并经铁路工程试验检测专业培训合格。预制箱梁场试验分室经铁路工程试验检测专业培训合格的人员不应少于 8 人,具有工程师及以上技术职称的不应少于 1 人;预制 T 梁场试验分室经铁路工程试验检测专业培训合格的人员不宜少于 6 人;预制板场试验分室经铁路工程试验检测专业培训合格的人员不宜少于 5 人。梁(板)场试验分室技术主管应具备工程师及以上技术职称,从事本专业工作 5 年以上,并经铁路工程试验检测专业培训合格。

(2) 监理单位中心试验室经铁路工程试验检测专业培训合格的人员不宜少于 6 人,且具有工程师及以上技术职称的不应少于 2 人。技术主管应具备工程师及以上技术职称,从事本专业工作 5 年以上,并经铁路工程试验检测专业培训合格。试验分室经铁路工程试验检测专业培训合格的人员不少于 4 人,技术主管应具备助理工程师及以上技术职称,从事本专业工作 3 年以上,并经铁路工程试验检测专业培训合格。

4. 工地试验室主要仪器、设备配置及环境条件

施工单位中心试验室应根据承担的工作内容和投标承诺配备仪器设备,且满足规定试验检测项目的要求(对部分检测频次低、设备价格昂贵的检测项目可进行外委检测);试验分室根据管段内的工作内容以及分工要求配备仪器设备;预制梁(板)场试验分室仪器设备应结合生产和产品认证需要配备。同时,混凝土拌和站应配备满足混凝土用原材料质量控制及拌合物性能检测要求的仪器设备。

监理单位根据施工质量验收标准及合同规定配备仪器设备,且满足规定试验检测项目要求(对部分检测频次低的检测项目可进行委外检测)。

配备的仪器设备的工作性能、状态、量程及精度(分辨率)应满足标准要求,可参考《铁路建设项目工程试验室管理标准》(TB 10442—2009)的附录 H 的要求选配。试验室应配备办公、劳保、防护用品及安全设备(施),配备专用的交通和通信工具。

操作间分区应明确、布局合理,环境、温湿度等满足标准要求。每个操作间的面积不宜少于 $12m^2$,标准养护室不宜小于 $20m^2$(施工单位中心试验室不宜小于 $30m^2$)。混凝土室、胶凝材料室、化学分析室、力学室等应配置空调,标准养护室应配备自动养护系统。各级试验室仪器设备应合理安置,相互有影响的仪器设备应采取有效的隔离措施。仪器设备应制定操作规程,统一格式并贴于墙上醒目位置。

第四节 工地试验室的内部管理

根据《实验室资质认定评审准则》的要求,实验室管理体系应覆盖其所有场所进行的工作。工地试验室作为母体试验室的授权机构,应执行母体试验室所建立的能够保证其公正性、独立性,并与其检测和/或校准活动相适应的管理体系。管理体系应形成文件,阐明与质量有关的政策,包括质量方针、目标和承诺,使所有相关人员理解并有效实施。一般工地试验室管理文件包括:程序文件、质量手册、作业指导书。

作为工地试验室,应根据母体试验室的文件要求,建立保证其检测质量的管理制度、岗位职责、试验室组织机构图、检测流程图以及质量保证体系图,建立试验检测用标准台账,实行动态管理,制订仪器设备的检定和校准计划,做好检定和校准工作等。

一、试验室管理制度

试验室管理制度是否健全,制度能否坚持贯彻执行,反映了一个单位的管理水平。试验检测工作规范化、制度化是保证建设工程质量的重要因素。对试验检测机构来说,为了保证试验室质量管理水平,应对影响检测结果的各种因素(包括人的因素和物的因素)进行控制,因此,必须建立健全各项管理制度。

1. 样品收发、保管制度

(1)凡属委托试验的试样,收样人员应及时按委托书编号在试样包装上编号后存放于指定地点,并标识"待检"字样。

(2)执行委托试验任务的专业试验人员,在接到收样人员交给的委托书时,应在"试样接收"栏中签名以示接受检验任务。

(3)对已检合格试样尚需留用时,专业试验人员在检验完毕后,应对样品标识"已检合格"字样。

(4)对已检不合格试样确有必要留样时,应标识"已检不合格"字样。

(5)对已检不合格试样,试验中心应立即通知委托方,以便采取相应纠正和预防措施。

2. 试验仪器设备管理制度

(1)固定资产设立台账,并填写固定资产履历书,在用计量仪器做到履历书、使用说明书、检定证书三证齐全。

(2)仪器使用时,必须严格按照操作规程进行。仪器使用时,如有异常现象、失灵等情况,应及时查明原因,未经维修核准,不得继续使用。

(3)主要大型仪器设备,应设专人负责保管,按时填写仪器运转记录。仪器无论使用与否,每周要清洁一次,每月保养一次(含上油、紧螺钉、皮带内油污清理)。

(4)计量管理人员对所用的仪器设备,按实际情况制订出周期检定计划并建立计量器具台账,按期进行送检或自校,并粘贴"合格证"、"准用证"或"停用证"等明显标志,填写使用期限及检定单位。

(5)仪器设备的检定周期按该仪器设备的检定规程规定的检定周期执行,无检定规程的可按仪器说明书等文件提供的检定方法和周期进行,一般不超过一年。

(6)仪器设备在检定周期内出现失准或可疑情况时,应会同有关人员共同商讨处理。

(7)检定后仪器设备交有关部门使用,检定证书统一存档。

(8)自校仪器按照工程试验专用仪器校验方法进行。

3. 检测工作质量保证制度

(1)检测工作人员必须具有上级主管部门签发的试验检测人员证,无证人员不得从事试验检测工作,并不得出具试验报告。

(2)试验仪器、仪表必须定期检定,精度要符合试验标准要求,使用前应调试准确,并严格执行有关操作规程。

(3)因外界干扰(如停电、停水等)而中断检测工作并影响检测质量,检测工作必须重新开始,并记录情况备案。

(4)若发生事故,要保护现场,按规定上报,并组织有关人员认真分析事故原因,采取有效措施,恢复仪器设备正常使用。

(5)试验报告应使用统一格式,全面执行法定计量单位,实事求是地认真填写试验数据。要求数据准确,字迹清晰。

(6)原始记录和试验报告的审核工作,严格按检验报告审查制度执行。

(7)接受省级或地市级质量监督站及公司工程试验中心的监督,严格执行对比试验制度,以促进检测人员检测技术水平的提高,保证检测工作质量。

4. 试验资料保管制度

(1)各种规程、规范、标准、方法、仪器设备档案以及试验记录、试验报告、委托书等均为试验资料,应设专柜分类由专人保管。

(2)检验所用标准、规范、试验方法等,应设专人负责保管,及时补进新版本,清除作废版本,确保掌握的版本始终有效。

(3)试验记录、试验报告不得外借,其他规程、规范、标准外借时,必须履行借阅手续,并注意及时收回。

(4)按时编制有关工程试验现行国家及行业标准目录,以便动态掌握有效和失效文件,确保检测工作质量。

5. 标准养护室管理制度

(1)项目试验室均应设立标准养护室(简称"标养室")。根据《普通混凝土力学性能试验方法标准》(GB/T 50081—2002)的规定,标养室温度应控制在20℃±2℃,相对湿度大于95%,标养室面积的大小以满足工程施工需要为准。

(2)混凝土、砂浆试件允许在温度为20℃±2℃的不流动的$Ca(OH)_2$饱和溶液中养护,即净水中养护,但养生池必须安装加热器和继电器,以控制水温,夏天采用循环地下水降温。养生池内的水每月应更换一次,每次只能更换1/2。

（3）养生池放置混凝土试件,一般应一组3块上下叠放,间距不得小于3cm。

（4）标养室应安装空调及控温、控湿装置,以保证温度、湿度在规定的范围内。试块放在试件架上,彼此间距为1~2cm。

（5）标养室内应安装加湿装置,但必须保证喷出的水是雾化状态,不能将凉水直接浇在试件上。

（6）最好能在标养室内另砌一长方形水池,高20~30cm,便于存放CBR和基层、底基层抗压强度试件。

（7）应设置标养室温、湿度专项记录本,指定专人负责记录,每日记三次,时间为7点、14点、21点,发现温度、湿度超过控制范围时,应及时调整。

（8）标养室最好安装双层门,两门不要直对,应错开1m以上,两层门距离应大于1m。进出标养室应随手关门和帘,搬运试件最好在标养室内进行,以避免因长期开关门而引起标养室内的温湿度变化太大。

（9）应保持标养室内整洁,不得堆放其他杂物。

岗位职责

根据试验室人员设置要求,试验室人员岗位职责一般包括:试验室主任岗位职责、技术负责人岗位职责、质量负责人岗位职责、检验人员岗位职责、仪器设备管理员岗位职责、计量管理人员岗位职责、样品管理员岗位职责、安全监督员岗位职责、资料管理员岗位职责。

1. 试验室主任岗位职责

（1）认真履行公司工程试验中心授予项目中心试验室有关工程试验的职责和权限,向项目经理、项目总工程师和公司工程试验中心负责并报告工作。

（2）负责项目中心试验室的全面工作,抓好中心人员的思想工作;调动全中心人员的积极性;对项目工程的试验工作做统筹安排,保证施工的正常进行。

（3）及时制订项目的各项管理规章制度,并认真贯彻执行,督促检查试验人员的岗位责任制度执行情况。

（4）提出试验仪器设备的购置、更新、改造、修理和报废计划,上报公司试验中心,组织仪器设备送检和校验。

（5）参与料源选择与质量试验,确保工程质量达标。

（6）深入现场检查试验工作,保证现场试验检测任务的按时完成。

（7）审核及签发各种检测报告、报表及资料。

（8）加强与监理工程师的联系,对工程进行全面控制,搞好质量检测工作,保证工程质量。

（9）参加工程质量检查及事故分析会议,协助质量事故的原因分析和处理工作,提供相应的试验资料。

2. 技术负责人岗位职责

（1）在试验室主任领导下,全面负责试验室的技术工作,随时解决检测过程中出现的技术问题。

（2）熟悉国家、部门、地方关于质量检测方面的政策、法令、规定以及工程技术标准。

（3）运用试验检测理论知识,编制试验检测细则,对试验室的所有检测项目进行全过程、全方位的控制,发现问题及时采取有效措施,防止出现重大技术问题。

(4)制定试验仪器的维修保养等管理制度及操作规程,做到严格管理、规范操作。

(5)带领试验检测人员钻研业务,不断提高业务人员的技术水平,督促试验检测人员保质保量地完成每一项试验检测。

3. 质量负责人岗位职责

(1)对质量体系的运行进行日常监督和检查,保证质量体系持续、有效地运行。

(2)组织编制、审核、修订质量体系文件。

(3)组织宣贯质量体系文件。

(4)组织质量体系的内部审核;协助进行管理评审。

(5)负责本试验室的检测质量工作,审查试验项目、测试仪器精度、试验环境条件、检查测试数据、结论的真实性、准确性。

(6)组织对不合格项的控制,根据反馈信息实施纠正和预防措施。

(7)组织客户满意度调查,负责处理客户的申述和投诉。

(8)检查试验人员的检测工作质量,有权停止不符合要求的检测活动,负责对检测事故进行调查分析处理。

(9)负责质量控制计划的编制,组织质量控制结果分析。

4. 检验人员岗位职责

(1)认真执行各项试验管理制度,熟悉有关技术标准、测试方法、测试设备,严格执行产品标准规定等检测条例,在测试设备和仪器正常工作的条件下进行检验测试工作。

(2)试验设备使用前,认真检查设备运转是否正常,量值是否准确,使用后及时维护、保养,保证试验数据准确性,建立试验仪器设备台账并妥善保管。

(3)认真及时准确地填写原始记录,决不允许擅自涂改原始数据,保证试验数据的真实准确。

(4)及时完成领导分配的任务,自觉爱护各种试验仪器,保持办公室、工作间环境整洁。

(5)每项试验完成后,要及时检查水、电是否关闭,防止发生事故。

(6)不断加强对试验检测技术的学习和培训,努力提高业务技术水平。

(7)每次使用大型主要仪器设备后,均应填写仪器运转记录。

5. 仪器设备管理员岗位职责

(1)正确识别试验室仪器设备的配置要求和运行状况。

(2)负责仪器设备的验收,建立仪器设备、量具和标准物质的台账、档案,并维持其有效性。

(3)负责制订溯源/周检计划。

(4)负责办理仪器设备的"三色标志"管理及停用、报废等手续,粘贴溯源标识。

(5)组织仪器设备的修理。

(6)监督仪器设备在检定/校准有效期内使用,有权阻止不合格的仪器设备投入检测使用。

6. 计量管理人员岗位职责

(1)严格遵守和贯彻执行国家计量法和上级计量部门的有关规定。

(2)熟悉、掌握计量管理工作范围和各种仪器设备、计量器具的技术性能指标和检定周期。

(3)制订和实施计量器具周期检定/校验计划,对计量器具必须周检。

(4) 负责仪器设备的标识管理,对经过周期检定和自校仪器设备,根据检定和自校结果及时填写粘贴"红、黄、绿"计量管理标识,作为仪器设备使用完好状态的标识。

(5) 经常检查、监督仪器设备完好状态,对使用中发生故障或损坏的仪器设备,应随时督促维修复检,保证仪器受检率达100%。

7. 样品管理员岗位职责

(1) 建立样品控制和管理系统。
(2) 与客户建立样品的交接、登记手续和标识。
(3) 负责样品的交接、流转、保管、退样和处理。
(4) 维护样品的储存环境,对样品进行妥善保管。
(5) 监督在检样品的流转、保管和维护。
(6) 对样品的保密要求负责,有权制止一切有违保密原则的行为。
(7) 负责样品库的防火、防潮、防盗、保密工作。

8. 安全监督员岗位职责

(1) 负责日常安全工作,协助室负责人对本室工作人员进行安全教育。
(2) 在本检测试验室范围内,对任何人均实行安全否决权,凡发现有违章操作及在不安全状态下工作的,有权责令其立即停止操作,若违章不服,应及时向室负责人或检测领导报告。
(3) 经常检查本检测试验组灭火器材配备,易燃物品保管,水、电、气线路管路状况是否符合有关规定,发现隐患时采取措施并向有关领导报告。
(4) 发生意外事故时,组织指挥在场人员及时报警、抢救。险情解除后,保护好事故现场,并及时向安全保卫部门与检测试验室领导报告。
(5) 参加有关事故安全分析会,协助检测试验室领导分析原因,写出事故分析报告,提出安全整改防范措施。

9. 资料管理员岗位职责

(1) 熟悉材料检测项目范围及相应标准,了解档案管理的基本要求和保密制度。
(2) 负责中心试验室人员的档案建立与管理,做到试验室人员档案资料齐全,培训、考核等记录清晰。
(3) 负责技术标准、图书、技术资料的采购、收集、管理。
(4) 掌握标准、规程的更换情况,做到相关新标准、规范及时收集和宣贯,做好新标准的订购、分发及作废标准的回收处理。
(5) 负责各种文件的收集、登记发放、保存,确保中心试验室的技术机密文件不外泄。
(6) 做好日常试验检测资料、报告的存档,报告存档实行电子版和纸质版两种形式,电子版由各专业组负责建立,资料员汇总管理,做好各类试验的台账。
(7) 做好资料的保密工作,不得将检测报告和原始记录复制给与检测无关的人员。
(8) 做好试验检测资料的月报汇总上报工作。

试验台账

试验台账是试验管理的一种有效手段,它对整个施工过程中项目经理部试验方面的质量控制、试验资料的管理有着重要作用。许多建设工程指挥部也都要求项目试验室建立相应的台账。便于加强质量控制和管理。

1. 试验台账的作用

（1）试验仪器、设备台账是其购置、调配、报废的依据，是仪器、设备管理的重要一环。每项工程结束或新工程开工前，都必须认真清点项目的所有试验仪器、设备，并建立健全试验仪器、设备台账，便于新工程开工前根据工程需要适当添置仪器、设备，满足施工质量检测和控制的需要。

（2）计量仪器、设备台账是确保试验仪器、设备的计量量值准确性的重要一环，也是国家计量法规规定必须建立的内容。

（3）在施工过程中，项目试验室经常要给监理工程师、指挥部、中心试验室等单位报送有关试验资料。实践中经常发生试验资料丢失、短缺的现象，有时会影响工程进度和计量支付，为明确责任，防止资料丢失，必须建立试验资料报送台账，这样也可保证上报资料的连续性。

（4）各种原材料的试验台账不但可以简捷、直观地掌握、了解原材料的质量变动情况，而且可以随时检查各种原材料试验是否满足有关规定所要求的检测频率。另外，上级主管部门（包括单位的上级主管部门、监理工程师、业主、指挥部等）会经常检查项目试验室的资料，有了试验台账，便于他们随时查阅和索取资料。

（5）对施工过程中质量检测的试验项目，如路基、路面压实度检查和弯沉检测，水泥混凝土、砂浆、无机结合料的抗压强度检测以及石灰（水泥）剂量测定等，建立试验台账可保证试验检测的连续性和试验资料的完整性。从台账上可以很简捷地看到试验段落桩号的衔接、结构物编号的衔接，避免漏检某一层次。

2. 常用试验台账及台账表样

常用试验台账，见表1-1。

常 用 试 验 台 账　　　　　　表1-1

序 号	台 账 名 称	序 号	台 账 名 称
1	试验仪器、设备台账	14	水泥混凝土配合比试验台账
2	试验计量仪器、设备台账	15	混凝土（砂浆）抗压强度试验台账
3	委托试验台账	16	混凝土抗折强度试验台账
4	试验资料报送台账	17	砂浆配合比试验台账（水泥砂浆）
5	液塑限试验台账	18	石灰钙镁含量试验台账
6	标准击实试验台账	19	石灰标准曲线试验台账
7	路基（路面）压实度检验台账	20	石灰（水泥）剂量测定试验台账
8	路基（路面）弯沉检测试验台账	21	无机结合料击实试验台账
9	细集料试验台账	22	基层（底基层）配合比试验台账
10	粗集料试验台账	23	无机结合料抗压强度试验台账
11	水泥物理、力学性能试验台账	24	沥青试验台账
12	钢筋试验台账	25	沥青混凝土配合比试验台账
13	地基承载力检验台账（轻型触探仪）	26	沥青混合料试验台账

第五节　试验数据的统计分析和处理方法

在建设工程施工过程中，无论是原材料试验还是施工中的质量控制检验，都会取得大量的数据。对这些数据进行科学的分析，可以更好地评价原材料质量和工程质量。在建设工程质量检验评定标准中，也分别提出了许多数理统计的特征值。因此，项目试验人员应具备数理统计方面的基本知识。在进行试验成果的分析整理时，必须坚持理论与实际统一的原则。以现场和工程的具体条件为依据，以测试所得的实际数据为基础，以数理统计分析为手段，区别不同条件，针对不同要求，采取不同方法。下面主要介绍试验数据统计分析知识，并简要介绍几种常用的数理统计方法和数据处理方法。

一 总体与样本

在工程质量检测中，对无限总体中的个体，逐一考察其某一个质量特性显然是不可能的；对有限总体，若所含个体数量虽不大，但考察方法往往是破坏性的，同样不能采用全数考察。所以，通过抽取总体中的一小部分个体加以检测，以了解和分析总体质量状况，这是工程质量检验的主要方法。因此，除特殊项目外，大多采用抽样检验，这就涉及总体与样本的概念。

总体又称母体，是统计分析中所要研究对象的全体。而组成总体的每个单元称为个体。例如，在沥青混合料拌和工地上，需要确定某公司运来的一批沥青质量是否合格，则这批沥青就是总体。

总体分有有限总体和无限总体。如果是一批产品，由于其数量有限，所以称其为有限总体；如果是一道工序，由于工序总在源源不断地生产出产品，有时是一个连续的整体，所以这样的总体称为无限总体。

从总体中抽取一部分个体就是样本（又称子样）。例如，从每一桶沥青中取两个试样，一批沥青有100桶，抽查了200个试样做试验，则这200个试样就是样本。而组成样本的每一个个体，即为样品。例如，上述200个试样中的某一个，就是该样本中的一个样品。

样本容量是样本中所含样品的数量，通常用 n 来表示。上例中样本容量为200。样本容量的大小，直接关系到判断结果的可靠性。一般来说，样本容量越大，可靠性越好，但检测所耗费的工作量亦大，成本也会越高。样本容量与总体中所含个体的数量相等时，是一种极限情况，因此，全数检验是抽样检验的极限。

二 数据的统计特征量

用来表示统计数据分布及其某些特性的特征量分为两类：一类表示数据的集中位置，例如算术平均值、中位数等；一类表示数据的离散程度，主要有极差、标准离差、变异系数。

1. 算术平均值

算术平均值是表示一组数据集中位置时最有用的统计特征量，经常用样本的算术平均值来代表总体的平均水平。总体的算术平均值用 μ 表示，样本的算术平均值则用 $\bar{x}$ 表示。如果 n 个样本数据为 $x_1、x_2、\cdots、x_n$，那么样本的算术平均值为：

$$\bar{x} = \frac{(x_1 + x_2 + x_3 + \cdots + x_n)}{n} = \frac{\sum x}{n} \qquad (1-1)$$

式中： $\bar{x}$ ——试验数据值的算术平均值；
$x_1、x_2、x_3、\cdots、x_n$ ——各试验数据值；
$\sum x$ ——各试验数据值的总和；
n ——试验数据个数。

【例1-1】 新建高速公路路基施工中，压实度检测结果分别为96.57%、95.39%、93.85%、97.32%、96.28%、95.86%、95.93%、96.87%、95.34%、95.93%，求其平均压实度。

解： $\bar{x}$ = (96.57 + 95.39 + 93.85 + 97.32 + 96.28 + 95.86 + 95.93 + 96.87 + 95.34 +

$95.93)/10 = 959.34/10 = 95.93\%$

因此,路基平均压实度为 95.93%。

2. 中位数

在一组数据 $x_1、x_2、\cdots、x_n$ 中,按其大小次序排序,以排在正中间的一个数表示总体的平均水平,称之为中位数,或称中值,用 x 表示。n 为奇数时,正中间的数只有一个;n 为偶数时,正中间的数有两个,则取这两个数的平均值作为中位数,即

$$\bar{x} = \begin{cases} x_{\frac{n+1}{2}} & (n \text{ 为奇数}) \\ \frac{1}{2}(x_{\frac{n}{2}} + x_{\frac{n}{2}+1}) & (n \text{ 为偶数}) \end{cases} \tag{1-2}$$

【例 1-2】 检测值同例 1-1,求中位数。

解: 检测值按大小次序排列为:97.32%、96.87%、96.57%、96.28%、95.93%、95.93%、95.86%、95.39%、95.34%、93.85%,则中位数为:

$$\bar{x} = \frac{95.93 + 95.93}{2} = 95.93\%$$

3. 极差

在一组数据中最大值与最小值之差,称为极差,记作 R。

$$R = x_{\max} - x_{\min} \tag{1-3}$$

【例 1-3】 例 1-1 中的检测数据的极差为:

$$R = x_{\max} - x_{\min} = 97.32 - 93.85 = 3.47$$

极差没有充分利用数据的信息,但计算十分简单,仅适用于样本容量较小($n < 10$)的情况。

4. 标准偏差

标准偏差有时也称标准离差、标准差或称均方差,它是衡量样本数据波动性(离散程度)的指标。在质量检验中,总体的标准偏差 σ 一般不易求得。样本的标准偏差 S 按下式计算:

$$S = \sqrt{\frac{(x_1 - \bar{x})^2 + (x_2 - \bar{x})^2 + \cdots + (x_n - \bar{x})^2}{n-1}} = \sqrt{\frac{\sum_{i=1}^{n}(x_i - \bar{x})^2}{n-1}}$$

$$= \sqrt{\frac{1}{n-1}\left(\sum_{i=1}^{n} x_i^2 - n\bar{x}^2\right)} \tag{1-4}$$

式中: S——标准差(均方根差、均方差);

$x_1、x_2、\cdots、x_n$——各试验数据值;

$\bar{x}$——试验数据值的算术平均值;

n——试验数据个数。

【例 1-4】 仍用例 1-1 的数据,求样本标准偏差 S。

解: 样本标准偏差为:

$$S = \left\{\frac{1}{10-1}[(96.57 - 95.93)^2 + (95.39 - 95.93)^2 + (93.85 - 95.93)^2 + (97.32 - 95.93)^2 \right.$$
$$+ (96.28 - 95.93)^2 + (95.86 - 95.93)^2 + (95.93 - 95.93)^2 + (96.87 - 95.93)^2 +$$
$$\left. (95.34 - 95.93)^2 + (95.93 - 95.93)^2]\right\}^{\frac{1}{2}} = 0.961$$

5. 变异系数

标准差是表示绝对波动大小的指标,当测量较大的量值时,绝对误差一般较大;测量较小量值时,绝对误差一般较小。因此,要考虑相对波动的大小(相对离散的程度),即用平均值的百分率来表示标准差,即变异系数 C_v 越小,表示测定值离散程度越小;C_v 越大,表示测定值离散程度越大,其计算式为:

$$C_v = \frac{S}{\bar{x}} \times 100\% \tag{1-5}$$

式中:C_v——变异系数,%;

S——标准差;

$\bar{x}$——试验数据值的算术平均值。

由变异系数可以看出标准偏差所表示不出来的数据波动情况。

以例 1-4 计算:

$$C_v = \frac{0.961}{95.93} \times 100\% = 1.00\%$$

变异系数越小,说明施工管理和质量控制水平越好。

三、可疑数据的取舍

在一组条件完全相同的重复试验中,当发现有某个过大或过小的可疑数据时,应按数理统计的方法给以鉴别,并决定取舍。常用的方法有:三倍标准差法、格拉布斯法和肖维纳法。这三种方法中,三倍标准差法最简单,但要求较宽,几乎绝大部分数据可不舍弃;格拉布斯法适用于标准差不掌握的情况;肖维纳法比较古老,已逐渐被格拉布斯法所代替。后两种方法计算比较复杂,因此,试验数据的取舍大都采用三倍标准差法。

三倍标准差法是美国混凝土标准(ACI 214—65)的修改建议中所采用的方法,它的准则是 $|x_i - \bar{x}| > 3\delta$,另外还规定 $|x_i - \bar{x}| \geq 2\delta$ 时则保留,但需存疑,如发现试验数据在获取过程中,有可能因制作、养护、仪器失灵、环境条件、试验过程等因素存在可疑的变异,该试验数据应予以舍弃。在对试验数据进行数理统计时,对超过三倍标准差的数据应予以舍弃[在《公路工程质量检验评定标准 第一分册 土建工程》(JTG F80/1—2004)中,对路基、路面弯沉测定计算,有此明确要求],对其他数据,不得随意取舍。

四、数字修约规则

根据中华人民共和国国家标准《数值修约规则与极限数值的表示和判定》(GB 8170—2008),试验数据需要修约时,应按下列规则进行:

(1)在拟舍弃的数字中,保留数后面(右边)第一个数小于 5(不包括 5)时则舍去,保留数的末位数字不变。

例如,将 13.14862 修约到保留一位小数,修约后为 13.1。

(2)在拟舍弃的数字中,保留数后面(右边)第一个数大于 5(不包括 5)时则进一,保留数的末位数字加一。

例如,将 13.16862 修约到保留一位小数,修约后为 13.2。

(3)在拟舍弃的数字中,保留数后面(右边)第一个数字等于 5,5 后面的数字并非全部为零时,则进一,保留数末位数字加一。

例如,将 13.15062 修约到保留一位小数,修约后为 13.2。

(4) 在拟舍弃的数字中,保留数后面(右边)第一个数字等于5,5后面无数字或全部为零时,保留数的末位数字为奇数(1、3、5、7、9)则进一;为偶数(2、4、6、8、0)则舍弃。

例如,将下列数字修约到保留一位小数:

修约前 13.15,修约后为 13.2;

修约前 13.25,修约后为 13.2。

(5) 所拟舍弃的数字若为两位以上的数字,不得连续进行多次(包括二次)修约,应根据保留数后面(右边)第一个数字的大小,按上述规定,一次修约出结果。

例如:将 13.4468 修约成整数。

正确的修约是,修约前为 13.4468,修约后为 13。

不正确的修约见表 1-2。

不正确的修约   表1-2

修约前	一次修约	二次修约	三次修约	四次修约(结果)
13.4468	13.447	13.45	13.5	14

(6) 单位修约,有时,要求小数点后保留 0 或 5,不要其他数值,则修约规则为:将拟修约数值乘以 2,在指定数位依上述规则修约,所得数值再除以 2。

例如,将下列数字修约到个数位的 0.5 单位,修约结果见表 1-3。

0.5 单位修约   表1-3

拟修约数	乘以 2	修约为整数	再除以2(修约结果)
60.25	120.50	120	60.0
60.38	120.76	121	60.5
60.75	121.50	122	61.0

五 数据的表达方法

通过试验检测获得一系列数据,如何对这些数据进行深入的分析,以便得到各参数间的关系,甚至用数学解析的方法,导出各参数间的函数关系,这是数据处理的任务之一。

测量数据的表达方法通常有表格法、图示法和经验公式法三种。

1. 表格法

表格法是用表格来表示函数的方法,在自然科学和工程技术上用得特别多。在科学试验中,一系列测量数据都是首先列成表格,然后再进行其他的处理。表格法简单方便,但要进行深入的分析时,表格就不能胜任了。首先,尽管测量次数相当多,但表格不能给出所有的函数关系;其次,从表格中不易看出自变量变化时函数的变化规律,而只能大致估计出函数是递增的、递减的或是周期性变化的等等。列成表格是为了表示出测量结果,或是便于以后的计算,同时也是进一步用图示法和经验公式法表达数据的基础。

表格有两种:一种是试验检测数据记录表,另一种是试验检测结果表。

试验检测数据记录表是该项试验检测的原始记录表,它包括的内容有:试验检测目的、内容摘要、试验日期、环境条件、测量数据、结果分析以及参加人员和负责人等。

试验检测结果表只反映试验检测结果的最后结论,一般只体现几个变量间的对应关系。试验检测结果表应力求简明扼要,能够说明问题。

2. 图示法

图示法是在自然科学和工程技术中,用图形来表示测量数据最普遍应用的方法。图示法的最大优点是一目了然,即从图形中可非常直观地看出函数的变化规律,如递增性或递减性、最大值或最小值、是否具有周期性变化规律等。但是,从图形上只能得到函数变化关系,而不能进行数学分析。

图示法的基本要点是:

(1)在直角坐标系中绘制测量数据的图形时,应以横坐标为自变量,纵坐标为对应的函数量。

(2)坐标纸的大小与分度的选择应与测量数据的精度相适应。分度过大时,影响原始数据的有效数字,绘图精度将低于试验中参数测量的精度;分度过小时,绘图精度会高于原始数据的精度。

坐标分度值不一定从零起,可用低于试验数据的某一数值作为起点和高于试验数据的某一数值作为终点,曲线以基本占满全幅坐标纸为宜。

(3)坐标轴应注明分度值的有效数字、名称和单位,必要时还应标明试验条件,坐标的文字书写方向应与该坐标轴平行,在同一图上表示不同数据时,应该用不同的符号加以区别。

(4)曲线平滑方法。测量数据往往是分散的,如果用短线连接各点得到的就不是光滑的曲线,而是折线。由于每一个测点总存在误差,按带有误差的各数据所描的点不一定是真实值的正确位置。根据足够多的测量数据,完全有可能画出一条光滑的曲线。要决定曲线的走向,就应考虑曲线尽可能通过或接近所有的点,但不必强求曲线通过所有的点,尤其是两端的点。当这种情况不可能实现时,则应移动曲线尺,考虑所绘制的曲线与实测值之间的误差的平方和最小,此时曲线两边的点数接近于相等。

3. 经验公式法

测量数据不仅可用图形表示出函数之间的关系,而且可用与图形对应的一个公式来表示所有的测量数据,当然这个公式不可能完全准确地表达全部数据。因此,常把与曲线对应的公式称为经验公式,在回归分析中则称之为回归方程。

把全部测量数据用一个公式来表达,不仅紧凑扼要,而且可以对公式进行必要的数学运算,以研究各自变量与函数的关系。

根据一系列测量数据,建立公式,但建立什么形式的公式,这是首先需要解决的问题。所建立的公式能够正确表达测量数据的函数关系,往往不是一件容易的事情,在很大程度上取决于试验人员的经验和判断能力,而且建立公式的过程比较烦琐,有时还要多次反复才能得到与测量数据更接近的公式。

建立公式的步骤大致归纳如下:

(1)描绘曲线。以自变量为横坐标,函数量为纵坐标,将测量数据描绘在坐标纸上,并把数据点描绘成测量曲线(详见图示法)。

(2)对所描绘的曲线进行分析,确定公式的基本形式。

如果数据点描绘的是曲线,则要根据曲线的特点判断曲线属于何种类型。判断时可参考现成的数学曲线形状加以选择,对选择的曲线则按一元非线性回归方法处理。

如果测量曲线很难判断属于何种类型,则可按多项式回归处理。

(3)曲线化直。如果测量数据描绘的曲线被确定为某种类型的曲线,则可先将该曲线方程变换为直线方程,然后按一元线性回归方法处理。

(4)确定公式中的常量。代表测量数据的直线方程或经曲线化直后的直线方程表达式为 $y = a + bx$,可根据一组测量数据确定方程中的常量 a 和 b,其方法一般有图解法、端值法、平均法和最小二乘法等。

(5)检验所确定的公式的准确性。即将测量数据中的自变量值代入公式计算出函数值,看它与实际测量值是否一致,如果差别很大,说明所确定的公式基本形式可能有错误,则应建立其他形式的公式。

4. 数据处理分析方法

若两个变量 x 和 y 之间存在一定的关系,并且通过试验获得了 x 和 y 的一组数据,用数学处理的方法得出这两个变量间的关系式,这就是回归分析,也就是工程上所说的拟合问题,所得关系式称为经验公式,或称回归方程、拟合方程。

在处理试验数据时,经常遇到两个变量因素的试验值,如抗压强度和抗折强度、快速试验强度和标准试验强度、混凝土强度与水泥强度及承载比试验等,可利用试验数据,找出它们之间的关系,建立两个变量因素的经验公式。

如果两个变量 x 和 y 之间是线性关系,则称为一元线性回归或称直线拟合。如果两个变量之间是非线性关系,则称为一元非线性回归或称曲线拟合。

设两变量间的关系为 $y = F(x)$,通过试验可得到若干组对应数 (x_1, y_1)、(x_2, y_2)、$\cdots$、(x_n, y_n)。根据这些数据,在平面坐标系中绘出相应的数据点,当数据点大致分布在一条直线附近时,说明两个变量 x 和 y 之间存在线性关系,即可以用一条适当的直线来表示这两个变量的关系,此直线方程为:

$$Y = a + bx \tag{1-6}$$

式中:a、b——回归系数。

平面上的直线很多,而 a、b 值构成的最优直线必须使 $Y = a + bx$ 方程的函数值 Y_i 与实际测量值 y_i 之间的偏差最小。理论分析和工程实践均表明,最小二乘法确定的回归方程偏差最小,平均法次之,端值法最大。为此,下面仅讨论最小二乘法。

最小二乘法的基本原理为:当所有测量数据的偏差平方和最小时,所拟合的曲线最优。

最小二乘法是一种最常用的统计方法。经过数学推导,得到二元一次直线方程式的截距 b、斜率 a、相关系数 r、标准偏差 S 和变异系数 C_v 的计算公式如下。

方程:

$$y = a + bx \tag{1-7}$$

截距:

$$a = \frac{\sum xy \cdot \sum x - \sum y \cdot \sum x^2}{(\sum x)^2 - n \sum x^2} \tag{1-8}$$

斜率:

$$b = \frac{\sum x \sum y - n \sum xy}{(\sum x)^2 - n \sum x^2} \tag{1-9}$$

相关系数:

$$r = \frac{n \sum xy - \sum x \cdot \sum y}{\sqrt{[n \sum x^2 - (\sum x)^2] \cdot [n \sum y^2 - (\sum y)^2]}} \tag{1-10}$$

标准偏差:

$$S = \sqrt{1 - r^2} \cdot \sqrt{\frac{n \sum y^2 - (\sum y)^2}{n \cdot (n-2)}} \tag{1-11}$$

变异系数:

$$C_v = \frac{S}{\bar{x}} \times 100\% \tag{1-12}$$

该处讲述的标准偏差及变异系数与前述的标准偏差 S(或 σ)和变异系数 C_v 不同,前述的

S 及 C_v 是单因素(一个变量)的标准偏差和变异系数,而此处的 S 和 C_v 是双因素(含 x、y 两个变量)的标准偏差和变异系数。两者的含义、计算公式不能混淆和借用。

【案例】:现有一台 30kN 测力仪,其测力环负荷 y 值及进程 x 值见表1-4,请根据 x、y 对应关系,计算其一元线性回归方程。

一元线性回归方程求解过程　　　　表1-4

序　号	y 负荷 (kN)	x 进程 (mm)	xy	x^2
0	0	1	0	1
1	3	1.18	3.54	1.3924
2	5	1.3	6.5	1.69
3	8	1.482	11.856	2.196324
4	10	1.609	16.09	2.588881
5	15	1.922	28.83	3.694084
6	20	2.235	44.7	4.995225
7	25	2.55	63.75	6.5025
8	30	2.866	85.98	8.213956
Σ	116	16.144	261.246	32.27337
	$\Sigma y = 116$	$\Sigma x = 16.144$	$\Sigma xy = 261.246$	$\Sigma x^2 = 32.27337$
		$(\Sigma x)^2 = 260.628736$		
	$a = -15.884$		$b = 16.04$	
		$y = -15.884 + 16.04x$		

【思考题】

1. 加强试验检测工作时对工程质量控制有何意义?
2. 简述组建项目试验室的主要内容。
3. 如何对项目试验室平面布置进行设计?
4. 你认为项目试验检测人员如何配置最合理?
5. 试述建立试验台账的重要性。
6. 何为总体、样本?

第二章　工程试验检测基础知识

第一节　工程材料的基本性质

物理性质

1. 密度

密度(ρ)是指材料在规定条件下单位体积的质量,可用式(2-1)表达:

$$\rho = \frac{m}{V} \tag{2-1}$$

式中：ρ——材料的密度，g/cm³ 或 kg/m³；

　　　m——材料在干燥状态下的质量，g 或 kg；

　　　V——材料的体积，cm³ 或 m³。

排除材料内所有空隙所测得的体积为"绝对密实体积"，"绝对密实体积"下所求得的密度称为真密度。通常把材料磨成细粉，干燥后用比重瓶来测试其密实状态下的体积，磨得越细，测试的体积就越接近"绝对密实体积"，所得密度就越接近真密度。但由于条件所限，绝大多数材料的测试体积中都含有少量空隙，此时所得材料密度为其真密度的近似值。

散粒材料，如混凝土用砂、石等，其"体积"是指不包括颗粒之间的空隙，但包括颗粒内部空隙的体积。测试时不必磨成细粉，而用排水法求得其密实体积的近似值，所得密度称为表观密度；在土的颗粒密度测试中，又称为毛体积密度。

散粒材料在自然堆积状态下包括了空隙在内的体积，称为"自然状态体积"，所得密度称为堆积密度。

2. 密实度

密实度(D)是指材料体积内固体物质所占的比例，即材料的密实体积与总体积之比。

$$D = \frac{V}{V'} = \frac{\rho'}{\rho} \tag{2-2}$$

式中：D——材料的密实度；

　　　V——材料的密实体积，m³；

　　　V'——材料的总体积，m³；

　　　ρ——材料的密实密度(总密度)，g/cm³ 或 kg/m³。

3. 孔隙率

孔隙率(p)是指材料自然体积中，孔隙体积所占的比例。可按式(2-3)计算：

$$p = \frac{V' - V}{V'} \times 100\% = \left(1 - \frac{V}{V'}\right) \times 100\%$$

$$= \left(\frac{1-\rho'}{\rho}\right) \times 100\% = (1-D) \times 100\% \qquad (2\text{-}3)$$

4. 吸水性

材料能吸收水分的性质称为吸水性。吸水性的大小可用"吸水率"表示。吸水率分质量吸水率和体积吸水率。

(1) 质量吸水率：材料所吸收水分的质量占材料干燥质量的百分比，按式(2-4)计算：

$$w_{质} = \frac{m_{湿} - m_{干}}{m_{干}} \times 100\% \qquad (2\text{-}4)$$

式中：$w_{质}$——材料的质量吸水率，%；

$m_{湿}$——材料吸水饱和后的质量，g；

$m_{干}$——材料烘干至恒重时的质量，g。

(2) 体积吸水率：材料所吸收水分的体积占材料干燥体积的百分比，按式(2-5)计算：

$$w_{体} = \frac{m_{湿} - m_{干}}{V'} \times 100\% \qquad (2\text{-}5)$$

式中：$w_{体}$——材料的体积吸水率，g；

V'——干燥材料在自然状态下的体积，cm^3。

水的密度为 $1g/cm^3$，所以材料吸收水分的质量在数值上等于其体积。

5. 抗冻性

材料在水饱和状态下抵抗多次冻融作用而不破坏，同时也不严重降低强度的性质，称为抗冻性。

为试验材料的抗冻性，通常在 -15℃ 的环境(水在微小毛细管中低于 -15℃ 才会冻结)下将其冻结后，再在 20℃ 的水中融化，这样一个过程称为一次冻融循环。经多次冻融交替作用后，由表及里，材料将出现剥落、裂纹，产生质量损失，强度也会随之下降。冻融循环次数越多，对材料的破坏也越大。

材料的抗冻性用"抗冻等级"表示，如 D_{15}、D_{50}……分别表示该材料在规定条件下，经过规定的冻融次数(15次、50次……)后的质量损失和抗压强度不低于规定值。

6. 抗渗性

材料在水、油等液体压力作用下抵抗渗透的性质称为抗渗性(不透水性)。材料的抗渗性通常用"抗渗等级"和"渗透系数"表示。我国混凝土的抗渗性用"抗渗等级"表示，如 P_6、P_8、P_{10}、P_{12}……它是以 28d 龄期的标准试件，在标准试验条件下不透水时所能承受的最大水压力(MPa)来确定。

二、力学性质

材料在外力(荷载)作用下抵抗破坏的能力称为强度。当材料承受外力作用时，内部就产生应力，随着外力的增大，应力值也相应地增大，直至材料破坏，此时的应力值为材料的极限应力，单位受力面积上的极限应力即材料的极限强度。

根据外力作用的方式不同，材料强度分为抗压强度、抗拉强度、抗弯强度、抗剪强度等，如图 2-1 所示。

材料抗压、抗拉、抗剪强度可按式(2-6)计算：

$$R = \frac{P}{A} \tag{2-6}$$

式中：R——材料的抗压、抗拉、抗剪强度，MPa；
  P——材料受压、受拉、受剪破坏时的荷载，N；
  A——材料的受力面积，mm²。

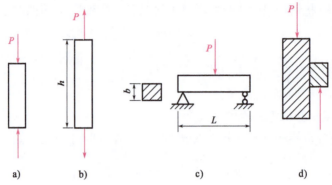

图 2-1　材料承受各种外力示意图
a)抗压；b)抗拉；c)抗弯；d)抗剪

材料的抗弯强度(也称抗折强度)与材料受力情况有关。对于矩形截面的条形试件，两支点中间加一集中荷载时，其抗弯强度可按式(2-7)计算：

$$R_{弯} = \frac{3PL}{2bh^2} \tag{2-7}$$

式中：$R_{弯}$——抗弯强度，MPa；
  P——受弯破坏荷载，N；
  L——两支点间的距离，mm；
  b——试件截面宽度，mm；
  h——试件截面高度，mm。

第二节　混凝土用工程材料的基本理论

一、混凝土用水泥

水泥在砂浆和混凝土中起胶结作用。但水泥品种众多，各种水泥在性能上存在着较大的差异。因此，正确选择水泥品种、严格进行质量验收等是保证工程质量、杜绝质量事故而采取的重要措施。

水泥品种的选择原则如下：

1. 按环境条件选择水泥品种

环境条件主要包括环境温度以及所含侵蚀性介质的种类、数量等。如当混凝土所处环境具有较强的侵蚀性介质时，应优先选用矿渣水泥、火山灰质水泥、粉煤灰水泥和复合水泥，而不应选用硅酸盐水泥和普通水泥。若侵蚀性介质强烈时(如硫酸盐含量较高)，可选用具有优良抗侵蚀性的特种水泥(如抗硫酸盐硅酸盐水泥)。

2. 按工程特点选择水泥品种

水泥用量很大的大体积混凝土工程,如大坝、大型设备基础等,应选用水化热少、放热速度慢的掺混合材料的硅酸盐水泥,或专用的中热硅酸盐水泥、低热矿渣硅酸盐水泥等。

有早强要求的紧急工程、有抗冻要求的工程应选用硅酸盐水泥、普通硅酸盐水泥,而不应选用矿渣水泥、火山灰水泥及粉煤灰水泥等。

承受高温作用的混凝土工程(工业窑炉及基础等)不应使用硅酸盐水泥。快速施工、紧急抢修等特殊工程可选用快硬硅酸盐水泥、快凝快硬硅酸盐水泥或快硬硫铝酸盐水泥。

修补、堵漏、防水及自应力钢筋混凝土压力管等应选用膨胀水泥或自应力水泥。

3. 按混凝土所处部位选择水泥品种

经常遭受水冲刷的混凝土、水位变化区的外部混凝土、构筑物的溢流面部位混凝土等,优先选用硅酸盐水泥、普通硅酸盐水泥或中热硅酸盐水泥,避免采用火山灰水泥等。

位于水中和地下部位的混凝土、采用蒸汽养护等湿热处理的混凝土应优先采用矿渣硅酸盐水泥、火山灰质硅酸盐水泥或粉煤灰硅酸盐水泥等。

混凝土用骨料

1. 骨料的分类及成因

骨料也称集料,在混凝土中起骨架作用。由于骨料具有一定的强度,配制混凝土采用的骨料通常有砂、碎石或卵石。骨料的分类如下:

按粒径区分,粒径在 0.15~4.75mm 之间为细骨料,如砂;粒径大于 4.75mm 为粗骨料,如碎石和卵石。

按成因区分为:天然骨料,如砂、卵石;人造骨料,如机制砂、碎石、碎卵石、高炉矿渣等。

2. 骨料的强度

骨料的强度来自岩石母体,在我国《普通混凝土用砂、石质量及检验方法标准》(JGJ 52—2006)中规定,采用 50mm 的立方体试件或 $\phi 50mm \times H50mm$ 圆柱体,在饱和状态下测定其抗压强度。碎石或卵石抵抗压碎的能力成为压碎指标值,骨料在生产过程中用压碎指标值测定仪来测定压碎值,以间接反映岩石的强度。

3. 骨料的密度

(1)表观密度(ρ)。是骨料颗粒单位体积(包括内封闭孔隙)的质量。骨料的密度有饱和面干状态与绝干状态两种。

(2)紧密密度(ρ_c)。根据所规定的捣实条件,把骨料放入容器中,装满容器后的骨料质量除以容器的体积,称为紧密密度,用 ρ_c 表示。

(3)堆积密度(ρ)'。骨料在自然堆积状态下,单位体积的质量称为堆积密度,用 ρ' 表示。

4. 级配

骨料中各种大小不同的颗粒之间的数量比例,称为骨料级配。骨料的级配如果选择不当,以致骨料的比表面、空隙率过大,则需要多耗费水泥浆,才能使混凝土获得一定的流动性,否则会导致硬化后的性能指标,如强度、耐久性等下降。有时即使多加水泥,硬化后的性能也会受到一定影响。故,骨料的级配具有一定的实际意义。分析级配的常用指标如下:

1)筛分曲线

骨料颗粒大小常用筛分确定。骨料的级配采用各筛上的筛余量按质量百分率表示。其筛分结果可以绘成筛分曲线(或称级配曲线)。

2) 细度模数 M_X

细度模数是用来表示骨料总的粗细程度的指标。它等于砂、石或砂石混合物在 0.15mm 以上各筛的总筛余百分率之和(质量)除以 100。按细度模数的概念,习惯上将砂大致分为粗、中、细砂。细砂的细度模数在 1.6~2.2 之间,中砂在 2.3~3.0 之间,粗砂在 3.1~3.7 之间。

5. 粗骨料的针片状含量

凡岩石颗粒的长度大于该颗粒所属粒级的平均粒径 2.4 倍者为针状颗粒;厚度小于平均粒径 0.4 倍者为片状颗粒。平均粒径指该粒级上、下限粒径的平均值。

粗骨料的针片状颗粒对级配和强度均带来不利影响。在 JGJ 52—2006 中还规定,混凝土强度等级 ≥C60 时,针片状颗粒含量(以质量计)≤8%;混凝土强度等级为 C30~C55 时,针片状颗粒含量≤15%;混凝土强度等级≤C25 时,针片状颗粒含量≤25%。

6. 含泥量

骨料的含泥量是指粒径小于 75μm 的颗粒含量。碎石中常含有石粉,随着石粉含量的增加,坍落度相对降低,若要求坍落度相同,用水量必须增加。

7. 泥块含量

砂中泥块含量是指粒径大于 1.18mm,经水洗、手捏后变成小于 600μm 的颗粒的含量。

8. 有害物质含量

有害物质含量主要指有机物、硫化物和硫酸盐等。有机物是植物的腐烂产物。

三 混凝土用外加剂

混凝土是土木、建筑、水利以及许多工程中使用十分广泛的材料。在高速公路和铁路建设中使用混凝土,要求其具有良好的耐久性,使用寿命为 100 年以上,且必须按高性能混凝土的要求施工。因此,配制高性能混凝土所需的高性能减水剂更是必要的。

(一)定义和分类

1. 定义

依据《混凝土外加剂定义、分类、命名与术语》(GB/T 8075—2005)的定义:混凝土外加剂是在拌制混凝土过程中掺入,用以改善混凝土性能的物质,掺量不大于水泥质量的 5%(特殊情况除外)。

2. 外加剂特点

(1)改善新版混凝土的工作性能,达到易于施工的目的。

(2)调整混凝土的硬化时间,如在泵送混凝土施工、大体积混凝土施工中,为了延缓混凝土的凝结时间,要掺入缓凝剂;而在喷射混凝土施工中,要使混凝土快速凝结,则要加入速凝剂;而在某些条件下,需要提高混凝土的早期强度,则要加入早强剂。

(3)改善硬化混凝土的性能。如提高混凝土密实性、抗冻性及抗渗性,改善混凝土的干燥收缩及徐变性能,防止混凝土的腐蚀等,均要加入一定种类的外加剂,以提高混凝土的耐久性。

3. 分类

(1)普通减水剂:是一种能在保持混凝土坍落度一致的条件下减少拌和用水量的外加剂。

(2)高效减水剂:是一种能在保持混凝土坍落度一致的条件下大幅度减少拌和用水量的外加剂。

(3)引气剂:是一种在搅拌混凝土过程中能引入大量均匀分布、稳定而封闭的微小气泡的外加剂。

(4)早强减水剂:是一种兼有早强和减水功能的外加剂。

(5)缓凝减水剂:是一种兼有缓凝和减水功能的外加剂。

(6)引气减水剂:是一种兼有引气和减水功能的外加剂。

(7)速凝剂:是一种能使混凝土快速凝结硬化的外加剂。

(8)防水剂(抗渗剂):是一种能降低砂浆、混凝土在静水压力下的透水性的外加剂。

(二)掺外加剂混凝土性能指标

掺外加剂混凝土性能指标是检验评定外加剂质量的依据,是在统一的检验条件下用掺外加剂的混凝土与不掺外加剂的混凝土(基准混凝土)性能的比值或差值来表示。其主要指标意义如下:

(1)减水率:是指混凝土的坍落度在基本相同的条件下,掺用外加剂混凝土的用水量和不掺外加剂基准混凝土的用水量之差与不掺外加剂基准混凝土用水量的比值。

(2)泌水率之比:是指掺用外加剂混凝土的泌水量与不掺外加剂基准混凝土的泌水量的比值。在混凝土中掺用某些外加剂后,对混凝土泌水会有较大的影响。一般缓凝剂使泌水率增大,引气剂、减水剂使泌水率减小。如,木质素磺酸钙减小泌水率30%,有利于减少混凝土的离析,改善混凝土的工作性,因此泌水率比越小越好。

(3)含气量:混凝土拌合物中加入适量具有引气功能的外加剂后,会引入微小的气泡,从而使混凝土的含气量有所增加,而此指标就是对混凝土中的含气量做出限制。一般混凝土中引入极微小的气泡可以减小混凝土泌水,改善混凝土拌合物的工作性能;同时引入极微小的气泡还可以提高混凝土的抗冻性能。因此,引入少量极微小的气泡是有益的。一般地,此项指标宜为2%~5%。

(4)凝结时间差:指掺用外加剂混凝土拌合物与不掺外加剂混凝土拌合物(基准混凝土拌合物)的凝结时间的差值。

(5)抗压强度比:指掺外加剂的混凝土抗压强度与不掺外加剂混凝土(基准混凝土)抗压强度的比值,它是评定外加剂质量等级的主要指标之一。

(6)收缩率比:指掺外加剂的混凝土体积收缩与不掺外加剂混凝土(基准混凝土)体积收缩的比值。

(7)相对耐久性:指掺用引气剂和引气减水剂的混凝土在检验其耐久性能时的特殊指标,它用以下两种方式中的一种来表示:

①在28d龄期时的掺外加剂混凝土,经冻融循环200次后,动弹性模量保留值应不小于80%。

②在28d龄期时的掺外加剂混凝土,经冻融循环后动弹性模量保留值等于80%时,掺外加剂混凝土与基准混凝土冻融次数的比值应不小于300%。

(8)钢筋锈蚀:由于氯离子对钢筋有锈蚀作用,故要限制混凝土外加剂中氯离子的含量。但国际上不直接限制氯离子浓度,而是通过要求掺外加剂的混凝土中钢筋不能有锈蚀现象来控制的。

四、混凝土矿物掺合料

高性能混凝土（HPC）以高耐久性与长使用寿命为目标，对原材料进行选择及配合比设计，并从拌合物的流动性、施工工艺等方面考虑，以获得高耐久性和高强度的混凝土。近年来，在混凝土配制时，经常直接用磨细的无机矿物材料来取代部分水泥，而且已经成为混凝土中除水泥、砂、石子、水和外加剂以外的第六组分，这种无机矿物质材料称为矿物掺合料。矿物外加剂是高性能混凝土的必要组分，也是提高普通混凝土性能、延长混凝土使用寿命的重要矿物掺合料。矿物掺合料对混凝土有填充增密、流化、增强与提高耐久性的作用。

矿物掺合料可分为两大类：活性矿物掺合料与非活性矿物掺合料。

所谓活性矿物掺合料，系指在这类材料中含有一定的活性组分，这类活性组分在有水分供应的条件下，能与碱性物质或硫酸盐发生作用，生成具有胶凝性质的稳定化合物，如C-S-H凝胶和铝酸盐水化物。粒化高炉矿渣、火山灰、优质粉煤灰、烧页岩、天然费石岩等均属于活性矿物掺合料；而不含或只含很少量活性组分的材料，称为非活性矿物掺合料。

1. 粒化高炉矿渣粉（简称矿渣粉）

高炉矿渣是冶炼生铁时的副产品，是炼铁高炉排渣时通过水（急冷）成粒后，再经磨细而得。

2. 火山灰质矿物掺合料

凡是天然的或人工的，以氧化硅、氧化铝为主要成分的矿物质原料磨成细粉，单独调水后本身并不硬化，但与气硬性石灰混合加水拌和成胶泥状后，能在空气中硬化，也能在水中硬化的掺合料，称为火山灰质矿物掺合料。

火山灰质矿物掺合料是一种活性矿物掺合料，分为天然的和人工的两大类。

粉煤灰属于火山灰质矿物掺合料，是火力电厂燃煤炉排出的烟道灰。粉煤灰的化学成分主要是硅、铝质氧化物，粉煤灰由结晶体、玻璃体以及少量未燃尽的碳粒所组成。

【思考题】

1. 简述工程材料密实度及孔隙率的定义及公式。
2. 简述水泥的概念、品种分类及如何选择水泥品种。
3. 简述混凝土用粗细骨料的定义及成因。
4. 简述外加剂的定义、特点及用途。
5. 简述矿物掺合料的定义及种类。

第二篇

公路工程试验检测技术

第三章 路基土石方工程试验与检测方法

第一节 土的概念及基本物理性质指标

在建设工程施工过程中,土是路基工程填筑的最基本的建筑材料,常作为路堤的填料,也可作为隧道、涵洞及地下建筑物的介质或环境。因此,对土的试验和检测是设计、施工和科研必不可少的工作,某种意义上讲是设计、施工和科研的基础。

工程中土是由固体颗粒、水和气体三部分组成的三相体系。这三种组成部分本身的性质及其比例关系和相互作用决定土的物理力学性质及状态,土的基本物理性质指标主要包括以下几项:

(1) 土的密度 ρ:是指土体单位体积的质量。一般土的密度在 $1.60 \sim 2.20\text{g/cm}^3$ 之间。

$$\rho = \frac{m}{V} \tag{3-1}$$

(2) 土粒密度 ρ_s:是指土的固体颗粒单位体积的质量。一般土粒密度变化幅度不大,大都在 $2.67 \sim 2.724\text{g/cm}^3$ 之间。

$$\rho_s = \frac{m_s}{v_s} \tag{3-2}$$

(3) 土的天然含水率 w:是指土中水与固体颗粒质量之比,通常用百分率表示。

$$w = \frac{m_w}{m_s} \tag{3-3}$$

(4) 干密度 ρ_d:是指土的固体颗粒质量与土的总体积之比。土的干密度越大,土越密实,所以干密度常用做填土夯实的控制指标。

$$\rho_d = \frac{m_s}{V} \tag{3-4}$$

(5) 饱和密度 ρ_{sat}:是指土孔隙全部被水充满时的密度。

$$\rho_{sat} = \frac{m_s + V_v \rho_w}{V} \tag{3-5}$$

(6) 浮密度 ρ':是指土浸没在水中受到浮力作用时的密度。

$$\rho' = \frac{m_s - V_s \rho_w}{V} \tag{3-6}$$

(7) 孔隙比 e:是指土中孔隙的体积与固体颗粒的体积之比。

$$e = \frac{V_v}{V_s} \tag{3-7}$$

孔隙比是一个应用十分广泛的指标,土的孔隙比越大,土质越疏松。反之,土的孔隙比越小,其孔隙的体积随之缩小,变得紧密。土的压缩性、透水性等物理性质都与土的孔隙性有密切关系,因此,土的孔隙比可用来评价土的紧密程度。

(8) 孔隙率 n：是指土中孔隙体积与总体积之比。

$$n = \frac{V_v}{V} \times 100\% \tag{3-8}$$

(9) 饱和度 S_r：是指孔隙中水的体积与孔隙体积之比。

$$S_r = \frac{V_w}{V_v} \times 100\% \tag{3-9}$$

饱和度用来描述土中水充满孔隙的程度。当土处于完全干燥状态时,饱和度为 0。当土中孔隙全部被水充满时,饱和度为 1。根据饱和度可把砂土划分为三种状态：$0 < S_r \leq 0.5$ 为稍湿,$0.5 < S_r \leq 0.8$ 为潮湿,$0.8 < S_r \leq 1.0$ 为饱和。

(10) 相对密实度。相对密实度为同一土样的最大孔隙比与天然孔隙比之差,除以最大孔隙比与最小孔隙比之差。相对密实度可用来判断天然砂性土的密实状态及其是否有压密的可能性。若天然孔隙比接近最小孔隙比,其相对密实度接近 1,说明天然土已经很密实,再压密的可能性很小。若天然孔隙比接近最大孔隙比,其相对密实度接近 0,说明天然土很疏松,在外力作用下,它的压缩性很大。

以上这些指标中,土的密度、土粒密度、天然含水率是由试验测定的,称为试验指标,其余指标均可从这三个试验指标计算得到,三相指标的换算关系见表 3-1。

三相指标的换算关系　　　　　　　　　表 3-1

指　　标	符　　号	物理表达式	换算关系式
孔隙比	e	$e = V_v / V_s$	$e = \dfrac{\rho_s(1+w)}{\rho} - 1$
孔隙率	n	$n = V_v / V \times 100\%$	$n = 1 - \dfrac{\rho}{\rho_s(1+w)}$
干密度	ρ_d	$\rho_d = \dfrac{m_s}{V}$	$\rho_d = \dfrac{\rho}{1+w}$
饱和密度	ρ_{sat}	$\rho_{sat} = \dfrac{m_s + V_v \rho_w}{V}$	$\rho_{sat} = \dfrac{\rho(\rho_s - \rho_w)}{\rho_s(1+w)} + \rho_w$
浮密度	ρ'	$\rho' = \dfrac{m_s - V_s \rho_w}{V}$	$\rho' = \rho \dfrac{(\rho_s - \rho_w)}{\rho_s(1+w)}$
饱和度	S_r	$S_r = \dfrac{V_w}{V_v}$	$S_r = \dfrac{\rho \rho_s w}{\rho_w[\rho_s(1+w) - \rho]}$

第二节　土的工程分类

一、土的工程分类依据

自然界中的各种土,从直观上可以分成两大类：

一类是由肉眼可见的松散颗粒所组成,也称为无黏性土；

另一类是由肉眼难以辨别的微细颗粒所组成。微细颗粒特别是黏土颗粒之间存在着重力以外的分子引力和静电力的作用,使颗粒之间相互联结,这就是土的黏性由来。通常颗粒之间不再是直接接触,而是通过结合水膜相联结,使这类土具有可塑性。另外,黏土矿物具有吸水膨胀、失水收缩的能力，使这类土具有胀缩性。这种具有黏性、可塑性、胀缩性的土就是细粒土，或称黏性土。

粗粒土的工程性质，如透水性、压缩性和强度等，在很大程度上取决于土的粒径级配。因此粗粒土按其粒径级配累计曲线再细分为若干类。

细粒土的工程性质不仅取决于粒径级配，比表面积和矿物成分在很大程度上也决定了土的性质。直接量测和鉴定土的比表面积和矿物成分比较困难，但是它们直接综合表现为土的吸附结合水的能力。因此，目前国内外多用吸附结合水的能力作为细粒土的分类标准。反映土吸附结合水能力的特性指标有液限 w_L、塑限 w_P 和塑性指数 I_P。原则上有机质含量高的土是不能作为工程建筑材料的，因此分类时还应考虑有机质含量。

二、土的工程分类

目前土的工程分类法还不统一，这里仅简单介绍交通运输部颁布的《公路土工试验规程》（JTG E40—2007）所列的分类标准。

(1) 土的工程分类目的：通过对土的鉴别、定名和描述，以便对土做出定性评价，为工程设计和施工提供依据。

(2) 土的分类依据为：

①土颗粒组成特征；

②土的塑性指标：液限 w_L、塑限 w_P 和塑性指数 I_P；

③土中有机质存在情况。

(3) 本分类法应按筛分法确定各粒组的含量；按液限塑限联合测定法确定液限和塑限。

(4) 土的颗粒应按表 3-2 所列粒组范围划分。

粒 组 范 围 划 分　　　　　　　表 3-2

巨粒组(mm)		粗粒组(mm)						细粒组(mm)	
≥200	200~60	60~20	20~5	5~2	2~0.5	0.5~0.25	0.25~0.075	0.075~0.002	≤0.002
漂石(块石)	卵石(小块石)	砾(角砾)			砂			粉粒	黏粒
		粗	中	细	粗	中	细		

(5) 本分类将土分为巨粒土、粗粒土、细粒土和特殊土，分类总体系见图 3-1。

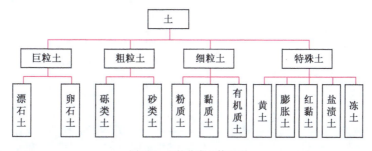

图 3-1　土的分类总体系图

(6) 土颗粒组成特征应以土的级配指标的不均匀系数（C_u）和曲率系数（C_c）表示；不均匀系数 C_u 反映粒径分布曲线上的土粒分布范围，按式(3-10)计算：

$$C_u = \frac{d_{60}}{d_{10}} \tag{3-10}$$

曲率系数 C_c 反映粒径分布曲线上的土粒分布形状,按式(3-11)计算:

$$C_c = \frac{d_{30}^2}{d_{10} \times d_{60}} \qquad (3-11)$$

式中:d_{10}、d_{30}、d_{60}——土的特征粒径,mm,在土的粒径分布曲线上,小于该粒径的土粒质量分别为总土质量的10%、30%、60%。

(7)细粒土应根据塑性图分类。土的塑性图是以液限(w_L)为横坐标、塑性指数(I_P)为纵坐标构成。

(8)土的成分、级配、液限和特殊土等基本代号详见《公路土工试验规程》(JTG E40—2007),本章从略。

(一)巨粒土的分类

巨粒组质量多于总质量50%的土称巨粒土。根据巨粒组的具体含量,可细分为漂(卵)石、漂(卵)石夹土及漂(卵)石质土。见表3-3。

巨 粒 土 分 类 表　　　　表3-3

土类	分	类	符号
巨粒土	漂(卵)石 (其中巨粒组质量≥75%)	漂石(漂石粒组>50%)	B
		卵石(漂石粒组≤50%)	Cb
	漂(卵)石夹土 (其中巨粒组质量50%~75%)	漂石质土(漂石粒组>50%)	BSl
		卵石质土(漂石粒组≤50%)	CbSl
	漂(卵)石质土 (其中巨粒组质量仅含15%~50%)	漂石质土(漂石>卵石)	SlB
		卵石质土(漂石≤卵石)	SlCb

(二)粗粒土分类

试样中粗粒组质量多于总质量50%的土称粗粒土。而粗粒土中砾粒组质量多于总质量50%的土称砾类土,粗粒土中砾粒组质量少于或等于总质量50%的土称砂类土。砾类土应根据其中细粒含量和类别以及粗粒组的级配进行分类,分类体系见表3-4。

粗 粒 土 分 类 表　　　　表3-4

土类	分		类	符号
粗粒土类	砾类土其中砾粒组质量>50%	砾 细粒组质量>50%	当 $C_u \geq 5$,$C_c = 1 \sim 3$ 时,称为级配良好砾	GW
			不同时满足当 $C_u > 5$,$C_c = 1 \sim 3$ 时,称为级配不良好砾	GP
	细粒土砾		细粒土质量占总质量的5%~15%(含15%)	GF
	细粒土质砾 50%≥F>15%		当细粒土位于塑性图A线以下时称为粉土质砾	GM
			当细粒土位于塑性图A线以上时称为黏土质砾	GC
	砾类土砾粒组质量≤50%,根据粒径分组由大到小以首先符合者命名	砂 F<50%	当 $C_u > 5$,$C_c = 1 \sim 3$ 时,称为级配良好砂	SW
			不同时满足当 $C_u > 5$,$C_c = 1 \sim 3$ 时,称为级配不良好砂	SP
		细粒土砂 15%<F<50%	当细粒土位于塑性图A线以下时称为粉土质砂	SW
			当细粒土位于塑性图A线以上时称为黏土质砂	SC

(三)细粒土的分类

细粒组质量多于总质量50%的土称为细粒土,细粒土应按规定划分为细粒土、含粗粒的细粒土和有机质土。

(1)细粒土中粗粒组质量少于总质量25%的土称为细粒土。细粒土应按塑性图(图3-2)分类。

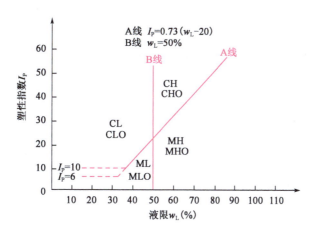

图3-2 用于细粒土分类的塑性图

①当细粒土位于塑性图A线以上时:

a. 在B线以右,称高液限黏土,记为CH;

b. 在B线以左,$I_P = 7$线以上,称低液限黏土,记为CL。

②当细粒土位于塑性图A线以下时:

a. 在B线以右,称高液限粉土,记为MH;

b. 在B线以左,$I_P = 4$线以下,称低液限粉土,记为ML。

(2)细粒土中粗粒组质量为总质量25%~50%的土称为含粗粒的细粒土。含粗粒的细粒土应先确定细粒土部分的名称,再按以下规定最终定名:

①当粗粒组中砾粒组占优势时,称为含砾细粒土,应在细粒土代号后缀以代号"G"。

②当粗粒组中砂粒组占优势时,称为含砂细粒土,应在细粒土代号后缀以代号"S"。

(3)含有机质的细粒土称有机质土。

土中有机质包括未完全分解的动植物残骸和完全分解的无定形物质。后者多呈黑色、青黑色或暗色;有臭味;有弹性和海绵感。借目测、手摸及嗅感判别。

当不能判定时,可采用下列方法:将试样在105~110℃的烘箱中烘烤。若烘烤24h后试样的液限小于烘烤前的3/4,该试样为有机质土。当需要测有机质含量时,按有机质含量试验(T 0151—1993)进行。

有机质土应根据塑性图(图3-2)规定定名:

①位于塑性图A线以上:

a. 在B线以右,称有机质高液限黏土,记为CHO;

b. 在B线以左,$I_P = 7$线以上,称有机质低液限黏土,记为CLO。

②位于塑性图A线以下:

a. 在B线以右,称有机质高液限粉土,记为MHO;

b. 在 B 线以左，$I_p=4$ 线以下，称有机质低液限粉土，记为 MLO。

第三节　施工准备阶段路基工程的试验检测内容

路基工程开工前，施工单位试验室的首要任务是将路基工程边桩内的原地面取土做土工试验。

试验取样安排：为了保证工程的正常进度，要与相关人员及时联系，按照进度计划，协调统一安排。原则是前期先开工地段，先做试验，后开工地段后做试验，使工程施工顺利进行。路基工程开工前的试验检测工作分为两方面，一是路基原地面试验检测项目，二是取土场试验检测项目，这两方面试验内容必须全部完成，并符合规范和图纸要求，报请监理工程师批准后，才能开工。

1. 路基原地面的试验检测

路基原地面试验检测频率要求：取样之前，必须请监理工程师在场见证，一般每公里至少取 2 个试坑，每个试坑做一次全套土工试验，即每公里至少做 2 套全项土工试验；遇到特殊路段，为了保证试验数据的准确性，在土质变化较大时，应多取几个有代表性的点。

路基原地面试验检测项目包括：
(1) 土的天然含水率、天然干密度。
(2) 土的颗粒分析试验。
(3) 液塑限试验。
(4) 土的膨胀率试验。
(5) 标准击实试验。

2. 取土场填料的试验检测

试验检测频率要求：取样之前，必须请监理工程师在场见证，施工规范取土场要求一般每 5000m³ 取土样，做一次全套常规土工试验。

取土场试验项目包括：
(1) 土的天然含水率、天然干密度。
(2) 土的颗粒分析试验。
(3) 土的液塑限试验。
(4) 土的膨胀率试验。
(5) 土的标准击实试验。
(6) 土的承载比试验（即 CBR 试验）。
(7) 土的相对密度试验。
(8) 特殊土的试验检测项目。

南方地区过湿土、淤泥较多，如果直接将土填筑路基，因南方雨水天气多，这种土遇水膨胀，会导致路基的破坏，一般的处理方式是掺入一定比例的石灰以改良土的特性，这就需要增加相应试验项目，包括：①石灰钙镁含量的测定；②石灰剂量的测定；③石灰土击实试验。这部分内容会在第五章路面基层、底基层中介绍。

3. 取土场选取的一般原则

凡具有规定强度且能被压实到规定密度和能形成稳定填方的材料均为适用填料。通常情况下，非适用材料包括：

(1)沼泽土、淤泥、泥炭、冻土、生活垃圾、建筑垃圾。

(2)含有树根和易腐朽物质的土。

(3)有机质含量大于5%的土。

(4)液限大于50%、塑性指数大于26的土。

(5)对于盐渍土、膨胀土及含水率超过规定的土,不得直接作为路堤填料,在采取图纸要求的技术措施并经监理工程师批准后,方可使用。

一 路基工程试验检测项目一——含水率试验方法

定义:土的含水率是在105～110℃下烘至恒量时所失去的水分质量和达恒量后干土质量的比值。以百分数表示。

含水率试验主要有烘干法、酒精燃烧法、比重法、碳化钙气压法四种试验方法。

本节主要介绍工程施工现场常用含水率试验检测方法:烘干法、酒精燃烧法。

(一)烘干法

1. 目的和适用范围

本法是测定含水率的标准方法。

适用范围:本试验方法适用于黏质土、粉质土、砂类土、有机质土和砂砾石、冻土类。

2. 仪器设备

(1)烘箱。可采用电热烘箱或温度能保持105～110℃的其他能源烘箱,也可用红外线烘箱。

(2)天平。感量0.01g。

(3)其他。干燥器、称量盒[为简化计算手续,可将盒质量定期(3～6个月)调整为恒质量值]等。

3. 试验步骤

(1)取具有代表性试样,细粒土15～30g,砂类土、有机土为50g,放入称量盒内,立即盖好盒盖,称质量。称量时,可在天平一端放上与该称量盒等质量的砝码,移动天平游码,平衡后称量结果即为湿土质量。

(2)揭开盒盖,将试样和盒放入烘箱内,在温度105～110℃恒温下烘干。烘干时间对细粒土不得少于8h,对砂类土不得少于6h,对含有机质超过5%的土或含石膏的土,应将温度控制在65～70℃的恒温,干燥12～15h为好。

(3)将烘干后的试样和盒取出,放入干燥器内冷却(一般只需0.5～1h即可)。冷却后盖好盒盖,称质量,准确至0.01g。

4. 结果整理

按式(3-12)计算含水率:

$$w = \frac{m - m_s}{m_s} \times 100\% \qquad (3-12)$$

式中:w——含水率,%,计算至0.1%;

　　　m——湿土质量,g;

　　　m_s——干土质量,g。

5. 精密度和允许差

本试验须进行二次平行测定，取其算术平均值，允许平行差值应符合表 3-5 规定。

含水率测定的允许平行差值　　　　　　　　表 3-5

含水率(%)	允许平行差值(%)
5 以下	0.3
40 以下	≤1
40 以上	≤2
对层状和网状构造的冻土	<3

(二) 酒精燃烧法

1. 目的和适用范围

本试验方法适用于快速简易测定细粒土(含有机质的除外)的含水率。

2. 仪器设备

(1) 称量盒(定期调整为恒质量)。
(2) 天平：感量 0.01g。
(3) 酒精：纯度 95%。
(4) 滴管、火柴、调土刀等。

3. 试验步骤

(1) 取代表性试样(黏质土 5～10g，砂类土 20～30g)。放入称量盒内，称湿土质量，准确至 0.01g。
(2) 用滴管将酒精注入放有试样的称量盒中，直至盒中出现自由液面为止。为使酒精在试样中充分混合均匀，可将盒底在桌面上轻轻敲击。
(3) 点燃盒中酒精，燃至火焰熄灭。
(4) 将试样冷却数分钟，按本试验步骤(2)～(3)重新燃烧两次。
(5) 等第三次火焰熄灭后，盖好盒盖，立即称干土质量，准确至 0.01g。
其余同烘干法。

注：用燃烧法测定含水率不适宜测定有机质含量过高的土样，否则将影响试验数据的准确性，另外用燃烧法测含水率时一定要使酒精充分燃烧。

(三) 其他工地常用快速测定方法

1. 比重法

比重法是指将土样放入一定容积的玻璃瓶中称量，算出土粒在水中的浮重，进一步求出土的含水率。该方法适用于砂类土。

2. 微波加热法

微波是一种超高频的电磁波，微波加热就是通过微波发生器产生微波能，再把这个微波能，用波导输送到微波加热器中，加热器中物体受到微波作用后就自身发热。

微波加热器可用商业产品中的家用微波炉，一批土样一般几分钟就可烘干。经试验对比，多数土的测试结果与标准烘干法相对误差小于 1.5%。但该方法对一些含金属矿物质的土不适用,因为一些金属物质本身会在微波作用下发热,其温度会超过100℃,从而损坏微波炉。

3. 碳化钙气压法

碳化钙为吸水剂。将一定量的湿土样和碳化钙置于体积一定的密封容器中,吸水剂与土中的水发生化学反应,产生乙炔气体,乙炔气体在密封容器中产生的压强与土中水分子质量成正比。通过测气体压强就可换算出相应的含水率。

4. 炒干法

炒干法指用锅将试样炒干,该方法适用于砂土及含砾较多的土。

(四) 特殊土的含水率测试方法

1. 含石膏土和有机质土的含水率测试法

含石膏土和有机质土的烘干温度在110℃时,含石膏土会失去结晶水,含有机质土的有机成分会燃烧,导致测试结果数据不准确。这种试样的干燥宜用真空干燥箱在近乎1个大气压力作用下将土干燥,或将烘箱温度控制在60~70℃,干燥8h以上为好。

2. 无机结合料稳定土的含水量测试法

无机结合料在国外常称为水硬性结合料,它主要指水泥、石灰、粉煤灰和石灰或水泥粉煤灰,而水泥稳定土、石灰稳定土、石灰粉煤灰稳定土等的总称为无机结合料稳定土。

如水泥与水拌和会发生水化作用,在较高温度下水化作用发生较快。因此,如将水泥混合料放在原为室温的烘箱内,再启动烘箱升温,则在升温过程中水泥与水的水化作用会发生放热反应,使得出的含水率往往偏小,所以应提前将烘箱升温到110℃,使放入的水泥混合料一开始就能在105~110℃的环境下烘干。另外,烘干后冷却时应用硅胶作干燥剂。

(五) 工程示例

含 水 率 试 验

编号:C-1-□□□-□□□

试验单位					合同号	
样品名称	褐色黏土				试验规程	JTG E40—2007
样品来源	4-2号取土场				试验日期	
试验人					审核人	
盒号	25	28	8	29		
盒+湿土质量(g)	30.56	32.36	31.32	31.68		
盒+干土质量(g)	27.53	29.13	28.12	28.74		
盒质量(g)	15.80	16.62	16.48	18.09		
水分质量(g)	3.03	3.23	3.2	2.94		
干土质量(g)	11.73	12.51	11.64	10.65		
含水率(%)	25.83	25.82	27.49	27.61		
平均含水率(%)	25.8		27.6			
结论	监理工程师:				日期:	

路基工程试验检测项目二——颗粒分析试验(筛分法)

1. 目的和适用范围

目的:土的颗粒分析试验就是测定土的粒径大小和级配状况,为土的分类、定名和工程应用提供依据。

适用范围:本试验法适用于分析粒径大于 0.075mm 的土,对于粒径大于 60mm 的土样,本试验方法不适用。

2. 主要仪器设备

(1)标准筛:粗筛(圆孔)孔径为 60mm、40mm、20mm、10mm、5mm、2mm;细筛孔径为 2mm、1.0mm、0.5mm、0.25mm、0.075mm。

(2)天平:称量 5000g,感量 5g;称量 1000g,感量 1g;称量 200g,感量 0.2g。

(3)摇筛机。

3. 取样数量

从风干、松散的土样中,用四分法按照下列规定取出具有代表性的试样:

(1)小于 2mm 颗粒的土 100~300g。
(2)最大粒径小于 10mm 的土 300~900g。
(3)最大粒径小于 20mm 的土 1000~2000g。
(4)最大粒径小于 40mm 的土 2000~4000g。
(5)最大粒径大于 40mm 的土 4000g 以上。

4. 试验步骤

(1)对于无凝聚性的土:

①按规定称取试样,将试样分批过 2mm 筛。

②将大于 2mm 的试样按从大到小的次序,通过大于 2mm 的各级粗筛。将留在筛上的土分别称量。

③小于 2mm 的各级细筛,可用摇筛机进行振摇,振摇时间一般为 10~15min。

④筛后各级筛上和筛底土总质量与筛前试样质量之差,不应大于 1%。

⑤如 2mm 筛下的土不超过试样总质量的 10%,可省略细筛分析;如 2mm 筛上的土不超过试样总质量的 10%,可省略粗筛分析。

(2)对于含有黏土粒的砂砾土:

①将土样放在橡皮板上,用木碾将黏结的土团充分碾散,拌匀、烘干、称量。如土样过多时,用四分法称取代表性土样 100~4000g。

②将试样置于盛有清水的瓷盆中,浸泡并搅拌,使粗细颗粒分散。

③将浸润后的混合液过 2mm 筛,边冲边洗过筛,直至筛上仅留大于 2mm 的土粒为止。然后,将筛上洗净的砂砾风干称量。按以上方法进行粗筛分析。

④通过 2mm 筛下的混合液存放在盆中,待稍沉淀,将上部悬液过 0.075mm 细筛,用带橡皮头的玻璃棒研磨盆内浆液,再加清水,搅拌、研磨、静置、过筛,反复进行,直至盆内悬液澄清。最后,将全部土粒倒控倒在 0.075mm 筛上,用水冲洗,直到筛上仅留大于 0.075mm 的净砂为止。

⑤将大于 0.075mm 的净砂烘干称量,并进行细筛分析。

⑥将大于 2mm 颗粒及 0.075~2mm 的颗粒质量从原称量的总质量中减去,即小于

0.075mm颗粒质量。

⑦如果小于0.075mm颗粒质量超过总土质量的10%，有必要时，将这部分土烘干、取样，另做密度计或移液管分析。

5. 结果整理

(1) 按式(3-13)计算小于某粒径颗粒质量百分数：

$$X = \frac{A}{B} \times 100\% \tag{3-13}$$

式中：X——小于某粒径颗粒的质量百分数，%；

　　A——小于某粒径的颗粒质量，g；

　　B——试样的总质量，g。

(2) 在半对数坐标纸上，以小于某粒径的颗粒质量百分数为纵坐标，以粒径(mm)为横坐标，绘制颗粒大小级配曲线，求出各粒组的质量百分数，以整数(%)表示。

(3) 必要时按式(3-14)计算不均匀系数：

$$C_u = \frac{d_{60}}{d_{10}} \tag{3-14}$$

计算至0.1，且含两位以上有效数字。

(4) 必要时按式(3-15)计算曲率系数：

$$C_c = \frac{d_{30}^2}{d_{10} \times d_{60}} \tag{3-15}$$

式中：d_{10}、d_{30}、d_{60}——分别为土的粒径分布曲线上对应通过率10%、30%、60%的粒径，mm。

6. 工程示例

土的颗粒分析试验

编号：C-3-D04-0010

试验单位				合同号				
样品名称	褐色黏土			试验规程	JTG E40—2007			
样品来源	4-2号取土场右5号点			试验日期				
试验人				审核人				
筛前总土质量=300g				小于2mm取试样质量=296.21g				
小于2mm土质量=296.21g				小于2mm土占总土质量百分比=98.7%				
粗筛分析				细筛分析				
孔径 (mm)	累计留筛土质量 (g)	小于该孔径的土质量 (g)	小于该孔径土质量百分比 (%)	孔径 (mm)	累计留筛土质量 (g)	小于该孔径的土质量 (g)	小于该孔径土质量百分比 (%)	占总土质量百分比 (%)
60	—	—	—	2	3.79	296.21	100.0	98.7
40	—	—	—	1	9.32	290.68	98.1	96.9
20	—	—	—	0.5	29.50	270.50	91.3	90.2
10	—	—	—	0.25	37.35	262.65	88.7	87.6
5	—	—	—	0.075	37.87	262.13	88.5	87.4
2	—	—	—					
结论	根据《公路土工试验规程》(JTG E40—2007)进行检验，结果该土场的土为细粒土							
	监理工程师：				日期：			

路基工程试验检测项目三——液塑限试验方法

(一)概述

含水率对黏性土的工程性质(如强度、压缩性等)有极大的影响。当土从很湿逐渐变干时,会表现几个不同的物理状态,土也就有不同的工程性质。黏性土的重要物理性质指标如下:

(1)液限(w_L):黏性土由流动状态转向塑性状态时的界限含水率,即黏性土保持塑性状态的最高含水率,简称液限。

(2)塑限(w_P):黏性土由塑性状态转向半固体状态时的界限含水率,即黏性土保持塑性状态的最低含水率,简称塑限。

(3)塑性指数(I_P):黏性土的塑性大小,可用土处于塑性状态的含水率变化范围来衡量。这个范围即液限与塑限之差,即 $I_P = w_L - w_P$。塑性指数一般习惯上用不带百分数符号的数值表示。塑性指数越大,表示土越具有较高的塑性。

(4)液限指数(I_L):土的天然含水率 w 在一定程度上反映土中水量的多少。但仅仅天然含水率并不能说明土处于什么物理状态,因此还需要一个能够表示天然含水率与界限含水率关系的值,这就是液限指数 I_L。

$$I_L = \frac{w - w_P}{w_L - w_P} \tag{3-16}$$

故按 I_L 可区分土的各种状态:
① $I_L < 0$,为坚硬、半坚硬状态;
② $0 \leq I_L < 0.5$,为硬塑状态(可塑状态);
③ $0.5 \leq I_L < 1.0$,为软塑状态(可塑状态);
④ $I_L \geq 1.0$,为流塑状态。

(5)缩限(w_S):当土达到塑限后继续变干,土的体积随含水率的减少而收缩。但达到某一含水率后,土体积不再收缩,这个界限含水率称为缩限。用 w_S 表示。

土的物理状态将决定土的力学性能及土在工程中的应用。

(二)液限塑限联合测定法

1. 目的和适用范围

本试验的目的是联合测定土的液限和塑限,为划分土类、计算天然稠度、塑性指数,供公路工程设计和施工使用。

2. 主要仪器设备

(1)LP-100型液限塑限联合测定仪;锥质量为100g或76g,锥角为30°,读数形式宜采用光电式、游标式、百分表式。如图3-3所示。

(2)天平:称量200g,感量0.01g。

3. 试验步骤

(1)取有代表性的天然含水率或风干土样,过0.5mm的筛取筛下的200g,进行试验。

(2)将土样分开放入三个盛土皿中,加水使配制土样的含水率分别控制在液限(a点),略大于塑限(c点)和两者的中间状态(b点),用调土刀调匀,盖上湿布,放置18h以上。测定 a

点的锥入深度应为 20mm±0.2mm,测定 c 点的锥入深应控制在 5mm 以下。对于砂类土测定 c 点的锥入深度可大于 5mm。

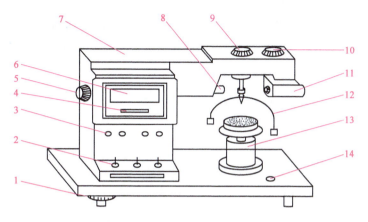

图 3-3 光电式液限塑限联合测定仪

1-水平调节螺丝;2-控制开关;3-指示灯;4-零线调节螺丝;5-反光调节螺丝;6-屏幕;7-机壳;8-物镜调节螺丝;9-电磁装置;10-光源调节螺丝;11-光源;12-圆锥仪;13-升降台;14-水平泡

(3) 将制备的土样充分搅拌均匀,分层装入盛土杯,用力压密,使空气逸出。对于较干的土样,应先充分搓揉,用调土刀反复压实。试杯装满后,刮成与杯边齐平。

(4) 用光电式或数码式液限塑限联合测定仪测定时,首先接通电源,调平机身,打开开关,提上锥体(此时刻度或数码显示应为零)。将装好土样的试杯放在升降座上,转动升降旋钮,试杯徐徐上升,土样表面和锥尖刚好接触,指示灯亮,停止转动旋钮,锥体立刻自行下沉 5s 时,自动停止下落,读数窗上或数码管上显示锥入深度 h_1,重复上述步骤,改变锥尖与土接触位置得锥入深度 h_2。两次结果允许误差为 0.5mm,试验完毕,按动复位按钮,锥体复位,读数显示为零。取 10g 以上的土样两个,分别装入称量盒内,称质量(准确至 0.01g),测定其含水率 w_1、w_2(计算到 0.1%),计算含水率平均值 w。

4. 结果整理

(1) 在二级双对数坐标纸上,以含水率 w 为横坐标,锥入深度 h 为纵坐标,点绘 a、b、c 三点含水率的 h-w 图,连此三点,应呈一条直线如图 3-4 所示。如三点不在同一直线上,要通过 a 点,与 b、c 两点连成两条直线,根据液限(a 点含水率)在 h_P-w_L 图上查得 h_P,以此 h_P 再在 h-w 图上的 ab 及 ac 两直线上求出相应的两个含水率,当两个含水率的差值小于 2% 时,以该两点含水率的平均值与 a 点连成一直线。当两个含水率的差值大于 2% 时,应重做试验。

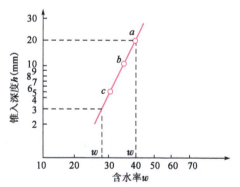

图 3-4 锥入深度与含水率(h-w)关系图

(2) 在 h-w 图上,查得纵坐标入土深度 h=20mm 所对应的横坐标的含水率 w,即该土样的液限 w_L。

(3) 对于细粒土,用双曲线确定锥入深度 h_P 值公式;对于砂类土,则用多项式曲线确定锥入深度 h_P 值。

$$h_P = \frac{w_L}{0.524 w_L - 7.606} \tag{3-17}$$

对于砂类土,则用式(3-18)计算塑限入土深度 h_P:

$$h_P = 29.6 - 1.22 w_L + 0.017 w_L^2 - 0.0000744 w_L^2 \tag{3-18}$$

注:也可不用计算 h_P,而在《公路土工试验规程》(JTG E40—2007)上用相应的图查取 h_P。

(4)根据 h_P 值,在 h-w 图上查得纵坐标锥入深度为 h_P 时所对应的含水率,即该土样的塑限 w_P。

(5)塑性指数(I_P):液限与塑限之差,即 $I_P = w_L - w_P$。

5. 工程示例

××高速公路项目

土的界限含水率试验(液塑限联合测定)

编号:C-4-□□□-□□□□

试验单位	××高速公路中铁三局试验室		合同号	第04合同段	
样品名称	褐色黏土		试验规程	JTG E40—2007	
样品来源	4-2号取土场9		试验日期		
试验人			审核人		

试验项目 \ 试验次数		1		2		3	
入土深度 (mm)	h_1	5.00		9.87		20.00	
	h_2	4.99		9.89		20.00	
	$(h_1+h_2)/2$	5.00		9.88		20.00	
含水率(%)	盒号	32	25	15	27	41	22
	盒质量(g)	16.49	15.80	18.60	17.49	16.24	17.48
	盒+湿土质量(g)	29.67	29.83	29.32	29.68	29.56	29.65
	盒+干土质量(g)	26.75	26.71	26.46	26.42	25.29	25.75
	水质量(g)	2.92	3.12	2.86	3.26	4.27	3.90
	干土率(g)	10.26	10.91	7.86	8.93	9.05	8.27
	含水率(%)	28.46	28.60	36.39	36.51	47.18	47.16
	平均含水率(%)	28.5		36.5		47.2	

锥入深度与含水率(h-w)关系图
$y = 0.0005 x^{2.3439}$
$R^2 = 1$

液限 $w_L = 47.2$
塑限 $w_P = 23.0$
塑性指数 $I_P = 24.2$

结论

监理工程师: 日期:

四 路基工程试验检测项目四——自由膨胀率试验方法

1. 定义及目的

自由膨胀率为松散的烘干土粒在水中和空气中分别自由堆积的体积之差与在空气中自由堆积的体积之比,以百分数表示。本试验法适宜用于膨胀土,用以判定松散土粒在水中的膨胀特性,判定该土质对工程的影响,采取相应措施。

2. 仪器设备

(1) 玻璃量筒:容积50mL,最小刻度1mL。
(2) 量土杯:容积10mL,内径20mm,高度32.8mm。
(3) 无颈漏斗:上口直径50~60mm,下口直径4~5mm。
(4) 搅拌器:由直杆和带孔圆盘构成(图3-5)。
(5) 天平:称量200g,感量0.01g。

3. 试验步骤

(1) 取代表性风干土样碾碎,使其全部通过0.5mm筛。取约50g放入盛土盒内,移入烘箱,在105~110℃温度下烘至恒量,取出放在干燥器内冷却至室温。

(2) 将无颈漏斗装在支架上,漏斗下口对正量土杯中心,并保持距杯口10mm的距离。

(3) 从干燥器内取出土样,用匙将土样倒入量土杯中,盛满后沿杯口刮平土面,再将量土杯中土样倒入匙中,把量土杯按图3-6所示仍放在漏斗下口正中处。将匙中土样一次倒入漏斗,用细玻璃棒或铁丝轻轻搅动漏斗中土样,使其全部漏下,然后移开漏斗,用平口刀垂直于杯口轻轻刮去多余土样(严防震动),称记杯中土的质量。进行平行测定,两次质量差值不得大于0.1g。

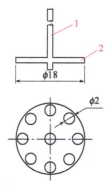 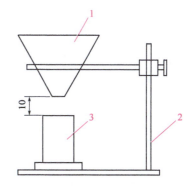

图3-5 搅拌器示意图(尺寸单位:mm)
1-直杆;2-圆盘

图3-6 量样装置(尺寸单位:mm)
1-漏斗;2-支架;3-量土杯

(4) 将量筒置于试验台上,注入蒸馏水30mL,并加入5mL 5%的分析纯氯化钠溶液,然后将量土杯中的土样倒入量筒内。

(5) 用搅拌器搅拌量筒内悬液,搅拌器应上至液面下至底,搅拌10次(时间约10s),取出搅拌器,将搅拌器上附着的土粒冲洗入量筒,并冲洗量筒内壁,使量筒内液面约至50mL刻度。

(6) 量筒中土样沉积后约每隔5h,记录一次试样体积,体积估读至0.1mL。读数时要求视线与土面在同一平面上,如土面倾斜,取高低面读数的平均值。当两次读数差值不大于0.2mL

时,即认为膨胀稳定。用此稳定读数计算自由膨胀率。

4. 结果整理

按式(3-19)计算土样的自由膨胀率:

$$\delta_{ef} = \frac{V - V_0}{V_0} \times 100\% \tag{3-19}$$

式中:δ_{ef}——自由膨胀率,%,计算至1%;
　　V——土样在量筒中膨胀稳定后的体积,mL;
　　V_0——量土杯容积,mL,即干土自由堆积体积。

5. 精密度和允许差

本试验应作两次平行测定,取其算术平均值,其平行差值应为:$\delta_{ef} \geq 60\%$ 时,不大于80%;$\delta_{ef} < 60\%$ 时,不大于5%。

6. 工程示例

湖北襄荆高速公路工程项目

土的自由膨胀率试验

编号:C-4-□□□-□□□□

试验单位	襄荆高速公路中铁三局试验室	合同号	襄荆第04合同段
样品名称	褐色黏土	试验规程	JTG E40—2007
样品来源	4-2 取土场(3)	试验日期	
土样说明		试验	
量筒型号	50mL	计算	
量杯容积	10cm³	试验负责	

土样编号	土样质量(g)	量筒编号	不同时间体积读数(cm³)					土的自由膨胀率(%)	
			2h	4h	6h	8h	10h	δ_{ef}	平均值
1	9.70	1	14.2	14.4	14.4	14.5	14.6	46	46
	9.70	2	14.3	14.4	14.5	14.5	14.6	46	
结论			监理工程师:				日期:		

五 路基工程试验检测项目五——击实试验方法

1. 概述

土作为道路工程材料,进行路基填筑时,为了保证建设工程质量,作为试验检测人员必须要对填筑的每一层路基进行压实度控制,这就需要试验室来提供一个标准的路基土压实的最大干密度和相应的最佳含水率,去衡量现场压实后的密度能否达到规范要求的压实度质量标准。

击实试验就是为了这种目的,利用标准化的击实仪具,模拟现场实际压实情况,获取土的标准干密度和相应的最佳含水率的关系。

2. 试验方法的类型

击实试验分轻型和重型两类,其击实试验方法类型见表 3-6。

击实试验方法类型   表 3-6

试验方法	类别	锤底直径(cm)	锤质量(kg)	落高(cm)	试筒尺寸 内径(cm)	高(cm)	容积(cm^3)	层数	每层击数	击实功(kJ/m^2)	最大粒径(mm)	备注
轻型Ⅰ法	Ⅰ.1	5	2.5	30	10	12.7	997	3	27	598.2	20	适用于过湿土或低等级公路
	Ⅰ.2	5	2.5	30	15.2	17	2177	3	59	598.2	40	
轻型Ⅱ法	Ⅱ.1	5	4.5	45	10	12.7	997	3	27	2687.0	20	适用于细粒土,粗粒土或高等级公路
	Ⅱ.2	5	4.5	45	15.2	17	2177	3	98	2687.2	40	

3. 试验仪器设备

标准击实仪构造包括击实筒和击锤、导杆等。其构造见图 3-7 和图 3-8。

4. 试样方法

本试验可采用干土法和湿土法两种方法制备试样。

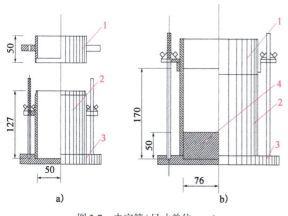

图 3-7 击实筒(尺寸单位:mm)
a)小击实筒;b)大击实筒
1-套筒;2-击实筒;3-底板;4-垫块

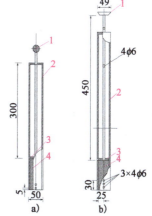

图 3-8 击锤和导杆(尺寸单位:mm)
a)2.5kg 击锤(落高 30cm);b)2.5kg 击锤(落高 45cm)
1-提手;2-导筒;3-硬橡皮垫;4-击锤

(1)干土法:将具有代表性的风干或在 50℃温度下烘干的土样放在橡皮板,用旧木棍碾散,然后过不同孔径的筛(视粒径大小而定)。对于小试筒,按四分法取筛下的土约 3.5kg,对于大试筒,同样按四分法取样约 6.5kg。至少准备 5 个试样,分别加入不同水分(按 2%~3% 含水率递增),拌匀后闷料一夜备用。其中有两个大于和两个小于最佳含水率,所需加水量按式(3-20)计算:

$$m_w = \frac{m_1}{1 + 0.01w} \times 0.01(w - w_1) \tag{3-20}$$

式中：m_w——所需的加水量，g；

m_1——含水量 w_1 时土样的质量，g；

w_1——土样原有含水率，%；

w——要求达到的含水率，%。

(2)湿土法：对天然含水率的土样过筛，并分别风干到所需的几组不同含水率(按2%~3%递增)备用。

5.试验步骤

(1)根据工程要求，按表3-6规定选择轻型或重型试验方法，根据土的性质按规定选用干土法或湿土法。

(2)将击实筒放在坚硬的地面上，取制备好的土样分3~5次倒入筒内。整平表面，并稍加压紧，然后按规定的击数进行第一层上的击实，击实时击锤应自由垂直落下。锤迹必须均匀分布于土样面。第一层击实完后，将试样层面"拉毛"，然后再装入套筒，重复上述方法进行其余各层土的击实。小试筒击实后，试样不应高出筒顶面5mm；大试筒击实后，试样不应高出筒顶面6mm。

(3)用修土刀沿套筒内壁削刮，使试样与套筒脱离后，扭动并取下套筒，用修土刀齐筒顶细心削平试样，称量筒加试样的质量，准确至1g。

(4)用推土器推出筒内试样，从试样中心处取样测其含水率，计算至0.1%。测定含水率用试样的数量按表3-7规定取样(取出有代表性的土样)。两个试样含水率的精度应符合表3-8规定。

测定含水率用试样的数量　　　　　　　　　　表3-7

最大粒径(mm)	试样质量(g)	个　数	最大粒径(mm)	试样质量(g)	个　数
<5	15~20	2	约20	约250	1
约5	约50	1	约40	约500	1

含水率测定的允许平行误差　　　　　　　　　　表3-8

含水率(%)	<5	<40	≥40
允许平行误差(%)	0.3	≤1	≤2

6.结果整理

(1)按式(3-21)计算击实后各点的干密度。

$$\rho_w = \frac{m_1 - m_2}{V} \tag{3-21}$$

$$\rho_d = \frac{\rho_w}{1 + 0.01w}$$

式中：ρ_d——干密度，g/cm³；

ρ_w——湿密度，g/cm³；

w——含水率，%；

m_1——试筒加水的合质量，g；

m_2——试筒质量，g；

V——试筒体积，cm³。

（2）以干密度为纵坐标，含水率为横坐标，绘制干密度与含水率的关系曲线（图 3-9），曲线上峰值点的纵、横坐标分别为最大干密度和最佳含水率，如曲线不能绘出明显的峰值点，应进行补点或重做。

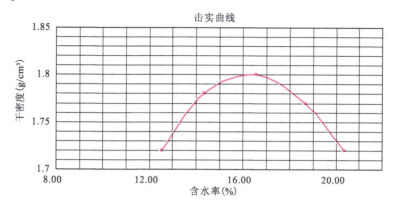

图 3-9 含水率与干密度关系曲线

（3）当试样中有大于 40mm 的颗粒时，应先取出大于 40mm 颗粒，并求得其百分率 p，把小于 40mm 部分作击实试验，按下面公式分别对试验所得的最大干密度和最佳含水率进行校正（适用于大于 40mm 颗粒的含量小于 30% 时）。最大干密度按式（3-22）校正：

$$\rho'_{dm} = \frac{1}{\dfrac{1-0.01p}{\rho_{dm}} + \dfrac{0.01p}{\rho_w G'_s}} \tag{3-22}$$

式中：ρ'_{dm}——校正后的最大干密度，g/cm³；

ρ_{dm}——用粒径小于 40mm 的土样试验所得的最大干密度，g/cm³；

p——试料中粒径大于 40mm 颗粒的百分数，%；

G'_s——粒径大于 40mm 颗粒的毛体积相对密度，计算至 0.01。

最佳含水率按式（3-23）校正：

$$w'_0 = w_0(1 - 0.01p) + 0.01pw_2 \tag{3-23}$$

式中：w'_0——校正后的最佳含水率，%；

w_0——用粒径小于 40mm 的土样试验所得的最佳含水率，%；

w_2——粒径大于 40mm 颗粒的吸水率，%；

其余符号意义同前。

7. 工程示例

湖北省襄荆高速公路项目

土 的 击 实 试 验

编号：C-6-□□□-□□□□

试验单位	襄荆高速公路中铁三局试验室	合同号	第 04 合同段
样品名称	褐色黏土	试验规程	JTG E40—2007
样品来源	新 4-3 号取土场	试验日期	
试验人		审核人	

续上表

	击实方法重型		每层击数:27次		筒容积:997mL		击锤质量:4.5kg		超尺寸颗粒含量:0%	
干密度	试验次数		1		2		3		4	5
	预加含水率(%)		12		14		16		18	20
	筒号		1		1		1		1	1
	筒+湿土质量(g)		4000		4100		4170		4165	4135
	筒质量(g)		2075		2075		2075		2075	2075
	湿土质量(g)		1925		2025		2095		2090	2060
	湿密度(g/cm³)		1.93		2.03		2.1		2.10	2.07
	干密度(g/cm³)		1.72		1.78		1.80		1.77	1.72
含水率	盒号	8	9	30	27	23	36	18	38	13	26
	盒+湿土质量(g)	33.68	33.39	33.48	33.56	33.61	33.83	33.57	33.49	33.87	33.72
	盒+干土质量(g)	31.76	31.53	31.35	31.56	31.31	31.48	30.87	30.93	31.01	30.77
	盒质量(g)	16.48	16.52	16.55	17.49	17.43	17.17	16.28	17.27	16.84	16.29
	水质量(g)	1.92	1.86	2.13	2.00	2.30	2.35	2.70	2.56	2.86	2.95
	干土质量(g)	15.28	15.01	14.8	14.07	13.88	14.31	14.59	13.66	14.17	14.48
	含水率(%)	12.57	12.39	14.39	14.21	16.57	16.42	18.51	18.74	20.18	20.37
	平均含水率(%)		12.5		14.3		16.5		18.6		20.3
最佳含水率(%)				16.3			最大干密度(g/cm³)			1.80	
结论					监理工程师:			日期:			

击实曲线

六 路基工程试验检测项目六——承载比(CBR)试验方法

CBR 又称加州承载比,是 Califomia Beating Ratio 的缩写,由美国加利福尼亚州公路局首先提出来,用于评定路基土和路面材料的强度指标。在国外大多采用 CBR 作为路面材料和路基土的设计参数。

近年来,随着我国高速公路、高速铁路的快速建设,为了提高路基工程质量,将 CBR 指标列入《公路路基施工技术规范》(JTG F10—2006),作为控制路基工程质量的强度指标,并且作为路基填料选择的依据。

1. 目的

本试验方法是为了测定路基填料的强度,评定该材料能否用于路基工程施工。

2. 主要仪器设备

(1) 圆孔筛:孔径 40mm、20mm 及 5mm 筛各 1 个。

(2) 试筒:内径 152mm、高 170mm 的金属圆筒;套环,高 50mm;筒内垫块,直径 151mm、高 50mm;夯击底板,同击实仪。试筒的形式和主要尺寸如图 3-10 所示。

(3) 夯锤和导管:夯锤的低面直径 50mm,总质量 4.5kg。夯锤在导管内的总行程为 450mm,夯锤的形式和尺寸与重型击实试验法所用的相同。

(4) 贯入杆:端面直径 50mm、长约 100mm 的金属柱。

(5) 路面材料强度仪或其他荷载装置:能量不大于 50kN,能调节贯入速度至 1mm/min,可采用测力计式,如图 3-11 所示。

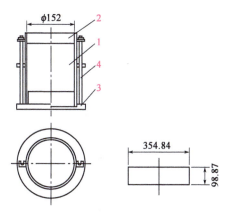

图 3-10 承载比试筒(尺寸单位:mm)
1-试筒;2-套环;3-夯实底板;4-拉杆

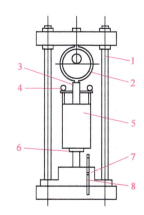

图 3-11 手摇测力计式荷载装置示意图
1-框架;2-量力环;3-贯入杆;4-百分表;
5-试件;6-升降台;7-蜗轮蜗杆箱;8-摇把

3. 试验步骤

(1) 按照击实试验求得最大干密度和最佳含水率后,在按此最佳含水率制备所需试件。

(2) 击实试验共制备 9 个试件,采用大试筒,每个试件均按 3 层法击实成型,每层击数分别按 30、50、98 次,使试件的干密度从低于 95% 到等于 100% 的最大干密度。三种击数试件各制 3 个。

(3) 泡水测膨胀量的步骤如下:

① 在试件制成后,取下试件顶面的破残滤纸,放一张好滤纸并在上安装附有调节杆的多孔板(图 3-12),在多孔板上加 4 块荷载板,如图 3-13 所示。

② 将试筒与多孔板一起放入槽内(先不放水),并用拉杆将模具拉紧,安装百分表,并读取初读数(图 3-14)。

③ 向水槽内放水,使水自由进到试件的顶部和底部,在泡水期间,槽内水面应保持在试件顶面以上大约 25mm,通常试件要泡水 4 昼夜。

④ 泡水终了时,读取试件上百分表的终读数,并用式 (3-24) 计算膨胀量:

$$膨胀量 = \frac{泡水后试件高度变化}{原试件高度(=120mm)} \times 100\% \tag{3-24}$$

⑤ 从水槽中取出试件,倒出试件顶面的水,静置 15min,让其排水,然后卸去附加荷载和多孔板以及底板和滤纸,并称其质量 m,以计算试件的湿度和密度的变化。

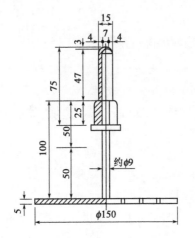

图 3-12 带调节杆的多孔板(尺寸单位:mm)

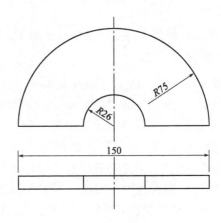

图 3-13 荷载板(尺寸单位:mm)

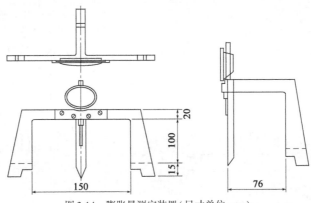

图 3-14 膨胀量测定装置(尺寸单位:mm)

(4)贯入试验:

①将泡水试验终了的试件放到路面材料强度试验仪的升降台上,调整偏球座,使贯入杆与试件顶面全面接触,在贯入杆周围放置4块荷载板。

②先在贯入杆上施加45N的预压荷载,然后将测力和测变形的百分表的指针都调至零点。

③加荷使贯入杆以 $1 \sim 1.25\text{mm/min}$ 的速度压入试件,记录测力计内百分表某些整读数(如20、40、60)时的贯入量,并注意使贯入量为 $250 \times 10^{-2}\text{mm}$ 时,能有 5 个以上的读数。因此,测力计内的第一个读数应是贯入量 0.3mm 左右。当贯入量大于7mm时,试验可终止。

4. 结果整理

(1)以单位压力(p)为横坐标,贯入量(l)为纵坐标,绘制 p-l 关系曲线如图 3-15 所示。

图 3-15 上曲线1是合适的,曲线2开始段是凹曲线,需要进行修正。修正时,在变曲率点引一切线,与纵坐标交于 O',O' 即为修正后的原点。

说明:绘图前应将量力环百分表读数通过量力环系数转换为荷载,并由贯入杆面积计算某级贯入量下的单位压力。

(2)一般采用贯入量为 2.5mm 时的压力与标准压力之比作为材料的承载比(CBR),即

$$\text{CBR} = \frac{p}{7000} \times 100\% \qquad (3\text{-}25)$$

式中:p——贯入量为 2.5mm 时的单位压力,kPa;

CBR——承载比,%。

同时计算贯入量为 5mm 时的承载比,即

$$CBR = \frac{p}{10500} \times 100\% \quad (3-26)$$

式中:p——贯入量为 5mm 时的单位压力,kPa;

　　　CBR——承载比,%。

如贯入量为 5mm 时的承载量比大于 2.5mm 时的承载比,则试验要重做,如结果仍然如此,则采用 5mm 时承载比。

(3)试样的湿密度用式(3-27)计算:

$$\rho_w = \frac{m_2 - m_1}{2177} \quad (3-27)$$

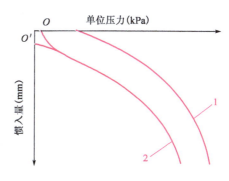

图 3-15　单位压力与贯入量的关系曲线

式中:ρ_w——试件的湿密度,g/cm³;

　　　m_2——试筒和试件的合质量,g;

　　　m_1——试筒的质量,g;

　　　2177——试筒的容积,cm³。

(4)试件的干密度用式(3-28)计算:

$$\rho_d = \frac{\rho_w}{1 + 0.01w} \quad (3-28)$$

式中:ρ_d——试件的干密度,g/cm³;

　　　w——试件的含水率。

(5)泡水后试件的吸水量按式(3-29)计算:

$$w_a = m_3 - m_2 \quad (3-29)$$

式中:w_a——泡水后试件的吸水量,g;

　　　m_3——泡水后试筒和试件的合质量,g;

　　　m_2——试筒和试件的合质量,g。

5. 精度要求

如根据 3 个平行试验结果计算得到的承载比变异系数 C_v 大于 12%,则去掉一个偏离大的值,取其余 2 个结果的平均值。如 C_v 小于 12%,且 3 个平行试验结果计算的干密度偏差小于 0.03g/m³,则取 3 个结果的平均值。如 3 个试验结果计算的干密度偏差超过 0.03g/cm³,则去掉一个偏离大的值,取其余 2 个结果的平均值。试件干密度要求同试件 CBR。

6. CBR 值的确定

根据上述试验即可求得试件不同击实次数(每层 30 次、50 次、98 次)下的 CBR 值和干密度,以干密度为纵坐标,CBR 值为横坐标,绘制不同击实次数下的干密度-CBR 关系曲线,如图 3-16 所示。

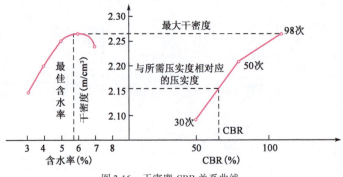

图 3-16 干密度-CBR 关系曲线

7. 合格判定标准(表 3-9)

路基填方材料最小强度和最大粒径 表 3-9

项目分类 (路面底面以下深度)		填料最小强度(CBR)(%)		填料最大粒径 (cm)
		高速公路及一级公路	二级及二级以下公路	
路堤	上路床(0~30cm)	8.0	6.0	10
	下路床(30~80cm)	5.0	4.0	10
	上路堤(80~150cm)	4.0	3.0	15
	下路堤(>150cm)	3.0	2.0	15
零填及路堑路床(0~30cm)		8.0	6.0	10

8. 工程示例

湖北省襄荆高速公路项目

土的承载比试验(CBR 密度记录)

编号:C-8-1-D04-□□□-□□□□

试验单位	襄荆高速公路中铁三局试验室			合同号		04	
样品名称	褐色黏土			试验规程		JTG E40—2007	
样品来源	4-4 新取土场 8			试验日期			
试验人				审核人			
	密度试验			含水率试验			
试验次数	1	2	3	试验次数	1	2	3
试筒号	4	5	6	试筒号	4	5	6
试筒+试件质量(g)	9210	9275	9240	盒号	28	20	21
试筒质量(g)	4620	4695	4660	盒+干土质量(g)	31.47	31.34	31.43
试件质量(g)	4590	4580	4580	盒+湿土质量(g)	33.89	33.76	33.85
试筒体积(cm³)	2177	2177	2177	盒质量(g)	16.62	16.42	16.61
湿密度(g/cm³)	2.108	2.104	2.104	水质量(g)	2.42	2.42	2.42
含水率(%)	16.30	16.22	16.33	干土质量(g)	14.85	14.92	14.82

续上表

干密度(g/cm³)	1.813	1.810	1.809	含水率(%)	16.30	16.22	16.33
干密度平均值(g/cm³)		1.81		平均含水率(%)		16.3	
膨胀量记录				吸水量记录			
试验次数	1	2	3	试验次数	1	2	3
试筒号	4	5	6	试筒号	4	5	6
泡水前试件高度(mm)	120	120	120	泡水后试筒+试件质量(g)	9335	9400	9360
泡水后试件高度(mm)	123.76	123.81	123.69	泡水前试筒+试件质量(g)	9210	9275	9240
膨胀高度(mm)	3.76	3.81	3.69	吸水量(g)	125	125	120
膨胀量(%)	3.133	3.175	3.075	吸水量平均值(g)		123	
膨胀量平均值(%)		3.13					
结论							
				监理工程师:		日期:	

湖北省襄荆高速公路项目

土的承载比试验(CBR 贯入记录)

编号:C-8-2-□□□-□□□□

试验单位	襄荆高速公路中铁三局试验室	合同号	04
样品名称	褐色黏土	试验规程	JTG E40—2007
样品来源	4-4 号取土场 8	试验日期	
试验人		审核人	
量力环校正系数 $C=20.879\text{N}/0.01\text{mm}$		贯入杆面积 $A=19.635\text{cm}^2$	

击实次数:98			击实次数:98			击实次数:98		
试筒号:4			试筒号:5			试筒号:6		
贯入深度(mm)	测力计读数(mm)	单位压力(kPa)	贯入深度(mm)	测力计读数(mm)	单位压力(kPa)	贯入深度(mm)	测力计读数(mm)	单位压力(kPa)
0.25	0.042	45	0.25	0.039	41	0.25	0.041	44
0.50	0.097	103	0.50	0.094	100	0.50	0.095	101
1.00	0.175	186	1.00	0.173	184	1.00	0.173	184
1.50	0.229	244	1.50	0.228	242	1.50	0.228	242
2.00	0.273	290	2.00	0.269	286	2.00	0.269	286
2.50	0.309	329	2.50	0.303	322	2.50	0.300	319
3.00	0.338	359	3.00	0.336	357	3.00	0.336	357
4.00	0.397	422	4.00	0.392	417	4.00	0.393	418
5.00	0.443	471	5.00	0.437	465	5.00	0.436	464

续上表

$L=2.5\mathrm{mm}$ $\mathrm{CBR}=\dfrac{329}{7000}\times100\%=4.70\%$ $L=5.0\mathrm{mm}$ $\mathrm{CBR}=\dfrac{471}{10500}\times100\%=4.49\%$	$L=2.5\mathrm{mm}$ $\mathrm{CBR}=\dfrac{322}{7000}\times100\%=4.60\%$ $L=5.0\mathrm{mm}$ $\mathrm{CBR}=\dfrac{465}{10500}\times100\%=4.43\%$	$L=2.5\mathrm{mm}$ $\mathrm{CBR}=\dfrac{319}{7000}\times100\%=4.56\%$ $L=5.0\mathrm{mm}$ $\mathrm{CBR}=\dfrac{464}{10500}\times100\%=4.42\%$
$L=2.5\mathrm{mm}$ CBR 平均值 = 4.6%		$L=5.0\mathrm{mm}$ CBR 平均值 = 4.4%
结论	监理工程师：	日期：

土的承载比试验

编号：C-8-3-D04-0042

试验单位	襄荆高速公路中铁三局试验室	合同号	第 04 合同段
样品名称	褐色黏土	试验规程	JTG E40—2007
样品来源	4-4 取土场 8	试验日期	
试验人		审核人	

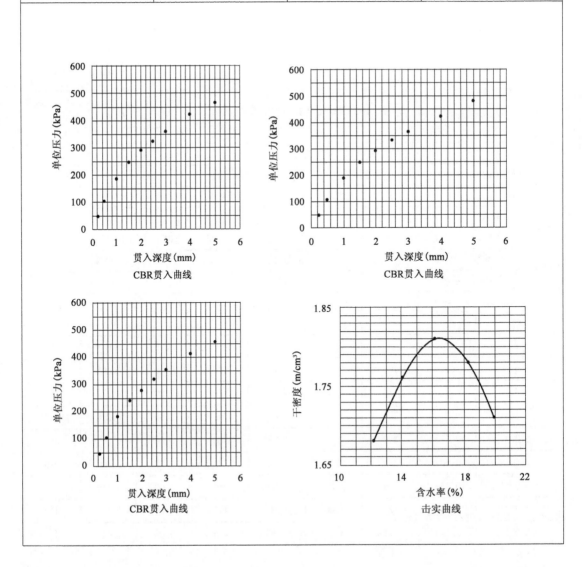

CBR贯入曲线　　CBR贯入曲线

CBR贯入曲线　　击实曲线

压实度检验报告

检测范围:K72+325~K72+600　　检测日期:2001.5.30　　编号:C-2-4-D04-0000

层次:3　　结构类型:路基　　距设计顶面高程(m):3.25　　质量标准:≥90%

桩号	距中线距离(m)			检测深度(cm)	含水率(%)	湿土密度(g/cm³)	干土密度(g/cm³)	最佳含水率(%)	标准干密度(g/cm³)	压实度(%)
	左	中	右							
K63+500	9			0.25	16.4	1.96	1.68	16.2	1.81	92.8
				0.25	16.9	1.98	1.69	16.2	1.81	93.4
			12	0.25	17.3	1.95	1.66	16.2	1.81	91.7
K+4	6			0.25	16.8	1.94	1.66	16.2	1.81	91.7
				0.25	17.0	1.93	1.65	16.2	1.81	91.2
			7	0.25	17.8	1.97	1.67	16.2	1.81	92.3
K+7	7			0.25	17.4	1.94	1.65	16.2	1.81	91.2
				0.25	17.2	1.93	1.65	16.2	1.81	91.2
			9	0.25	16.3	1.95	1.68	16.2	1.81	92.8
K+7	12			0.25	15.8	1.84	1.59	16.2	1.81	87.8
				0.25	15.7	1.85	1.60	16.2	1.81	88.4
			6	0.25	15.7	1.84	1.59	16.2	1.81	87.8
K+7	12			0.25	14.8	1.83	1.59	16.2	1.81	87.8
				0.25	15.7	1.84	1.60	16.2	1.81	88.4
			8	0.25	15.3	1.86	1.61	16.2	1.81	89.0
K+7	10			0.25	15.8	1.88	1.62	16.2	1.81	89.5
				0.25	14.8	1.90	1.66	16.2	1.81	91.7
			10	0.25	15.7	1.92	1.66	16.2	1.81	91.7
备注										

制表:　　　审核:　　　监理工程师:　　　日期:

七　路基工程试验检测项目七——土的相对密度试验方法

1. 目的和适用范围

(1)相对密度是砂紧密程度的指标,等于土的最大孔隙比与天然孔隙比之差和最大孔隙比与最小孔隙比之差的比值。

(2)本试验的目的是求无凝聚性土的最大与最小孔隙比,用于计算相对密度,借此了解该土在自然状态下或经压实后的松紧情况和土粒结构的稳定性。

(3)本规程适用于颗粒直径小于5mm,且粒径2~5mm的试样质量不大于试样总质量的15%的土。

2. 仪器设备

(1) 量筒:容积为 500cm³ 及 1000cm³ 两种。

(2) 长颈漏斗(图 3-17):颈管内径约 1.2cm,颈口磨平。

(3) 锥形塞:直径约 1.5cm 的圆锥体镶于铁杆上。

(4) 砂面拂平器。

(5) 电动最小孔隙比仪,如无此种仪器,可用下列设备。

(6) 金属容器,有以下两种:

① 容积 250cm³ 时,内径 5cm,高度 12.7cm。

② 容积 1 000cm³ 时,内径 10cm,高度 12.7cm。

(7) 振动仪,如图 3-18 所示。

(8) 击锤(图 3-19):锤重 1.25kg,高度 150mm,锤座直径 50mm。

(9) 台秤:感量 1g。

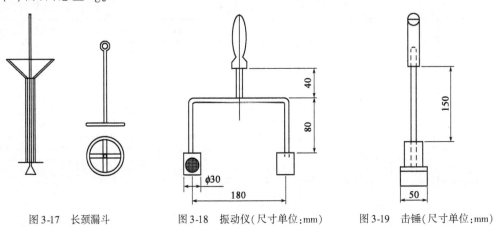

图 3-17 长颈漏斗　　　图 3-18 振动仪(尺寸单位:mm)　　　图 3-19 击锤(尺寸单位:mm)

3. 试验步骤

(1) 最大孔隙比的测定。

① 取代表性试样约 1.5kg,充分风干(或烘干),用手搓揉或用圆木棍在橡皮板上碾散,并拌和均匀。

② 将锥形塞杆自漏斗下口穿入,并向上提起,使锥体堵住漏斗管口,一并放入体积 1000cm³ 的量筒中,使其下端与量筒底相接。

③ 称取试样 700g,准确至 1g,均匀倒入漏斗中,将漏斗与塞杆同时提高,移动塞杆使锥体略离开管口,管口应经常保持高出砂面 1~2cm,使试样缓慢且均匀分布地落入量筒中。

④ 试样全部落入量筒后取出漏斗与锥形塞,用砂面拂平器将砂面拂平,勿使量筒振动,然后测读砂样体积,估读至 5cm³。

⑤ 以手掌或橡皮塞堵住量筒口,将量筒倒转,缓慢地转动量筒内的试样,并回到原来位置,如此重复几次,记下体积的最大值,估读至 5cm³。

⑥ 取上述两种方法测得的较大体积值,计算最大孔隙比。

(2) 最小孔隙比的测定。

① 取代表性试样约 4kg,分三次倒入容器进行振击,先取上述试样 600~800g(其数量应使振击后的体积略大于容器容积的 1/3)倒入 1000cm³ 容器内,用振动仪以各 150~200 次/min 的速度敲打容器两侧,并在同一时间内,用击锤于试样表面锤击 30~60 次/min,直至砂样体积

不变为止(一般约 5~10min)在敲打时要用足够的力量使试样处于振动状态;振击时,粗砂可用较少击数,细砂应用较多击数。

②如用电动最小孔隙比试验仪时,则当试样同上法装入容器后,开动电机,进行振击试验。

③上述步骤完成后,进行第二次加土的振动和锤击。第三次加土时应先在容器口上安装套环再进行试验。

④最后一次振毕,取下套环,用修土刀对齐容器顶面削去多余试样,称量,准确至 1g,计算其最小孔隙比。

(3)结果整理。

①按式(3-30)、式(3-31)计算最小与最大干密度,计算至 0.01g/cm³。

$$p_{\text{dmin}} = \frac{m}{V_{\max}} \tag{3-30}$$

$$p_{\text{dmax}} = \frac{m}{V_{\min}} \tag{3-31}$$

式中:p_{dmin}——最小干密度,g/cm³;
   p_{dmax}——最大干密度,g/cm³;
   m——试样质量,g;
   $V_{\max}$——试样最大体积,cm³;
   $V_{\min}$——试样最小体积,cm³。

②按式(3-32)、式(3-33)计算最大与最小孔隙比,计算至 0.01。

$$e_{\max} = \frac{\rho_w G_s}{\rho_{\text{dmin}}} - 1 \tag{3-32}$$

$$e_{\min} = \frac{\rho_w G_s}{\rho_{\text{dmax}}} - 1 \tag{3-33}$$

式中:$e_{\max}$——最大孔隙比;
   $e_{\min}$——最小孔隙比;
   G_s——土粒相对密度。

③按式(3-34)、式(3-35)计算相对密实度,计算至 0.01。

$$D_r = \frac{e_{\max} - e_0}{e_{\max} - e_{\min}} \tag{3-34}$$

$$D_r = \frac{(\rho_d - \rho_{\min})\rho_{\text{dmax}}}{(\rho_{\text{dmax}} - \rho_{\text{dmin}})\rho_d} \tag{3-35}$$

式中:D_r——相对密实度;
   e_0——天然孔隙比或填土的相应孔隙比;
   ρ_d——天然干密度或填土的相应干密度,g/cm³。

④本试验记录格式如表 3-10 所示。

⑤精密度和允许差。

最小与最大干密度,均须进行两次平行测定,取其算术平均值,其平行差值不得超过 0.03g/cm³。

相对密实度试验记录 表3-10

工程名称_____　　　　　试验者_____
土样编号_____　　　　　计算者_____
试验日期_____　　　　　校核者_____

试验项目		最大孔隙比		最小孔隙比		备注
试验方法		漏斗法		振击法		
试样+容器质量(g)	(1)			2162	2165	
容器质量(g)	(2)			1750		
试样质量(g)	(3)	(1)-(2)	400	420	412	415
试样体积(cm^3)	(4)		335	350	250	
干密度(g/cm^3)	(5)	(3)÷(4)	1.20	1.20	1.65	1.66
平均干密度(g/cm^3)	(6)		1.20		1.66		
相对密度 G_s	(7)		2.65				
孔隙比 e	(8)		1.21		0.59		
天然干密度(g/cm^3)	(9)		1.30				
天然孔隙比 e_0	(10)		1.04				
相对密实度 D_r	(11)		0.27				

第四节　施工过程中的试验检测内容

路基工程现场检测是施工过程控制的关键程序,主要有两方面的作用:

(1)通过认真细致的现场试验检测工作,保证施工过程的关键工序、关键工程符合图纸、规范及业主的要求,体现对建设工程全过程、全方位的控制,使工程实体质量真正做到内实外美,将工程顺利完成并移交给业主。

(2)通过认真细致的现场试验检测工作,能够及时发现施工过程中存在的质量问题,采取返修、加固、返工等有效整改措施,虽然造成了部分投资损失和进度的拖延,但是保证了工程的最终质量,避免了最后发现问题再进行返工处理而造成的重大的投资损失和工期拖延。

路基工程现场施工之前,承包人应在开工前28d,用路堤填料铺筑长度不小于100m(全幅路基)的试验路段,并将试验结果报监理工程师审批,现场试验应进行到能有效地使该种填料达到规定的压实度为止。试验时应记录的内容包括:压实设备的类型、最佳组合方式;碾压遍数及碾压速度、工序;每层材料的松铺厚度、材料的含水率等。试验结果报经监理工程师批准后,即可作为该种填料施工控制的依据。试验结束时,试验段若达到规范规定的质量检验标准,则可作为路基的一部分,否则,应予挖除,重新进行试验。试验段所用的填料和机具应与施工所用的材料和机具相同。

施工过程中的试验检测项目主要包括两方面:

一是由于施工过程中路基填筑了大量土石方,取土场的土质有可能发生变化,为了保证数据的准确性及路基工程质量,根据规范要求,施工过程中每填筑5000m^3,取土场应做一次全套常规检测项目。项目包括:

(1)土的天然含水率、天然干密度。

(2)土的颗粒分析试验。

(3)土的液塑限试验。

(4)土的膨胀率试验。

(5)土的标准击实试验。

(6)土的承载比试验(即 CBR 试验)。

(7)土的相对密度试验。

二是施工过程中,为了保证路基工程实体质量,按照一定的频率对路基工程现场试验检测。内容包括:

(1)路基压实度试验检测。

(2)路基顶面弯沉值的检测。

一 路基工程试验检测项目八——现场密度试验检测方法

现场密度的测试方法主要有灌砂法、环刀法、核子密度湿度仪法三种。如果双方对各方法检测结果存在异议,则灌砂法可以起到仲裁作用。

各种方法的适用范围见表 3-11,对路基压实度的规定见表 3-12。

现场密度检测方法及适用范围比较　　　　　　表 3-11

试验方法	适用范围
灌砂法	适用于在现场测定路基土的压实层的密度和压实度,但不适用于填石路堤等有大孔洞或大孔隙材料的压实度检测
环刀法	适用于细粒土及无机结合料稳定细粒土的密度测试,但对无机结合料稳定细粒土,其龄期不宜超过 2d,且宜用于施工过程中的压实度检验
核子法	适用于现场用核子密度仪以散射法或直接透射法测定路基的密度和含水率,并计算施工压实度。还适用于施工质量的现场快速评定,不宜用作仲裁试验或评定验收试验

路基压实度　　　　　　表 3-12

填挖类型	路床顶面以下深度(m)	路基压实度(96)(%)		
		高速公路、一级公路	二级公路	三、四级公路
零填及挖方	0~0.30	—	—	≥94
	0~0.80	≥96	≥95	—
填方	0~0.80	≥96	≥95	≥94
	0.80~1.50	≥94	≥94	≥93
	>1.50	≥93	≥92	≥90

注:1. 表列数值以重型击实试验法为准。

2. 对于特别干旱或特别潮湿的地区,路基压实度可适当降低。

3. 三级公路修筑沥青混凝土或水泥混凝土路面时,其路基压实度应采用二级公路标准。

(一)灌砂法

灌砂法测试原理:利用均匀颗粒的砂去置换试洞的体积。

灌砂法是当前最通用的方法,很多工程都把灌砂法列为现场测定密度的主要方法。该方法可用于测试各种土的密度。

采用此法时,应符合下列规定:

(1)当集料的最大粒径小于 15mm,测定层的厚度不超过 150mm,宜采用 φ100mm 的小型灌砂筒测试。

（2）当集料的最大粒径等于或大于15mm，但不大于40mm，测定层的厚度超过150mm，但不超过200mm时，应用φ150mm的大型灌砂筒测试。

1. 仪具与材料

（1）灌砂筒：形式和主要尺寸见图3-20及表3-13。储砂筒筒底中心有一圆孔，下部装一倒置的圆锥形漏斗，漏斗上端开口，直径与储砂筒的圆孔相同。漏斗焊接在一块铁板上，铁板中心有一圆孔与漏斗上开口相接，在储砂筒筒底与漏斗顶端铁板间设有开关，开关铁板上也有一个相同直径的圆孔。

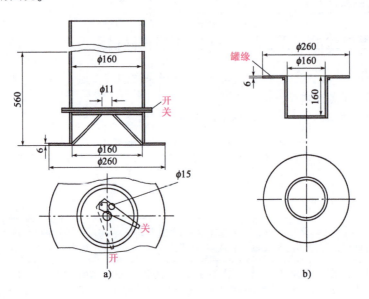

图3-20 灌砂筒和标定罐（尺寸单位：mm）

灌砂仪的主要尺寸　　　　表3-13

结　　构		小型灌砂筒	大型灌砂筒
储砂筒	直径(mm)	100	150
	容积(cm^3)	2120	4600
流砂孔	直径(mm)	10	15
金属标定罐	直径(mm)	100	150
	容积(cm^3)	150	200
金属方盘基板	边长(mm)	350	400
	深(mm)	40	50
	中孔直径(mm)	100	150

（2）天平或台秤：称量10～15kg，感量不大于1g，用于含水率测定的天平精度，对细粒土、中粒土、粗粒土宜分别为0.01g、0.1g、1.0g。

（3）量砂：粒径0.30～0.60mm或0.25～0.50mm清洁干燥的均匀砂，取20～40kg，使用前须洗净、烘干，并放置足够的时间，使其与空气的湿度达到平衡。

2. 试验前的准备工作

（1）标定筒下部圆锥体内砂的质量。

①向灌砂筒内装砂至距筒顶 15mm 左右为止。称取装入筒内砂的质量 m_1，准确至 1g。

②将开关打开，让砂自由流出，并使流出砂的体积与工地所挖坑内的体积相等（或等于标定罐的容积），然后并上开关，称灌砂筒内剩余砂的质量 m_2，准确至 1g。

③不晃动储砂筒的砂，轻轻地将罐砂筒移至玻璃板上，将开关打开，让砂流出，直到筒内砂不再向下流时，将开关关上，并小心地取走灌砂筒。

④收集并称量留在玻璃板上的砂或称量筒内的砂，准确至 1g。玻璃板上的砂就是填满筒下部圆锥体的砂 m^2。

⑤重复上述测量三次，取其平均值。

(2) 按下列步骤标定量砂的密度 r_s（g/cm³）。

①用水确定标定罐的容积 V，准确至 1mL。

②在储砂筒中装入质量为 m_1 的砂，并将灌砂筒放在标定罐上，将开关打开，让砂流出，在整个流砂过程中，不要碰到灌砂筒，直到储砂筒内的砂不再向下流时，将开关关闭，取下灌砂筒，称取筒内剩余砂的质量 m_3，准确至 1g。

③按式 (3-36) 计算填满标定罐所需砂的质量 m_a（g）：

$$m_a = m_1 - m_2 - m_3 \quad (3-36)$$

式中：m_1——装入灌砂筒内的砂的总质量，g；

　　　m_2——灌砂筒内下部圆锥体内砂的质量，g；

　　　m_3——灌砂入标定罐后，筒内剩余砂的质量，g。

④重复上述测量三次，取其平均值。

⑤按式 (3-37) 计算量砂的单位质量：

$$r_s = \frac{m_a}{V} \quad (3-37)$$

(3) 试验步骤：

①将基板放在平坦表面上（注意当表面的粗糙度较大时，一定要测定粗糙表面的锥体砂重，否则会影响数据的准确性）。

②沿基板中孔凿洞，在凿洞过程中，应注意不使凿出的材料丢失，并随时将凿松的材料取出装入塑料袋中。试洞的深度应等于测定层厚度，全部取出材料的总质量为 m_w，准确至 1g。

③从挖出的全部材料中取出有代表性的样品，放在铝盒或洁净的搪瓷盘中，测定其含水率（w，以%计）。样品的数量如下：用小灌砂筒测定时，对于细粒土，不少于 100g；对于各种中粒土，不少于 500g。用大灌砂筒测定时，对于细粒土，不少于 200g。对于各种中粗粒土，不少于 1000g；对于粗粒土或水泥、石灰、粉煤灰等无机结合料稳定材料，宜将取出的全部材料烘干，且不少于 2000g，称其质量 m_d，准确至 1g。

④将基板安放在试坑上，将灌砂筒安放在基板中间（储砂筒内放满砂到要求质量 m_1），使灌砂筒的下口对准基板的中孔及试洞，打开灌砂筒的开关，让砂流入试坑内，在此期间，应注意勿碰动灌砂筒。直到储砂筒内的砂不再向下流时，关闭开关，仔细取走灌砂筒，并称量筒内剩余砂的质量 m_4，准确至 1g。

3. 计算

(1) 灌砂时试洞上放有基板的情况：按式 (3-38) 计算填满试坑所用的砂的质量 m_b。

$$m_b = m_1 - m_4 - (m_5 - m_6) \quad (3-38)$$

式中：m_1——灌砂入试洞内砂的质量，g；
　　　m_4——灌砂入试洞后，洞内剩余砂的质量，g；
　　m_5-m_6——灌砂筒下部圆锥体内及基板和粗糙表面间砂的总质量，g。

（2）按式（3-39）计算试验地点土的湿密度 ρ（g/cm³）。

$$\rho = \frac{m_w}{m_b} \times \rho_s \tag{3-39}$$

式中：m_w——试洞中取出的全部土样的质量，g；
　　　m_b——填满试洞所需砂的质量，g；
　　　ρ_s——量砂的密度，g/cm³。

（3）按式（3-40）计算土的干密度 ρ_d（g/cm³）。

$$\rho_d = \frac{\rho}{1+0.01w} \tag{3-40}$$

4. 试验中应注意的问题

灌砂法是施工过程中路基工程密实度检测最常用的试验方法之一。为使试验结果准确，应注意以下几个环节：

（1）量砂要规则。量砂如果重复使用，一定要注意晾干，处理一致，否则会影响量砂的松方密度。

（2）每换一次量砂，都必须测定松方密度。

（3）地表面处理要平整，只要表面凸出一点（即使1mm），使整个表面高出一薄层，其体积也会被算到试坑中，影响试验结果。因此本方法一般宜采用放上基板先测定一次粗糙表面消耗的量砂。

（4）在挖坑时试坑周壁应竖直，否则会使检测的密度数据不准确。

（5）灌砂时检测厚度应为整个碾压层厚度，不能只取上部或者取到下一个碾压层中。

5. 工程示例

湖北省襄荆高速公路项目

压实度检测记录表（灌砂法）

试验单位：湖北省公路监理中心高驻办　　检 验 日 期：2002-2-15
天　　气：晴　　　　　　　　　　　　标准土密度（重型）：1.78g/cm³
气　　温：20℃　　　　　　　　　　　最佳含水率：16.6%
距设计顶面高程（m）：7.00　　　　　　编　　号：C-2-2-D04-0001

项目 \ 桩号位置	K67+425	K67+437	K67+449
	右8	左22	右23
填土层次	8	8	8
试坑中湿土样质量(g)	5170	5200	5200
原砂总质量(g)	7000	7000	7000
剩余砂质量(g)	2445	2440	2460

续上表

锥体砂质量(g)	780		780		780	
试坑耗砂(g)	3775		3780		3760	
砂相对密度(g/cm³)	1.44		1.44		1.44	
试坑体积(cm³)	2622		2625		2611	
湿密度(g/cm³)	1.97		1.98		1.99	
盒号	140	92	106	79	146	84
盒+湿土质量(g)	159.6	169.0	157.5	169.6	153.3	151.0
盒+干土质量(g)	139.0	147.6	136.7	147.5	134.4	132.0
水质量(g)	20.6	21.4	20.8	22.1	18.9	19.0
盒质量(g)	25.4	25.4	25.4	25.7	25.7	25.3
干土质量(g)	113.6	122.2	111.3	121.8	108.7	106.7
含水率(%)	18.13	17.51	18.69	18.14	17.39	17.81
平均含水率(%)	17.8		18.4		17.6	
干密度(g/cm³)	1.67		1.67		1.69	
压实度(%)	93.8		93.8		94.9	
结论	根据《公路路基路面现场测试规程》(JTG E60—2008)进行检验,结果符合《公路路基施工技术规范》(JTG F10—2006)要求					

(二)环刀法

环刀法是测量现场密度的传统方法。国内习惯采用的环刀容积通常为 $200cm^3$,环刀高度通常约5cm。用环刀法测得的密度是环刀内土样所在深度范围内的平均密度,它不能代表整个碾压层的平均密度。由于碾压土层的密度一般是从上到下逐渐减小的,因此,只有使环刀所取的土恰好是碾压层中间的土,环刀法所得的结果才可能与灌砂法的结果大致相同。

1. 仪具与材料

(1)环刀盖、环刀内径6~8cm,高2~3cm,壁厚1.5~2mm。
(2)天平:感量0.1g或1.0g(用于取芯头内径100mm样品的)。
(3)其他:镐、小铁锹、修土刀、毛刷、凡士林。

2. 试验方法与步骤

用人工取土器测定黏性土及无机结合料稳定细粒土密度。
(1)擦净环刀,称取环刀质量 m_2,准确至0.1g。
(2)在试验地点,将面积约 $30cm × 30cm$ 的地面清扫干净。并铲去压实层表面浮动及不平整的部分,之后将环刀打下,达到要求的取土深度,但不得扰动下层,此时用镐将环刀及试样挖出。
(3)轻轻取下环盖,用修土刀自边至中削去环刀两端余土,用直尺检测直至修平为止。
(4)擦净环刀外壁,称环刀与土合质量 m_1,准确至0.1g。
(5)自环刀中取出试样,然后取具有代表性的试样,测定其含水率。

3. 计算

按式(3-41)、式(3-42)计算湿密度及干密度:

$$\rho = \frac{m_1 - m_2}{V} \tag{3-41}$$

$$\rho_d = \frac{\rho}{1 + 0.01w} \tag{3-42}$$

式中：ρ——湿密度，g/cm^3；
　　　m_1——环刀与土合质量，g；
　　　m_2——环刀质量，g；
　　　V——环刀体积，cm^3；
　　　ρ_d——干密度，g/cm^3；
　　　w——含水率，%。

4．工程示例

湖北省襄荆高速公路项目

压实度检验记录（环刀法）
地表土天然含水率、天然密度

单　　位：铁三局五处工程试验中心　　　最佳含水率：_____—
试验日期：2000.12.5　　　　　　　　　标准干密度：_____—
距设计顶面高程(m)：_____　　　编　　号：C-2-1-□□□-□□□□

项目	桩号	K71+000		K71+500		—	
	位置	左3m		右5m		—	
填土层次		0		0		—	
环刀号		2		7		—	
环刀容积(cm³)		198.98		199.55		—	
环刀质量(g)		173.1		169.4		—	
土+环刀质量(g)		571.2		558.8		—	
土样质量(g)		398.1		389.4		—	
湿密度(g/cm³)		2.00		1.95		—	
盒号		25	28	8	29	—	1
盒质量(g)		15.80	16.62	16.48	18.09	—	—
盒+湿土质量(g)		30.56	32.36	31.32	31.68	—	—
盒+干土质量(g)		27.53	29.13	28.12	28.74	—	—
水质量(g)		3.03	3.23	3.20	2.94	—	—
干土质量(g)		11.73	12.51	11.64	10.65	—	—
含水率(%)		25.83	25.82	27.49	27.61	—	—
平均含水率(%)		25.8		27.6		—	

续上表

干密度(g/cm³)	1.59	1.53	—
压实度(%)	—	—	—
结论			

试验：　　　　记录(计算)：　　　　复核：　　　　监理工程师：　　　　日期：

(三)核子密度湿度仪法

核子密度湿度仪法是利用放射性元素(通常是 γ 射线和中子射线)测量土或路面材料的密度和含水率。

这类仪器的优点是：测量速度快，需要人员少。该类方法适用于测量各种土或路面材料的密度和含水率，有些进口仪器可储存打印测试结果。

而它的缺点是：放射性物质对人体有伤害，检测人员应正确操作。核子密度湿度仪法，可作施工控制使用，但需与常规方法进行对比试验，找出相关系数，以验证其可靠性。

1. 仪具与材料

(1)核子密度湿度仪：符合国家规定的关于健康保护和安全使用的标准，密度的测定范围为 $1.12 \sim 2.73 \text{g/cm}^3$，测定误差不大于 0.03g/cm^3。含水率测量范围为 $0 \sim 0.64 \text{g/cm}^3$，测定误差不大于 $\pm 0.015 \text{g/cm}^3$。该仪器主要包括下列部件：

①γ 射线源：双层密封的同位素放射源，如铯-137、钴-60 或镭-226 等。

②中子源：如镅(241)—铍等。

③探测器：γ 射线探测器，如 G—M 计数管、氦-3 管、闪烁晶体或热中子探测器。

④读数显示设备：如液晶显示器、脉冲计数器、数率表或直接读数表。

⑤标准板：提供检验仪器操作和散射计数参考标准用。

⑥安全防护设备：符合国家规定要求的设备。

⑦刮平板：钻杆、接线等。

(2)细砂：0.15~0.30mm。

(3)天平或台秤。

(4)其他：毛刷。

2. 方法与步骤

本方法用于测定沥青混合料面层的压实密度时，在表面用散射法测定，所测定沥青面层的层厚不应大于根据仪器性能决定的最大厚度。用于测定土基或基层材料的压实密度及含水率时，打洞后用直接透射法测定，测定层的厚度不宜大于 30cm。

(1)准备工作：

①每天使用前按下列步骤用标准板测定仪器的标准值。

a. 接通电源，按照仪器使用说明书建议的预热时间，预热测定仪。

b. 在测定前，应检查仪器性能是否正常。在标准板上取 3~4 个读数的平均值建立原始标准值，并与使用说明书提供的标准值核对，如标准读数超过仪器使用说明书规定的限界，则应重复此项标准的测量；若第二次标准计数仍超过规定的限界，需视作故障并进行仪器检查。

②在进行沥青混合料压实层密度测定前,应用核子仪对钻孔取样的试件进行标定;测定其他材料的密度时,宜与挖坑灌砂法的结果进行标定。标定的步骤如下:

a. 选择压实的路表面,按要求的测定步骤用核子仪测定密度,并读数。

b. 在测定的同一位置用钻孔法或挖坑灌砂法取样,量测厚度,按规定的标准方法测定材料的密度。

c. 对同一种路面厚度及材料类型,在使用前应至少测定 15 处,求取两种不同方法测定的密度的相关关系,其相关系数不小于 0.95。

③测试位置的选择:

a. 按照随机取样的方法确定测试位置,但与距路面边缘或其他物体的最小距离不得小于 30cm。核子仪距其他的射线源不得小于 10cm。

b. 当用散射法测定时,用细砂填平测试位置路表结构凹凸不平的空隙,使路表面平整,能与仪器紧密接触。

c. 当使用直接透射法测定时,在表面上用钻杆打孔,孔深略深于要求测定的深度,孔应竖直圆滑并稍大于射线源探头。

④按照规定的时间,预热仪器。

(2)测定步骤:

①用散射法测定时,应按图 3-21 的方法将核子仪平稳地置于测试位置上。

②用直接透射法测定时,应按图 3-22 的方法将放射源竖放下插入已预先打好的孔内。

图 3-21　用散射法测定的方法　　　　　图 3-22　用透射法测定的方法

③打开仪器,测试员退出仪器 2m 以外,按照选定的测定时间进行测量,到达测定时间后,读取显示的各项数值,并迅速关机。

3. 使用安全注意事项

(1)仪器工作时,所有人员均应退至距离仪器 2m 以外的地方。

(2)仪器不使用时,应将手柄置于安全位置,仪器应装入专用的仪器箱内,放置在符合核辐射安全规定的地方。

(3)仪器应由经有关部门审查合格的专人保管、专人使用,对从事仪器保管及使用的人员,应遵照有关核辐射检测的规定。

4. 工程示例

湖北省襄荆高速公路项目

压实度检查记录(核子仪法)

试验单位：襄荆高速公路中铁三局试验室　　检查日期：2000.12.28
检查桩号：K71+230～K71+460　　　　　　土场位置：——
最大干密度(g/cm^3)：1.76　　　　　　　最佳含水率：16.6
距设计顶面高程(m)：4.5　　　　　　　　 编　号：C-2-3-D04-0001

项目 \ 填土层次 \ 位置 \ 桩号	K71+280 左20.0m 地表土	K71+280 左10.0m 地表土	K71+280 左0.06m 地表土	K71+280 右10.0m 地表土	K71+280 右20.0m 地表土	
密度修正系数	—	—	—	—	—	
含水率修正系数	—	—	—	—	—	
湿密度(g/cm^3)	1.909	1.945	1.969	1.935	1.923	
含水率(%)	17.8	17.6	16.6	16.9	17.3	
干密度(g/cm^3)	1.621	1.654	1.689	1.655	1.639	
最大干密度(g/cm^3)	1.76	1.76	1.76	1.76	1.76	
压实度(%)	92.1	94.0	96.0	94.0	93.1	
压实度平均值(%)	—		—		—	
结论						

记录：　　　　　复核：　　　　　监理工程师：

(四) 路基、路面压实度评定

(1) 路基和路面基层、底基层的压实度以重型击实标准为准。
对于特殊干旱、潮湿地区或过湿土，以路基设计施工规范规定的压实度标准进行评定。

(2) 标准密度应做平行试验，求其平均值作为现场检验的标准值。对于均匀性差的路基土质和路面结构层材料，应根据实际情况增补标准密度试验，求得相应的标准值，以控制和检验施工质量。

(3) 路基、路面压实度以 1～3km 长的路段为检验评定单元，按《公路工程质量检验评定标准　第一册　土建工程》(JTG F80/1—2004)要求的检测频率进行现场压实度抽样检查，求算每一测点的压实度 K_i。细粒土现场压实度检查可以采用灌砂法或环刀法；粗粒土及路面结构层压实度检查可以采用灌砂法、水袋法或钻孔取样蜡封法。应用核子密度仪时，须经对比试验检验，确认其可靠性。

检验评定段的压实度代表值 K (算术平均值的下置信界限) 为：

$$K = \bar{K} - \frac{t_\alpha S}{\sqrt{n}} \geqslant K_0 \tag{3-43}$$

式中：$\bar{K}$——检验评定段内各测点压实度的平均值；

t_α——分布表中随测点数和保证率(或置信度 α)而变的系数，$t_\alpha \sqrt{n}$ 的值见表 3-14，采用的保证率,高速公路、一级公路:基层、底基层为99%,路基、路面面层为95%;其他公路:基层、底基层为95%,路基、路面面层为90%;

S——检测值的标准差;

n——检测点数;

K_0——压实度标准值。

$t_\alpha/\sqrt{n}$ 值　　　　　　　　　　　　　　　　　　　表3-14

n \ 保证率(%)	99	95	90	n \ 保证率(%)	99	95	90
2	22.501	4.465	2.176	21	0.552	0.376	0.289
3	4.021	1.686	1.089	22	0.537	0.367	0.282
4	2.270	1.177	0.819	23	0.523	0.358	0.275
5	1.676	0.953	0.686	24	0.510	0.350	0.269
6	1.374	0.823	0.603	25	0.498	0.342	0.264
7	1.188	0.734	0.544	26	0.487	0.335	0.258
8	1.060	0.670	0.500	27	0.477	0.328	0.253
9	0.966	0.620	0.466	28	0.467	0.322	0.248
10	0.892	0.580	0.437	29	0.458	0.316	0.244
11	0.833	0.546	0.414	30	0.449	0.310	0.239
12	0.785	0.518	0.393	40	0.383	0.266	0.206
13	0.744	0.494	0.376	50	0.340	0.237	0.184
14	0708	0.473	0.361	60	0.308	0.216	0.167
15	0.678	0.455	0.347	70	0.285	0.199	0.155
16	0.651	0.438	0.335	80	0.266	0.186	0.145
17	0.626	0.423	0.324	90	0.249	0.175	0.136
18	0.605	0.410	0.314	100	0.236	0.166	0.129
19	0.586	0.398	0.305	>100	$\frac{2.3265}{\sqrt{n}}$	$\frac{1.6449}{\sqrt{n}}$	$\frac{1.2815}{\sqrt{n}}$
20	0.568	0.387	0.297				

路基、基层和底基层:$K \geqslant K_0$ 且单点压实度 K_i 全部大于等于规定值减2个百分点时,评定路段的压实度合格率为100%;当 $K \geqslant K_0$ 且单点压实度全部大于等于规定极值时,按测定值不低于规定值减2个百分点的测点数计算合格率。

$K < K_0$ 或某一单点压实度 K_i 小于规定极值时,该评定路段压实度为不合格,相应分项工程评为不合格。

路堤施工段较短时,分层压实度应点点符合要求,且样本数不少于6个。

沥青面层:当 $K \geqslant K_0$ 且全部测点大于等于规定值减1个百分点时,评定路段的压实度合格率为100%;当 $K \geqslant K_0$ 时,按测定值不低于规定值减1个百分点的测点数计算合格率。

$K < K_0$ 时,评定路段的压实度为不合格,相应分项工程评为不合格。

(五)压实度合格判断标准

路基压实度合格判断标准见表 3-15。

路基压实度合格判断标准　　　　　　　　　表 3-15

填挖类型	路床顶面以下深度（m）	路基压实度(96)(%)		
		高速公路、一级公路	二级公路	三、四级公路
零填及挖方	0~0.30	—	—	≥94
	0~0.80	≥96	≥95	—
填方	0~0.80	≥96	≥95	≥94
	0.80~1.50	≥94	≥94	≥93
	>1.50	≥93	≥92	≥90

 路基工程试验检测项目九——路基顶面弯沉值的检测

(一)概述

国内外普遍采用回弹弯沉值来表示路基路面的承载能力,回弹弯沉值越大,承载能力越小,反之越大。通常所说的回弹弯沉值是指标准后轴载双轮组轮隙中心处的最大回弹弯沉值。在路表测试的回弹弯沉值可以反映路基、路面的综合承载能力。回弹弯沉值在我国已广泛使用且有很多的经验及研究成果,它不仅用于路面结构的设计(设计回弹弯沉)、施工控制及施工验收中(竣工验收弯沉值),同时还用在旧路补强设计中,是公路工程的一个基本参数。

弯沉是指在规定的标准轴载作用下,路基或路面表面轮隙位置产生的总垂直变形(总弯沉)或垂直回弹变形值(回弹弯沉),以 0.01mm 为单位。

竣工验收弯沉值是检验路面是否达到设计要求的指标之一。

弯沉值的测定方法较多,主要由以下三种:贝克曼梁法、自动弯沉仪法、落锤式弯沉仪法,目前用得最多的是贝克曼梁法,现将几种方法各自的特点作简单的比较,如表 3-16 所示。

几种弯沉测试方法比较　　　　　　　　　表 3-16

方　　法	特　　点
贝克曼梁法	传统方法,速度慢,静态测试,比较成熟,目前属于标准方法
自动弯沉仪法	利用贝克曼梁原理,快速连续,属于静态测试范畴,但测定的是总弯沉,因此使用时应用贝克曼梁进行标定换算
落锤式弯沉仪法	利用重锤自由落下的瞬间产生的冲击荷载测定弯沉,属于动态弯沉,并能反算路面的回弹模量,快速连续,使用时应用贝克曼梁法进行标定换算

(二)贝克曼梁法

1. 试验目的和适用范围

(1)本方法适用于测定各类路基、路面的回弹弯沉,用以评定其整体承载能力,可供路面结构设计使用。

(2)本方法测定的路基、柔性路面的回弹弯沉值可供交工和竣工验收使用。

(3)本方法测定的路面回弹弯沉可为公路养护管理部门制订养路修路计划提供依据。

(4)沥青路面的弯沉以标准温度20℃为准,在其他温度[超过(20±2℃)范围]测试时,对厚度大于5cm的沥青路面,弯沉值应予以温度修正。

2. 仪具与材料

(1)测试车:双轴、后轴双侧四轮的载重车,其标准轴荷载、轮胎尺寸、轮胎间隙及轮胎气压等主要参数应符合下表3-17的要求。测试车可根据需要按公路等级选择,高速公路、一级及二级公路应采用后轴10t的BZZ-100。

测定弯沉用的标准轴参数　　　　表3-17

标准轴载等级	BZZ-100	BZZ-60
后轴标准轴载 P(kN)	100±1	60±1
一侧双轮荷载(kN)	50±0.5	30±0.5
轮胎充气压力(MPa)	0.70±0.05	0.50±0.05
单轮传压面当量圆直径(cm)	21.30±0.5	19.50±0.5
轮隙宽度	应满足能自由插入弯沉仪测头的测试要求	

(2)路面弯沉仪:由贝克曼梁、百分表及表架组成,贝克曼梁由铝合金制成,上有水准泡,其前臂(接触路面)与后臂(装百分表)长度比为2:1。弯沉仪长度有两种:一种长3.6m,前后臂分别为2.4m和1.2m;另一种加长的弯沉仪长5.4m,前后臂分别为3.6m和1.8m。当在半刚性基层沥青路面或水泥混凝土路面上测定时,宜采用长度为5.4m的贝克曼梁弯沉仪,并采用BZZ-100标准车。弯沉值采用百分表量得,也可用自动记录装置进行测量。

(3)接触式路面温度计:端部为平头,分度不大于1℃。

(4)其他:皮尺、口哨、白油漆或粉笔、指挥旗等。

3. 试验方法与步骤

(1)试验前准备工作:

①检查并保持测定用标准车的车况及刹车性能良好,轮胎内胎符合规定充气压力。

②向汽车车槽中装载(铁块或集料),并用地中衡称量后轴总质量,符合要求的轴重规定,汽车行驶及测定过程中,轴重不得变化。

③测定轮胎接地面积:在平整光滑的硬质路面上用千斤顶将汽车后轴顶起,在轮胎下方铺一张新的复写纸,轻轻落下千斤顶,即在方格纸上印上轮胎印痕,用求积仪或数方格的方法测算轮胎接地面积,精确至$0.1cm^2$。

④检查弯沉仪百分表测量灵敏情况。

⑤当在沥青路面上测定时,用路表温度计测定试验时的气温及路表温度(一天中气温不断变化,应随时测定),并通过气象台了解前5天的平均气温(日最高气温与最低气温的平均值)。

⑥记录沥青路面修建或改建时材料、结构、厚度、施工及养护等情况。

(2)测试步骤:

①在测试路段布置测点,其距离随测试需要而定。测点应在路面行车车道的轮迹带上,并用白油漆或粉笔画上标记。

②将试验车后轮轮隙对准测点后3~5cm处的位置。

③将弯沉仪插入汽车后轮间的缝隙处,与汽车方向一致,梁臂不得碰到轮胎,弯沉仪测头置于测点上(轮隙中心前方3~5cm处),并安装百分表于弯沉仪的测定杆上,百分表调零,用手指轻轻叩打弯沉仪,检查百分表是否稳定回零。

弯沉仪可以是单侧测定,也可双侧同时测定。

④测定者吹哨发令指挥汽车缓缓前进,百分表随路面变形的增加而持续向前转动。当表针转动到最大值时,迅速读取初读数 L_1。汽车仍在继续前进,表针反向回转,待汽车驶出弯沉影响半径(3m 以上)后,吹口哨或挥动红旗指挥停车。待表针回转稳定后读取终读数 L_2。汽车前进的速度宜为5km/h 左右。

4.弯沉仪的支点变形修正

当采用长度为3.6m 的弯沉仪对半刚性基层沥青路面、水泥混凝土路面等进行弯沉测定时,有可能引起弯沉仪支点处变形,因此测定时应检验支点有无变形。此时应用另一台检验用的弯沉仪安装在测定用的弯沉仪的后方,其测点架于测定用弯沉仪的支点旁。当汽车开出时,同时测定两台弯沉仪的弯沉读数,如检验用弯沉仪百分表有读数,即应该记录并进行支点变形修正。当在同一结构层上测定时,可在不同的位置测定5 次,求平均值,以后每次测定时以此作为修正值。

5.结果计算及温度修正

(1)测点的回弹弯沉值按式(3-44)计算:

$$L_T = (L_1 - L_2) \times 2 \tag{3-44}$$

式中:L_T——在路面温度为 T 时的回弹值,0.01mm;
L_1——汽车中心临近弯沉仪测头时百分表的最大读数即初读数,0.01mm;
L_2——汽车驶出弯沉影响半径后百分表的最大读数即终读数,0.01mm。

(2)进行弯沉仪支点变形修正时,路面测点的回弹弯沉值按式(3-45)计算:

$$L_T = (L_1 - L_2) \times 2 + (L_3 - L_4) \times 6 \tag{3-45}$$

式中:L_1——汽车中心临近弯沉仪测头时测定用弯沉仪的最大读数,0.01mm;
L_2——汽车驶出弯沉影响半径后测定用弯沉仪的终读数,0.01mm;
L_3——汽车中心临近弯沉仪测头时检验用弯沉仪的最大读数,0.01mm;
L_4——汽车驶出弯沉影响半径后检验用弯沉仪的终读数,0.01mm。

式(3-45)适用于测定用弯沉仪支座处有变形,但百分表架处路面已无形的情况。

(3)沥青面层厚度大于5cm 且路面温度超过(20 ± 2)℃范围时,回弹弯沉值应进行温度修正,温度修正有两种方法。

①计算平均值和标准差时,应将超出 $L \pm (2~3)S$ 的弯沉特异值舍弃。对舍弃的弯沉值过大的点,应找出其周围界限,进行局部处理。用两台弯沉仪同时进行左右轮弯沉值测定时,应按两个独立测点计,不能采用左右两点的平均值。

②弯沉代表值不大于设计要求的弯沉值时得满分,大于时得零分。

若在非不利季节测定时,应考虑季节影响系数。

6.工程示例

路表回弹弯沉测定记录表

编号:C-45□□□-□□□□

施工单位	襄荆高速公路铁三局项目部	合同号	第04合同段
分项名称	上路床石灰碎石稳定土	测试规程	JTG E60—2008
代表地段	K69 +750 ~ K69 +900	天气	晴
设计弯沉	≤140(0.01mm)	气温	26℃

续上表

修正系数	支点 L_2			测试日期	2002.10.15
	温度 K			路幅	26m
桩号	平面位置	百(千)分表读数		回弹弯沉值(0.01mm)	路况及测定描述
		初读数 T_1	终读数 T_2	$L=K[2(T_1-T_2)+L_Z]$	
K69+800	左6.50m	515	445	140	碾压8遍
K69+800	左8.50m	510	437	146	
K69+810	左6.50m	516	444	144	
K69+810	左8.50m	517	448	138	
K69+820	左6.50m	519	454	130	
K69+820	左8.50m	520	456	128	
K69+830	左6.50m	516	451	130	
K69+830	左8.50m	513	450	126	
K69+840	左6.50m	506	435	142	
K69+840	左8.50m	515	447	136	
K69+850	左6.50m	517	443	148	
K69+850	左8.50m	516	441	150	
K69+860	左6.50m	510	438	144	
K69+860	左8.50m	509	439	140	
K69+870	左6.50m	518	449	138	
K69+870	左8.50m	516	448	136	
K69+880	左6.50m	520	455	130	
K69+880	左8.50m	523	460	126	
K69+890	左6.50m	519	445	148	
K69+890	左8.50m	524	454	140	
保证率系数 Z_a	2.0			测量弯沉平均值 L_p	142
标准差 S	6.283			评定路段的代表弯沉 $L_r=L_p+Z_aS$	155
结论			监理工程师：		日期：

测量： 计　算：
记录： 承包单位参加人员：

7. 合格判定

路基、柔性基层、沥青路面弯沉值评定：

(1)弯沉值用贝克曼梁或自动弯沉仪测量。每一双车道评定路段(不超过1km)检查80~100个点,多车道公路必须按车道数与双车道之比,相应增加测点。

(2)弯沉代表值为弯沉测量值的上波动界限,用下式计算：

$$L_r = \bar{L} + Z_aS \tag{3-46}$$

式中：L_r——弯沉代表值,0.01mm；

$\bar{L}$——实测弯沉的平均值,0.01mm；

S——标准差；

Z_a——与要求保证率有关的系数，见表3-18。

保证率系数 Z_a 的取值　　　　　　　表3-18

层　位	Z_a	
	高速公路、一级公路	二、三级公路
沥青面层	1.645	1.5
路基、柔性基层	2.0	1.645

(3) 当路基和柔性基层底基层的弯沉代表值不符合要求时，可将超出 $\bar{L} \pm (2 \sim 3)S$ 的弯沉特异值舍弃，重新计算平均值和标准差。对舍弃的弯沉值大于 $\bar{L} + (2 \sim 3)S$ 的点，应找出其周围界限，进行局部处理。

用两台弯沉仪同时进行左右轮弯沉值测定时，应按两个独立测点计，不能采用左右两点的平均值。

(4) 弯沉代表值大于设计要求的弯沉值时相应分项工程为不合格。

(5) 测定时的路表温度对沥青面层的弯沉值有明显影响，应进行温度修正。当沥青层厚度小于或等于50mm时，或路表温度在 (20 ± 2) ℃范围内时，可不进行温度修正。若在非不利季节测定时，应考虑季节影响系数。

第五节　　竣工验收阶段试验检测内容

路基工程竣工验收阶段试验检测工作如下：
(1) 按照 1～3km 为一个单元对路基工程压实度进行整体评定。
(2) 按照 1km 为一个单元对路基工程弯沉值进行整体评定。
(3) 按照竣工资料编制办法要求，及时准确地完成试验资料的整理归档工作，主要包括以下内容：
①路基原地面各项常规试验记录及汇总表的收集、整理及归档。
②路基取土场各项常规试验记录及汇总表的收集、整理及归档。
③现场检测压实度记录及评定表的收集、整理及归档。
(4) 现场检测弯沉值记录及评定表的收集、整理及归档。

【思考题】

1. 土中有机质和石膏较多时，含水率的测试容易出现误差，该误差主要由什么原因引起？
2. 无机结合料稳定土测含水率时，应注意什么问题？
3. 测试界限含水率的意义是什么？
4. 为什么要对土进行颗粒分析，颗粒分析结果对工程应用有何意义？
5. 击实试验资料整理中含水率用的是预配含水率还是击实后土样的含水率？
6. 什么是加州承载比？并论述其测定的意义。
7. 简述灌砂法测现场压实度的要点。
8. 哪些土适合用环刀法测密度？哪些土适合用灌砂法测密度？
9. 密度测试中的难点是什么？

10. 在测试回弹弯沉值时,应将测头放置在测试轴的什么位置?

11. 某路段路基施工质量检查中,用标准轴载测得10点的弯沉值(单位:0.01mm)分别为100、101、102、110、95、98、93、96、103、104,试计算该路段的代表性弯沉值(保证率系数$Z_a = 2.0$)。

12. 某新建高速公路路基施工中,对其中某一路段压实质量进行检查,压实度检测结果分别为96.57%、95.39%、93.85%、97.32%、96.28%、95.86%、95.93%、96.87%、95.34%、95.93%,请按保证率95%计算该路段的代表性压实度,并判断该路段的压实质量是否符合要求。

第四章　桥涵工程试验检测方法

在建设工程施工过程中，特别是近年来，我国全面掀起高速公路、高速铁路的建设，相继出现了许多大型的桥梁和涵洞，其设计美观大方，形成了一道亮丽的风景线。而随着现代社会的飞速发展，政府机关、业主对工程质量的要求也在不断地提高，工程实体必须要做到内实外美，这就需要参建各方共同努力，对桥涵工程进行质量控制，特别是对设计过程中采用的新材料、新工艺要进行重点控制，而试验检测工作便是施工控制的重要手段。

这里首先介绍桥涵工程中的主要试验检测项目及试验频率。

一 粗集料试验

（1）粗集料常规检测项目包括：筛分试验、表观密度及堆积密度试验、针片状颗粒含量试验、压碎值试验、含泥量及泥块含量试验，共五项试验检测内容。

（2）粗集料试验检测频率：按照同一产地、同一规格、同一进厂时间，每 $400m^3$ 或 600t 为一验收批，不足 $400m^3$ 或 600t 时，亦按一验收批计算。用小型工具运输，以 $200m^3$ 或 300t 为一验收批，不足者亦按一批计，每一验收批取样一组。

二 细集料试验

（1）细集料常规检测项目包括：筛分试验、表观密度及堆积密度试验、含泥量及泥块含量试验，共三项试验检测内容。

（2）细集料试验检测频率：按照同一产地、同一规格、同一进厂时间，每 $400m^3$ 或 600t 为一验收批，不足 $400m^3$ 或 600t 时，亦按一验收批计算。用小型工具运输，以 $200m^3$ 或 300t 为一验收批，不足者亦按一批计，每一验收批取样一组。

三 水泥试验

（1）水泥常规试验检测项目包括：细度试验，标准稠度用水量、凝结时间、安定性试验，抗压及抗折试验。

（2）水泥试验检测频率：

①散装水泥：对同一水泥厂生产的同期出厂的同品种、同强度等级的水泥，以一次进厂（场）的同一出厂编号的水泥为一批，且一批的总量不得超过 500t，随机地从不少于 3 个罐中各取出等量水泥，经混拌均匀后，再从中称取不少于 12kg 水泥作为检验试样。

②袋装水泥：对同一水泥厂生产的同期出厂的同品种、同强度等级的水泥，以一次进厂（场）的同一出厂编号的水泥为一批，且一批的总量不得超过 100t。随机的从不少于 20 袋中各取等量水泥，经混拌均匀后，在从中称取不少于 12kg 水泥作为检验试样。

四 钢筋试验

钢筋常规试验检测项目包括：检测钢筋原材料的屈服点、抗拉强度和伸长率及冷弯试验。

钢筋试验检测频率：钢筋应为同一厂别、同炉号、同级别、同规格、同一进厂时间，每60t为一验收批，不足60t时，亦按一验收批。

第一节　施工准备阶段桥涵工程的试验检测内容

桥涵工程项目开工前，试验室主任应同项目经理、总工程师及材料部门去工程所在地的水泥、砂石料场进行现场考察，并取样检测，通过试验确定最终既能符合规范要求又价格合理的材料，通知材料部门，便于及时订货。在原材料合格的基础上，应尽快进行混凝土配合比设计。混凝土配合比试验一般要在开工使用前最少一个月就开始着手进行，这是因为混凝土标准强度需要28d才能确定，另一方面配合比设计资料上报监理工程师后，还要做对比试验，确定配合比设计的真实合理性。

桥涵工程施工准备阶段的试验检测项目包括：
(1)水泥常规试验检测。
(2)细集料常规试验检测。
(3)粗集料常规试验检测。
(4)钢筋常规试验检测。
(5)混凝土配合比试验检测。

一、桥涵工程试验检测项目一——粗集料常规试验检测方法（JTG E42—2005、GB/T 14685—2011）

试样的缩分(四分法)：将试样置于平板上，在自然状态下拌和均匀，大致摊平，然后沿互相垂直的两个方向，把试样分成大致相等的四份，取其对角的两份，再重新拌匀，重复上述过程，直至缩分后的材料数量略多于进行试验所必需的量。

定义：粗集料是粒径大于4.75mm的岩石颗粒的总称，分碎石和砾石。

(一)粗集料常规试验——筛分试验

1.试验目的

本试验主要测定结构混凝土所用粗集料的颗粒级配。目的是为选用具有良好级配的粗集料，使颗粒空隙小，节约水泥，提高密实度，并且有良好的工作性能。

2.主要仪器设备

(1)试验套筛：孔径90mm、75mm、63mm、53mm、37.5mm、31.5mm、26.5mm、19mm、16mm、9.5mm、4.75mm、2.36mm的方孔筛，以及筛的底盘和盖各一只；试验所需筛的规格可根据需要选用。

(2)天平或台秤：感量不大于试样质量的0.1%。

3.试验步骤

(1)四分法缩分至表4-1要求的试样所需量。取一份试样置(105±5)℃烘箱中烘干至恒重。

筛分用的试验质量   表 4-1

公称最大粒径(mm)	75	63	37.5	31.5	26.5	19	16	9.5	4.75
试样质量不少于(kg)	10	8	5	4	2.5	2	1	1	0.5

（2）按筛孔大小排序逐个将集料过筛，直至 1min 内通过筛孔的质量小于筛上残余量的 1% 为止。如采用摇筛机筛分，则筛后应逐个由人工补筛。

（3）称每个筛上的筛余量，准确至总质量的 0.1%。各筛余量和筛底存量总和与筛分前试样总质量相比，相差不得超过 0.5%。

（4）计算各号筛分计筛余百分率（各号筛上的筛余量与试样总质量之比），准确至 0.1%。

（5）各号筛累计筛余百分率（该号筛及大于该号筛的各号筛分计筛余百分率之和），准确至 0.1%。

（6）各号筛通过百分率（100% 减去该号筛累计筛余百分率），准确至 0.1%。

（7）根据需要，绘制集料筛分曲线。表 4-2 为粗集料筛析记录表。

4．工程示例

（二）粗集料常规试验二——粗集料密度试验

1．试验一　表观密度试验

1）概述

（1）试验目的：本试验通过测定粗集料的表观密度、表干密度、毛体积密度，为计算空隙率和混合料配合比设计提供依据。

（2）定义：

①表观密度（视密度）为材料单位体积（包含材料实体及不吸水的闭口孔隙，但不包含能吸水的开口孔隙）的烘干质量。

②表干密度为材料单位体积（包含材料实体、开口及闭口孔隙）的表干质量（即饱和面干状态，包括实体质量和吸入开口孔隙中的水质量）。

③毛体积密度为材料单位体积（包含材料实体、开口及闭口孔隙）的烘干质量。

④吸水率为吸入集料开口孔隙中的水质量与集料实体质量之比。

测定方法有网篮法和容量瓶法，下面介绍网篮法。

2）主要仪器设备

（1）天平或浸水天平：可悬挂吊篮，称量应满足试样数量要求，感量不大于最大称量的 0.05%。

（2）吊篮：耐锈蚀材料制成，直径和高度约为 150mm。吊篮四周及底部用 1~2mm 筛网编制且具有密集的孔眼。

（3）溢流水槽、烘箱、4.75mm 方孔筛等。

3）试验步骤

（1）将取来的试样用 4.75mm 方孔筛过筛，用四分法缩至要求的质量，见表 4-2，取两份，并将每份试样放在水中浸泡，并洗净备用。

测定密度所需要的试样质量   表 4-2

公称最大粒径(mm)	4.75	9.5	16	19	26.5	31.5	37.5	63	75
每一份试样最小质量(kg)	0.8	1	1	1	1.5	1.5	2	3	3

(2)取一份试样装入搪瓷盘中,并注水使水面至少高出试样2cm,轻轻搅拌颗粒,使附着颗粒上的气泡逸出。浸水24h。

(3)将吊篮挂在天平的吊钩上,浸入溢流水槽中,向溢流水槽中注水,水面高度至水槽的溢流孔为止,将天平调零。调节水温在15~25℃范围内,将试样移入吊篮中。溢流水槽中的水面高度由溢流孔控制,并维持不变。称取集料的水中质量(m_w)。

(4)提起吊篮,将试样倒入浅搪瓷盘中,或直接将试样倒在拧干的湿毛巾上。稍倾斜搪瓷盘,用毛巾吸走漏出的自由水,用拧干的湿毛巾轻轻擦干颗粒的表面水,至表面看不到发亮的水迹为止,即为饱和面干状态。当颗粒尺寸较大时,可逐颗擦干。注意拧湿毛巾时不要拧得太干。擦颗粒的表面水时,既要将表面水擦掉,又防止将颗粒内部的水吸出,整个过程中不得有颗粒丢失。

(5)称取在饱和面子状态下试样的表干质量(m_f)。

(6)将试样置于浅盘中,放入(105±5)℃的烘箱中烘干至恒重。称取室温下试样的烘干质量(m_a)。

(7)计算 ρ_a、ρ_s、ρ_b,准确至小数点后3位,w_x 准确至0.01%。

$$\rho_a = \frac{m_a}{m_a - m_w} \times \rho_T \quad \text{或} \quad \rho_a = \left(\frac{m_a}{m_a - m_w} - a_T\right) \times \rho_W \tag{4-1}$$

$$\rho_s = \frac{m_f}{m_f - m_w} \times \rho_T \quad \text{或} \quad \rho_s = \left(\frac{m_f}{m_f - m_w} - a_T\right) \times \rho_W \tag{4-2}$$

$$\rho_b = \frac{m_a}{m_f m_w} \times \rho_T \quad \text{或} \quad \rho_b = \left(\frac{m_a}{m_f m_w} - a_T\right) \times \rho_W \tag{4-3}$$

$$w_x = \frac{m_f - m_a}{m_a} \times 100\% \tag{4-4}$$

式中:ρ_a——粗集料的表观密度,g/cm³;
  ρ_s——粗集料的表干密度,g/cm³;
  ρ_b——粗集料的毛体积密度,g/cm³;
  w_x——粗集料的吸水率,%;
  m_a——粗集料的烘干质量,g;
  m_f——粗集料的表干质量,g;
  m_w——粗集料的水中质量,g;
  ρ_T——试验温度 T 时水的密度,g/cm³;
  a_T——试验温度 T 时水温修正系数;
  ρ_W——水在4℃时的密度,取1.000g/cm³。

不同水温时水的密度 ρ_T 及水温修正系数 a_T 取值见表4-3。

不同水温时水的密度 ρ_T 及水温修正系数 a_T 表4-3

水温(℃)	15	16	17	18	19	20	21	22	23	24	25
ρ_T (g/cm³)	0.99913	0.99897	0.99880	0.99862	0.99843	0.99822	0.99802	0.99779	0.99756	0.99733	0.99702
a_T	0.002	0.003	0.003	0.004	0.004	0.005	0.005	0.006	0.006	0.007	0.007

(8)对同一规格集料平行试验两次,取平均值作为试验结果。对表观密度、表干密度、毛体积密度,两次结果之差不得大于0.02g/cm³;对吸水率不得大于0.2%,否则重新取样试验。

4)工程示例

见粗集料筛析记录表。

编号：C-20-1-D04-0001

粗集料筛析记录表

试验单位	襄荆高速公路中铁三局试验室		合同	第4合同段	试验日期	2001.5.28
样品名称	襄南黏土矿碎石（5～31.5mm）		样品	10000g	审核人	
样品来源	K64+180　1～13.0m小桥		试验规程	JTG E42—2005	试验	
筛孔尺寸(mm)	筛余质量(g)				筛余(%)	累计(%)	通过率(%)
	1	2	3	平均			
40	—	—	—	—	—	—	—
31.5	191	187	189	189	1.9	1.9	98.1
25							
20	2631	2637	2634	2634	26.3	28.2	71.8
16							
10	5261	5257	5259	5259	52.6	80.8	19.2
5	1393	1397	1395	1395	14	94.8	5.2
2.5	369	375	372	372	3.7	98.5	1.5
筛底	155	147	151	151	1.5	100.0	0
结　论							

监理工程师：　　　　　　　　　　　　　　　日期：

2. 试验二 粗集料堆积密度及空隙率试验

1) 试验目的

本试验通过测定粗集料不同堆积状态下的密度,包括堆积密度、振实密度和捣实密度,以确定粗集料的空隙率。

2) 仪器设备

(1) 天平或台秤:感量不大于称量的 0.1%。

(2) 容量筒:筒的容积选择应随集料公称最大粒径的增加而增加,水泥混凝土集料测定所用的容量筒应符合表 4-4 要求。

水泥混凝土集料容量筒的规格要求　　　　　表 4-4

粗集料公称最大粒径 (mm)	容量筒容积 (L)	容量筒规格(m)		筒壁厚度 (mm)
		内径(mm)	净高(mm)	
9.5,16.0,19.0,26.5	10	205±2	305±2	2.5
31.5,37.5	20	255±5	295±5	3.0
53.0,63.0,75.0	30	355±5	305±5	3.0

(3) 烘箱:能控温在 (105±5)℃。

(4) 振动台:频率为 (3000±200) 次/min,负荷下的振幅为 0.35mm,空载时振幅为 0.5mm。

(5) 捣棒:直径 16mm,长 600mm,一端为圆头的钢棒。

(6) 铁锹。

3) 试验方法和步骤

(1) 自然堆积密度试验。

取一份待测试样,在平整的水泥混凝土地上(或铁板上)用铁锹拌和均匀后,利用铁锹铲起试样,以自由落入的方式装入适宜的容量筒中,要求铁锹下沿与容量筒上口的距离在 50mm 左右。容量筒装满后,除去超出筒口的颗粒,并以合适的颗粒填入凹隙,保证顶面凸出部分和凹陷部分的体积大致相同,称取试样和容量筒的总质量(m_2)。

(2) 振实密度试验。

人工振实操作:将试样分三层装入容量筒,每装完一层,在筒底垫一根直径 25mm 的圆钢筋,按住筒左右两侧,颠击地面各 25 下。注意各层颠击时,要将钢筋放置的方向掉转 90°。最后一层装填完成后,将多余超出筒口的颗粒用钢筋在筒口边沿以滚动的方式除去,并用合适的颗粒填入凹隙,保证顶面凸出部分和凹陷部分的体积大致相同,称取试样和容量筒的总质量(m_3)。

机械振实操作:将试样一次装满容量筒,然后将容量筒固定在振动台上,启动电源,振动 3min 后将容量筒取下,补加试样使其超出筒口,再用钢筋沿筒口边沿以滚动的方式刮去高出筒口的颗粒,并用合适的颗粒填入凹隙,保证顶面凸出部分和凹陷部分的体积大致相同,称取试样和容量筒的总质量(m_3)。

(3) 捣实密度试验。

将试样分三次装入容积适宜的容量筒,每层高度约占筒高的 1/3,并在每层用金属捣棒由边沿至中心均匀插捣 25 次,插捣深度约达到下层表面。最后一层捣实刮平后与筒口齐平,目测估计表面凸出部分和凹陷部分的体积大致相同,称取试样和容量筒的总质量(m_4)。

(4) 容量筒容积标定。

称出空容量筒的质量(m_1),将水装满容量筒,擦干筒外壁水分,再称量水与容量筒的总质量(m_w)。测定水温,按照不同水温条件下温度修正系数对容量筒的容积做校正。

4) 试验结果计算

(1) 容量筒容积按式(4-5)计算:

$$V = \frac{m_w - m_1}{\rho_w} \times 100\% \tag{4-5}$$

式中:V——容量筒容积,L;
m_w——容量筒与水的总质量,kg;
m_1——容量筒质量,kg;
ρ_w——试验温度为 T 时水的密度,按照粗集料密度试验内容中不同水温时水的密度表来选用,g/cm³。

(2) 堆积密度、振实密度、捣实密度计算见式(4-6):

$$\rho_i = \frac{m_i - m_1}{V} \times 100\% \tag{4-6}$$

式中:ρ_i——分别代表堆积密度、振实密度、捣实密度,kg/L 或 g/cm³;
m_i——分别代表松散堆积状态、振实状态和捣实状态下所装集料和容量筒的总质量 m_2、m_3 和 m_4,kg;
m_1——容量筒质量,kg;
V——容量筒容积,L。

(3) 粗集料的空隙率计算见式(4-7):

$$W = \left(1 - \frac{\rho}{\rho_a}\right) \times 100\% \tag{4-7}$$

式中:W——粗集料的空隙率,%;
ρ_a——粗集料的表观密度,g/cm³;
ρ——振实密度,g/cm³。

(4) 捣实状态下粗集料骨架(通常指4.75mm粒径以上的部分)的间隙率计算见式(4-8):

$$VCA_{DRC} = \left(1 - \frac{\rho}{\rho_b}\right) \times 100\% \tag{4-8}$$

式中:VCA_{DRC}——捣实状态下,粗集料骨架间隙率,%;
ρ_b——粗集料毛体积密度,g/cm³;
ρ——捣实密度,g/cm³。

3. 工程示例

湖北省襄荆高速公路项目

粗集料密度及空隙率试验

编号:C-14A-D04-0001

试验单位	铁三局五处工程试验中心	合同号	第04合同段
样品名称	碎石(粒级 5~31.5m)	试验规程	JTG E42—2005
样品来源	襄南黏土矿	试验日期	
试验人		审核人	

续上表

检测项目		筒+试样质量 m_2 (kg)	筒质量 m_1 (kg)	筒容积 V (L)	ρ_1、ρ_c (kg/m³)	平均 (kg/m³)
堆积密度 ρ_1	ρ_1	17.75	1.925	10.110	1565	1560
	ρ_1	17.70	1.925	10.110	1560	
紧密密度 ρ_c	ρ_c					
	ρ_c					

检测项目	水温 (℃)	样品干质量 m_0 (g)	瓶+水+玻璃质量 m_2 (g)	瓶+水+试样+玻璃质量 m_1 (g)	水温修正系数 α_T	表观密度 ρ (kg/m³)	平均 (kg/cm³)
表观密度 ρ	20	8000	13140	18200	0.005	2716	2720
	20	8000	13140	18200	0.005	2716	
空隙率			42.6%				
结论							

监理工程师：　　　　　　　　　　　　　　日期：

(三) 粗集料常规试验三——粗集料针片状颗粒含量试验(规准仪法)

1. 概述

(1) 试验目的：本试验是测定水泥混凝土所用的、粒径大于 4.75mm 的粗集料的针状及片状颗粒的总含量，用来评价集料的形状和抗压碎能力，以评定其在工程中的适用性。如果含量超标会使集料空隙增大，密实度降低，影响混合料的工作性，降低混凝土强度及耐久性等。

(2) 定义：颗粒长度大于该粒级上限与下限粒径平均值的 2.4 倍者，为针状颗粒；颗粒厚度小于该粒级上限与下限粒径平均值的 0.4 倍者，为片状颗粒。

2. 主要仪器设备

(1) 水泥混凝土集料针片状规准仪，如图 4-1、图 4-2 所示。

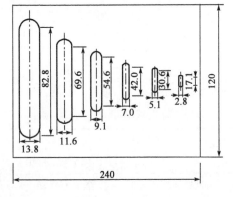

图 4-1　水泥混凝土集料片状规准仪(尺寸单位：mm)

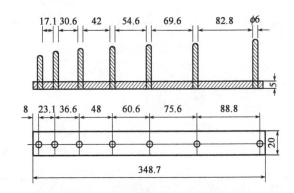

图 4-2　水泥混凝土集料针状规准仪(尺寸单位：mm)

(2) 天平：感量不大于称量值的 0.1%。

(3) 台秤：称量 10kg，称量 10g。

3. 试验步骤

（1）四分法将干燥的试样缩至规定的质量（表4-5），称量（m_0）。然后过4.75mm、9.5mm、16mm、19mm、26.5mm、31.5mm和37.5mm的方孔筛，将试样分成不同粒级。

针片状颗粒含量试验取样材料用量 表4-5

公称最大粒径(mm)	9.5	16	19	26.5	31.5	37.5	63	75
试样最小质量(kg)	0.3	1	2	3	5	10	—	—

（2）按规定的粒级，用规准仪逐粒进行鉴定，凡颗粒长度大于针状规准仪上相应间距者为针状颗粒；厚度小于片状规准仪上相应孔宽者为片状颗粒。称量各粒级针片状颗粒总量（m_1）。

（3）针片状含量按式(4-9)计算，准确至0.1%。

$$Q_e = \frac{m_1}{m_0} \times 100\% \qquad (4-9)$$

式中：Q_e——试样的针片状颗粒含量，%；

m_1——试样中所含针片状颗粒的总质量，g；

m_0——试样总质量，g。

4. 工程示例

湖北省襄荆高速公路项目

粗集料针片状颗粒含量试验（规准仪法）

编号：C-16-D04-0001

试验单位	襄荆高速公路中铁三局试验室		合同号		第04合同段	
样品名称	襄南黏土矿(5~31.5mm)		试验规程		JTG E42—2005	
样品来源	K64+180 1-13.0m 小桥		试验日期			
试验人			审核人			
试件编号	试样来源	试样最大粒径（mm）	风干试样质量（g）		针片状颗粒质量（g）	针片状颗粒含量（%）
1	砂石料厂	40	10000		983	9.8
2	砂石料厂	40	10000		976	9.8
结论	根据《公路工程集料试验规程》(JTG E42—2005)进行检验，结果符合《公路桥涵施工技术规范》(JTG/T F50—2011)要求					
				监理工程师：		日期：

(四)粗集料常规试验四——粗集料压碎值试验

1. 试验目的

本试验测定碎石或砾石抵抗压碎的能力,间接评价其强度。为了保证混凝土强度,粗集料必须具备足够的强度。碎石或砾石的强度可用测定岩块强度(边长50mm立方体或高和直径为50mm圆柱体试件做抗压)和压碎值指标两种方法检验。

2. 试验要点

(1)将风干的试样筛去9.5mm以下及13.2mm以上的颗粒,取9.5~13.2mm的试样3组各3000g,供试验用。

(2)每次试验所用的石料数量应满足:按下述方法夯击后,石料在试筒内的深度为100mm。

在金属筒中确定石料数量的方法如下:

将试样分3次(每次数量大体相同)均匀装入试模中,每次均将试样表面整平,用金属棒的半球面端从石料表面上均匀捣实25次。最后用金属棒作为直刮刀将表面仔细整平。称取量筒中试样质量(m_0)。以相同质量的试样进行压碎值的平行试验。

(3)将试筒安放在底板上。

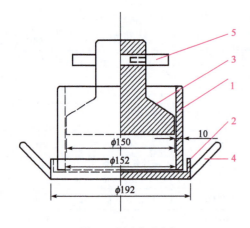

图4-3 压碎值试验仪
1-圆模;2-底盘;3-加压头;4-把手;5-把手

(4)将要求质量的试样分3次(每次数量大体相同)均匀装入试模中,每次均将试样表面整平,用金属棒的半球面端从石料表面上均匀捣实25次。最后用金属棒作为直刮刀将表面仔细整平。

(5)将装有试样的试模放在试验仪(图4-3)上,同时将压头放入试筒内的石料面上,注意使压头整平,勿楔挤试模侧壁。

(6)开动压力机,均匀地施加荷载,在10min左右的时间内达到总荷载400kN,稳定5s,再卸荷。

(7)将试模从压力机上取下,取出试样,用2.36mm方孔筛筛除被压碎的细粒,称筛余试样质量(m_1)。

压碎值按式(4-10)计算,准确至0.1%。

$$Q_a = \frac{m_0 - m_1}{m_0} \times 100\% \qquad (4-10)$$

式中:Q_a——压碎值,%;
m_1——试样的质量,g;
m_0——试验后筛余的试样质量,g。

以三次平均试验结果的算术平均值作为测定值。

3. 工程示例

湖北省襄荆高速公路项目

水泥混凝土粗集料压碎指标值试验

编号:C-17-D04-0001

试验单位	襄荆高速公路中铁三局试验室			合同号			第04合同段		
样品名称	襄南黏土矿(5~31.5mm)			试验规程			JTG E42—2005		
样品来源	K64+180 1-13.0m 小桥			试验日期			2001.5.28		
试验人				审核人					
试件编号	10~20mm筛风干试样质量（g）	2.5mm筛筛余质量（g）	压碎值（%）	平均值（%）	20mm筛以下颗粒含量百分率(%)	20mm筛以下颗粒分计压碎值百分率（%）	20mm筛以上颗粒含量百分率（%）	20mm筛以上颗粒分计压碎值百分率（%）	总压碎值（%）
1	3 000	2 735	8.8	8.9	—	—	—	—	—
	3 000	2 730	9.0						
	3 000	2 730	9.0						
结论	根据JTG E42—2005进行检验,结果符合JTG/T F50—2011 要求								
	监理工程师:					日期:			

(五) 粗集料常规试验五——粗集料含泥量及泥块含量试验

1. 试验目的

本试验是测定碎石或砾石中小于 0.075mm 的尘屑、淤泥和黏土的总含量及 5mm 以上泥块含量。

2. 仪具与材料

台秤:感量不大于称量的 0.1%。

烘箱:能控温(105±5)℃。

标准筛:孔径为 1.25mm、0.075mm(用于水泥混凝土的集料)或 1.18mm、0.075mm(用于沥青路面的集料)的方孔筛各1只;测泥块含量时,则用 2.5mm 及 5mm 的圆孔筛各1只。

容器:容积约 10L 的桶或搪瓷盘。

浅盘、毛刷等。

3. 试验准备

将来样用四分法缩分至规定的数量(表 4-6),置于温度为(105±5)℃的烘箱内烘干至恒重,冷却至室温后,分成两份备用。

含泥量及泥块含量试验所需试样最小质量　　表4-6

最大粒径(mm)	圆孔筛	5	10	16	20	25	31.5	40	63	80
	方孔筛	4.75	9.5	16	19	26.5	31.5	37.5	63	75
试样最小质量(kg)		1.5	2	2	6	6	10	10	20	20

4. 试验步骤

(1) 含泥量试验步骤如下:

①称取试样1份(m_0)装入容器内,加水,浸泡24h,用手在水中淘洗颗粒(或用毛刷洗刷),使尘屑、黏土与较粗颗粒分开,并使之悬浮于水中;缓缓地将浑浊液倒入1.25mm(或1.18mm)及0.075mm的套筛上,滤去小于0.075mm的颗粒;试验前筛子的两面应先用水湿润,在整个试验过程中,应注意避免大于0.075mm的颗粒丢失。

②再次加水于容器中,重复上述步骤,直到洗出的水清澈为止。

③用水冲洗余留在筛上的细粒,并将0.075mm筛放在水中(使水面略高于筛内颗粒)来回摇动,以充分洗除小于0.075mm的颗粒,而后将两只筛上余留的颗粒和容器中已经洗净的试样一并装入浅盘,置于温度为(105±5)℃的烘箱中烘干至恒重,取出冷却至室温后,称取试样的质量(m_1)。

(2) 泥块含量试验步骤如下:

①取试样1份。

②用4.75mm圆孔筛将试样过筛,称出筛去4.75mm以下颗粒后的试样质量(m_2)。

③将试样在容器中摊平,加水使水面高出试样表面,24h后将水放掉,用手捻压泥块,然后将试样放在2.36mm筛上用水冲洗,直至洗出的水清澈为止。

④小心地取出2.36mm筛上试样,置于温度为(105±5)℃的烘箱中烘干至恒重,取出冷却至室温后称其质量量(m_3)。

5. 计算

(1) 碎石或砾石的含泥量按式(4-11)计算,准确至0.1%。

$$Q_n = \frac{m_0 - m_1}{m_0} \times 100 \tag{4-11}$$

式中:Q_n——碎石或砾石的含泥量,%;

m_0——试验前烘干试样质量,g;

m_1——试验后烘干试样质量,g。

以两次试验的算术平均值作为测定值,两次结果的差值超过0.2%时,应重新取样进行试验。

对沥青路面用集料,此含泥量记为小于0.075mm颗粒含量。

(2) 碎石或砾石中黏土泥块含量按式(4-12)计算,准确至0.1%。

$$Q_k = \frac{m_2 - m_3}{m_2} \times 100 \tag{4-12}$$

式中:Q_k——碎石或砾石中黏土泥块含量,%;

m_2——5mm筛筛余量,g;

m_3——试验后烘干试样质量,g。

以两个试样两次试验结果的算术平均值为测定值,两次结果的差值超过0.1%时,应重新取样进行试验。

6. 工程示例

粗集料含泥量及泥块含量试验

编号:C-15-D04-0001

试验单位	襄荆高速公路中铁三局试验室	合同号	第04合同段
样品名称	襄南黏土矿(5~31.5mm)	试验规程	JTG E42—2005
样品来源	K64+180 1-13m 小桥	试验日期	2001.5.28
试验人		审核人	

含 泥 量 记 录					
试件编号	水洗前试样烘干质量 m_0 (g)	水洗后留在1.25mm及0.075mm筛上试样的烘干质量 m_1 (g)	含泥量 $(m_0-m_1)/m_0$ (%)	平均值 (%)	
1	5000	4975	0.50	0.6	
	5000	4970	0.60		
	—	—	—	—	
	—	—	—		

泥 块 含 量 记 录					
试件编号	5mm圆孔筛筛余质量 m_2(g)	水洗后留在2.5mm筛上试样的烘干质量 m_3(g)	泥块含量 $(m_2-m_3)/m_2$(%)	平均值(%)	
1	5000	4984	0.32	0.3	
	5000	4987	0.26		
	—	—	—	—	
	—	—	—		
结论	根据JTG E42—2005规程进行检验,结果符合JTG/T F50—2011规范要求 监理工程师: 日期:				

(六)粗集料(卵石、碎石)的技术要求

(1)桥涵混凝土的粗集料,应采用质地坚实、均匀洁净、级配合理、粒形良好、吸水率小的碎石,也可采用碎卵石,低强度等级混凝土还可采用卵石。

氯盐锈蚀环境严重作用下的混凝土,不宜采用抗渗性较差的岩质(如花岗岩、砂岩等)作粗集料。

粗集料的技术指标应符合表4-7的要求。

粗集料的技术指标 表4-7

项 目	技 术 要 求		
	Ⅰ级	Ⅱ级	Ⅲ级
碎石压碎指标(%)	<10	<20	<30
卵石压碎指标(%)	<12	<16	<16
坚固性(按质量损失计,%)	<5	<8	<12

续上表

项　目		技术要求		
		Ⅰ级	Ⅱ级	Ⅲ级
有害物质	针片状颗粒含量(按质量计,%)	<5	<15	<25
	含泥量(按质量计,%)	<0.5	<1.0	<1.5
	泥块含量(按质量计,%)	<0	<0.5	<0.7
	有机物含量(按质量计,%)	合格	合格	合格
	硫化物及硫酸盐(按SO_3质量计,%)	<0.5	<1.0	<1.0
岩石抗压强度		火成岩>80MPa；变质岩>60MPa；水成岩>30MPa		
表观密度(kg/m³)		>2500		
松散堆积密度(kg/m³)		>1350		
孔隙率(%)		<47		
碱集料反应		经碱集料反应试验后，试件无裂缝、酥裂、胶体外溢等现象，在规定试验龄期的膨胀率应小于0.10%		

注：1. Ⅰ级宜用于强度等级大于C60的混凝土；Ⅱ级宜用于强度等级为C30~C60及有抗冻、抗渗或其他要求的混凝土；Ⅲ级宜用于强度等级小于C30的混凝土。
2. 岩石的抗压强度与混凝土强度等级之比不应小于1.5，或制成的混凝土其性能(如弹性模量，抗渗性能等)应高于设计、规范要求。
3. 参照《公路工程混凝土结构防腐蚀技术规范》(JTG/T B07—01—2006)的要求，建议对于重要结构提高要求：
   (1) 为配制耐久性混凝土，碎石、卵石压碎指标应小于10%；吸水率小于2%；针片状颗粒含量(按质量计)应小于7%。
   (2) 对于可能处于干湿循环、冻融循环现况下的混凝土，其含泥量应低于0.7%。
   (3) 硫化物及硫酸盐折合SO_3含量均不宜超过胶凝材料质量的0.5%。
   (4) 材料的坚固性还应满足碎石或卵石的坚固性试验的要求。

(2) 粗集料应采用二级或多级配。粗集料的颗粒级配，宜采用连续级配或连续级配与单粒级配合使用。在特殊情况下，通过试验证明混凝土无离析现象时，也可采用单粒级。粗集料的级配范围应符合表4-8的要求。

碎石或卵石的颗粒级配规格　　　　表4-8

级配类型	公称粒级(mm)	累计筛余(按质量百分率计,%)										
		方孔筛筛孔尺寸(mm)										
		2.36	4.75	9.50	16.0	19.0	26.5	31.5	37.5	53	63.0	75.0	90
连续级配	5~10	95~100	80~100	0~15	0	—	—	—	—	—	—	—	—
	5~16	95~100	85~100	30~60	0~10	0	—	—	—	—	—	—	—
	5~20	95~100	90~100	40~80	—	0~10	0	—	—	—	—	—	—
	5~25	95~100	90~100	—	30~70	—	0~5	0	—	—	—	—	—
	5~31.5	95~100	90~100	70~90	—	15~45	—	0~5	0	—	—	—	—
	5~40	—	95~100	70~90	—	30~65	—	—	0~5	0	—	—	—

续上表

级配类型	公称粒级(mm)	累计筛余(按质量百分率计,%)									
		方孔筛筛孔尺寸(mm)									
		2.36	4.75	9.50	16.0	19.0	26.5	31.5	37.5	53	63.0	75.0	90
单粒级	10~20	—	95~100	85~100	—	0~15	0	—	—	—	—	—	—
	16~31.5	—	95~100	—	85~100	—	—	0~10	0	—	—	—	—
	20~40	—	—	95~100	—	80~100	—	—	0~10	0	—	—	—
	31.5~63	—	—	—	95~100	—	75~100	45~75	—	—	0~10	0	—
	40~80	—	—	—	—	95~100	—	70~100	—	30~60	0~10	0

(3)粗集料最大粒径应按混凝土结构情况及施工方法选取,但最大粒径不得超过结构最小边尺寸的1/4和钢筋最小净距的3/4;在两层或多层密布钢筋结构中,最大粒径不得超过钢筋最小净距的1/2,同时不得超过100mm;混凝土实心板的粗集料最大粒径不宜超过板厚的1/3,且不得超过40mm。

受严重氯盐锈蚀环境作用下的混凝土,粗集料最大粒径不宜超过2.5mm(大体积混凝土除外),且不得超过保护层厚度的2/3。

(4)混凝土结构物处于表4-9所列条件下时,应对碎石或卵石进行坚固性试验,试验结果应符合表4-9的规定。

碎石或卵石的坚固性试验　　　　　表4-9

混凝土所处环境条件	在溶液中循环次数	试验后质量损失不宜大于(%)
寒冷地区,经常处于干湿交替状态	5	5
严寒地区,经常处于干湿交替状态	5	3
混凝土处于干燥条件,但粗集料风化或软弱颗粒过多时	5	12
混凝土处于干燥条件,但抗疲劳、耐磨、抗冲击要求高或强度大于C40	5	5

注:1. 有抗冻、抗渗要求的混凝土,用硫酸钠法进行坚固性试验不合格时,可再进行抗冻融试验。
　　2. 处于冻融循环环境下的重要工程混凝土,应进行坚固性试验和抗冻融试验。坚固性试验结果失重率应小于10%。

(5)施工前宜对所用的碎石或卵石进行碱活性检验,在条件许可时,尽量避免采用有碱活性反应的集料,或采取必要的措施。具体试验方法可参照现行《公路工程集料试验规程》(JTG E42—2005)进行。

二 桥涵工程试验检测项目二——细集料常规试验检测方法(GB/T 14684—2011、JTG E42—2005)

定义:细集料(砂)是由自然或人工条件作用而形成的粒径小于4.75mm的岩石颗粒,分为自然砂和机制砂。

(一)细集料(砂)的技术要求

1. 颗粒级配

砂的颗粒级配应符合表4-10的规定。

砂的颗粒级配　　　　　　　　　　　表 4-10

方孔筛（mm）	级配区		
	Ⅰ	Ⅱ	Ⅲ
	累计筛余(%)		
9.50	0	0	0
4.75	10～0	10～0	10～0
2.36	35～5	25～0	15～0
1.18	65～35	50～10	25～0
0.60	85～71	70～41	40～16
0.30	95～80	92～70	85～55
0.15	100～90	100～90	100～90

注：1. 砂的实际颗粒级配与表中所列数字相比，除 4.75mm 和 0.60mm 筛档外，可以略有超出，但超出总量应小于 5%。
　　2. Ⅰ区人工砂中 0.15mm 筛孔的累计筛余可放宽到 100%～85%；Ⅱ区人工砂中 0.15mm 筛孔的累计筛余，可放宽到 100%～80%；Ⅲ区人工砂中 0.15mm 筛孔的累计筛余可放宽到 100%～75%。

2. 人工砂的石粉和泥块含量

人工砂的石粉（砂中粒径小于 0.075mm 的颗粒）含量和泥块含量应符合表 4-11 和表 4-12 的规定。

含泥量和泥块含量　　　　　　　　　表 4-11

项目	指标		
	Ⅰ类	Ⅱ类	Ⅲ类
含泥量（按质量计,%）	<1.0	<3.0	<5.0
泥块含量（按质量计,%）	0	<1.0	<2.0

石粉和泥块含量　　　　　　　　　表 4-12

	项目		指标		
			Ⅰ类	Ⅱ类	Ⅲ类
1	亚甲蓝试验	MB值<1.40 或合格	石粉含量（按质量计,%）	<3.0	<5.0	<7.0
2			泥块含量（按质量计,%）	0	<1.0	<2.0
3		MB值≥1.40 或不合格	石粉含量（按质量计,%）	<1.0	<3.0	<5.0
4			泥块含量（按质量计,%）	<0	<1.0	<2.0

注：根据使用地区和用途，在试验验证的基础上，表中含量可由供需双方协商确定。

3. 有害物质

砂中不应混有草根、树叶、树枝、塑料、煤块、炉渣等杂物。砂中如含有云母、轻物质、有机物、硫化物及硫酸盐、氯盐等，其含量应符合表 4-13 的规定。

砂中物质含量规定　　　　　　　　　表 4-13

项目	指标		
	Ⅰ类	Ⅱ类	Ⅲ类
云母（按质量计,%），<	1.0	2.0	2.0
轻物质（按质量计,%），<	1.0	1.0	1.0
有机物（比色法）	合格	合格	合格
硫化物及硫酸盐（按 SO_3 质量计,%），<	0.5	0.5	0.5
氯化物（以氯离子质量计,%），<	0.01	0.02	0.06

4. 坚固性

(1) 天然砂采用硫酸钠溶液法进行试验,砂样经 5 次循环后,其质量损失应符合表 4-14 的规定。

坚 固 性 指 标　　　　　　　　　　　　表 4-14

项　目	指　标		
	Ⅰ类	Ⅱ类	Ⅲ类
质量损失(%),<	8	8	10

(2) 人工砂采用压碎指标法进行试验,压碎指标值应小于表 4-15 的规定。

压 碎 指 标　　　　　　　　　　　　表 4-15

项　目	指　标		
	Ⅰ类	Ⅱ类	Ⅲ类
单级最大压碎指标(%),<	20	25	30

5. 表观密度、堆积密度、孔隙率

砂的表观密度、堆积密度、孔隙率应符合:表观密度大于 2500kg/m³,松散堆积密度大于 1350 kg/m³,孔隙率小于 47%。

6. 碱—集料反应

经碱—集料反应试验后,由砂制备的试件应无裂缝、酥裂、胶体外溢等现象,在规定试验龄期的膨胀率应小于 0.10%。

(二) 石料的技术要求

石料的技术要求首先是根据构成石料的矿物组成、成分含量和组织结构对石料进行分类,共分为岩浆岩类、石灰岩类、砂岩和片岩类、砾石类四种。然后按其物理—力学性质(饱水抗压强度和洛杉矶磨耗率)再划分为四个等级,其中Ⅰ级为最强的岩石,Ⅱ级为坚强的岩石,Ⅲ级为中等强度的岩石,Ⅳ级为较软的岩石。相应的路用石料的等级划分和技术标准列于第六章表 6-1。

(三) 细集料常规试验——细集料筛分试验

1. 试验目的

本试验测定细集料的颗粒级配及粗细程度。根据细度模数 M_x 的大小,把细集料分为粗、中、细砂,它反映全部颗粒的粗细程度,但不完全反映颗粒级配情况。结构混凝土配制应同时考虑 M_x 和级配情况,砂的级配分Ⅰ、Ⅱ、Ⅲ区。

2. 主要仪器设备

(1) 标准筛。
(2) 天平:称量 1000g,感量不大于 0.5g。
(3) 烘箱、摇筛机等。

3. 试验步骤

(1) 将试样过 9.5mm 方孔筛,算出筛余百分率,然后将试样在潮湿状态下充分拌匀,用四分法缩至每份不少于 550g 试样两份,在(105±5)℃的烘箱中烘干至恒重,冷却至室温。

(2)称烘干试样约500g(m_1),准确至0.5g。放入套筛的最上一只4.75mm筛里,用摇筛机将套筛摇约10min后,再按筛孔大小顺序逐个进行手筛,每只筛每分钟的筛出量不超过该只筛上剩余量的0.1%时停止筛分,将筛出的颗粒并入下一号筛再筛分,直至各号筛全部筛完为止。

(3)称各筛筛余试样的质量,准确至0.5g。各号筛的筛余量和底盘中的剩余量总和与筛分前试样总量相差不得超过1%。

(4)计算分计筛余百分率、累计筛余百分率、通过百分率和细度模数M_X,并绘制级配曲线。

$$M_X = \frac{(A_{0.15} + A_{0.30} + A_{0.60} + A_{1.18} + A_{2.36}) - 5A_{4.75}}{100 - A_{4.75}} \quad (4\text{-}13)$$

式中：M_X——砂的细度模数,准确至0.01;

$A_{0.15}$、$A_{0.30}$、…、$A_{4.75}$——分别为0.15mm,0.30mm,…,4.75mm筛上的累计筛余百分率,%。

(5)筛分应进行两次平行试验,以试验结果的算术平均值为测定值。如果两次试验所得的M_X之差大于0.2,应重新进行试验。表4-16为细集料筛析记录表。

4. 工程示例

见细集料筛析记录表。

(四)细集料常规试验二——细集料密度试验

1. 试验一:细集料表观密度试验(容量瓶法)

1) 试验目的

通过测定细集料的表观密度,为计算细集料空隙比和混合料配合比设计提供依据。

2) 试验步骤

(1)将来样缩分至650g左右,放在温度(105±5)℃的烘箱中烘干至恒重,冷却至室温,分成两份。准确称取烘干试样300g(m_0),装入盛有半瓶蒸馏水的容量瓶中。

(2)摇转容量瓶,充分排除气泡,静置24h后,用滴管加水,使水与瓶颈刻度线齐平,塞紧瓶塞,称总质量(m_1)。

(3)再称出容量瓶和只注入与瓶颈刻度线平齐的蒸馏水的总质量(m_2)。

(4)细集料表观密度按式(4-14)计算。

$$\rho'_s = \left(\frac{m}{m_0 + m_2 - m_1}\right) \times \rho_w \quad (4\text{-}14)$$

式中：ρ'_s——细集料的表观密度,g/cm³;

m_0——砂样烘干质量,g;

m_1——试样、水及容量瓶总质量 g;

m_2——水及容量瓶总质量,g;

ρ_w——水在4℃时的密度,取值为1g/cm³。

准确至小数点后3位。

(5)以两次平行试验结果的算术平均值作为测定值。如两次结果之差值大于0.01g/cm³时,重新取样试验。

编号:C-20-2-D04-0001

细集料筛析记录表

试验单位	襄荆高速公路中铁三局试验室		合同号		第 4 合同段		试验日期		2001.5.30	
样品名称	唐白河黄砂(中砂)		试验人				审核人			
样品来源	K71+460 1-6.0m 暗通		试验规程		JTG E42—2005					
筛孔尺寸 (mm)	第一次样品质量:500g						第二次样品质量:500g			
	筛余质量(g)	筛余(%)	累计(%)	通过(%)	筛余质量(g)	筛余(%)	累计(%)	通过(%)		
10										
5	12.6	2.5	2.5	97.5	11.9	2.4	2.4	97.6		
2.5	43.6	8.7	11.2	88.8	43.4	8.7	11.1	88.9		
1.25	64.1	12.8	24.0	76.0	63.7	12.7	23.8	76.2		
0.63	101.8	20.4	44.4	55.6	102.4	20.5	44.3	55.7		
0.315	215.1	43.0	87.4	12.6	214.6	42.9	87.2	12.8		
0.16	55.8	11.2	98.6	1.4	57.5	11.5	98.7	1.3		
筛底	7.0	1.4	100.0	0.0	6.5	1.3	100.0	0.0		
细度模数	$M_X = 2.60$				$M_X = 2.59$					
平均值	$M_X = 2.60$									
结论	根据JTG E42—2005规程进行检验,结果属于中砂,符合Ⅱ区级配要求									
	监理工程师:						日期:			

筛析图示

3) 工程示例

湖北省襄荆高速公路项目

细集料表观密度试验

编号：C-21-D04-0001

试验单位	襄荆高速公路中铁三局试验室		合同号	第04合同段
样品名称	唐白河黄砂(中砂)		试验规程	JTG E42—2005
样品来源	K71+460 1-6.0m 暗通		试验日期	2001.5.30
试验人			审核人	

试件编号	试件来源	烘干细集料试样质量(g)	试样+水+容量瓶总质量(g)	水+容量瓶总质量(g)	水温修正系数	表观密度(g/cm^3)	通过平均值(g/cm^3)
1	砂石料场	300	944.2	758.0	0.002	2.634	2.636
		300	944.3	758.0	0.002	2.637	
结论	根据JTG E42—2005进行检验,结果符合规范要求 监理工程师：						日期：

2. 试验二：细集料的堆积密度及空隙率试验

1) 试验目的

测定砂在自然状态下的堆积密度和紧装密度,并以此计算出砂的空隙率。

2) 试验仪器

(1) 金属制圆形容量筒：内径 108mm,净高 109mm,容积为 1L。

(2) 漏斗及漏斗架：其漏斗口可开、合,且漏斗口高度可调整。

(3) 烘箱：控温要求在(105±5)℃。

(4) 其他：小勺、直尺、浅盘等。

3) 试验内容

(1) 取有代表性的砂样5kg,在(105±5)℃的烘箱中烘至恒重.取出冷却,分成大致相等的两份备用。

(2) 容量筒容积校正：将温度为(20±5)℃的洁净水装满容量筒,用一块大小适宜的玻璃板沿筒口滑移,紧贴水面盖在筒上,确保玻璃板与水面之间无气泡。擦干筒外壁水分,在台秤上称出质量(m_3),用式(4-15)计算容量筒体积(L 或 cm^3)。

$$V = \frac{m' - m'_0}{\rho_{水}} \quad (4-15)$$

式中：V——容量筒体积,L 或 cm^3；

m'_0——容量筒加玻璃板的质量,g；

m'——容量筒、玻璃板和水的总质量,g。

(3) 将砂样装入漏斗中,打开底部活动门,使砂流入容量筒中。也可采用小勺向容量筒中直接加砂样,但两种填砂方式都要求离容量筒口距离为 50mm 左右。砂样装满之后, 用直尺将多余的部分沿筒口中心线向两个相反方向刮平。随后称取筒和砂样的总质量(m_1)。

(4) 另取砂样一份,分两层装入容量筒。每装完一层,在筒底垫一根 10mm 直径的钢筋,左右交替颠击地面各 25 下。注意,两次钢筋的摆放应呈相互垂直方向。装填完成并颠实后,适当添加砂样使其超出筒口,然后用直尺将多余的部分沿筒口中心线向两个相反方向刮平。称出筒和砂样的总质量(m_2)。

(5) 每次试验内容平行进行两次。

4) 试验结果计算

堆积密度通过式(4-16)计算。

$$\rho = \frac{m_1 - m_0}{V} \quad (4\text{-}16)$$

式中:ρ——砂的堆积密度,g/cm^3;
m_1——容量筒和砂在堆积状态时的总质量,g;
m_0——容量筒的质量,g;
V——容量筒容积,cm^3。

紧装密度通过式(4-17)计算。

$$\rho' = \frac{m_2 - m_0}{V} \quad (4\text{-}17)$$

式中:m_2——容量筒和砂在紧装状态时的总质量,g;
ρ'——砂的紧装密度,g/cm^3;
其余符号意义同上。

砂的空隙率通过式(4-18)计算。

$$VV = \left(1 - \frac{\rho}{\rho'_s}\right) \times 100\% \quad (4\text{-}18)$$

式中:VV——砂的空隙率,%;
ρ——砂的堆积或紧装密度,g/cm^3;
ρ'_s——砂的表观密度,g/cm^3。

5) 说明与注意问题

(1) 堆积密度试验进行装填时,要控制好填砂高度,并且在试验过程中要避免碰撞容量筒,以免影响砂的实际装填效果。

(2) 容量筒体积校正时要测量水温,并进行水温对密度的修正。

6) 工程示例

细集料堆积密度及紧装密度试验

编号:C-21A-D04-0001

试验单位	铁三局五处工程试验中心		合同号	第 04 合同段	
样品名称	唐白河黄砂(中砂)		试验规程	JTG E42—2005	
样品来源	k71+460 1-6.0m 暗通		试验日期	2001.5.30	
试验人			审核人		
检测项目		筒+试样质量 m_2(g)	筒质量 m_1(g)	筒容积 V(L)	$\rho_1\rho_0$(kg/m³)	平均(kg/m³)
堆积密度 ρ_1	ρ_1	2185	467	1.023	1679	1677
	ρ_1	2180	467	1.023	1674	

续上表

紧装密度 ρ_0	ρ_0	2 250	467	1.023	1 743	1 742
	ρ_0	2 248	467	1.023	1 741	
表观密度 ρ		ρ = 2636kg/m³				
空隙率 n		36.4%				
结论		监理工程师：			日期：	

(五) 细集料常规试验三——细集料含泥量及泥块含量试验

1. 试验一：细集料含泥量试验(筛洗法)

1) 试验目的

本试验测定细集料中粒径小于 0.075mm 的尘屑、淤泥和黏土的含量。筛洗法不适用于含矿物成分较多的机制砂、石屑等细集料。

2) 试验要点

(1) 将来样用四分法缩分至约 1000g,放入烘箱[温度(105±5)℃]中烘至恒重。称约 400g(m_0)的试样两份。

(2) 取一份试样置于筒中,注入饮用水,使水面高出砂面约 200mm,拌匀后浸泡 24h。然后用手在水中淘洗试样,使尘屑、淤泥和黏土与砂粒分离,并使之悬浮水中,将混浊液倒入 1.18~0.075mm 的套筛上,滤去小于 0.075mm 的颗粒。整个试验中应避免砂粒丢失。试验中不得直接将试样放在 0.075mm 筛上用水冲洗或者将试样放在 0.075mm 筛上在水中淘洗,以免将小于 0.075mm 的砂颗粒当作"泥"冲走。

(3) 再次加水于筒中,重复上述步骤,直至筒内砂样洗出的水清澈为止。

(4) 用水冲洗剩留在 1.18mm 和 0.075mm 筛上的细粒,并将 0.075mm 筛放在水中来回摇动,充分清除小于 0.075mm 的颗粒。将两筛上的筛余颗粒和筒中已洗净的试样一同放入烘箱[温度(105±5)℃]中烘至恒重,称取试样干质量(m_1)。

(5) 砂的含泥量按式(4-19)计算,准确至 0.1%。

$$Q_N = \frac{m_0 - m_1}{m_0} \times 100\% \tag{4-19}$$

式中：Q_N——砂的含泥量,%；

m_0——试验前烘干试样质量,g；

m_1——试验后的烘干试样质量,g。

(6) 以上两个试样试验结果的算术平均值作为测定值。两次结果的差值超过 0.5% 时,重新取样试验。

2. 试验二：细集料泥块含量试验

1) 试验目的

本试验测定水泥混凝土用砂中粒径大于 1.18mm 的泥块含量。集料中含黏土颗粒超标,会影响集料与水泥石的黏附,松散的泥土颗粒增大了集料的表面积,会增加混凝土需水量,特别是黏土颗粒体积不稳定,干燥时收缩,潮湿时膨胀,对混凝土有很大破坏性。

2) 试验要点

(1) 将来样用四分法缩至 2500g,放入烘箱[温度(105±5)℃]中烘干至恒重。过 1.18mm

筛,取筛上砂约400g分成两份。取一份约200g(m_1)置于容器中,注入洁净水,使水面至少超出砂面约200mm,充分拌匀后浸泡24h,用手在水中捻碎泥块,再把试样放在0.6mm筛上,用水淘洗至水清澈为止。

(2) 从筛中取出筛余下来的试样,放入烘箱[温度(105±5)℃]中烘干至恒重,冷却并称其质量(m_2)。

(3) 泥块含量按式(4-20)计算,准确至0.1%。

$$Q_k = \frac{m_1 - m_2}{m_1} \times 100 \tag{4-20}$$

式中:Q_k——砂中大于1.18mm的泥块含量,%;

m_1——试验前存留在1.18mm筛上试样的烘干质量,g;

m_2——试验后的试样烘干质量,g。

(4) 以两次平行试验结果的算术平均值作为测定值。两次结果差值超过0.4%时,重新取样试验。

3) 工程示例

细集料含泥量、泥块含量试验(筛洗法)

编号:C-22-D04-0001

试验单位	襄荆高速公路中铁三局试验室	合同号	第04合同段
样品名称	唐白河黄砂(中砂)	试验规程	JTG E42—2005
样品来源	K71+460　1-6.0m暗通	试验日期	2001.5.30
试验人		审核人	

含泥量记录				
试件编号	水洗前烘干试样质量 m_0 (g)	水洗后留在1.25mm及0.075mm筛上烘干试样的质量 m_1 (g)	含泥量 $(m_0-m_1)/m_0$ (%)	平均值 (%)
1	400	397.8	0.55	0.6
	400	397.5	0.63	
—	—	—	—	—

泥块含量记录				
试件编号	水洗前留在1.25mm筛上试样烘干的质量 m_2 (g)	水洗后留在0.63mm筛上试样的烘干质量 m_2' (g)	泥块含量 $(m_2-m_2')/m_1$ (%)	平均值 (%)
1	200	199.1	0.45	0.4
	200	199.4	0.30	
—	—	—	—	—

结论	根据JTG E42—2005进行检验,结果符合《公路桥涵施工技术规范》(JTG/T E50—2011)要求	
	监理工程师:	日期:

桥涵工程试验检测项目三——水泥常规检验方法

1. 概述

水泥是一种水硬性胶凝材料,是建筑工程中大量使用的材料。

2. 水泥的定义

水泥是由石灰质原料、黏土质原料与少量校正原料破碎后按比例配合、磨细并调配成为合适的生料,经高温煅烧(1450℃)至部分熔融制成熟料,再加入适量石膏共同磨细而成,既能在空气中硬化,又能在水中硬化,并保持、发展其强度的无机水硬性胶凝材料。

现以表格的形式介绍建设工程六大常用硅酸盐水泥品种的定义及代号(表4-16)、强度(表4-17)和技术标准(表4-18)。

六大常用硅酸盐水泥定义、代号　　　　　表4-16

名　称	定　义	代号
硅酸盐水泥	凡由硅酸盐水泥熟料、0~5%石灰石或粒化高炉矿渣、适量石膏磨细制成的水硬性胶凝性材料,称为硅酸盐水泥。不掺加混合材料的称Ⅰ型硅酸盐水泥;在硅酸盐水泥粉磨时,掺加不超过水泥质量5%石灰石或高炉矿渣混合材料的称为Ⅱ型硅酸盐水泥	P.Ⅰ P.Ⅱ
普通硅酸盐水泥	凡由硅酸盐水泥熟料、6%~15%混合料和适量石膏磨细制成的水硬性胶凝材料,称为普通硅酸盐水泥。掺活性混合材料时,最大掺量不得超过15%,其中,允许用不超过水泥质量5%的窑灰或不超过水泥质量10%的非活性混合材料来代替。掺非活性混合材料的,最大掺量不得超过水泥质量的10%	P.O
矿渣硅酸盐水泥	凡由硅酸盐水泥熟料、粒化高炉矿渣和适量石膏磨细制成的水硬性胶凝材料,称为矿渣硅酸盐水泥。水泥中粒化高炉矿渣掺加量按质量百分比计为20%~70%。允许用石灰石、窑灰、粉煤灰和火山灰质混合料中的一种代替矿渣,代替数量不得超过水泥质量的8%,替代后水泥中粒化高炉矿渣不得少于20%	P.S
火山灰硅酸盐水泥	凡由硅酸盐水泥熟料、火山灰质混合料和适量石膏磨细制成的水硬性胶凝材料,称为火山灰质硅酸盐水泥。水泥中火山灰质混合材料掺量按质量百分比计为20~50%	P.P
粉煤灰质硅酸盐水泥	凡由硅酸盐水泥熟料、粉煤灰和适量石膏磨细制成的水硬性胶凝材料,称为粉煤灰硅酸盐水泥。水泥中粉煤灰掺量按质量百分比计为20%~40%	P.F
复合硅酸盐水泥	凡由硅酸盐水泥熟料、两种或两种以上规定的混合材料、适量石膏磨细制成的水硬性胶凝材料,称为复合硅酸盐水泥(简称复合水泥)。水泥中混合材料总掺加量按质量百分比应大于20%,不超过50%	P.C

六大常用硅酸盐水泥的强度(单位:MPa)　　　　　表4-17

水泥品种	强度等级	抗压强度		抗折强度	
		3d	28d	3d	28d
硅酸盐水泥	42.5	17	42.5	3.5	6.5
	42.5R	22	42.5	4.0	6.5
	52.5	23	52.5	4.0	7.0
	52.5R	27	52.5	5.0	7.0
	62.5	28	62.5	5.0	8.0
	62.5R	32	62.5	5.5	8.0

续上表

水泥品种	强度等级	抗压强度		抗折强度	
		3d	28d	3d	28d
普通水泥	42.5	17	42.5	3.5	6.5
	42.5R	22	42.5	4.0	6.5
	52.5	23	52.5	4.0	7.0
	52.5R	27	52.5	5.0	7.0
矿渣水泥 火山灰水泥 粉煤灰水泥 复合硅酸盐水泥	32.5	10	32.5	2.5	5.5
	32.5R	15	32.5	3.5	5.5
	42.5	15	42.5	3.5	6.5
	42.5R	19	42.5	4.0	6.5
	52.5	21	52.5	4.0	7.0
	52.5R	23	52.5	4.5	7.0

六大常用硅酸盐水泥的技术标准 表4-18

技术指标 \ 水泥品种	硅酸盐水泥		普通水泥	矿渣水泥	火山灰水泥	粉煤灰水泥	复合硅酸盐水泥
	Ⅰ型	Ⅱ型					
不溶物	≤0.75%	≤1.5%	—	—	—	—	—
烧失量	≤3%	≤3.5%	≤5%	—	—	—	—
氧化镁	≤5%	≤5%	≤5%	≤6%	≤6%	≤6%	≤6%
三氧化硫	≤3.5%	≤3.5%	≤3.5%	≤4%	≤3.5%	≤3.5%	≤3.5%
氯离子	≤0.06%	≤0.06%	≤0.06%	≤0.06%	≤0.06%	≤0.06%	≤0.06%
细度	比表面积 ≥300m²/kg		比表面积 ≥300m²/kg	80μm筛筛余 ≤10%, 或 45μm筛筛余 ≤30%	80μm筛筛余 ≤10%, 或 45μm筛筛余 ≤30%	80μm筛筛余 ≤10%, 或 45μm筛筛余 ≤30%	80μm筛筛余 ≤10%, 或 45μm筛筛余 ≤30%
凝结时间 初凝	≥45min	≥45min	≥45min	≥45min	≥45min	≥45min	≥45min
凝结时间 终凝	≤6.5h	≤6.5h	≤10h	≤10h	≤10h	≤10h	≤10h
安全性	用沸煮法检验必须合格						

水泥常规试验检测项目包括水泥细度、标准稠度用水量、凝结时间和安定性和胶砂强度检验。

(一) 水泥常规试验——水泥细度的检验方法

细度是指水泥颗粒粗细的程度。细度对水泥的凝结硬化速度、强度、需水量及和易性有影响。同样矿物组成的水泥,颗粒越细,水化时与水的接触面积越大,水化速度越快且较完全,早期强度高,和易性也较好。但水泥太细,标准稠度需水量较大,在空气中硬化收缩变形也较大,使水泥发生裂缝的可能性增加。细度的检验方法常用80μm筛筛析法。

筛析法有负压筛法和水筛法。测定的结果有争议时,以负压筛法为准。

1. 试验方法一:负压筛法

(1) 筛析试验前,应把负压筛放在筛座上,盖上筛盖,接通电源,检查控制系统,调节负压至4000~6000Pa。当工作负压小于4000Pa时,应清理吸器内水泥,使负压恢复正常。

(2)称取试样 25g,记作 m_s,置于洁净的负压筛中,盖上筛盖,放在筛座上,开动筛析仪连续筛析 2min。在此期间,如有试样附着在筛上,可轻轻地敲击,使试样落下。筛毕,用天平称量筛余物,记作 m。

水泥试样筛余百分数按式(4-21)计算,准确至 0.1%。

$$F = \frac{m_s}{m} \times 100\% \qquad (4\text{-}21)$$

式中：F——水泥试样筛余百分数,%；

m_s——水泥试样质量,g；

m——水泥筛余物的质量,g。

2. 试验方法二：水筛法

(1)筛析试验前调整好水压及水筛架的位置,使其能正常运转。喷头底面和筛网之间距离为 35~75cm。

(2)称取试样 25g,记作 m_s,置于洁净的水筛中,立即用清水冲洗至大部分细粉通过后,放在水筛架上,用水压为 (0.05 ± 0.02) MPa 的喷头连续冲洗 3min。筛毕,用少量水把筛余物冲至蒸发皿中,等水泥颗粒全部沉淀后,小心倒出清水,烘干并用天平称取筛余物,记作 m。

水泥试样筛余百分数按下式计算,准确至 0.1%。

$$F = \frac{m_s}{m} \times 100\% \qquad (4\text{-}22)$$

式中：F——水泥试样筛余百分数,%；

m_s——水泥试样质量,g；

m——水泥筛余物的质量,g。

3. 工程示例

湖北省襄荆高速公路项目

水 泥 细 度 试 验

编号：C-27-1-D04-0001

试验单位	襄荆高速公路中铁三局试验室		合同号	第 04 合同段
样品名称	三峡牌普硅 42.5 级水泥		试验规程	JTG E30—2005
样品来源	K71+460 1-6.0m 暗通		试验日期	2001.5.20
试验人			审核人	

试件编号	水泥强度等级	试样质量(g)	筛余物质量(g)	水泥筛余百分率(%)	修正系数	修正后水泥筛余百分率(%)
1	—	50	1.84	3.7	—	—

续上表

结论	根据《公路工程水泥及水泥混凝土试验规程》JTG E30—2005 进行检验,结果符合《通用硅酸盐水泥》(GB 175—2007)要求		
	监理工程师:		日期:

(二)水泥常规试验二——标准稠度用水量、凝结时间、安定性检验方法

1. 概述

(1)标准稠度用水量定义:为使水泥凝结时间和安定性的测定结果具有可比性,必须采用标准稠度的水泥净浆,制成标准稠度的净浆所需的拌合水量,称为标准稠度用水量,用%表示。

(2)凝结时间定义:水泥从加水到水泥浆失去可塑性的时间称为凝结时间。凝结时间分初凝时间和终凝时间。

从水泥加水到水泥浆开始失去塑性所需时间为初凝时间;从水泥加水到水泥浆完全失去塑性并开始产生强度的时间为终凝时间。

(3)水泥凝结时间对水泥混凝土施工有重要意义,初凝时间不宜过短,否则影响混凝土混合料的拌和、运输、浇灌、振捣等施工操作;终凝时间不宜太长,以便混凝土尽早完成凝结硬化并具有强度,以利于下一步工序的进行,加快施工速度。

(4)水泥硬化后体积变化的均匀性称为水泥体积安定性。水泥中如含有过量的游离氧化钙、氧化镁或硫酸盐时,这些成分水化速度较慢,在水泥硬化后仍在继续水化,体积膨胀,引起已硬化的水泥石内部产生张拉应力,轻者降低强度,重者导致开裂。

2. 水泥标准稠度用水量及凝结时间试验检测方法

试验仪器设备如下:

(1)ISO 标准法维卡仪。仪器的主体由支架和底座连接而成,如图4-4所示。标准稠度测定用试杆有效长度为$(50±1)$mm,直径为$\phi(10±0.05)$mm,凝结时间测定用试针有效长度,初凝针为$(50±1)$mm,终凝针为$(30±1)$mm,试针直径为$\phi(1.13±0.05)$mm,盛装水泥用的圆锥体试模深为$(40±0.2)$mm,顶内径$\phi(65±0.5)$mm,底内径$\phi(75±0.5)$mm。

(2)净浆搅拌机。

(3)天平:精度准确至1g。

(4)标准养护箱:控温$(20±1)$℃,相对湿度大于90%。

1)试验一 标准稠度用水量测定

试验目的:确定水泥净浆达到标准稠度时所需的用水量。本指标作为衡量水泥凝结时间和安定性的基础和依据。

(1)水泥净浆的制备:先将搅拌锅和搅拌叶用湿布湿润,倒入拌合水。然后称取500g水泥,在规定的5~10s中加入到锅内。将搅拌机安置在设备上,启动搅拌机,按照标准规定设定程序(搅拌方式是低速搅拌120s,停15s,再高速搅拌120s)。

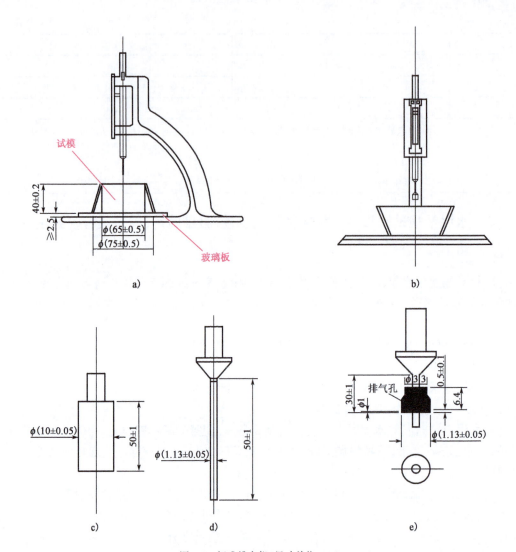

图 4-4 标准维卡仪(尺寸单位:mm)

(2)将拌制好的水泥净浆装入已置于玻璃板上的试模中,用小刀插捣,轻轻振动数次,刮去多余的净浆,抹平后迅速将试模和底板移到维卡仪上,并将其中心定在试杆下,降低试杆直至与水泥净浆表面接触,拧紧螺钉 1~2s 后,突然放松,使试杆垂直自由地沉入水泥净浆中。在试杆停止沉入或释放试杆 30s 时,记录试杆距底板之间的距离,升起试杆后,立即擦净,整个操作应在搅拌后 1.5min 内完成。以试杆沉入净浆并距离底板(6±1)mm 的水泥净浆为标准稠度净浆。其拌合水量为该水泥的标准稠度用水量(P),按水泥质量的百分比计。

2)试验二 凝结时间的测定

(1)以确定标准稠度用水量时的水泥净浆作为测定凝结时间的试样。

(2)初凝时间的测定:试件在湿气养护箱中养护至加水后 30min 时进行第一次测定。

测定时,从湿气养护箱中取出圆模放到试针下,降低试针使其与水泥净浆表面接触,拧紧螺钉 1~2s 后,突然放松,使试杆垂直自由地沉入水泥净浆。观察试针停止下沉或释放试针 30s 时指针的读数。当试针沉至距离底板(4±1)mm 时,为水泥达到初凝状态,由水泥全部加入水中至初凝状态的时间为水泥的初凝时间,用分钟(min)来表示。

(3)终凝时间的测定:为了准确观测试针沉入的状况,在终凝针上安装一个环形附件。

在完成初凝时间测定后,立即将试模连同浆体以平移的方法从玻璃板取下翻转180°,直径大端向上、小端向下放在玻璃板上,再放入湿气养护箱中继续养护。临近终凝时间时,每隔15min 测定一次。当试针沉入试体0.5mm,即环形附件开始不能在试体上留下痕迹时,为水泥达到终凝状态,由水泥全部加入水中至终凝状态的时间为水泥经的终凝时间,用分钟(min)来表示。

(4)测定时应注意:在最初测定的操作时,应轻轻扶持金属柱,使其徐徐下降,以防试针撞弯,但结果以自由下落为准。在整个测试过程中,试针沉入的位置至少要距试模内壁10mm。临近初凝时间时,每隔5min 测定一次,临近终凝时间时,每隔15min 测定一次,到达初凝或终凝时应立即重复测一次,当两次结论相同时,才能定为到达初凝或终凝状态。每次测定都不能让试针落入原针孔,每次测定完毕,须将试针擦净并将试模放回湿气养护箱内,整个测试过程要防止试模受振。

3)试验三 安定性测定

安定性的测定方法有试饼法和雷氏法。对结果有争议时,以雷氏法为准。

(1)试验方法——试饼法

①按标准稠度用水量确定的方法制成水泥净浆,分别在两块100mm×100mm 玻璃块上,用小刀制成直径70~80mm、中心厚约10mm 的试饼,放入湿汽养护箱内养护(24±2)h。

②脱去玻璃板,如试饼出现开裂、翘曲,确定不是外因引起,则试饼不合格,不必沸煮。在试饼无缺陷的情况下,调整好沸煮箱内的水位,并将试饼放入沸煮箱中,在(30±5)min 内加热至沸,然后恒沸3h±5min。放掉箱中热水,取出试件进行自测,未发现裂缝且用直尺检查也没有弯曲的试饼为安定性合格;反之不合格。当两个试饼判别结果有矛盾时,则安定性为不合格。

(2)试验方法二——雷氏法

①将雷氏夹(图4-5)放在玻璃板上,并将已制好的标准稠度净浆装满环形试模,用小刀插捣15次左右后抹平,再盖上玻璃板,放入湿汽养护箱内养护(24±2)h。

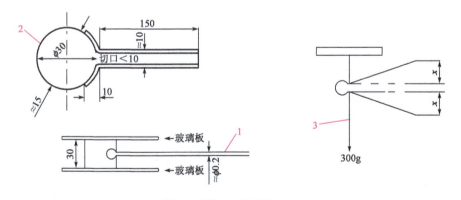

图4-5 雷氏夹(尺寸单位:mm)
1-指针;2-环模;3-雷氏夹受力状态

②调整好沸煮箱内的水位,测量雷氏夹指针尖端间距 A(精确到0.5mm),然后将试件放入沸煮箱内,在(30±5)min 内加热至沸,并恒沸3h±5min。

③放掉箱内的热水,取出试件测量指针尖端间距 C。当两个试件煮后增加的距离($C-A$)的平均值不大于5.0mm 时,即认为安定性合格;当两个试件的($C-A$)值相差超过4mm 时,应取同一样品重做试验。

3. 工程示例

湖北省襄荆高速公路项目

水泥标准稠度用水量、凝结时间、安定性试验

编号：C-27-2-D04-0001

试验单位	襄荆高速公路中铁三局试验室		合同号		第04合同段	
样品名称	三峡牌普硅42.5级水泥		试验规程		JTG E30—2005	
样品来源	K71+460 1-6.0m 暗通		试验日期		2001.5.20	
试验人			审核人			
检测内容	试验结果	国家标准规定	试验结果（h:min）			
			1	2	平均值	
凝结时间	初凝时间	≥45min	3:40	3:40	3:40	
	终凝时间	≤10min	5:25	5:25	5:25	
安定性	沸煮法	安定	合格	合格	合格	
	雷氏法（mm）	≤5.0	—	—	—	
标准稠度用水量	不变水量法（%）	—	28.2	28.2	28.2	
	调整水量法（%）	—	—	—	—	
结论	根据《公路工程水泥及水泥混凝土试验规程》（JTG E30—2005）进行检验，结果符合《通用硅酸盐水泥》（GB 175—2007）要求。 监理工程师： 日期：					

（三）水泥常规试验三——水泥胶砂强度检验方法（ISO法）

1. 试验目的

通过对水泥的抗压、抗折强度进行检验，确定水泥的强度等级，并判定用于工程的水泥是否符合强度等级的要求。

2. 主要仪器设备

（1）行星式胶砂搅拌机。

（2）振实台：振动频率为60次/(60±2)s。振实台可用频率为2800~3000次/s。

（3）试模：试模为可装卸的三联模，由隔板、端板、底座等部分组成，可同时成型三个截面为40mm×40mm×160mm的棱柱形试体。

（4）电动抗折试验机。

（5）抗压试验机和抗压夹具：抗压试验机的最大荷载以200~300kN为宜，一级精度。

（6）大小播料器和刮平尺等。

3. 试验的温度与相对湿度

（1）试体成型试验室的温度应保持在(20±2)℃，相对湿度应不低于50%。水泥试样、标准砂、拌合水及试模等的温度应与室温相同。

（2）试体带模养护的养护箱或雾室温度保持在(20±1)℃，相对湿度不低于90%。试体养护池水的温度应在(20±1)℃范围内。

4. 试验步骤

（1）每成型三个试件需称水泥(450±2)g，标准砂(1350±5)g，水取(225±1)mL。

(2)将胶砂搅拌机运行一次,确认正常后方可正式搅拌。将1350g标准砂倒入加砂罐,用湿布擦净搅拌锅和搅拌叶,然后将拌合水倒入搅拌锅内,再加入称好的水泥,并将搅拌锅放在固定架上。固定架上升到拌和位置开机拌和,先低速拌30s,再低速拌30s,同时搅拌机自动加砂于搅拌锅,并在30s内加完。然后高速拌30s,停拌90s,在第一个15s内将锅壁和叶片上的水泥胶砂快速刮入锅底,再高速拌60s,搅拌结束。各搅拌阶段时间误差在±1s内。

(3)将三联试模和模套固定在振实台上,模套壁与试模内壁应重叠。开动振实台确认运行正常后,将搅拌锅内胶砂人工搅拌几下,分两层装入试模中。第一层约为试模高的2/3(每个槽内放约300g胶砂),用大播料器垂直架在模套顶部,沿每个模槽来回一次将胶砂面拨平,多余胶砂从一端铲出,如不足应添加胶砂,保证各模槽中砂浆基本相同。启动振实台振实60次,再装入第二层胶砂,即把剩余胶砂均分三份装入试摸,用小播料器拨平,再振实60次。

(4)从振实台上取下试模,先用刮平尺以近似90°的角度架在试模模顶的一端,并沿试模的长度方向以横向锯割的动作慢慢向另一端移动,一次把超出模顶多余的胶砂刮去,较稠的刮两次,较稀的一次刮平,然后用刮平尺以近似水平的角度将试体表面抹平,次数尽量少。给试件作标记或加字条标明编号、注明日期。

(5)试体养护。

①脱模前养护:将成型的试件连同试模移入养护箱或雾室内养护,试模呈水平状态,养护时间为20~24h。若经24h养护脱模有困难,则可继续养护,但须记录脱模时间。

②水中养护:将试件水平放入养护池中养护,试件之间间隔或试件上表面的水深不小于5mm,刮平面朝上。每个养护池内只养护同类型水泥试件,养护期间不换水。

(6)强度试验。

①抗折强度试验。

将抗折试验机的杠杆调成平衡状态,试体放入后调整夹具,使杠杆在试体折断时尽可能地接近平衡位置。以(50±10)N/s的加荷速度均匀地将荷载垂直加在试件上直至折断,记下抗折强度值,准确到0.1MPa。抗折强度也可按式(3-23)计算,准确至0.1MPa。

$$R_f = \frac{1.5F_f d}{b^3} \quad (4\text{-}23)$$

式中:R_f——抗折强度,MPa;

F_f——折断时施加于试件中部的荷载,N;

d——支撑圆柱之间距离,即100mm;

b——试件正方形截面的边长,即40mm。

以一组三个试件抗折强度的平均值作为试验结果。当三个强度值中有超出平均值±10%时,应剔除后再取平均值作为抗折强度试验结果。

②抗压试验。

抗折试验后的两个断块应立即进行抗压试验。抗压试验须用抗压夹具,受压面积为40mm×40mm。试验前将压力机预热20min,并调整零点和加荷速度。以试件的侧面(刮平面朝外)作为受压面,并使夹具对准压力机压板中心。试件露在夹具压板外两侧约10mm。以(2400±200)N/s的加荷速度均匀地加载至试件破坏,记下最大破坏荷载(N)。

抗压强度按式(4-24)计算,准确至0.1MPa。

$$R = \frac{F}{A} \qquad (4-24)$$

式中：R——抗压强度，MPa。

　　　F——破坏时的最大荷载，N；

　　　A——受压面积，mm²。

以一组三个试件得到的六个抗压强度值的算术平均值作为试验结果。如六个测定值中有一个超出六个平均值的 ±10% 时，应剔除此值，再将剩下的五个测定值的平均值作为结果；如果剩下五个测定值中仍有超过它们平均值的 ±10% 的，则该组试验结果作废，应重新试验。

5. 工程示例

水泥胶砂强度试验

编号：C-27-3-D04-0001

试验单位	襄荆高速公路中铁三局试验室			合同号			第04合同段		
样品名称	三峡牌普硅42.5级水泥			试验规程			JTG E30—2005		
样品来源	K71+460 1-6.0m 暗通			试验日期			2001.6.17		
试验人				审核人					

试件编号	水泥强度等级	养护温度（℃）	试验内容＼养生龄期＼强度		破坏荷载(kN)			强度结果(MPa)		
					3d	7d	28d	3d	7d	28d
			抗折	1	1.45	—	3.11	3.4	—	7.3
				2	1.39	—	3.13	3.3	—	7.3
				3	1.43	—	3.12	3.4	—	7.3
			平均值					3.4	—	7.3
			抗压	1	23.2	—	67.6	14.5	—	42.3
				2	22.8	—	67.9	14.3	—	42.4
				3	23.1	—	67.8	14.4	—	42.4
				4	23.0	—	67.6	14.4	—	42.3
				5	21.6	—	67.7	13.5	—	42.3
				6	21.9	—	67.8	13.7	—	42.4
			平均值					14.1	—	42.4
结论	根据 JTG E30—2005 进行检验，结果符合 GB 175—2007 的强度标准要求									
	监理工程师：						日期：			

水泥试验报告

送件单位：湖北省襄荆高速公路第 04 施工合同段铁三局项目部

厂牌种类：三峡牌普硅 42.5 级水泥　　　　　　　　　　编号：C-27-4-D04-0001

试验项目		国家标准规定	试验结果	备 注
细度(%)		≤10%	3.7	
标准稠度(%)		—	28.2	
凝结时间	初凝	≥45min	3h40min	
	终凝	≤10h	5 h25 min	
安定性	煮沸法	安定	合格	
	雷氏法	≤5.0mm	—	试验结果均满足 GB 175—2007 的要求
软练 1:2.5 胶砂强度 (MPa)	用水量(mL)	—	142.5	
	抗折 3d	2.5	3.4	
	抗折 7d	—	—	
	抗折 28d	5.5	7.3	
	抗压 3d	11	14.1	
	抗压 7d	—	—	
	抗压 28d	—	42.4	
强度等级				

主任：　　　　复核：　　　　监理工程师：　　　　日期：

四、桥涵工程试验检测项目四——桥涵用钢筋常规试验检测方法

(一) 钢筋的力学与工艺性能

桥涵用钢筋的基本技术性能包括强度(屈服强度、抗拉强度)、伸长率、冷弯性能、焊接性能等。

钢筋混凝土结构用钢筋的力学与工艺性能见表 4-19。

钢筋的力学与工艺性能　　　　　　　表 4-19

品种		强度等级代号	公称直径 (mm)	屈服点 σ_s (MPa)	抗拉强度 σ_b (MPa)	伸长率 δ_s (%)	冷弯		备注
外形	钢筋级别			不小于			弯心直径 d	弯曲角度	
光圆钢筋	I	235	6~20	235	370	25	a	180°	摘自《钢筋混凝土用钢 第1部分：热轧光圆钢筋》(GB 1499.1—2008)

续上表

品种		强度等级代号	公称直径（mm）	屈服点 σ_s（MPa）	抗拉强度 σ_b（MPa）	伸长率 δ_s（%）	冷弯		备注
外形	钢筋级别			不小于			弯心直径 d	弯曲角度	
热轧带肋钢筋	Ⅱ	HRB 335	6～25 28～50	335	490	16	$3a$ $4a$	180°	摘自《钢筋混凝土用钢 第2部分：热轧带肋钢筋》（GB 1499.2—2007）
	Ⅲ	HRB 400	6～25 28～50	400	570	14	$4a$ $5a$	180°	
	Ⅳ	HRB 500	6～25 28～50	500	630	12	$6a$ $7a$	180°	
低碳钢热轧圆盘条		Q195			410	30	0	180°	摘自《低碳钢热轧圆盘条》（GB 701—2008）
		Q215			435	28	0	180°	
		Q235			500	23	$0.5a$	180°	
		Q275			540	21	$1.5a$	180°	

(二) 钢筋常规试验检测

1. 试验目的

检测钢筋原材料的屈服点、抗拉强度和伸长率，以评定钢筋的力学性能指标是否满足标准要求。

2. 试验取样及结果评定

1) 取样方法及取样数量

钢筋进货应具有出厂质量证明书和试验报告单，每捆（盘）均应有标示牌，进场钢筋应按批进行检查，同一厂别、同一炉罐号、同一规格、同一交货状态、同一进场时间为一个验收批。光圆钢筋、热轧带肋钢筋、低碳钢热轧圆盘条，每批数量不大于60t，取一组试样；冷轧带肋钢筋每批数量不大于50t，取一组试样。各类钢筋每组试件数量见表4-20。

钢筋每组试件数量表　　　表4-20

钢筋种类	每组试件数量	
	拉伸试验	弯曲试验
热轧光圆钢筋	2根	2根
热轧带肋钢筋	2根	2根
低碳钢热轧圆盘条	逐盘1个	每批2个

注：1. 表中规定取两个试件的（低碳钢热轧圆盘条冷弯试件除外），均应从任意的两根（两盘）中分别切取，每根钢筋上切取一个拉力试件、一个冷弯试件。
　　2. 低碳钢热轧圆盘条的冷弯试件应取同盘两端。
　　3. 试件切取时，应在钢筋或盘条的任意一端截去500mm后再切取。

试件截取长度（L）为：

（1）拉力（伸）试件，$L \geq 5d + 200$（d为钢筋直径）；对直径$d \leq 10$mm的光圆钢筋，$L \geq 10d + 200$mm。

（2）冷弯试件，$L \geq 5d + 150$mm。

2) 试验结果评定

(1) 拉伸试验评定

屈服强度、抗拉强度、伸长率均应符合相应标准中规定的指标。

做拉伸试验的两根试件中,如一根试件的屈服强度、抗拉强度、伸长率三个指标中有一个指标不符合标准时,即为拉伸试验不合格,应取双倍试件重新测定;在第二次拉伸试验中,如仍有一个不符合规定时,不论这个指标在第一次试验中是否合格,都判定拉伸试验项目仍属不合格,则该批钢筋为不合格品。

试验出现下列情况之一者,试验结果无效:

①评定试件断在标距之外(伸长率无效)。

②操作不当,影响试验结果。

③试验记录有误或设备发生故障。

(2) 弯曲试验评定

冷弯试验后,弯曲外侧表面如无裂纹、断裂或起层,即判为合格。做冷弯试验的两根试件中,如有一根试件不合格,可取双倍数量试件重新做冷弯试验,第二次冷弯试验中,如仍有一根不合格,即判该批钢筋为不合格品。

3. 钢筋常规试验

1) 试验——钢筋拉伸试验

(1) 主要试验仪器

万能材料试验机:试验机应由计量部门定期进行检定。

(2) 试验条件

①试验速度,见表4-21。

试 验 速 度   表4-21

材料弹性模量 $E(N/mm^2)$	应力速率(MPa/s)	
	最小	最大
<150000	2	20
≥150000	6	60

②试验温度:试验应在室温10~35°下进行。

(3) 主要性能测定

①屈服强度和抗拉强度。

钢筋拉伸试验在试验机上进行,当测力度盘的指针停止转动时恒定负载或第一次回转的最小负荷即为所求屈服点的荷载(图4-6)。

屈服强度(δ_s)MPa 表示,并按式(4-25)计算。

$$\delta_s = \frac{F_s}{A_0} \quad (4-25)$$

式中:F_s——相当于所求屈服力时的荷载,N;

A_0——试件原横截面面积,mm²。

抗拉强度是对试件连续加荷直至拉断,由测力度盘或拉伸曲线上读出最大负荷 F_b,抗拉强度(δ_b)以 MPa 表示,按式(3-25)计算。

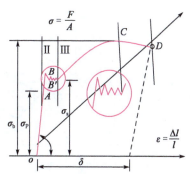

图4-6 低碳钢的应力应变图

$$\delta_b = \frac{F_b}{A_0} \tag{4-26}$$

式中：F_b——试件拉断前的最大荷载，N；

A_0——试件原横截面面积，mm^2。

②塑性。

工程中钢材塑性指标通常用伸长率指标表示。试件拉断后标距长度的增量与原标距长度之比的百分率即为伸长率。伸长率（δ_n）以%表达，并按式(2-26)计算。

$$\delta_n = \frac{L_1 - L_0}{L_0} \tag{4-27}$$

式中：L_1——试件拉断前的最大标距长度，mm；

L_0——试件原标距长度，mm。

2) 试验二—钢筋弯曲试验

本试验方法用来检验钢筋承受规定弯曲程度的弯曲变形性能，是评定钢筋塑性和工艺性能的重要依据。

(1) 试验设备

弯曲试验可在压力机或万能试验机上进行。试验机应具备下列装置：

①应有足够硬度的支撑辊，其长度应大于试样的宽度或直径。支辊间的距离可以调节。

②具有不同直径的弯心，弯心直径由有关标准规定，其宽度应大于试样的宽度或直径。弯心应有足够的硬度。

(2) 试样尺寸

①对直径不大于 30mm 的钢筋，试样的横截面应与原材料横截面相同。

②对直径大于 30mm，但不大于 50mm 的钢筋，应制成直径不小于 25mm 的圆形试样，但有关标准另有规定时，则按规定执行。加工时，在试样的一面或一侧必须保留原轧制面，试验时该面应是弯曲外侧。

③试样长度 L 为：$L \approx 5d + 150mm$（d 为钢筋直径）。

(3) 试验步骤

①试样按图 4-7 及图 4-8 的条件进行弯曲。在作用力下的弯曲程度可分为下列三种类型：

a. 达到某规定角度 α 的弯曲（图 4-9）。

b. 绕着弯心弯到两面平行的弯曲（图 4-10）。

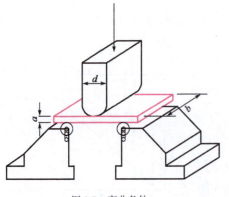

图 4-7 弯曲条件一

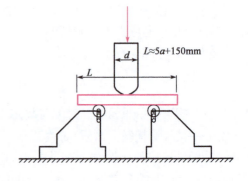

图 4-8 弯曲条件二

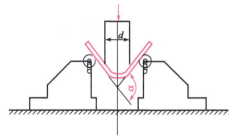

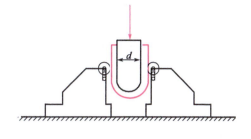

图 4-9　达到某规定角度 α 的弯曲　　　　图 4-10　绕弯心弯到两面平行的弯曲

c. 弯到两面接触的重合弯曲（图 4-11）。

上述任一类型的选择，必须符合有关标准中的规定。试验时应在平稳压力作用下，缓和施加试验压力。

② 弯心直径 d 必须符合有关规范的规定，弯心宽度必须大于试样的宽度或直径。两支辊间的距离为 $(d+2.5a)\pm0.5a$，不允许在试验过程中有变化。

③ 重合弯曲时，首先将试样弯曲到图 4-7 或图 4-8 所示的形状（建议弯心直径 $d\approx a$），然后放在两平板间继续以平稳的压力弯曲到两面重合，两压面平行面的长度应不小于试样重叠后的长度。

④ 试验应在 10~35℃ 下进行。在控制条件下，试验在 (23 ± 5)℃ 下进行。

(4) 工程示例

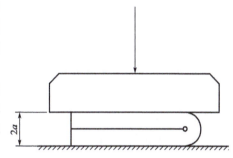

图 4-11　弯到两面接触的重合弯曲

金 属 拉 力 试 验

编号：C-32-D04-0001

试验单位	襄荆公路铁道部大桥局试验室			合同号	襄荆第 4 合同段	
样品名称	φ25、φ22			试验规程	GB/T 228.1—2010 GB/T 232—2010	
样品来源	K65 + 330　1 - 8.0m 明通			试验日期	2001.3.23	
试验人				审核人		
试样名称	φ25			φ22		
试样编号	1	2	3	1	2	3
试件尺寸　直径(mm)	25	25	25	22	22	22
长度(mm)	450	450	450	420	420	420
质量(g)	—	—	—	—	—	—
截面积(mm²)	490.9	490.9	490.9	380.1	380.1	380.1
标距(mm)	125	125	125	110	110	110
拉伸荷载(kN)　屈服	177	178	179	145	146	147
极限	264	265	266	215	216	218

续上表

强度(MPa)	屈服点	360	365	365	380	385	385
	拉伸强度	540	540	540	565	570	575
伸长率	断后标距	155	156	157	149	150	152
	伸长率(%)	24	25	26	35	36	38
冷弯	弯心直径(mm)	75	75	75	66	66	66
	弯曲角度(°)	180	180	180	180	180	180
	结果	合格	合格	合格	合格	合格	合格
反复弯曲	弯曲半径(mm)	—	—	—	—	—	—
	弯折次数	—	—	—	—	—	—
结论	符合《钢筋混凝土用钢 第2部分:热轧带肋钢筋》(GB 1499.2—2007)要求						
	监理工程师:				日期:		

3) 试验三——焊接钢筋力学性能检验

(1) 试验要求

钢筋接头一般应采用焊接。钢筋的纵向焊接应优先采用闪光对焊,也可采用电弧焊。试验取样和检验内容及检验标准应符合表4-22的规定。

钢筋焊接接头的检验标准 表4-22

项目	钢筋闪光对焊接头	钢筋电弧焊接头
批量规定	同班组、同一焊工、同一焊接参数以200个同类型接头作为一批,或连续焊接在一周内不足200个接头时亦按一批计	300个同类型接头为一批,或不足300个接头亦作为一批
外观验收	每批抽查10%的接头,并不少于10个; 接头无横向裂纹,接头弯折不大于4°; 接头处钢筋轴线偏移不大于0.1倍钢筋直径; 其中一个接头达不到上述要求时,接头全查;不合格品切除重焊后再次验收	接头处逐个检测,接头处无裂纹,无较大凹陷;焊瘤、接头偏差及缺陷不超过规定值;外观不合格的接头,可修整或补强后再次验收
强度检验	从成品中每批分别切取3个试件作拉伸试验,3个试件做弯曲试验。 结果应符合: ①3个试件抗拉强度均不得小于该级别钢筋规定的抗拉强度; ②抗拉试件中至少有2个试件断于焊缝之外并呈延性断裂; ③弯曲试验时,各钢筋级别在规定的弯心直径下,弯曲到90°时,至少有2个试件不发生破断	从成品中每批切取3个接头做拉伸试验,结果符合规定: ①3个试件抗拉强度均不低于该级别钢筋规定的抗拉强度值; ②至少有2个试件呈塑性断裂,3个试件断于焊缝之外

(2)工程示例

金属焊接接头及焊缝金属的试验机械性能试验

编号：C-33-D04-0003

试验单位	襄荆公路铁道部大桥局试验室			合同号		襄荆第4合同段		
样品名称	φ25 φ22			试验规程		JGJ/T 27—2001		
样品来源	K65+330 1-8.0m 明通			试验日期		2001.3.23		
试验人				审核人				
焊接种类		双面搭接焊			双面搭接焊			
试样编号		1	2	3	1	2	3	
试件尺寸	直径(mm)	25	25	25	22	22	22	
	长度(mm)	125	125	125	110	110	110	
	焊口直径(mm)	—	—	—	—	—	—	
	母材截面积(mm²)	490.9	490.9	490.9	380.1	380.1	380.1	
断口部位		焊缝外	焊缝外	焊缝外	焊缝外	焊缝外	焊缝外	
极限荷载(kN)		270	269	270	217	218	217	
极限强度(MPa)		550	550	550	570	575	570	
冷弯	芯棒直径(mm)	—						
	弯曲角度	—						
	结果	—						
焊接质量评述	符合《钢筋焊接及验收规程》(JGJ 18—2012)要求							
结论	合格							
	监理工程师：				日期：			

第二节 混凝土配合比设计方法

本节主要介绍普通混凝土、高强混凝土（C60及其以上）、泵送混凝土、抗冻混凝土、大体积混凝土的配合比设计方法以及后张孔道压浆配合比设计方法。配合比主要是根据结构设计所要求的强度、工作性、耐久性和施工条件及经济的要求设计。

普通混凝土浇筑入模时的坍落度见表4-23。

普通混凝土浇筑入模时的坍落度 表4-23

结构类别	坍落度(mm)(振动器振实)
小型预制块及便于浇筑、振动的结构	0~20
桥涵基础、墩台等无筋或少筋的结构	10~30
普通配筋率的钢筋混凝土结构	30~50
配筋较密、断面较小的钢筋混凝土结构	50~70
配筋极密、断面高而窄的钢筋混凝土结构	70~90

一、普通混凝土配合比设计方法

（一）混凝土配制强度的确定

（1）混凝土配制强度按式（3-28）计算。

$$f_{cu,o} \geq f_{cu,k} + 1.645\sigma \tag{4-28}$$

式中：$f_{cu,o}$——混凝土配制强度，MPa；
　　　$f_{cu,k}$——混凝土立方体抗压强度标准值，MPa；
　　　σ——混凝土强度标准差，MPa。

（2）出现下列情况时应提高配制强度：
①现场条件与试验室条件有显著差异。
②C30级及其以上强度等级的混凝土，采用统计方法评定。

（3）混凝土强度标准差 σ 根据同类混凝土统计资料计算确定，并应符合下列规定：
①计算时，强度试件组数不应少于25组。
②当混凝土强度等级为C20和C25级，其强度标准差计算值小于2.5MPa时，计算配制强度用的标准差应取不小于2.5MPa；当混凝土强度等级等于或大于C30级，其强度标准差计算值小于3.0MPa时，计算配制用的标准差应取小于3.0MPa。
③当无统计资料计算混凝土强度标准差时，其值应按现行国家标准《混凝土结构工程施工及验收规范》(GB 50204—2002)的规定取用，见表4-24。

标准差 σ 值表　　　　　　　　　　　　　　　　　表4-24

强度等级（MPa）	≤C20	C20~C45	C50~C55
标准差 σ（MPa）	4.0	5.0	6.0

（二）混凝土配合比设计中的基本参数

（1）每立方米混凝土用水量的确定应符合下列规定：
①干硬性和塑性混凝土用水量的确定。
a. 水灰比在0.40~0.80之间时，根据粗集料的品种、粒径及施工要求的混凝土拌合物的稠度，其用水量可按表4-25、表4-26选取。

干硬性混凝土的用水量（单位：kg/m³）　　　　　　　　表4-25

拌合物稠度		卵石最大粒径（mm）			碎石最大粒径（mm）		
项目	指标	10	20	40	16	20	40
维勃稠度（s）	16~20	175	160	145	180	170	155
	11~15	180	165	150	185	175	160
	5~10	185	170	155	190	180	165

塑性混凝土的用水量（单位 kg/m³） 表 4-27

项目	拌合物稠度 指标	卵石最大粒径(mm)				碎石最大粒径(mm)			
		10	20	31.5	40	16	20	31.5	40
坍落度 (mm)	10~30	190	170	160	150	200	185	175	165
	35~50	200	180	170	160	210	195	185	175
	55~70	210	190	180	170	220	205	195	185
	75~90	215	195	185	175	230	215	205	195

注：1. 本表用水量系采用中砂时的平均取值。采用细砂时，每立方米混凝土用水量可增加 5~10kg；采用粗砂时，则可减少 5~10kg。

2. 掺用各种外加剂或掺合料时，用水量应相应调整。

b. 水灰比小于 0.40 的混凝土以及采用特殊成型工艺的混凝土用水量应通过试验确定。

②流动性（坍落度 100~150mm）和大流动性（坍落度≥160mm）混凝土的用水量宜按下列步骤计算：

a. 以表 4-26 中坍落度为 90mm 的用水量为基础，按坍落度每增大 20mm 用水量增加 5kg，计算出未掺外加剂时的混凝土用水量。

b. 掺外加剂混凝土每立方米混凝土用水量可按式（4-29）计算。

$$m_{wa} = m_{wo}(1 - \beta) \tag{4-29}$$

式中：m_{wa}——掺外加剂时每立方米混凝土的用水量，kg；

m_{wo}——未掺外加剂时每立方米混凝土的用水量，kg；

β——外加剂的减水率，%。

c. 外加剂的减水率应经试验确定。

（2）当无历史资料可参考时，混凝土砂率应符合下列规定：

①坍落度为 10~60mm 的混凝土砂率，可根据粗集料品种、粒径及水灰比按表 4-27 选取。

混凝土的砂率（单位：%） 表 4-27

水灰比 (w/c)	卵石最大粒径(mm)			碎石最大粒径(mm)		
	10	20	40	16	20	40
0.40	26~32	25~31	24~30	30~35	29~34	27~32
0.50	30~35	29~34	28~33	33~38	33~37	30~35
0.60	33~38	32~37	31~36	36~41	35~40	33~38
0.70	36~41	35~40	34~39	39~44	38~43	36~41

注：1. 本表数值系中砂的选用砂率，对细砂或粗砂，可相应地减小或增大砂率。

2. 只用一个单粒级粗集料配制混凝土时，砂率应适当增大。

3. 对薄壁构件，砂率应取偏大值。

4. 本表中的砂率系指砂与集料总量的质量比。

②坍落度大于 60mm 的混凝土的砂率可经试验确定，也可在表 4-28 的基础上，按坍落度每增大 20mm，砂率增大 1% 的幅度予以调整。

③坍落度小于 10mm 的混凝土，其砂率应经试验确定。

（3）外加剂和掺合料的掺量应通过试验确定，并应符合《普通混凝土配合比设计规程》（JGJ 55—2011）规定。

（4）当进行混凝土配合比设计时，混凝土的最大水灰比和最小水泥用量，应符合表 4-29 中的规定。

混凝土的最大水灰比和最小水泥用量　　　　　　　表 4-28

环境条件		结构物类别	最大水灰比			最小水泥用量(kg)		
			素混凝土	钢筋混凝土	预应力混凝土	素混凝土	钢筋混凝土	预应力混凝土
干燥环境		正常居住或办公用的房屋内部件	不作规定	0.65	0.60	200	260	300
潮湿环境	无冻害	高湿度室内部件、室外部件、非侵蚀性土和(或)水中的部件	0.70	0.60	0.60	225	280	300
	有冻害	经受冻害的室外部件、非侵蚀性土和(或)水中且经受冻害的部件、高湿度且经受冻害的室内部件	0.55	0.55	0.55	250	280	300
有冻害和除冰剂的潮湿环境		经受冻害和除冰剂作用的室内和室外部件	0.5	0.50	0.5	300	300	300

注:1. 当用活性掺合料取代部分水泥时,表中的最大水灰比及最小水泥用量即为替代前的水灰比和水泥用量。
　　2. 配置 C15 级及其以下等级混凝土时,可不受本表限制。

(5) 长期处于潮湿和严寒环境中的混凝土,应掺用引气剂或引气减水剂。

引气剂的掺入量应根据混凝土的含气量并经试验确定。混凝土的最小含气量应符合表 4-29 的规定,混凝土的含气量亦不宜超过 7%。混凝土中的粗细集料应做坚固性试验。

长期处于潮湿和严寒环境中混凝土的最小含气量　　　　　　　表 4-29

粗集料最大粒径(mm)	40	25	20
最小含气量(%)	4.5	5.0	5.5

注:含气量的百分比为体积比。

(三) 混凝土配合比计算

混凝土配合比的计算公式和有关参数表格中的数值均系以干燥状态集料(系指含水率小于 0.5% 的细集料或含水率小于 0.2% 的粗集料)为基准。当以饱和面干集料为基准进行计算时,应做相应的修正。

1. 混凝土配合比计算步骤

(1) 计算配制强度 $f_{cu,o}$ 值,求出相应的水灰比。
(2) 选取每立方米混凝土的用水量,并计算出每立方米混凝土的水泥用量。
(3) 选取砂率,计算粗集料和细集料的用量,并提出供试配用的计算配合比。

2. 混凝土水灰比计算

混凝土强度等级小于 C60 级时,混凝土水灰比宜按式(4-30)计算。

$$\frac{w}{c} = \frac{a_a f_{ce}}{f_{cu,o} + a_a a_b f_{ce}} \qquad (4-30)$$

式中:a_a、a_b——回归系数;

f_{ce}——水泥 28d 抗压强度实测值,MPa；

$f_{cu,o}$——混凝土配制强度,MPa。

(1) 当无水泥 28d 抗压强度实测值时,f_{ce} 值可按式(4-31)确定。

$$f_{ce} = \gamma_c f_{ce,g} \tag{4-31}$$

式中:γ_c——水泥强度等级值的富余系数,可按实际统计资料确定；

$f_{ce,g}$——水泥强度等级值,MPa。

(2) f_{ce} 值也可根据 3d 强度或快测强度推定得出。

3. 回归系数 a_a 和 a_b

(1) 回归系数 a_a 和 a_b 应根据工程所使用的水泥、集料,通过试验由建立的水灰比与混凝土强度关系式确定。

(2) 当不具备上述试验统计资料时,其回归系数可按表4-30 采用。

回归系数 a_a 和 a_b 选用表　　　　　表 4-30

系数	集料类型	碎 石	卵 石
a_a		0.46	0.48
a_b		0.07	0.33

4. 确定每立方米混凝土的用水量(m_{wo})

5. 确定每立方米混凝土的水泥用量

每立方米混凝土的水泥用量(m_{co})可按式(4-32)计算。

$$m_{co} = \frac{m_{wo}}{\frac{w}{c}} \tag{4-32}$$

6. 确定混凝土的砂率

7. 粗集料和细集料用量确定

(1) 当采用质量法时,可按式(4-33)、式(4-34)计算。

$$m_{co} + m_{go} + m_{so} + m_{wo} = m_{cp} \tag{4-33}$$

$$\beta_s = \frac{m_{so}}{m_{go} + m_{so}} \times 100\% \tag{4-34}$$

式中:m_{co}——每立方米混凝土的水泥用量,kg；

m_{go}——每立方米混凝土的粗集料用量,kg；

m_{so}——每立方米混凝土的细集料用量,kg；

m_{wo}——每立方米混凝土的用水量,kg；

β_s——砂率,%；

m_{cp}——每立方米混凝土拌合物的假定质量,kg,其值可取 2350～2450kg。

(2) 当采用体积法时,应按式(4-35)、式(4-36)计算。

$$\frac{m_{co}}{\rho_c} + \frac{m_{go}}{\rho_g} + \frac{m_{so}}{\rho_s} + \frac{m_{wo}}{\rho_w} + 0.01a = 1 \tag{4-35}$$

$$\beta_s = \frac{m_{so}}{m_{go} + m_{so}} \times 100\% \tag{4-36}$$

式中：ρ_r——水泥密度，kg/m^3，可取 2900～3100kg/m^3；

ρ_g——粗集料的表观密度，kg/m^3；

ρ_s——细集料的表观密度，kg/m^3；

ρ_w——水的密度，kg/m^3，可取 1000kg/m^3；

a——混凝土的含气量百分数，在不使用引气型外加剂时，a 可取 1。

(3)粗集料和细集料的表现密度(ρ_g、ρ_s)，按照《公路工程集料试验规程》(JTG E42—2005)规定的方法测定。

(四)混凝土配合比的试配、调整与确定

1. 试配

(1)进行混凝土配合比试配时，应采用工程中实际使用的原材料。混凝土的搅拌方法，宜与生产使用的方法相同。

(2)混凝土配合比试配时，每盘混凝土的最小搅拌量应符合表4-31的规定；当采用机械搅拌时，其搅拌量不应小于搅拌机额定搅拌量的1/4。

混凝土试配的最小搅拌量　　　　表4-31

集料最大粒径(mm)	拌合物数量(L)	集料最大粒径(mm)	拌合物数量(L)
31.5 及以下	15	40	25

(3)按计算的配合比进行试配时，首先应进行试拌，以检查拌合物的性能。当试拌得出的拌合物坍落度或维勃度不能满足要求，或黏聚性和保水性不好时，应在保证水灰比不变的条件下相应调整用水量或砂率，直到符合要求为止。然后提出供混凝土强度试验用的基准配合比。

(4)进行混凝土强度试验时，至少应采用三个不同的配合比。当采用三个不同的配合比时，其中一个应为已确定的基准配合比，另外两个配合比的水灰比，较基准配合比分别增加和减少0.05。用水量与基准配合比相同，砂率可分别增加和减少1%。

当不同水灰比的混凝土拌合物坍落度与要求值的差超过允许偏差时，可通过增、减用水量进行调整。

(5)制作混凝土强度试验试件时，应检验混凝土拌合物的坍落度或维勃稠度、黏聚性、保水性及拌合物的表观密度，并以此结果作为代表相应配合比的混凝土拌合物的性能。

(6)进行混凝土强度试验时，每种配合比至少应制作一组(三块)试件，标准养护到28d时试压。

需要时可同时制作几组试件，供快速检验或较早龄期试压，以便提前定出混凝土配合比供施工使用。但应以标准养护28d强度检验结果为依据调整配合比。

2. 配合比的调整与确定

(1)根据试验得出的混凝土强度与相对应的灰水比(C/W)关系，用作图法或计算法(线性内插)求出与混凝土配置强度($f_{cu,n}$)相对应的灰水比，并应下列原则确定每立方米混凝土的材料用量。

①用水量(m_w)应在基准配合比用水量的基础上，根据制作强度试件实测得到的坍落度或维勃调度进行调整确定。

②水泥用量(m_c)应以用水量乘以选定出来的灰水比计算确定。

③粗集料和细集料用量(m_g和m_s)应在基准配合比的粗集料和细集料用量的基础上，按

选项的灰水比进行调整后确定。

(2) 经试配确定配合比后,尚应按下列步骤进行校正。

①根据上述确定的每立方米混凝土的材料用量按式(4-37)计算混凝土的表现密度计算值 ρ_{cc}。

$$\rho_{cc} = m_c + m_g + m_s + m_w \tag{4-37}$$

②按式(3-38)计算混凝土配合比校正系数 δ。

$$\delta = \frac{\rho_{c,t}}{\rho_{c,c}} \tag{4-38}$$

式中：$\rho_{c,t}$——混凝土表观密度实测值,kg/m^3;

$\rho_{c,c}$——混凝土表观密度计算值,kg/m^3。

③当混凝土表观密度实测值与计算值之差的绝对值不超过计算值得2%时,上述试配确定的设计配合比即为确定的设计配合比;当两者之差超过2%时,应将配合比中每项材料用量均乘以校正系数 δ,即为确定的设计配合比。

(3) 根据本单位常用的材料,可设计出常用的混凝土配合比备用;在使用过程中,应根据原材料情况及混凝土质量检验的结果予以调整。但遇有下列情况之一时,应重新进行配合比设计。

①对混凝土性能指标有特殊要求时。

②水泥、外加剂或矿物掺合料品种、质量有显著变化时。

③该配合比的混凝土生产间断半年以上时。

(五) 施工配合比

试验室最后确定的设计配合比,是以干燥状态为基准计算的,而施工现场粗、细集料为露天堆放,都有一定的含水率。因此,施工时应根据现场粗、细集料的实际含水率的变化,将设计配合比换算为施工配合比。

(六) 工程示例

混凝土配合比试配记录(质量法)

配合比编号:01　　　试验日期:

一、配合比设计条件					
设计强度	使用地点及部位	拌和方式	振捣方法	浇筑方式	要求坍落度	备注
C30	某桥墩台	机械拌和	机械振捣	推车运送混凝土	30~50mm	

二、材料情况						
名称\区分	产地	种类及规格	堆积密度	表观密度			备注
水泥	—	P.O42.5	1.31	$3.1g/cm^3$	实际强度	$42.5×1.13=48.0$
砂	—	中砂	1.42	$2.65g/cm^3$	含泥量	0.9%
石	—	5~40mm 碎石	1.51	$2.71g/cm^3$	含泥量	0.5%
水	—	饮用水				
外加剂	—				掺量	
掺合料	—				掺量	

续上表

三、配合比计算(依据 JGJ 55—2011)	四、配合比试拌
1. $R_p = R + 1.645\delta = 30 + 1.645 \times 5 = 38.2 \text{MPa}$ 2. $W/C = 0.46 \times 48/(38.2 + 0.46 \times 0.07 \times 48) = 0.56$ 3. $W(查表) = 175\text{kg}$ 4. $C = W/(W/C) = 175/0.56 = 313\text{kg}$ 5. $S + G = 2450 - 313 - 175 = 1962\text{kg}$ 6. 砂率 $X(查表) = 33\%$ 7. $S = (S + G) \cdot X = 1962 \times 34\% = 667\text{kg}$ 8. $G = (S + G) - S = 1962 - 667 = 1295\text{kg}$	$C = 313 \times 0.025 = 7.82\text{kg}$ $S = 667 \times 0.025 = 16.68\text{kg}$ $G = 1295 \times 0.025 = 32.38\text{kg}$ $W = 175 \times 0.025 = 4.38\text{kg}$ 混凝土密度 $(\rho 混) = (26.2 - 1.80)/10 = 2440\text{kg/m}^3$ 拌合物坍落度 = 40mm 质量比 = $C/C:S/C:G/C:W/C = 1:2.13:4.14:0.56$

五、配合比调整
    混凝土表观密度实测值与计算值之差的绝对值不超过计算值的2%，上述试配确定的设计配合比即为确定的设计配合比

六、混凝土抗压强度

| R_3 | — | R_7 | 26.3MPa | R_{28} | 35.3MPa | | |

复核：   计算：   试验：

水泥混凝土配合比试验

编号：C-31-D04-0001

试验单位	襄荆高速公路中铁三局试验室				合同号			第4合同段				
样品名称	水泥混凝土配合比				试验规程			JTG/T F50—2011 JGJ 55—2011				
样品来源	料厂				试验日期			2001.3.26				
试验人					审核人							

混凝土强度等级	水泥强度等级	试件尺寸(cm)	水灰比	每立方米混凝土中各项材料用量(kg)				坍落度(cm)			养护温度(℃)	单位体积质量(g/cm³)	龄期(d)	破坏荷载(kN)	抗压强度(MPa)	平均值
				水	水泥	砂	碎卵石	1	2	平均值						
C30	42.5	15³	0.60	175	292	674	1309	4.0	4.0	4.0	20	2440	28	720 720 730	32.0 32.0 32.4	32.1
C30	42.5	15³	0.56	175	313	667	1295	4.0	4.0	4.0	20	2440	28	795 810 780	35.3 36.0 34.7	35.3
C30	42.5	15³	0.51	175	343	657	1275	4.0	4.0	4.0	20	2440	28	880 910 920	39.1 40.4 40.9	40.1

用料说明	砂	表观密度	2650kg/m³	石	表观密度	2710kg/m³
		空隙率	40.7%		空隙率	41.9%

续上表

说明	1. 水泥厂商品牌:葛洲坝股份有限公司水泥厂(三峡牌普硅42.5); 2. 外加剂名称、掺量; 3. 混凝土拌制方法:人工; 4. 其他:细集料采用唐白河黄砂($m_x = 2.65$),粗集料采用襄南粘土矿碎石(粒径5~40mm)
结论	监理工程师: 日期:

高强混凝土配合比设计方法

1. 配制高强混凝土所用原料的规定

(1) 应选用质量稳定、强度等级不低于42.5级的硅酸盐水泥或普通硅酸盐水泥。

(2) 对强度等级为C60级的混凝土,其粗集料的最大粒径不应大于31.5mm,对强度等级高于C60级的混凝土,其粗集料的最大粒径不应大于25mm;C60混凝土的压碎指标值宜小于10%,C80混凝土宜小于6%;针片状颗粒含量不宜大于0.2%;其他质量指标应符合现行行业标准《普通混凝土用砂、石质量标准及检验方法标准》(JGJ 52—2006)的规定。

(3) 细集料的细度模数宜大于2.6,含泥量不应大于2.0%,泥块含量不应大于0.5%。其他质量指标应符合现行行业标准《普通混凝土用砂、石质量标准及检验方法标准》(JGJ 52—2006)的规定。

(4) 配制高强混凝土时应掺用高效减水剂。

2. 配制高强混凝土配合比的计算方法和步骤

高强混凝土配合比的计算方法和试配步骤除应按上述"普通混凝土配合比设计方法"第(三)部分的规定进行外,尚应符合下列规定。

(1) 基准配合比中的水灰比,可根据现有试验资料选取。

(2) 配制高强混凝土所用砂率及所采用的外加剂和矿物掺合料的品种、掺量,应通过试验确定。

(3) 计算高强混凝土配合比时,其用水量可按上述"普通混凝土配合比设计方法"第(二)部分的规定确定。

(4) 高强混凝土的水泥用量大于550/m³;水泥和矿物掺合料的总量不应大于600/m³。

3. 高强混凝土配合比试配与确定

其步骤应按上述"普通混凝土配合比设计方法"第(四)部分的规定进行。当采用三个不同的配合比进行混凝土强度试验时,其中一个应为基准配合比,另外两个配合比的水灰比,宜较基准配合比分别增加和减少0.02~0.03。

高强混凝土设计配合比确定后,尚应用该配合比进行不少于6次的重复试验进行验证,其平均值不应低于配制强度。

泵送混凝土配合比设计方法

1. 泵送凝土所用原材料的规定

(1) 泵送混凝土应选用硅酸盐水泥、普通硅酸盐水泥、矿渣硅酸水泥和粉煤灰硅酸盐水泥,不宜采用火山灰质硅酸盐水泥。

（2）粗集料宜采用连续级配,其针片状颗粒含量不大于10%;粗集料的最大粒径与输送管径之比宜符合表4-32的规定。

粗集料的最大粒径与输送管径之比　　　　表4-32

石子品种	泵送高度（m）	粗集料最大粒径与输送管径之比	石子品种	泵送高度（m）	粗集料最大粒径与输送管径之比
碎石	<50	≤1:3.0	卵石	<50	≤1:2.5
	50~100	≤1:4.0		50~100	≤1:3.0
	>100	≤1:5.0		>100	≤1:4.0

（3）泵送混凝土宜采用中砂,其通过0.315mm筛孔的颗粒含量不应少于15%。

（4）泵送混凝土应掺用泵送剂或减水剂,并宜掺用粉煤灰或其他活性矿物掺合料,其质量应符合《普通混凝土配合比设计规程》(JGJ 55—2011)规定。

2. 泵送混凝土试配比时的坍落度值

泵送混凝土试配时要求的坍落度值应按式(4-39)计算。

$$T_\mathrm{t} = T_\mathrm{p} + \Delta T \tag{4-39}$$

式中：T_t——试配时要求的坍落度值；

T_p——入泵时要求的坍落值；

ΔT——试验测得在预计时间内的坍落度经时损失值。

3. 泵送混凝土配合比的计算和试配步骤

泵送混凝土配合比的计算和试配步骤除应按上述"普通混凝土配合比设计方法"第(三)、(四)部分规定进行外,尚应符合下列规定：

（1）泵送混凝土的用水量与水泥和矿物掺合料的总量之比不宜大于0.60。

（2）泵送混凝土的水泥和矿物掺合量的总量不宜小于300kg/m³。

（3）泵送混凝土的砂率宜为35%~45%。

（4）掺用引气型外加剂时,其混凝土含气量不宜大于4%。

四 抗冻混凝土配合比设计方法

1. 抗冻混凝土所用原料的规定

（1）应选用硅酸盐水泥或普通硅酸盐水泥,不宜使用火山灰质硅酸盐水泥。

（2）宜选用连续级配的粗集料,其含泥量不得大于1.0%,泥块含量不得大于0.5%。

（3）细集料含泥量不得大于3.0%,泥块含量不得大于1.0%。

（4）抗冻等级F100及以上的混凝土所用的粗集料和细集料均应进行坚固性试验,并应符合现行行业标准《普通混凝土用砂、石质量标准及检验方法标准》(JGJ 52—2006)的规定。

（5）抗冻混凝土宜采用减水剂,对抗冻等级F100及以上的混凝土应掺引气剂,掺用后混凝土的含气量应符合上述"普通混凝土配合比设计方法"第(二)部分的相关规定。

2. 抗冻混凝土配合比的计算方法和试配步骤

抗冻混凝土配合比的计算方法和试配步骤除应遵守普通混凝土第(三)、(四)部分的规定外,供试配用的最大水灰比尚应符合表4-33的规定。

抗冻混凝土的最大水灰比　　　　表4-33

抗冻等级	无引气剂时	掺引气剂时	抗冻等级	无引气剂时	掺引气剂时
F50	0.55	0.60	F150及以上		0.50
F100		0.55			

3. 抗冻性能试验

进行抗冻混凝土配合比设计时,尚应增加抗冻融性能试验。

五 大体积混凝土配合比设计方法

1. 大体积混凝土所用原材料规定

(1) 水泥应选用水化热低和凝结时间长的水泥,如低热矿渣硅酸盐水泥、中热矿渣硅酸盐水泥、矿渣硅酸盐水泥,并且应采取相应措施延缓水化热的释放。

(2) 粗集料宜采用连续级配,细集料宜采用中砂。

(3) 大体积混凝土应掺用缓凝剂、减水剂和减少水泥水化热的掺合料。

大体积混凝土在保证混凝土强度及坍落度要求的前提下,应提高掺合料及集料的含量,以降低每立方米混凝土的水泥用量。

2. 大体积混凝土配合比的计算和试配步骤

大体积混凝土配合比的计算和试配步骤应按"普通混凝土配合比设计方法"第(三)、(四)部分的规定进行,并宜在配合比确定后,进行水化验算或测定。

六 后张孔道压浆配合比设计方法

在后张法预应力混凝土构件施工中,当预应力钢筋张拉完毕后,应尽早向预留的预应力筋孔道内压注水泥浆,以保证预应力筋不锈蚀(由于这时处于受拉状态,即应力状态下的裸露钢筋,所以比起处在自然状态下的原材料来说,其锈蚀速度要快得多),并与构件混凝土牢固黏结为一整体,将预应力传递至混凝土结构中,以增强其锚固能力,保证构件的抗裂性和耐久性。一般采用水泥净浆作为孔道压浆材料。

1. 压浆用水泥浆所用原材料规定

后张法预应力孔道压浆宜采用纯水泥浆,所用材料应符合下列要求:

(1) 水泥宜采用硅酸盐水泥或普通水泥;采用矿渣水泥时,应加强检验,防止材料性能不稳定;水泥的强度等级不宜低于42.5级;水泥中不得含有任何团块。

(2) 水中不应含有对预应力筋或水泥有害的成分,每升水不得含500mg以上氯化物离子或任何一种其他有机物;可采用清洁的饮用水。

(3) 外加剂宜采用具有低含水率,流动性好,最小渗出及膨胀性等特性的外加剂,它们不应含有对预应力筋或水泥有害的化学物质。

2. 水泥浆的试配强度

水泥浆的试配强度应不小于实际规定值,无具体规定时,应不低于30MPa。

3. 水灰比

水灰比宜为0.40~0.45(试配强度高,取低值);掺入适量减水剂时,水灰比可减小到0.35;外加剂的类型和用量应经试验验证确定。

根据经验初步选定水灰比和外加剂的类型和用量,按下列步骤进行试验验证:

(1)按选定的水灰比制成水泥浆,并加入外加剂(通常加减水剂和膨胀剂)。

(2)进行泌水率和膨胀率试验。泌水率最大不得超过3%。拌和后3h泌水率宜控制在2%。泌水应在24h内重新全部被浆吸回;泌水率应小于10%。

4. 水泥净浆泌水率和膨胀率试验步骤

(1)试验容器用有机玻璃制成,带有密封盖,高120mm,直径100mm。

(2)试验方法如下:

将试验容器放置在水平的桌面或工作台上,往容器内灌入经搅拌均匀的水泥浆约100mm深,准确量测水泥净浆顶面高度a_1并记录下来,然后盖上盖。静放3h和24h后,量测其离析水水面a_2和膨胀后的水泥浆面a_3的高度。

(3)计算泌水率和膨胀率:

$$泌水率 = \frac{a_2 - a_3}{a_1} \times 100\% \qquad (4-40)$$

$$膨胀率 = \frac{a_3 - a_1}{a_1} \times 100\% \qquad (4-41)$$

5. 稠度试验

取水泥浆进行稠度试验。水泥浆稠度宜控制在14~18s之间。

(1)试验容器:流动度测定仪[流动锥的校准方法根据(1725+5)mL水流出的时间应为(8.0+0.2)s进行判断]。

(2)试验方法如下:

测定时,先将漏斗调整放平,或利用挂钩将漏斗吊放在某物件上,试验时不要碰撞漏斗。用手指堵住流出口,流出口下放一大于2000mL的容器,将搅拌均匀的水泥浆倒入漏斗内,注意仔细观察,水泥浆顶面应正好接触点测规尖(水泥浆面位置,可用灌入1725mL水的方法找出,并画上刻度线),然后松开手指,同时开动秒表,让水泥浆自由流出。待水泥浆全部流完时,按停秒表。所流时间,即为水泥浆稠度(s)。

(3)取水泥浆制备一组(宜取六件)70.7mm×70.7mm立方体试件,标准养护28d。进行抗压强度试验。

上述试验结果均满足规定要求时,其水灰比、外加剂的用量为最终配合比。

混凝土配合比检测项目包括:有关混凝土配合比设计的计算、试配、校正,在混凝土试验检测项目里将作详细介绍。

6. 工程示例

湖北省襄荆高速公路项目

预制梁孔道压浆配合比试验

编号:C-31-B-D04-0001

试验单位	襄荆高速公路中铁三局试验室	合同号	第4合同段
样品名称	C40预制梁孔道压浆配合比	试验规程	JTG/T F50—2011 JGJ 55—2011
样品来源	料厂	试验日期	2001.5.20
试验人		审核人	

续上表

混凝土强度等级	水泥强度等级	试件尺寸(cm)	水灰比	每立方米混凝土中各项材料用量(kg)				稠度(s)			养护温度(℃)	单位体积质量(g/cm³)	龄期(d)	破坏荷载(kN)	抗压强度(MPa)	平均值
				水	水泥	砂	碎卵石	1	2	平均值						
C40	42.5	7.07³	0.40	534	1335			18.0	18.0	18.0	20	1882	28	235	47.0	47.0
														245	49.0	
														225	45.0	

用料说明	砂	表观密度			石	表观密度	
		空隙率				空隙率	

说明	1. 水泥厂商品牌:葛洲坝股份有限公司水泥厂(三峡牌普硅42.5); 2. 外加剂名称、掺量:NF-15缓凝高效减水剂(水泥用量的1.0%); 3. 拌制方法:人工; 4. 其他

结论	
	监理工程师: 日期:

第三节 施工过程中桥涵工程的试验检测内容

桥涵工程原材料试验检测,不仅要在开工前或材料进场时就检验合格,而且要在施工过程中,按照规范要求的频率,及时试验。这是因为同土工试验检测一样,建设工程所需的工程材料数量大,施工过程中及时进行取样试验,能够保证工程所需的材料质量,这是控制工程实体质量的基础条件。

开工前,试验室应根据施工组织设计,合理安排,将先开工的桥涵工程配合比设计完成,保证工程正常开工,在施工过程中,要对工程所需全部配合比进行设计并及时完成,保证工程的正常进行。

施工过程中,当中小桥及涵洞基础开挖到基础高程后,试验室应进行自检,合格后,报请监理工程师抽检确认,之后方可进行下道工序的施工。

桥涵工程混凝土施工是施工过程质量控制的关键内容,并且要控制的关键环节、关键部位很多,哪个环节出现问题,都会影响工程质量。如果说原材料检验不合格,试验检测人员有权不允许其在工程上使用,但是工程实体一旦完成后,才发现混凝土工程质量不合格,不仅会造成投资损失、工期延误,严重的还会危害人民生命财产的安全。因此,希望试验检测人员在施工过程中,严格按照试验检测规程进行检验,保证工程实体质量。

桥涵工程施工过程中试验检测项目包括:①原材料试验检测;②混凝土配合比设计;③桥涵工程基础检测;④基础、墩台身、梁体混凝土工程试验检测。

原材料试验检测,应参照施工准备阶段原材料试验检测方法进行。混凝土配合比设计,应参照施工准备阶段混凝土配合比设计方法进行。

一 桥涵工程基础检测

(一) 桥涵工程试验检测项目六——小桥涵地基承载力检测

地基承载力是指地基土单位面积上所能承受荷载的能力。

小桥涵地基承载力的确定主要有查表法、动力触探等方法。

1. 试验方法一——检测土的物理性能、查表取得地基承载力

在没有轻型触探设备时,对一般黏性土,可取基坑土样,做物理性能检测,根据各种物理指标,查得地基承载力。

检测项目和试验步骤如下:

(1) 当桥涵基坑挖至设计高程后,用取土钻或环刀,取基坑原土测天然含水率 w_0、天然湿密度 ρ_w、天然干密度 ρ_d,另取基坑代表性土样,测土的液限 w_L、塑限 w_P、塑性指数 I_P 和土粒密度 G_s。

(2) 用环刀取原状土时,应先去掉基坑表层 5~10cm 的土层,再将环刀打入取样,应尽量使环刀内土样保持原状,不得搅动环内土。取三个环刀的土样测得的平均值作为测定值。

(3) 在无条件测土粒密度 G_s 时,可参考下列值取用。

低液限黏土 $G_s \approx 2.70$,高液限黏土 $G_s \approx 2.72$。

(4) 按式(4-42)、式(4-43)计算土的天然孔隙比和液限指数。

天然孔隙比:

$$[e] = \frac{G_s - \rho_d}{\rho_d} \qquad (4-42)$$

液限指数:

$$[I_L] = \frac{w_0 - w_P}{I_P} \qquad (4-43)$$

(5) 根据表 4-34 确定地基承载力。

一般黏性土的容许承载力 $[\delta_0]$ 　　　　　表 4-34

$[\delta_0]$(kPa)　I_L　　e	0	0.1	0.2	0.3	0.4	0.5	0.6	0.7	0.8	0.9	1.0	1.1	1.2
0.5	450	440	430	420	400	380	350	310	270	240	220	—	—
0.6	420	410	400	380	360	340	310	280	250	220	200	180	—
0.7	400	370	350	330	310	290	270	240	220	190	170	160	150

续上表

$[\delta_0]$(kPa)＼I_L　　e	0	0.1	0.2	0.3	0.4	0.5	0.6	0.7	0.8	0.9	1.0	1.1	1.2
0.8	380	330	300	280	260	240	230	210	180	160	150	140	130
0.9	320	280	260	240	220	210	190	180	160	140	130	120	100
1.0	250	230	220	210	190	170	160	150	140	120	110	—	—
1.1	—	—	160	150	140	130	120	110	100	90	—	—	—

注：当 $e<0.5$ 时，取 $e=0.5$；$I_L<0$ 时，取 $I_L=0$。

2. 试验方法二——轻便触探试验

轻便触探试验是利用一定的锤击功能，将一定规格的圆锥探头打入土中，根据打入土中的阻力大小（以打入土中一定距离所需的锤击数来表示阻力）来判断土层的变化，对土层进行力学分层，确定土层的地基承载力。轻便触探的优点是设备简单、操作方便、工效高、适应性较广。对于黏性土、砂土、粉土等，轻便触探是比较有效的勘探测试方法。

1）仪器设备

轻便触探试验设备主要由探头、触探杆、穿心锤三部分组成，如图 4-8 所示。触探杆是采用直径 25mm 的金属管，每根长 1.0~1.5m，穿心锤质量为 10kg。

2）试验要点

(1) 先用轻便钻具钻至试验土土层高程，然后对所需试验的土层连续进行触探。地基开挖至试验土高程时，可直接对土层进行触探。

(2) 试验时，穿心锤落距为 50cm，使其自由下落，将探头竖直打入土层中，每打入土层 30cm 的锤击数计为 N10。

(3) 若需描述土层情况时，可将触探杆拔出，取下探头，换以轻便钻头，进行取样。

(4) 本试验一般用于贯入深度小于 4m 的土层。

(5) 根据触探试验的锤击数 N10，可根据锤击数计算地基容许承载力 R 值。

3）注意事项

(1) 同一土层应进行多次试验，一般不少于 6 点，宜取最低值作为试验结果。

(2) 注意地基土质会出现不同性质的分层变化。

(二) 混凝土灌注桩基础检测

1. 泥浆的作用

钻孔泥浆由水、黏土（或膨润土）和添加剂组成。在钻孔中，由于泥浆相对密度大于水的相对密度，故护筒内同样高的水头，泥浆的静水压力比水大。由于静水压力的作用，泥浆可作用在井孔壁形成一层泥皮，阻隔孔内外水的渗流，保护孔壁免于坍塌。

此外，泥浆还起悬浮钻渣的作用，使钻进正常进行。

实际施工中，应根据不同的钻孔方法和土层情况，选择应用不同的泥浆性能指标（表 4-35），以保证钻孔的顺利进行。

泥浆性能指标选择　　　　　　　表 4-35

钻孔方法	地层情况	泥浆性能指标						
		相对密度	黏度(s)	含砂率(%)	胶体率(%)	失水率(mL/30h)	泥皮厚(mm)	酸碱度(pH)
正循环	一般地层	1.05~1.20	16~22	8~4	≥96	≤25	≤2	8~10
	易坍地层	1.20~1.45	19~28	8~4	≥96	≤15	≤2	8~10
反循环	一般地层	1.02~1.06	16~20	≤4	≥95	≤20	≤3	8~10
	易坍地层	1.06~1.10	18~28	≤4	≥95	≤20	≤3	8~10
	卵石土	1.10~1.15	20~35	≤4	≥95	≤20	≤3	8~10
推钻冲抓	一般地层	1.10~1.20	18~24	≤4	≥95	≤20	≤3	8~11
冲击	易坍地层	1.20~1.40	22~30	≤4	≥95	≤20	≤3	8~11

注：1. 地下水位高或其流速大，指标取高限，反之取低限。
　　2. 地质状态较好，孔径或孔深较小的取低限，反之取高限。

2. 桥涵工程试验检测项目七——钻孔泥浆性能指标检测

1）试验一：泥浆的相对密度试验

泥浆的相对密度是泥浆与 4℃ 时同体积水的质量之比。

泥浆的相对密度可用相对密度计测定。泥浆密度计由泥浆杯、杠杆、支架和游码组成。

试验时，将经搅拌均匀的泥浆装满泥浆杯，加盖后并擦净从小盖孔溢出的泥浆，然后置于支架上，移动游码，使杠杆呈水平状态，即水平泡位于中央，读出游码左侧所示刻度，即为泥浆的密度。

2）试验二：泥浆黏度试验

泥浆黏度是表示泥浆黏滞程度的指标。

泥浆黏度是用标准黏度计中流出 500mL 泥浆所需的时间来表示的，单位为 s。

工地用标准漏斗黏度计是由两端开口的量杯、漏斗、筛网及杯组成。

试验操作步骤如下所述：用手指堵住漏斗的流出口，将经过过滤去掉砂粒的泥浆，用两端开口的量杯，分别量取 200mL 和 500mL（共 700mL）注入漏斗中，在漏斗流出口下面放一个 500mL 量杯。放开手指，同时开动秒表，待泥浆流满 500mL 量杯时，按停秒表，其流出时间即为泥浆黏度(s)。

3）试验三：泥浆含砂率试验

泥浆的含砂率是指泥浆中砂粒和不可分散物质的含量。

工地上一般用含砂率计测定泥浆含砂率。

试验方法：将搅拌均匀的 50mL 泥浆倒入含砂率计，然后再倒入 450mL 清水，将仪器口塞紧，摇动 1min，使泥浆与水混合均匀，再将仪器竖直静放 3min，从仪器下端的刻度上读出沉淀物的体积，乘以 2，即为含砂率。

4）试验四：泥浆胶体率试验

胶体率也称稳定率，是指泥浆中土粒保持悬浮状态的性能。

试验方法：将搅拌均匀的泥浆倒入干净的 100mL 量杯中，然后用玻璃片盖在量杯上，静置 24h 后读数，量杯上部的泥浆可能澄清为透明的水，下部为沉淀物。以 100 -（水 + 沉淀物）的体积，即为泥浆的胶体率(%)。泥浆的胶体率一般应大于 95%。

5）试验五：泥浆失水量和泥皮厚的测定

试验时，将一张 120mm × 120mm 的滤纸置于水平玻璃板上，中央画一个直径 30mm 的圆圈,将2mL泥浆滴于圆圈中心,30min后,量算湿润圆圈的平均半径(mm)减去泥浆坍平成为泥饼的平均半径(mm)即为泥浆的失水量。

在滤纸上量出泥饼厚度(mm),即为泥皮厚。泥皮越平坦、越薄,则泥浆质量越高,一般不宜厚于3mm。

(三)混凝土钻孔灌注桩完整性检测

混凝土钻孔灌注桩是桥梁及建筑结构物常用的基桩形式之一,这主要是由于桩能将上部结构的荷载传递到深层稳定的土层中去,从而大大减少基础沉降和建筑物的不均匀沉降,时间证明它的确是一种极为有效、安全可靠的基础形式。

灌注桩成桩质量通常存在两方面问题:一是桩身完整性,常见的缺陷有夹泥、断桩、缩径、扩径、混凝土离析及桩顶混凝土密实性较差等;二是嵌岩桩,影响桩底支撑条件的质量问题主要是灌注混凝土前清孔不彻底,孔底沉淀厚度超过规定极限,影响承载力。

混凝土钻孔灌注桩完整性检测的方法有钻芯检验法、反射波法、机械阻抗法、超声脉冲检测法(声波透射法)、水电效应法和射线法等,本项检测内容属于专项检测内容,这里不再详细阐述。

二、基础、墩台身、梁体混凝土工程试验检测

水泥混凝土是指由水和水泥组成水泥浆,以砂子和石子作为混凝土中的细集料及粗集料,或添加其他辅助材料,如粉煤灰、外加剂等,按一定比例拌和,并在一定条件下硬化而形成的人造石材。

(一)桥涵工程试验检测项目八——水泥混凝土混合料坍落度、维勃稠度的测定

判定混凝土拌合物的和易性,通常采用测定混凝土的三项指标,即流动性、黏聚性和保水性。工程上通常用"坍落度"和"维勃稠度"指标来判定。

1.试验方法一:混凝土拌合物坍落度试验

1)试验目的

坍落度是表示混凝土拌合物稠度的一项指标,通过判定混凝土的和易性,判断其是否符合配合比设计及现场施工的质量要求。

2)试验仪器

(1)坍落度筒:是由铁板制成的截头圆锥筒,厚度不小于1.5mm,内侧平滑,在筒的上方约2/3高度处有两个把手,近下端两侧焊有两个踏脚板,保证坍落度筒可以稳定操作。

(2)天平:2kg,感量1g。

(3)量筒:1000mL和200mL各一个。

(4)磅秤:称量100kg、感量50g。

(5)坍落度高度测量器、漏斗、铁板、铁锹抹刀、小铲、弹头行捣棒。

3)试验步骤

(1)试验前将坍落度筒内外洗净,放在用水润湿过的平板上。

(2)将坍落度筒踏板用脚踏紧,筒口放上漏斗,将代表试样分3层装入筒内,每层装入高度稍大于筒高的1/3。用捣棒在每一层的横截面上沿螺旋线由边缘至中心均匀插捣25次,插捣底层时插至底部,插捣其他两层时,应插透本层并插入下层20~30mm。垂直插捣时(除边

缘部分外),不得冲击。测定时还应评定拌合物的棍度和含砂情况,指标详见表4-35。

(4)顶层插捣完毕后,将捣棒用锯和滚的动作,清除多余的混凝土,用镘刀抹平筒口,并刮净筒底周围的拌合物,在5~10s内垂直提起坍落度筒。从开始装筒到提起坍落度筒的全过程,不应超过2.5min。

(5)用钢尺量出高度测量器尺底面至试样顶面中心的垂直距离,即为该混凝土拌合物的坍落度,精确至5mm。测定时还应评定拌合物的黏聚性、保水性等性质,指标详见表4-36以两次测定结果的平均值作为坍落度值。若两次结果相差20mm以上,须做第三次试验,第三次与前两次结果均相差20mm以上时,整个试验重做。

拌合物其他性质 表4-36

项 目	内 容	评定标准
棍度	插捣难易程度	上:容易; 中:稍有阻滞; 下:很难插捣
含砂情况	抹平情况	多:1~2次抹平,无蜂窝; 中:5~6次抹平,无蜂窝; 少:不易抹平,无蜂窝
黏聚性	在锥体一侧较大时的情况	良好:渐渐下沉; 不好:突然倒塌,石子离析
保水性	水分从拌合物底部析出情况	多:较好; 少:少量; 无:没有

4)记录表格

混凝土拌合物坍落度试验记录,见表4-37。

混凝土拌合物坍落度试验记录 表4-37

试样编号					试样来源			
试样名称					试样用途			
实验次数	拌和12L混凝土各种材料用料				坍落度值(mm)	平均坍落度值(mm)	备注
	水泥质量(kg)	砂质量(kg)	石子(kg)	用水量(kg)			
①	②	③	④	⑤	⑥	⑦	⑧
1							
2							

试验者:　　　　计算者:　　　　校核者:　　　　试验日期:　年　月　日

2. 试验方法二:混凝土拌合物维勃稠度试验

1)试验目的

维勃稠度是用维勃时间表示的混凝土拌合物稠度指标,本方法适用于集料粒径不大于40mm的混凝土及维勃稠度为5~30s的干稠混凝土的稠度测定。

2)试验仪器

(1)混凝土搅拌机:自由式和强制式,应附有产品品质保证文件。

(2)维勃稠度仪:由金属圆筒、坍落度筒、漏斗、透明塑料圆盘、振动台等部分组成。振动台工作频率为50Hz,空载振幅为0.5mm,上有固定螺丝。

(3) 磅秤:称量100kg,感量50kg。

(4) 其他:拌和用铁板、铁锹、镘刀、玻璃板等。

3) 试验步骤

(1) 先将盛样容器用螺母固定在振动台上,放入坍落度筒,扣上漏斗。

(2) 按照坍落度试验相同的方法,分三层将混凝土拌合物装填到筒中。完成后,去掉漏斗,抹平后混凝土表面后提起坍落度筒,将透明圆盘放在混凝土上。

(3) 一切就绪后,启动振动台,同时按下秒表,仔细观察在振动过程中透明圆盘和混凝土之间的接触变化,当透明圆盘底面刚好布满水泥浆时,立即停止秒表并关闭振动台。以秒表所示时间作为混凝土拌合物稠度的试验结果,精确至1s。

(二) 桥涵工程试验检测项目九——水泥混凝土毛体积密度试验

1. 试验方法一:毛体积密度测定(人工振捣)

该方法适用于测定坍落度不小于70mm的拌合物的流动性。

具体测定步骤如下:

(1) 先用湿布将量筒内外擦净,称出质量m_1。

(2) 试样分三层装入量筒,每层高度越为1/3筒高,用捣棒从边缘到中心沿螺旋线均匀插捣,每层插捣25次,捣底层时应捣至筒底,捣上面两层时须插入其下一层20~30mm。每捣毕一层,应在量筒外壁拍打10~15次,直至拌合物表面不出现气泡为止。

(3) 清除多余混凝土,仔细用镘刀抹平表面。抹平后擦净并称其质量m_2。

2. 试验方法二:毛体积密度测定(机械振捣)

本方法适用于测定坍落度小于70mm的混凝土的流动性。

具体测定步骤如下:

(1) 先用湿布将筒内外擦净并称其质量m_1。

(2) 将量筒在振动台上夹紧,一次将拌合物装满量筒,立即开始振动,随时添加拌合物,直至拌合物表面出现水泥浆为止。

(3) 从振动台上取下量筒,刮去多余混凝土,仔细用镘刀抹平表面。并用玻璃板检验抹平情况,擦净量筒外部并称其质量m_2,精确至50g。

3. 实验结果整理

毛体积密度计算公式:

$$\rho_h = \frac{m_2 - m_1}{V} \qquad (4\text{-}44)$$

式中:ρ_h——拌合物毛体积密度,kg/L;

m_1——量筒质量,kg;

m_2——捣实或振实后混凝土和量筒总质量,kg;

V——量筒容积,L。

以两次试验结果的算术平均值作为测定值,试样不得重复使用。

4. 记录表格

水泥混凝土主体积密度试验记录表见表4-38。

水泥混凝土毛体积密度试验记录表　　　　　表 4-38

试样编号			试样来源				
试样名称			试样用途				
试验次数	容量体积 V (L)	容量筒质量 m_1 (kg)	容量筒和混凝土质量 m_2 (kg)	混凝土质量 $m_1 - m_2$ (kg)	混凝土拌合物密度 ρ_h (kg/L)		备注
					个别	平均	
①	②	③	④	⑤	⑥	⑦	⑧
1							
2							

试验者：　　　　计算者：　　　　校对者：　　　　试验日期：　年　月　日

（三）桥涵工程试验检测项目十——混凝土抗压强度试验

1. 试验目的

本试验规定了测定混凝土抗压强度的方法，以确定水泥混凝土的强度等级，作为评定混凝土品质的主要指标，并确定混凝土抗压强度。

2. 实验仪器

(1) 拌和用铁板、铁锹、镘刀、小铁铲。

(2) 磅秤：称量 100kg，精度 0.5kg。

(3) 天平：称量 2000g，感量 1g。

(4) 量筒：1000mL、200mL 各一个。

(5) 试模：每组 3 个、尺寸为 150mm 的正方体。采用非标准试件时，其集料粒径应符合表 4-39 的规定。

(6) 养护用水槽。

(7) 压力试验机：上下压板平整并有足够刚度，可以均匀地连续加荷、卸载，满足试件破型吨位的要求。

3. 试验步骤

(1) 将拌和的铁板、铁锹用湿布擦净，称量各种材料的用量，先将水泥和砂拌和均匀摊成一薄片。倒入石子，干拌均匀。将拌合物堆成一长堆，中心扒槽，将拌合水倒入约一半，仔细拌匀。将拌匀后的拌合物再堆成长堆，中心扒槽，倒入剩余水，继续拌和，防止水分流失。来回至少翻拌 6 遍，从加水完毕时起拌和时间为 4～5min。

(2) 将试模擦净，边模及底模涂抹干黄油紧密装配，防止漏浆。试模内涂一薄层机油，将试样分两层放入试模，每层插捣 25 次，捣固时按螺旋线方向从边缘到中心均匀地进行，捣底层时捣至模底，捣上层时应插入该层底面下方 20～30mm 处。插捣结束后，将捣棒用锯和滚的动作刮除多余混凝土。流动性小的混凝土，要随时用镘刀沿试模内壁插抹数次，防止试件产生麻面。抹平试件表面，与试件高度差不超过 0.5mm。

(3) 试件成型后，用湿布覆盖表面，在室温 15～25℃、相对湿度大于 50% 的情况下，静放 1～2 昼夜，拆模并做第一次外观检查，并编号。编号后放入水槽中养护，养护水温为 17～23℃。试件如有蜂窝缺陷，则应在试验前三天用浓水泥浆填补平整，并在报告中说明。养护至规定龄期后，取出试件，擦干试件水分。先检查其形状和尺寸，量出边棱长度，精确至 1mm。试件截面积按其与压力机上下接触面的平均值计算。在破型前,保持试件原有湿度,并称出其质量。

(4)以成型时侧面为上下受压面,置试件于压力机中心,几何对中。开动压力机,施加荷载。强度等级小于C30的混凝土取0.3~0.5MPa/s的加荷速度;强度等级不低于C30时,则取0.5~0.8MPa/s的加荷速度。当试件接近破坏而开始迅速变形时,应停止调整试验机油门,直至试件破坏,记录破坏极限荷载。

4.试验结果与数据整理

抗压强度计算公式为:

$$f_{cu} = k \cdot \frac{F}{A} \tag{4-45}$$

式中:f_{cu}——混凝土抗压强度,MPa;

F——极限荷载,N;

A——受压面积,mm^2;

k——尺寸换算系数(表4-40)。

抗压强度试件尺寸表　　表4-39

集料最大粒径(mm)	试件尺寸(mm)
30	100×100×100
40	150×150×150
60	200×200×200

抗压强度尺寸换算系数表　　表4-40

试件尺寸(mm^3)	尺寸换算系数
100×100×100	0.95
150×150×150	1.00
200×200×200	1.05

以3个试件测值的算术平均值作为测定值。当任一个测值的大小超过中值的15%时,取中值为测定值;当有两个测值的大小超过中值的15%时,则该组试验结果无效。计算结果精确至1.0MPa。

5.记录表格

水泥混凝土抗压强度试验记录见表4-41。

水泥混凝土抗压强度试验记录表　　表4-41

试样编号				试样来源				
试样名称				试样用途				
试样编号	拌制日期	实验日期	龄期(d)	最大荷载(kN)	试件尺寸(mm)	平均截面(mm^2)	抗压强度(MPa)	
							个别	平均
①	②	③	④	⑤	⑥	⑦	⑧	⑨
1								
2								
3								

试验者:　　　计算者:　　　校核者:　　　试验日期:　年　月　日

6.试验中注意的问题

(1)试件从养护地点取出后应尽快进行试验,以免试件内部的湿度发生显著变化。

(2)试验时以实测试件尺寸计算试件的承压面积,如实测尺寸与公称尺寸之差不超过1mm,可按公称尺寸进行计算。

(3)试验应连续而均匀加荷,当试件接近破坏而开始迅速变形时,停止调整试验机油门,直至试件破坏。

(4)150mm立方体试件的抗压强度为标准值,用其他尺寸试件测得的强度值均应乘以尺寸换算系数。

(四)桥涵工程试验检测项目十一——混凝土抗折强度试验

1. 试验目的

抗折强度是水泥混凝土路面设计的重要指标。本试验规定了测定混凝土抗折强度的方法,以提供设计参数。

2. 试验仪器

(1)混凝土搅拌机:自由式或强制式,应附有产品品质保证文件。

(2)拌和用铁板、铁锹、镘刀、小铲。

(3)磅秤:称量100kg,感量50g。

(4)天平:称量2000g,感量1g。

(5)量筒:1000mL和200mL各一个。

(6)试验机:采用50~300kN抗折试验机或万能试验机。抗折试验装置由双点加荷压头和活动支座组成,活动支座采用球形接触,其中一半为一个钢球支撑,另一半为两个钢球支撑,加荷压头的两个加压点也为球形接触,其中一点为单球形接触,与双球形接触支座上下对应,另一点为双球形接触,与单球形接触支座上下对应。

(7)抗折强度试模:尺寸为150mm×150mm×550mm。

(8)养护试件用水槽。

3. 试验步骤(机械拌和)

(1)使用拌合机前,应先用少量砂浆进行涮膛。其水灰比及砂灰比与正式混凝土配合比相同。

(2)按规定称好各种原料,往拌合机内顺序加入石子、砂、泥,加料时间不宜超过2min。开动机器将材料拌和均匀,将水徐徐加入。待水全部加入后,继续拌和约2min。然后将拌合物倾出在铁板上,再经人工翻拌1~2min,务必使拌合物均匀一致。

(3)将试模擦净,边模与底模接触处涂抹干黄油,防止漏浆。将试模紧密结合,试模内均匀涂抹一层机油。将拌和好的混凝土拌合物分两层装入试模,装入高度约为1/2。每层插捣100次,按螺旋线由边缘到中心均匀进行。刮除多余混凝土,用镘刀抹平表面。擦净试模边缘多余的混凝土。试件成型后,在室温15~25℃、相对湿度大于50%的情况下,静放1~2d。然后拆模,对试件进行外观检查并编号。

(4)将试件放入水槽中进行养护,水温应为17~23℃。若用其他方法养护,须在报告中说明养护方法。

(5)到达试验龄期时,从水槽中取出试件并擦干表面水分,检查试件,若试件中部1/3长度内有蜂窝,则该试件作废。在试件表面画出支点及加荷位置,距端部分别为50mm、200mm、350mm、500mm。

(6)调整两个可移动的支座,使试件与试验机下压头中心距离为225mm,并旋紧两支座。将试件放在支座上,侧面朝上,几何对准后,缓缓加一初荷载,约1kN。后以0.5~0.7MPa/s的加荷速度连续加荷,试件破坏时,记录最大荷载。

4. 试验结果与数据整理

抗折强度计算公式为:

$$f_{cf} = \frac{FL}{bh^2} \tag{4-46}$$

式中：f_{cf}——抗折强度，MPa；
　　　F——极限荷载，N；
　　　L——支座间距，为450mm；
　　　b——试件宽度，为150mm；
　　　h——试件高度，为150mm。

若断面位于加荷点外侧，试验结果无效。该组结果作废。

本试验以3个试件的算术平均值为测定值。如任一个测值与中值的差值超过中值的15%时，取中值，测定值与中值的差值均超过规定时，该组试验结果无效。

5. 记录表格

混凝土抗折强度试验记录见表4-42。

混凝土抗折强度试验记录表 　　表4-42

试样编号					试样来源			
试样名称					试样用途			
试验编号	拌制日期	试验日期	龄期(d)	抗折破坏荷载(kN)	试件尺寸(mm)	平均截面(mm^2)	抗压强度(MPa)	
							个别	平均
①	②	③	④	⑤	⑥	⑦	⑧	⑨
1								
2								

试验者：　　　　计算者：　　　　校核者：　　　　试验日期：　年　月　日

6. 试验中注意的问题

(1) 试件从养护水槽取出后，应尽快擦干试件表面水分进行试验，以免试件内部的湿度发生显著变化。

(2) 试验前，应准确地在试件表面画出支点位置及加荷位置。

(五) 水泥混凝土抗压强度的质量评定

1. 评定要求

评定水泥混凝土的抗压强度，应以标准养生28d龄期的试件，在标准试验条件下测得的极限抗压强度为准。试件为边长150mm的立方体。试件3个为1组，制取组数应符合下列规定：

(1) 不同强度等级及不同配合比的混凝土应在浇筑地点或拌和地点分别随机制取试件。

(2) 浇筑一般体积的结构物(如基础、墩台等)时，每一单元结构物应制取2组。

(3) 连续浇筑大体积结构时，每80～200m^3或每一工作班应制取2组。

(4) 上部结构，主要构件长16m以下应制取1组，16～30m制取2组，31～50m制取3组，50m以上者制取不少于5组。小型构件每批或每工作班至少应制取2组。

(5) 每根钻孔桩至少应制取2组；桩长20m以上者不少于3组；桩径大、浇筑时间很长时，不少于4组。如换工作班时，每工作班应制取2组。

(6) 构筑物(小桥涵、挡土墙)每座、每处或每工作班制取不少于2组。当原材料和配合比相同，并由同一拌和站拌制时，可几座或几处合并制取2组。

(7) 应根据施工需要,另制取几组与结构物同条件养生的试件,作为拆模、吊装、张拉预应力、承受荷载等施工阶段的强度依据。

2. 水泥混凝土抗压强度的合格标准

(1) 试件组数大于或等于 10 时,应以数理统计方法按下述条件评定:

$$R_n - K_1 S_n \geq 0.90R \tag{4-47}$$

$$R_{\min} \geq K_2 R \tag{4-48}$$

式中:n——同批混凝土试件组数;

R_n——同批 n 组试件强度的平均值,MPa;

S_n——同批 n 组试件强度的标准差,MPa;

R——混凝土设计强度等级,MPa;

$R_{\min}$——n 组试件强度最低一组的值,MPa;

K_1、K_2——合格判定系数,按表 4-43 取值。

K_1、K_2 取值　　　　表 4-43

试件组数	10~14	15~24	≥25
K_1	1.70	1.65	1.60
K_2	0.90	0.85	

(2) 试件组数小于 10 组时,可用非统计方法按下述条件进行评定:

$$R_n \geq 1.15R \tag{4-49}$$

$$R_{\min} \geq 0.95R \tag{4-50}$$

(3) 实测项目中,水泥混凝土抗压强度评为不合格时,相应分项工程不合格。

第四节　桥涵工程竣工验收阶段试验检测内容

桥涵工程竣工验收阶段试验检测工作包括:

(1) 对桥涵工程应进行整体评定。

(2) 按照竣工资料编制办法要求及时准确完成试验资料的整理归档工作。主要包括以下内容。

①原材料各项常规试验记录及汇总表的收集、整理及归档。

②配合比报告的收集、整理及归档。

③混凝土强度记录及评定表的收集、整理及归档。

④桥涵工程基础承载力现场检测记录表的收集、整理及归档。

⑤桥涵工程桩基础桩身完整性报告的收集、整理及归档。

【思考题】

1. 已知某砂筛分结果如表 4-44 所示,画出级配图,并求细度模数。

某砂筛分结果　　　　表 4-44

筛孔尺寸(mm)	5	2.5	1.25	0.63	0.315	0.16	<0.16
筛余量(g)	10	150	75	110	130	20	5

2. 按规定方法做普通硅酸盐水泥的标号测定试验,在抗折试验机和压力试验机上的试验结果如表4-45所列,试确定其标号。(提示:注意计算规则,按规定取舍数据)

试 验 结 果　　　　　　　　　　　表4-45

抗折破坏荷载(×50N)		抗压破坏荷载(kN)	
3d	28d	3d	28d
1.45	3.18	23.2	67.6
		22.8	67.9
1.39	3.13	23.1	67.8
		23.0	67.6
1.43	3.15	21.6	67.7
		21.9	67.8

3. 简述水泥混凝土拌合物坍落度试验检测方法。

4. 试述普通水泥混凝土配合比设计的基本步骤。

5. 在进行水泥混凝土初步设计时,若已求出水泥用量为360kg/m³,水的用量为180kg/m³,砂、石表观密度分别为2.65g/cm³和2.70g/cm³,水泥的密度为3.15g/cm³,砂率35%。试用体积法求砂石用量;若试验室拌制20L混凝土,求各材料用量。

6. 工地拌和混凝土时,理论配合比是水泥320kg、砂690kg、石1280kg、水138kg、砂的含水率为3.5%、石子含水率为1.5%,求工地施工配合比。

7. 某桥钢筋混凝土盖梁,设计强度等级为C40,无强度历史统计资料,要求坍落度为50~70mm,严寒地区。

材料:42.5号硅酸盐水泥,$\rho_c = 3.10\text{g/cm}^3$,28d实测强度为59MPa;砂为粗砂 $\rho_s = 2.67\text{g/cm}^3$;碎石 $D_{max} = 40\text{mm}$,$\rho_g = 2.70\text{g/cm}^3$。

求:初步配合比;试验室配合比。

(1)试拌调整25L,坍落度为30mm,W/C不变,加入10%水泥浆后满足要求。

(2)调整强度,参数如表4-46所示。

试 验 参 数　　　　　　　　　　　表4-46

W/C	实测湿表观密度(kg/m³)	28d强度(MPa)
W/C−0.05	2.438	55.4
W/C	2.430	50.9
W/C+0.05	2.421	45.3

8. 建筑用钢筋质量检验应测试哪些指标?

9. 试述轻型触探试验要点。

第五章　隧道工程试验检测方法

随着我国经济的高速发展，隧道工程在高速公路、高速铁路以及地铁建设中所占比例越来越大，也出现了比较多的长大隧道。隧道工程采用的新材料、新工艺比较多，隐蔽工程检测项目难度大，所以在试验检测过程中，试验检测人员要不断学习新规范、新工艺、新标准、新材料，工作中认真细致地进行试验检测，保证隧道工程质量满足要求。

第一节　施工准备阶段隧道工程的试验检测内容

隧道工程项目开工前，应进行原材料的考察，特别是涉及隧道工程特色或隧道施工专有材料，比如支护材料：包括锚杆、钢构件、纤维等；防排水材料：包括注浆材料、高分子合成卷材、防水板、止水带、土工布、排水管等比较容易出现质量隐患的原材料时，要严格按照规范、标准及图纸要求进行检测，合格后及时进行配合比设计优选工作。

隧道工程施工准备阶段的试验检测项目主要包括：水泥试验常规检测，细集料常规试验检测，粗集料常规试验检测，钢筋常规试验检测，外加剂常规试验检测，矿物掺合料常规试验检测，锚杆常规试验检测，钢架常规试验检测，防水板常规试验检测，止水带常规试验检测，土工布常规试验检测，纤维常规试验检测，混凝土配合比设计等检测项目。

原材料常规检测项目可参照公路工程、桥涵工程试验检测方法执行，下面主要介绍隧道工程施工中增加的试验检测项目。

一、原材料试验检测项目及频次要求

1. 锚杆

（1）钢筋进场时，抽检频率及合格评定标准参照桥涵工程检测方法要求执行，同时满足设计要求。

（2）锚杆主要承受拉力，所以首先检测其抗拉强度，方法是从原材料或成品锚杆上截取试样，在拉力试验机上进行检测，锚杆的屈服强度、抗拉强度、屈服力、最大力、断后伸长率等力学性能指标应符合验标及设计文件的要求。

锚杆的规格、物理性能指标（公称直径、公称壁厚、公称质量）应符合验标及设计文件的要求。

检验方法：锚杆的规格，检查产品合格证、出厂检验报告。锚杆的物理性能指标，采用观察、称重、尺量检查。

2. 钢架

（1）制作钢架所用型钢的进场检验必须按批抽取试件做力学性能（屈服强度、抗拉强度和伸长率）和工艺性能（冷弯）试验，其质量必须符合现行国家标准《碳素结构钢》（GB/T 700—2006）、《热轧型钢》（GB/T 706—2008）等的规定和设计要求。

检验数量：以同牌号、同炉号、同规格、同交货状态的型钢，每60t为一批，不足60t应按一

批计。

(2)制作钢架的钢材品种和规格必须符合设计要求。

检验方法:观察,尺量。

3. 管棚、小导管用钢管

(1)管棚、小导管所用钢管进场必须按批抽取试件做力学性能(屈服强度、抗拉强度和伸长率)和工艺性能(冷弯)试验,其质量必须符合国家有关规定及设计要求。

检验数量:以同牌号、同炉罐号、同规格、同交货状态的钢管,每60t为一批,不足60t按一批计。

(2)管棚、小导管所用钢管的品种和规格必须符合设计要求。

检验方法:观察,钢尺检查。

4. 止水带、止水条、防水嵌缝材料

施工缝所用止水带、止水条的品种、规格和性能等必须符合设计要求。

检验方法:施工单位检查产品合格证、出厂检验报告,并进行止水带的拉伸强度、扯断伸长率、撕裂强度、压缩永久变形率和止水条的强度、拉伸强度、扯断伸长率、体积膨胀倍率、膨胀性能等性能指标试验。

5. 防水板、土工复合材料、盲管

防水板、土工复合材料的性质、性能和规格必须符合设计要求。

检验数量:施工单位按进场批次每 10 000m³ 检验一次,不足 10 000m³ 也按一次计。

检验方法:检查产品合格证、质量证明文件,并对防水板的厚度、密度、抗拉强度、断裂延伸率和土工复合材料单位面积的质量等性能指标进行试验。

6. 注浆材料

注浆防水选用的注浆材料质量应符合设计要求。

检验数量:按进场批次检验。

土工布试验检测方法

(一)土工布物理特性检测方法(JTG E50—2006)

土工布物理特性检测包括单位面积质量测定、厚度测定,本节重点介绍单位面积质量测定方法。

1. 仪器和仪具

(1)剪刀。

(2)尺:最小分度值为1mm,精度为0.5mm。

(3)天平:感量0.01g。

2. 试样制备

(1)试样数量不得少于10块,对试样进行编号。

(2)试样面积:对一般土工合成材料,试样面积为10cm×10cm,裁剪和测量精度为1mm;对网孔较大或均匀性较差的土工合成材料,可适当加大试样尺寸。

3. 试验步骤

将裁剪好的试样按编号顺序逐一在天平上称量,并细心测读和记录,读数精确到0.01g。

4. 结果整理

（1）按式（5-1）计算试样的单位面积质量 $M(\text{g/m}^2)$：

$$M = m/A \tag{5-1}$$

式中：M——试样质量，g；

A——试样面积，m^2。

（2）保留小数一位，按前述方法计算单位面积质量的平均值、标准差及变异系数。

（二）土工布抗拉强度检测方法（宽条拉伸试样）（JTG E50—2006）

隧道工程用土工布的力学性能包括抗拉强度、抗撕裂强度、顶破强度、刺破强度等，本节主要介绍土工布抗拉强度试验检测方法。

1. 抗拉强度试验仪器和材料

（1）拉伸试验机：具有等速拉伸功能，能测读拉伸过程中土工合成材料的拉力和伸长量或直接记录拉力—伸长量曲线（图5-1）。

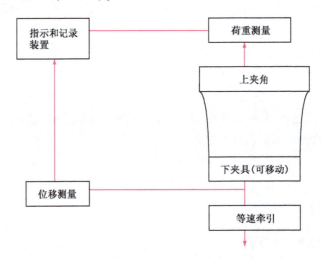

图5-1 平面拉伸试验装置示意

（2）夹具：钳口宽度至少于试样200mm同宽，夹具实际宽度不小于210mm。两夹具间的最大净距不小于300mm。

（3）动力装置：采用调速电机油压或机械设施调节拉伸速率。

（4）伸长计：测量和记录装置。应满足以下要求：

①指示或记录荷载的误差不得大于相应实际荷载的2%

②对延伸率超过10%的试样，测量拉伸方向的伸长量可用有刻度的钢尺，精度为1mm；对延伸率小于10%的试样，应采用精度不小于0.1mm的位移测量装置。

③可通过传动机构直接记录土工合成材料试样的拉力—伸长量曲线，也可用拉力传感器和位移传感器测量拉力和伸长量。

（5）蒸馏水：用于浸湿试样。

（6）非离子润湿剂：用于浸湿试样。

2. 试样制备

（1）试样数量：分别以土工合成材料纵向和横向作试样长边，检取试样各至少5块。

（2）试样尺寸：

①无纺类土工织物试样宽度为(200±1)mm(不包括边缘),试样有足够长度以保证夹具净间距100mm。实际长度视夹具而定,必须有足够的长度使试样伸出夹具。

②对于有纺土工织物,裁剪试样宽度为220mm,再在两边拆去大约相同数量的纤维,使试样宽度达到(200±1)mm的名义试样宽度。

③除干态强度外,要求测定湿态强度时,要裁剪两倍的长度,然后截为等长度的两块进行测定。

④对湿态试样,要求从水中取出到上机拉伸的时间间隔不大于10min。

3. 试样调湿和状态调节

(1) 对于土工织物,试样一般应置于温度为(20±2)℃的蒸馏水中,浸润时间应足以使试样全湿或至少为24h。为了使试样完全湿润,可以在水中加入不超过0.05%的非离子型湿润剂。

(2) 对于塑料土工合成材料,在温度为(23±2)℃的环境下,进行状态调节的时间不得少于4h。

(3) 如果确认试样不受环境影响,则可不进行调湿和状态调节,但应在报告中注明试验时的温度和湿度。

4. 试验步骤

(1) 调整两夹具的初始间距为(100±3)mm。两个夹具中要求其中一个的支点能自由旋转或为万向接头,保证两个夹具平行并在一个平面内。

(2) 选择拉力机的满量程范围,使试样的最大断裂力在满量程的30%~90%范围内,设定拉伸速率为名义夹持长度的(20%±1%)/min。名义夹持长度是指在试样的受力方向上,标记的两个参考点间的初始距离,一般为60mm,记为L_0。

(3) 将试样对中放入夹具内,为方便对中,可在试样上画垂直于拉伸方向的两条相距100mm的平行线作为标志线。对于湿试样,应从水中取出3min内进行试验。

(4) 测读试样的名义夹持长度L_0。

(5) 试验预张拉:对于已夹持好的试样,预张拉力相对于最大荷载的1‰。记录因预张拉试样产生的夹持长度的增加值L_0'。

(6) 安装伸长计。在试样上相距60mm处设定标记点(距试样中心各30mm),安装伸长计。

(7) 测定拉伸性能。开动试验机,以名义夹持长度的(20%±1%)/min的拉伸速率进行拉伸,同时启动记录装置,连续运转直到试样破坏时停机。对延伸率较大的试样,应拉伸至其拉力明显降低时方能停机。记录最大负荷,精确至满量程的0.2%。记录最大负荷的伸长量ΔL,精确至0.1mm。

上述最大负荷、预负荷伸长量、最大负荷下的伸长量ΔL的含义如图5-2所示。

如果试样在距钳口5mm范围内断裂,则该试验结果应剔除。纵、横向分别至少要有5个合格试样。当试样在钳口内打滑或大多数试样在钳口边缘断裂时,可采取下列改进措施:

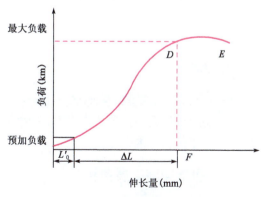

图5-2 松式夹持试样的负载—拉伸曲线

①钳口内加衬垫。
②钳口内的土工合成材料用固化胶加强。
③改进钳口面。
不论采取哪种措施均应在试验报告中说明。
(8)在拉伸过程中,测定特定伸长率下的拉伸力,记录结果精确到满量程的0.2%。

5.结果整理

(1)拉伸强度:土工织物或小孔径土工网试样的拉伸强度a_f可用式(5-2)计算:

$$a_f = F_f C \tag{5-2}$$

式中:a_f——拉伸强度,kN/m;

F_f——测读的最大负荷,kN;

C——按以下两种情况之一计算:

①对于非织造、高密织物或类似产品,$C=1/B$,其中,B为试样的名义宽度,m;

②对于稀松土工织物、土工网等松散结构材料,$C=N_m/N_s$,其中,N_m为试样1m宽度的拉伸单元数,N_s为试样宽度内的拉伸单元数。

(2)最大负荷下的伸长率。按式(5-3)计算伸长率:

$$\varepsilon = \frac{\Delta L}{L_0 + L'_0} \tag{5-3}$$

式中:ε——伸长率,%;

ΔL——最大负荷的伸长量,mm;

L_0——名义夹持长度(使用夹具时为100mm,使用伸长计时为60mm);

L'_0——预负荷伸长量,mm。

(3)特定伸长率下的拉伸力。试样在特定伸长率下的拉伸力按式(5-4)计算:

$$F_{n\%} = f_{n\%} C \tag{5-4}$$

式中:$F_{n\%}$——对应于伸长率为$n\%$时试样的每延米拉伸力,kN/m;

$f_{n\%}$——对应于伸长率为$n\%$时试样的测定负荷,kN;

C——计算同拉伸强度中的方法。

(4)计算拉伸强度、最大负荷下伸长率和特定伸长率下拉伸力的平均值,并计算它们的标准差σ及变异系数C_v。

第二节 施工过程中隧道工程的试验检测内容

一、概述

首先执行公路规范、标准及图纸对原材料试验检测频率的要求,认真细致地进行原材料试验检测及混凝土配合比设计优选工作,避免不合格的原材料用于工程施工,然后按照隧道施工程序进行施工过程中的各项试验检测工作。

(一)钢支撑施工质量检测

(1)隧道开挖后,随着施工进度,在钢支撑原材料合格的基础上,尽快进行钢支撑的安装工作,以防围岩坍塌失稳,确保施工安全。

(2)在施工现场重点检查安装质量是否满足规范及图纸要求。检查工作主要包括:

①检查钢支撑的加工尺寸必须符合设计要求,然后重点检测钢支撑间距是否满足规范及图纸要求,不得超标。

②钢架之间要纵向连接,架脚必须放在牢固的基础上。施工过程中要特别注意检查钢架与锚杆的连接,保证焊接密度与焊接质量,最终使锚杆、钢架和衬砌形成整体承载结构。

(二)锚喷支护施工质量检测

1.锚杆加工及安装质量试验检测

(1)在锚杆原材料合格的基础上,重点检查锚杆的杆体直径及各部位尺寸与设计是否相符,锚杆焊接件质量必须满足规范及设计要求。

(2)重点检测锚杆间距与排距尺寸是否满足设计要求。

(3)检查锚杆钻孔方向、钻孔深度是否满足规范及设计要求。

2.锚杆拉拔力试验检测

锚杆拉拔试验不少于锚杆根数的3%,并不少于3根。

3.喷射混凝土试验检测

(1)检查喷射混凝土抗压强度所需的试块应在工程施工中抽样制取。试块数量,每喷射$50 \sim 100m^3$混合料或混合料小于$50m^3$的独立工程,不得少于一组,每组试块不得少于3个;材料或配合比变更时,应制作一组。

(2)检查喷射混凝土抗压强度的标准试块应在一定规格的喷射混凝土板件上切割制取,试块为边长$100mm$的立方体,在标准养护条件下养护28d,采用标准试验方法测得的极限抗压强度,并乘以0.95的系数。

(三)混凝土仰拱及衬砌质量检测

在原材料检测合格的基础上,方可进行仰拱及衬砌施工,仰拱、衬砌混凝土配合比、强度和坍落度指标必须满足规范及设计图纸要求。

试验检测标准及方法可参考桥涵工程试验检测方法进行检测。

(四)隧道防排水施工质量检测

隧道防水做法是:首先在土工布、防水板、止水带等防水材料在施工准备阶段检测合格的基础上进行隧道防排水施工。

具体步骤是:将隧道衬砌修成复合式衬砌,采用夹层防水层。隧道开挖后用锚喷将岩面整平,在岩面上铺设一层土工布,然后再铺设一层防水板。对于衬砌施工缝、沉降缝及伸缩缝施工,是隧道防水的薄弱环节,若处理不当,则变成渗漏水的主要通道,一般采用塑料止水带或橡胶止水带进行防水。

二 隧道施工过程中的试验检测方法

(一)锚杆抗拔力试验检测方法

锚杆抗拔力是指锚杆能够承受的最大拉力。它是锚杆材料、加工安装质量的综合反映,是锚杆质量检测的一项基本内容。

1. 拉拔设备

锚杆拉拔试验的常用设备为中空千斤顶、手动油压泵、油压表、千分表。

2. 测试方法

(1) 根据试验目的,在隧道围岩指定部位钻锚杆孔。孔深在正常深度的基础上稍作调整,以便锚杆外露长度大些,保证千斤顶的安装;或采用正常孔深,将待测锚杆加长,从而为千斤顶安装提供空间。

(2) 按照正常的安装工艺安装待测锚杆。用砂浆将锚杆口部抹平,以便支放承压垫板。

(3) 根据锚杆的种类和试验目的确定拉拔时间。

(4) 在锚杆尾部加上垫板,套上中空千斤顶,将锚杆外端与千斤顶内缸固定在一起,并装设位移量测设备与仪器。

(5) 通过手动油压泵加压,从油压表读取油压,根据活塞面积换算锚杆承受的抗拔力。视需要从千分表读取锚杆尾部的位移,绘制锚杆拉力—位移曲线,以供分析研究。

3. 主要事项

(1) 安装拉拔设备时,应使千斤顶与锚杆同心,避免偏心受拉。

(2) 加载应匀速,一般以 10kN/min 的速率增加。

(3) 如无特殊需要,可不做破坏性试验,拉拔到设计拉力即停止加载。需要指出的是,用中空千斤顶进行锚杆拉拔试验时,一般都要求做破坏性试验时,测取锚杆的最大承载力,一方面检验锚杆施工质量,另一方面为调整设计参数提供依据。

4. 试验要求

(1) 按锚杆数的 1% 且不少于 3 根做抗拔力测试。

(2) 同组锚杆抗拔力的平均值大于或等于设计值。

(3) 单根锚杆的抗拔力不得低于设计值的 90%。

(二) 喷射混凝土试验检测方法

喷射混凝土是指将水泥、砂子、石子、外加剂和水按一定的配合比和水灰比拌和而形成的混合物,以压缩空气为动力快速喷至岩体面而形成的人造石材。质量检验指标主要有喷射混凝土的强度和喷射混凝土的厚度。

抗压强度试验检测方法如下:

1. 检查试件的制作方法

1) 喷大板切割法

在施工的同时,将混凝土喷射在 450mm×350mm×120mm(可制成 6 块)的模型内。在混凝土达到一定强度后,加工成 100mm×100mm×100mm 的立方体试块,在标准条件下养护 28d,进行试验(精确到 0.1MPa)。

2) 凿方切割法

在具有一定强度的支护上,用凿岩机打密排钻孔,取出长约 350mm、宽约 150mm 的混凝土块,加工成 100mm×100mm×100mm 的立方体块,在标准条件下养护 28d,进行试验(精确 0.1MPa)。

2. 试件的制取组数

试件 3 件为 1 组。两车道每 10 延米,至少在拱部和边墙各取一组试件。对于其他工程,如每喷射50～100m³混合料或小于50m³混合料的独立工程，试件数量不得小于1组。材料或配合比变更时，应重新制取试件。

3. 喷射混凝土抗压强度的合格标准

（1）试件组数大于或等于10时，试件抗压强度平均值不低于设计值，且任意组试件抗压强度不低于0.85倍的设计值。

（2）试件组数小于10时，试件抗压强度平均值不低于1.05倍的设计值，且任一组试件抗压强度不低于0.9倍的设计值。

检查不合格时，应查明原因并采取措施，可用加厚层或增设锚杆的办法予以补强。

（三）防水混凝土抗渗性能试验检测方法

1. 概述

1）防水混凝土种类

防水混凝土是以水泥、砂、石子为原料或掺入外加剂、高分子聚合物等，以调整配合比，减小孔隙率，增加各原材料界面密实性或使混凝土产生补偿收缩作用，从而使水泥砂浆或混凝土具有一定抗裂、防渗能力，使其满足抗渗等级大于0.6MPa的不透水性混凝土，也就是自身抗渗性能高于0.6MPa的混凝土。

防水混凝土一般可分为普通混凝土、外加剂防水混凝土和膨胀水泥防水混凝土。

2）隧道工程防水混凝土的一般要求

（1）公路隧道二次衬砌混凝土的抗渗等级，有冻害地段及最冷月份平均气温低于-15℃的地区不低于S_8，其余地区不低于S_6。

（2）当衬砌处于侵蚀性地下环境中，混凝土的耐侵蚀系数不应小于0.8。

混凝土的耐侵蚀系数按式(5-5)计算：

$$N_s = R_{ws}/R_{wy} \tag{5-5}$$

式中：N_s——混凝土的耐侵蚀系数；

R_{ws}——在侵蚀性水中养护6个月的混凝土试块抗折强度；

R_{wy}——在饮用水中养护6个月的混凝土试块抗折强度。

（3）当隧道冻融作用时，不宜采用灰质硅酸盐水泥和粉煤灰硅酸盐水泥。

（4）隧道工程防水混凝土的水泥用量不得少于320kg/m³，水泥强度不低于42.5，水灰比不大于0.50。当掺入活性细粉时，不得少于280kg/m³。

（5）防水混凝土结构应满足：

①裂缝宽度应不大于0.2mm，并不贯通。

②迎水面主钢筋保护层厚度不应小于50mm。

③衬砌厚度不应小于30cm。

（6）试件的抗渗等级应比设计要求提高0.2MPa。

（7）当采用防水混凝土时，应对衬砌的各种缝隙采取有效的防水措施，以使衬砌获得整体防水效果。

（8）防水混凝土的实际坍落度落度与要求坍落度之间的偏差一般不得超过要求值的30%。

2. 混凝土抗渗性试验检测方法

1）目的和适用范围

本方法主要用于检测混凝土硬化后的防水性能，以测定其抗渗等级。

2) 试件制备

(1) 每组试件为6个,如用人工插捣成型时,则分两层装入混凝土拌合物,每层插捣25次,在标准条件下养护。如结合工程需要,则在浇筑地自制,每单位工程制件不少于两组,其中至少一组应在标准条件下养护,其余试件与构件在相同条件下养护,试件养护期不少于28d,不超过90d。根据《公路隧道施工技术规范》(JTG F60—2009),对于采用防水混凝土的衬砌,每200m需要做1组(6个)抗渗试件。

(2) 试件成型后24h拆模,用钢丝刷刷净两端水泥浆膜,标准养护龄期为28d。

(3) 试件形状有两种。圆柱体:直径、高度均为150mm;圆台体:上底直径175mm,下底直径185mm,高为165mm。

3) 仪器设备

(1) 混凝土渗透仪。应能使水压按规定稳定地作用在试件上。常用的有TH4-HP4.0型自动调压混凝土抗渗仪、HS-4型混凝土抗渗仪、ZKS微机控制高精密抗渗仪、HS-40型混凝土抗渗仪。主要技术参数如下。

抗渗仪最大压力:5MPa;水泵柱塞直径:ϕ12mm;行程:10mm;工作方式:电动手动两用;外形尺寸:1100mm×900mm×600mm。

(2) 成型试模。上口直径175mm,下口直径185mm,高150mm或上下直径与高度均为150mm。

(3) 螺旋加压器、烘箱、电炉、浅盘、铁锅、钢丝刷等。

(4) 密封材料。如石蜡,内掺约2%的松香。

4) 试验步骤

(1) 试件到期后取出,擦干表面,用钢丝刷刷净两端面。待表面干燥后,在试件侧面滚涂一层融化的密封材料,然后立即在螺旋加压器上压入经过烘箱或电炉预热过的试模中,使试件底面和试模底平齐。待试模变冷后,即可解除压力,装在渗透仪上进行试验。

如在试验过程中,水从试件周边渗出,则说明密封不好,要重新密封。

(2) 试验时,水压从0.2MPa开始,每隔8h增加水压0.1MPa,并随时注意观察试件端面情况。一直加至6个试件中有3个试件表面发现渗水,记下此时的水压力,即可停止试验。

(3) 当加压至设计抗渗等级,经8h后第三个试件仍不渗水,表明混凝土已满足设计要求,也可停止试验。

5) 试验结果计算

混凝土的抗渗等级以每组6个试件中4个未发现有渗水现象时的最大水压力表示。抗渗等级按式(5-6)计算:

$$S = 10H - 1 \tag{5-6}$$

式中:S——混凝土抗渗等级;

H——第三个试件顶面开始有渗水时的水压力,MPa。

混凝土抗渗等级分级为S_2、S_4、S_6、S_8、S_{10}、S_{12}。若加压至1.2MPa,经8h后第三个试件仍不渗水,则停止试验。试件的抗渗等级以S_{12}表示。

(四) 注浆性能试验检测方法

注浆是指浆液材料按一定配合比制成的浆液压入围堰或衬砌与围岩之间的空隙中,经凝结、硬化后起到防水和加固作用的施工方法。注浆材料的主要性能指标见表5-1。

注浆材料的主要性能指标　　　　　　　　　表 5-1

性能 浆液名称	黏度 (Pa·s)	可能注入的 最小粒径 (mm)	凝胶时间	渗透系数 (cm/s)	结石体抗压强度 (MPa)
纯水泥浆	15~140s	1.1	12~24h	$10^{-1} \sim 10^{-3}$	5.0~25.0
水泥加添加剂	—	—	6~15h		
水泥—水玻璃	—	—	十几秒~十几分钟	$10^{-2} \sim 10^{-3}$	5.0~20.0
水泥水玻璃	$(3\sim4)\times10^{-3}$	0.1	瞬间~几十分钟	10^{-2}	<3.0
铬木素类	$(3\sim4)\times10^{-3}$	0.03	十几秒~几十分钟	$10^{-3} \sim 10^{-5}$	0.4~2.0
脲醛树脂类	$(5\sim6)\times10^{-3}$	0.06	十几秒~十几分钟	10^{-3}	2.0~8.0
丙烯酰胺类	1.2×10^{-3}	0.01	十几秒~十几分钟	$10^{-5} \sim 10^{-6}$	0.4~0.6
聚氨酯类	几十~几百厘泊	0.03	十几秒~十几分钟	$10^{-4} \sim 10^{-6}$	6.0~10.0

化学浆液黏度测定方法{《合成乳胶黏度测定》[SH/T 1152—1992(2005)]}如下：

1. 仪器

(1) NDJ-79 型旋转式黏度计：选择转速 750r/min，第二单元 2 号转子(因子为 10)。

(2) 恒温水：温控精度为 (25 ± 1) ℃。

2. 测定步骤

(1) 将试样注入测试器，直到它的高度达到锥形面下部边缘为止。将转筒浸入液体直到完全浸没为止，将测试器放在仪器支柱架上，并将转筒挂于仪器转轴钩上。

(2) 启动电动机，转筒从开始晃动直到完全对准中心为止。将测试器在托架上前后左右移动，以加快对准中心。指针稳定后方可读数。

第三节　竣工验收阶段隧道工程的试验检测内容

隧道工程验收阶段试验检测工作包括：

(1) 对隧道工程应进行整体评定。

(2) 按照竣工编制办法要求及时准确完成试验资料的整理归档工作。主要包括以下内容：

① 原材料各项常规试验记录及汇总表的收集、整理及归档。

② 配合比报告的收集、整理及归档。

③ 锚杆抗拔力试验记录表的收集、整理及归档。

④ 混凝土强度记录及评定表的收集、整理及归档。

【思考题】

1. 简述锚杆抗拔力试验步骤。

2. 简述喷射混凝土抗压强度试验步骤。

3. 简述混凝土抗渗试验步骤。

第六章 浆砌工程试验检测方法

浆砌工程主要分为排水工程、防护工程及构造物砌筑工程。

第一节 施工准备阶段试验检测内容

施工准备阶段,应提前将砂浆配合比设计工作完成,保证工程按时开工。

施工准备阶段浆砌工程试验检测工作内容包括:

(1)及时做好水泥试验检测,技术要求与混凝土工程一样。

(2)细集料常规试验检测宜采用中砂或粗砂,如受当地条件所限,不得已采用细砂时,应适当增加水泥用量。

(3)浆砌石料的抗压强度等常规检测项目应满足设计文件和规范的要求。

石料的技术要求首先是根据构成石料的矿物组成、成分含量和组织结构对石料进行分类,共分为岩浆岩类、石灰岩类、砂岩和片岩类、砾石类等四种。然后按其物理—力学性质(饱水抗压强度和洛杉矶磨耗率)再划分为4个等级,其中1级为最强的岩石,2级为坚强的岩石,3级为中等强度的岩石,4级为较软的岩石。相应的路用石料的等级划分和技术标准列于表6-1。

路建筑用天然石料等级和技术标准   表6-1

岩石类别	主要代表岩石名称	等级	技术标准	
			极限抗压强度(MPa)(饱水状态)	洛杉矶磨耗率(%)
岩浆岩类	花岗岩、玄武岩安山岩、辉绿岩等	1	>120	<25
		2	100~120	25~30
		3	80~100	30~45
		4	—	45~60
石灰岩类	石灰岩、白云岩等	1	>100	<30
		2	80~100	30~35
		3	60~80	35~50
		4	30~60	45~60
砂岩与片岩类	石英岩、片麻岩、石英片麻岩、砂岩等	1	>100	<30
		2	80~100	30~35
		3	50~80	30~45
		4	35~50	50~60
砾石类	—	1	—	<20
		2	—	20~30
		3	—	35~50
		4	—	50~60

浆砌工程试验检测项目———石料常规试验检测方法

(一) 石料常规试验———密度试验

1. 试验方法一:密度试验(李氏比重瓶法)

1) 试验目的

本试验测定在规定温度下,石料自身单位体积的质量(体积中不包括石料内部的闭口孔隙和外部的开口孔隙),并结合毛体积密度的测定为计算石料的孔隙率提供依据。对含有水溶性矿物成分的岩石宜选用本法测定密度。

2) 仪器设备

(1) 李氏比重瓶:容积为 220~250mL,带有长为 18~20cm、直径约 1cm 的细颈,细颈上有刻度读数,精确至 0.1mL。

(2) 煤油:无水,使用前需过滤,并抽去煤油中的空气。

(3) 恒温水槽:测定密度时,需在相同温度下得到两次读数,因此需备恒温水槽或其他保持恒温的盛水玻璃容器,恒温容器温度应能保持在($t \pm 1$)℃。

3) 试验步骤

(1) 用瓷皿称取石粉约 100g,置于温度为(105 ± 5)℃的烘箱中烘至恒量,烘干时间一般为 6~12h,然后置于干燥器中冷却至室温备用。

(2) 将抽去空气的煤油灌入李氏比重瓶中至零点刻度线以上,并读取起始读数(以弯液面的下部为准);再将李氏比重瓶置于 t℃恒温水槽内,使刻度部分浸入水中(水温必须控制在李氏比重瓶标定刻度时的温度),恒温 0.5h,记下第一次读数,准确至 0.05mL(本试验读数准确度同此)。

(3) 从恒温水槽中取出李氏比重瓶,用滤纸将李氏比重瓶内零点起始读数以上的没有煤油的部分仔细擦净。

(4) 准确称出冷却后的瓷皿加石粉的合质量(精确至 0.001g,以下同此),用牛骨匙小心地将石粉通过漏斗装入瓶中,使液面上升至 20mL 刻度处(或略高于 20mL 刻度处),在倾注时注意勿使石粉黏附于液面以上的瓶颈内壁上。摇动李氏比重瓶,排去其中的空气,或用抽气机抽气,至液体不再发生气泡时为止。再放入恒温水槽,在相同温度下(与第一次读数时的温度相同)恒温 0.5h,记下第二次读数。

(5) 准确称出瓷皿加剩余石粉的合质量。

(6) 结果整理。

密度计算见式(6-1):

$$\rho_t = \frac{m_1 - m_2}{V} \tag{6-1}$$

式中:ρ_t——石料密度,g/cm³;

m_1——试验前石粉加瓷皿的合质量,g;

m_2——试验后剩余石粉加瓷皿的合质量,g;

V——被石粉所排开的液体体积,即第二次读数 V_2 减去第一次读数 V_1,cm³。

结果计算精确至 0.01g/cm³,以两次试验结果的算术平均值作为测定值,如两次试验结果之差大于 0.02g/cm³ 时,应重新取样进行试验。表 6-2 即密度试验(李氏比重瓶法)记录表。

密度试验(李氏比重瓶法) 表6-2

试样编号				石料产地				
岩石名称				用途				
试验次数	试验前石粉+瓷皿的质量 m_1(g)	试验后剩余石粉+瓷皿的质量 m_2(g)	装入李氏比重瓶的石粉质量 m_1-m_2(g)	李氏比重瓶液面读数		粉体积 $V=V_2-V_1$ (cm³)	密度 $\rho_t = (m_1-m_2)/V$ (g/cm³)	备注
				装入石粉前 V_1(cm³)	装入石粉后 V_2(cm³)			
(1)	(2)	(3)	(4)=(2)-(3)	(5)	(6)	(7)=(6)-(5)	(8)=(4)/(7)	(9)

试验者：　计算者：　校核者：　试验日期：

2. 试验方法二：石料毛体积密度试验(静水称重法)

1) 试验目的

本试验用于测定一定温度条件下石料的单位毛体积(包括石料实体、开口及闭口空隙等所占据的体积之和)质量。

2) 试验仪器

(1) 石料加工设备：切石机、钻石机、磨平机等。

(2) 静水力学天平：包括平衡盘、吊网、盛水容器等。

(3) 烘箱：温控范围为(105±5)℃。

(4) 游标卡尺，天平。

3) 试验方法和步骤

(1) 将待测石料通过切石机或钻石机制成边长50mm的立方体试件或直径和高均为50mm的圆柱体试件，并用磨平机加工磨平。也可用小锤将石料打成粒径约50mm的不规则形状的试件至少3块，洗净编号备用。

(2) 将试件在(105±5)℃的烘箱中加热烘至恒重，经干燥器中冷却至室温后，在天平上称出待测试件在空气中的质量，精确至0.01g。

(3) 将试件放入盛水容器中，通过逐步加水的过程浸泡试件，时间持续约6h，并维持浸泡状态48h，确保试件达到充分吸水程度。

(4) 采用静水天平称出试件吸饱水后在水中的质量。然后取出已吸饱水的试件，用毛巾擦干试件表面水分后，立即称出饱水状态时的质量。

4) 试验结果计算

石料毛体积密度见式(6-2)、式(6-3)：

$$\rho_h = \frac{m}{V} \tag{6-2}$$

$$V = \frac{m_2 - m_1}{\rho_w} \tag{6-3}$$

式中：ρ_h——石料毛体积密度，g/cm³；

　　　m——石料烘干恒重时试件的质量，g；

　　　V——试件体积，cm³；

　　　m_1——试件在水中质量，g；

m_2——试件饱水面干状态下空气中质量,g;

ρ_w——水的密度,取 $1g/cm^3$。

计算结果对于材质均匀的石料,取 3 个试件测试结果的平均值;不均匀的石料分别记录最大和最小值. 结果计算精确至 $0.01g/cm^3$。

5) 说明与注意问题

对于形状规则的立方体和圆柱体试件,也可以通过采用游标卡尺测量外观尺寸的方法确定试件体积(V),根据 $\rho_h = m/V$(m 含义同上)求得结果。

(二) 石料常规试验二——单轴抗压强度试验

1. 试验目的

本试验通过测定岩石在饱水状态下的极限受压承载能力,取得其抗压强度,用于评定岩石的强度等级。

2. 仪器设备

(1) 检验合格且能很好地按所要求的速率加载的 300~2000kN 的压力试验机。

(2) 切石机或钻石机、磨平机。

(3) 游标卡尺、角尺及盛水容器等。

3. 试样

(1) 用切石机或钻石机从岩石试样或岩芯中制取边长为 (50 ± 0.5) mm 的正立方体或直径与高均为 (50 ± 0.5) mm 的圆柱体试件 6 个。对于有显著层理的岩石,分别沿平行和垂直层理方向各取试件 6 个。

(2) 试件上、下端面应平行和磨平。试件端面的平面度公差应小于 0.05mm,端面对于试件轴线垂直度偏差不应超过 0.25。

4. 试验步骤

(1) 用卡尺量取试件尺寸(精确至 0.1mm)。对立方体试件,在顶面和底面上各量取其边长,以各个面上相互平行的两个边长的算术平均值计算其承压面积;对于圆柱体试件,在顶面和底面分别测量两个相互正交的直径,并以其各自的算术平均值分别计算底面和顶面的面积,取其顶面和底面面积的算术平均值作为计算抗压强度所用的截面积。

(2) 将试件编号后放入盛水容器中进行饱水处理,三次分步加水,最后一次加水深度应使水面高出试件顶面至少 20mm。

(3) 试件自由浸水 48h 后取出,擦干表面,放在压力机上进行强度试验。施加在试件上的荷载要始终保持一定的应力增长速率,即施加应力的速率在 0.5~1.0MPa/s 的限度内。

(4) 抗压试件试验的最大荷载记录以 N 为单位,精确至 1%。

5. 结果整理

(1) 岩石的抗压强度 R 按式(6-4)计算,精确至 1MPa:

$$R = \frac{P}{A} \tag{6-4}$$

式中:R——岩石的抗压强度,MPa;

P——极限破坏时的荷载,N;

A——试件的截面积,mm^2。

(2)取6个试件试验结果的算术平均值作为抗压强度测定值,如6个试件中的2个与其他4个试件抗压强度的算术平均值相差3倍以上,则取试验结果相接近的4个试件的算术平均值作为抗压强度测定值。

(3)有显著层理的岩石,取垂直与平行层理方向的试件强度平均值作为试验结果。

(三)石料常规试验三——**磨耗试验**(洛杉矶法)

1. 试验目的

本试验用于测定石料的磨耗率,评定石料抵抗冲击、边缘剪切力和摩擦等因素的综合能力,作为石料性能的评定指标之一。

2. 仪器设备

(1)小型碎石机(或手锤)。

(2)洛杉矶式磨耗机。

(3)台称:称量10kg,感量5g。

(4)筛子:孔径为40m、31.5m、20m、10m和2mm的各一个。

(5)烘箱:能使温度控制在(105±5)℃范围内。

3. 试样

本试验试样可按表6-3所列选取。

洛杉矶磨耗试验试样级配表　　　　　表6-3

试样粒径(mm)	试样数量(g)	试样粒径(mm)	试样数量(g)
40~31.5	2500±25	20~10	1250±12.5
31.5~20	1250±12.5	共计	5000±50

4. 试验步骤

(1)将试样用水冲洗干净,置于温度为(105±5)℃的烘箱中,烘至恒量,按表6-3的规定称取试样(精确至5g,后皆同),装入磨耗机的圆筒中,并加直径为48mm的钢球12个,每个质量为405~450g,总质量为(5000±50)g,盖好筒盖,将计数器调整到零位。

(2)开动磨耗机,以30~33r/min的转速转动500r后停止,取出试样。

(3)用直径2mm的圆孔筛或边长1.6mm的方孔筛,筛去试样中的石屑,用水洗净留在筛上的试样,烘至恒量,并准确称出其质量。

5. 结果整理

(1)按下式计算石料磨耗率$Q_{磨}$,精确至0.1%:

$$Q_{磨} = \frac{m_1 - m_2}{m_1} \times 100 \qquad (6-5)$$

式中:$Q_{磨}$——石料磨耗率,%;

m_1——装入圆筒中的试样质量,g;

m_2——试验后洗净烘干的试样质量,g。

(2)石料的磨耗率取两次平行试验结果的算术平均值作为测定值。两次试验误差应不大于2%,否则须重做试验。

(3)记录格式示例,见表6-4。

磨耗试验记录表(洛杉矶法)　　　　　表 6-4

试样编号			石料产地		附注
岩石名称			用途		
试验次数	试验前试样的质量 m_1 (g)	磨耗后留在孔径 2mm 筛上的质量 m_2 (g)	磨耗率(%) $Q_{磨} = [(m_1 - m_2)/m_1] \times 100\%$		
			单值	平均值	

第二节　砂浆配合比试验检测内容

一、概述

(1) 为统一砌筑砂浆的技术条件和配合比设计方法,做到经济合理,确保砌筑砂浆质量,制定本规程。

(2) 本规程适用于工业与民用建筑及一般构筑物中所采用的砌筑砂浆的配合比设计。

(3) 砂浆配合比设计,应根据原材料的性能和砂浆的技术要求及施工水平进行计算,并经试配后确定。

(4) 按本规程进行配合比设计时,除遵守本规程的规定外,尚应符合国家现行有关强制性标准的规定。

二、术语、符号

1. 术语

(1) 砂浆(mortar):由胶结料、细集料、掺合料和水配制而成的建筑工程材料,在建筑工程中起黏结、衬垫和传递应力的作用。

(2) 砌筑砂浆(masonry mortar):由砖、石、砌块等黏结成为砌体的砂浆。

(3) 水泥砂浆(cement mortar):由水泥、细集料和水配制成的砂浆。

(4) 水泥混合砂浆(composite mortar):由水泥、细集料、掺合料和水配制成的砂浆。

(5) 掺合料(materials mixed in mortar):为改善砂浆和易性而加入的无机材料,例如:石灰膏、电石膏、粉煤灰、黏土膏等。

(6) 电石膏(calcium carbide sludge):电石消解后,经过滤后的产物。

(7) 外加剂(admixtures):在拌制砂浆过程中掺入,用以改善砂浆性能的物质。

2. 符号含义

f_2——砂浆抗压强度平均值。

$f_{m,o}$——砂浆的试配强度。

σ——砂浆现场强度标准差。

$f_{ce,k}$——水泥强度等级对应的强度值。

f_{ce}——水泥的实测强度。

三 材料要求

(1)砌筑砂浆用水泥的强度等级应根据设计要求进行选择。水泥砂浆采用的水泥,其强度等级不宜大于32.5级;水泥混合砂浆采用的水泥,其强度等级不宜大于42.5级。

(2)砌筑砂浆用砂宜选用中砂,其中毛石砌体宜选用粗砂。砂的含泥量不应超过5%。强度等级为 M2.5 的水泥混合砂浆,砂的含泥量不应超过10%。

(3)掺合料应符合下列规定:

①生石灰熟化成石灰膏时,应用孔径不大于3mm×3mm 的网过滤,熟化时间不得少于7d;磨细生石灰粉的熟化时间不得小于2d。沉淀池中储存的石灰膏,应采取防止干燥、冻结和污染的措施。严禁使用脱水硬化的石灰膏。

②采用黏土或亚黏土制备黏土膏时,宜用搅拌机加水搅拌,通过孔径不大于3mm×3mm 的网过筛。用比色法鉴定黏土中的有机物含量时应浅于标准色。

③制作电石膏的电石渣应用孔径不大于3mm×3mm 的网过滤,检验时应加热至70℃,并保持20min,没有乙炔气味后,方可使用。

④消石灰粉不得直接用于砌筑砂浆中。

(4)石灰膏、黏土膏和电石膏试配时的稠度,应为(120±5)mm。

(5)粉煤灰和磨细生石灰的品质指标应符合国家标准《用于水泥和混凝土中的粉煤灰》(GB/T 1596—2005)及行业标准《建筑生石灰》(JC/T 479—2013)的要求。

(6)配制砂浆用水应符合现行行业标准《混凝土用水标准》(JGJ 63—2006)的规定。

(7)砌筑砂浆中掺入的砂浆外加剂,应具有法定检测机构出具的该产品砌体强度型式检验报告,并经砂浆性能试验合格后,方可使用。

四 技术条件

(1)砌筑砂浆的强度等级宜采用 M5,M7.5,M10,M15,M20,M25,M30。

(2)水泥砂浆拌合物的密度不宜小于1900kg/m³;水泥混合砂浆拌合物的密度不宜小于1800kg/m³。

(3)砌筑砂浆稠度、分层度、试配抗压强度必须同时符合要求。

(4)砌筑砂浆的稠度应按表6-5 的规定选用。

砌筑砂浆的稠度 表6-5

砌体种类	砂浆稠度(mm)	砌体种类	砂浆稠度(mm)
烧结普通砖砌体	70~90	烧结普通砖平拱式过梁;空斗墙,筒拱;	50~70
轻骨料混凝土小型空心砌块砌体	60~90	普通混凝土小型空心砌块砌体;加气混凝土砌块砌体	
烧结多孔砖,空心砖砌体	60~80	石砌体	30~50

(5)砌筑砂浆的分层度不得大于30mm。

(6)水泥砂浆中水泥用量不应小于200kg/m³;水泥混合砂浆中水泥和掺合料总量宜为300~350kg/m³。

(7)具有冻融循环次数要求的砌筑砂浆,经冻融试验后,质量损失率不得大于5%,抗压强度损失率不得大于25%。

(8)砂浆试配时应采用机械搅拌。搅拌时间,应自投料结束算起,并应符合下列规定:

①对水泥砂浆和水泥混合砂浆,不得小于120s。
②对掺用粉煤灰和外加剂的砂浆,不得小于180s。

五 砌筑砂浆配合比计算与确定

(1)砂浆配合比的确定,应按下列步骤进行:
①计算砂浆试配强度$f_{m,o}$(MPa)。
②按《砌筑砂浆配合比设计规程》(JGJ/T 98—2010)公式计算出每立方米砂浆中的水泥用量Q_c(kg)。
③按水泥用量Q_c计算每立方米砂浆掺合料用量Q_d(kg)。
④确定每立方米砂浆砂用量Q_s(kg)。
⑤按砂浆稠度选用每立方米砂浆用水量Q_w(kg)。
⑥进行砂浆试配。
⑦配合比确定。

(2)砂浆的试配强度应按下式计算:

$$f_{m,o} = f_2 + 0.645\sigma \tag{6-6}$$

式中:$f_{m,o}$——砂浆的试配强度,精确至0.1MPa;
f_2——砂浆抗压强度平均值,精确至0.1MPa;
σ——砂浆现场强度标准差,精确至0.01MPa。

(3)砌筑砂浆现场强度标准差的确定应符合下列规定:
①有统计资料时,应按下式计算:

$$\sigma = \sqrt{\frac{\sum_{i=1}^{n} f_{m,i}^2 - n u_{f_m}^2}{n}} \tag{6-7}$$

式中:$f_{m,i}$——统计周期内同一品种砂浆第i组试件的强度,MPa;
u_{f_m}——统计周期内同一品种砂浆n组试件强度的平均值,MPa;
n——统计周期内同一品种砂浆试件的总组数,$n \geq 25$。
②当不具有近期统计资料时,砂浆现场强度标准差σ可按表6-6取用。

砂浆强度标准差σ选用值(单位:MPa)   表6-6

施工水平\砂浆强度等级	M2.5	M5	M7.5	M10	M15	M20
优良	0.50	1.00	1.50	2.00	3.00	4.00
一般	0.62	1.25	1.88	2.50	3.75	5.00
较差	0.75	1.50	2.25	3.00	4.50	6.00

(4)水泥用量的计算应符合下列规定。
①每立方米砂浆中的水泥用量,应按下式计算:

$$Q_c = \frac{1000(f_{m,o} - \beta)}{\alpha f_{ce}} \tag{6-8}$$

式中:Q_c——每立方米砂浆的水泥用量,kg,精确至1kg;
$f_{m,o}$——砂浆的试配强度,MPa,精确至0.1MPa;
f_{ce}——水泥的实测强度,MPa,精确至0.1MPa;

α、β——砂浆的特征系数,其中 $\alpha = 3.03$,$\beta = -15.09$。各地区也可用本地区试验资料确定 α、β 值,统计用的试验组数不得少于 30 组。

②在无法取得水泥的实测强度值时,可按下式计算 f_{ce}:

$$f_{ce} = \gamma_c f_{ce,k} \tag{6-9}$$

式中:$f_{ce,k}$——水泥强度等级对应的强度值;

γ_c——水泥强度等级值的富余系数,该值应按实际统计资料确定。无统计资料时 γ_c 可取 1.0。

(5)水泥混合砂浆的掺合料用量应按下式计算:

$$Q_d = Q_a - Q_c \tag{6-10}$$

式中:Q_d——每立方米砂浆的掺合料用量,精确至 1kg;石灰膏、黏土膏使用时的稠度为(120±5)mm;

Q_c——每立方米砂浆的水泥用量,精确至 1kg;

Q_a——每立方米砂浆中水泥和掺合料的总量,精确至 1kg,宜在 300~350kg 之间。

(6)每立方米砂浆中的砂子用量,应按干燥状态(含水率小于 0.5%)的堆积密度值作为计算值(kg)。

(7)每立方米砂浆中的用水量,根据砂浆稠度等要求可选用 240~310kg。

需要注意的是:

①混合砂浆中的用水量,不包括石灰膏或黏土膏中的水。

②当采用细砂或粗砂时,用水量分别取上限或下限。

③稠度小于 70mm 时,用水量可小于下限。

④施工现场气候炎热或处于干燥季节时,可酌量增加用水量。

六、水泥砂浆配合比选用

(1)泥砂浆材料用量可按表 6-7 选用。

每立方米水泥砂浆材料用量   表 6-7

强度等级	每立方米砂浆水泥用量(kg)	每立方米砂子用量(kg)	每立方米砂浆用水量(kg)
M2.5~M5	200~230	1m³ 砂子的堆积密度值	270~330
M7.5~M10	220~280		
M15	280~340		
M20	340~400		

注:1. 此表水泥强度等级为 32.5 级,大于 32.5 级水泥用量宜取下限。
  2. 根据施工水平合理选择水泥用量。
  3. 当采用细砂或粗砂时,用水量分别取上限或下限。
  4. 稠度小于 70mm 时,用水量可小于下限。
  5. 施工现场气候炎热或干燥季节,可酌量增加用水量。

七、配合比试配、调整与确定

(1)试配时应采用工程中实际使用的材料;搅拌要求应符合《砌筑砂浆配合比设计规程》(JGJ/T 98—2010)的规定。

(2)按计算或查表 6-7 所得配合比进行试拌时,应测定其拌合物的稠度和分层度,当不能满足要求时,应调整材料用量,直到符合要求为止。然后确定为试配时的砂浆基准配合比。

(3)试配时至少应采用三个不同的配合比,其中一个为按本规程配合比设计的规定得出的基准配合比,其他配合比的水泥用量应按基准配合比分别增加及减少10%。在保证稠度、分层度合格的条件下,可将用水量或掺合料用量作相应调整。

(4)三个不同的配合比进行调整后,应按现行行业标准《建筑砂浆基本性能试验方法标准》(JGJ/T 70—2009)的规定成型试件,测定砂浆强度;并选定符合试配强度要求的且水泥用量最低的配合比作为砂浆配合比。

第三节 施工过程中浆砌工程试验检测内容

不仅工程开工前应将所需原材料进行常规检测项目,施工过程中试验检测人员也应按照试验检测频率,或在材质发生变化时进行各项常规试验检测,施工过程中还应及时进行砂浆配合比设计,为浆砌工程提供施工依据,并应经常深入工地,按照规范要求的频率,控制砂浆强度等重要技术指标符合要求,及时检查砂浆施工质量,保证工程正常进行。

施工过程中浆砌工程试验检测项目包括:
(1)浆砌石料抗压强度试验。
(2)水泥常规试验。
(3)砂浆配合比试验。
(4)砂浆稠度试验。
(5)砌筑砂浆抗压强度试验。
(6)砌工程现场施工检测。

一、浆砌工程试验检测项目二——砂浆稠度试验

1. 试验目的

本试验测定砂浆在自重或外力作用下的流动性能,稠度值小表示砂浆干稠,其流动性能较差,主要用于确定配合比。施工过程中控制砂浆稠度,是为了控制用水量,达到保证砂浆质量的目的。

2. 试验仪器

(1)砂浆稠度仪由试锥、容器和支座三部分组成。试锥由钢材或铜材制成,试锥高度为145mm,锥底内径150mm,锥底直径为75mm,试锥连同滑杆的质量应为300g;盛砂浆容器由钢板制成,筒高180mm,锥底内径150mm;支座分底座、支架及稠度显示三个部分,由铸铁、钢及其他金属制成。

(2)钢制捣棒:直径10mm、长350mm,端部磨圆。

3. 试验步骤

(1)试验室的温度应保持在(20±5)℃,细集料要通过5mm筛,将容器和试锥表面用湿布擦干净,并用少量润滑油轻擦滑杆,将滑杆上多余的油用吸油纸擦净,使滑杆能自由滑动。

(2)将拌好的砂浆一次装入砂浆筒内,使砂浆表面低于容器口约10mm,用捣棒自容器中心向边缘插捣25次,然后轻轻地将容器摇动或敲击5~6下,使砂浆表面平整,随后将容器置于砂浆稠度测定仪的底座上。

(3)拧开试锥滑动杆的制动螺丝,向下移动滑杆,当试锥尖端与砂浆表面刚接触时,拧紧

制动螺丝,使齿条侧杆下端刚接触滑杆上端,并将指针对准零点。

(4)拧开制动螺丝,同时计时间,待10s后立即固定螺丝,将齿条测杆下端接触滑杆上端,从刻度盘上读出下沉深度(精确至1mm),即为砂浆的稠度值。

(5)圆锥形容器内的砂浆,只允许测定一次稠度,重复测定时,应重新取样测定。

4. 结果评定

(1)试验结果的算术平均值,计算时应精确至1mm。

(2)验值之差如大于20mm,则应另取砂浆拌和后重新测定。

浆砌工程试验检测项目三——砌筑砂浆抗压强度试验

1. 试验目的

本试验测定砂浆的抗压强度,以确定砂浆配合比,在施工过程中,控制砂浆施工质量,作为评定砂浆质量的一项依据。

2. 试验仪器:

(1)压力试验机。

(2)尺寸为70.7mm×70.7mm×70.7mm的立方体,由铸铁或钢制成,应具有足够的刚度并拆装方便。试模内的边面应机械加工,其平面度值为每100mm不超过0.05mm。组装后的垂直度不应超过±0.5°。

(3)捣棒为直径10mm、长350mm的钢棒,端部磨圆。

3. 试验步骤

(1)向试模内一次注满砂浆,用捣棒均匀地由外向里按螺旋方向插捣25次,为了防止低稠度砂浆插捣后可能留下孔洞,允许用油灰刀沿壁模插捣数次,使砂浆高出试模顶面6~8mm。

(2)当砂浆表面开始呈麻斑状态时(15~30min),将高出部分的砂浆沿试模顶面削去抹平。

(3)试件制作后应在(25±5)℃温度环境下停置一昼夜(24±2)h,当气温较低时,可适当延长时间,但不应超过两昼夜,然后对试件进行编号并拆模。试件拆模后,应在标准养护条件下继续养护至28d,然后进行试压。

(4)标准养护的条件是:温度(20±2)℃,相对湿度大于90%;养护期间,试件彼此间隔不少于10mm。

(5)试件从养护地点取出后,应尽快进行试验,以免试件内部的温度发生显著变化。试验前应先将试件擦拭干净,测量尺寸并检查其外观。试件尺寸测量精确至1mm,并据此计算试件的承压面积。如实测尺寸与公称尺寸之差不超过1mm,可按公称尺寸进行计算。

(6)将试件安放在试验机的下压板(或下垫板)上,承压试验应连续而均匀地加荷,加荷速度应为0.5~1.5kN/s(砂浆强度5MPa及5MPa以下时,取下限为宜;砂浆强度5MPa以上时,取上限为宜),当试件接近破坏而开始迅速变形时,停止调整试验机油门,直至试件破坏,然后记录破坏荷载。

(7)砂浆立方体抗压强度应按下列公式计算:

$$f_{m,cu} = \frac{N}{A} \tag{6-11}$$

式中：$f_{m,cu}$——砂浆立方体抗压强度，MPa；
    N——立方体破坏压力，MPa；
    A——试件承压面积，mm^2。

4. 结果评定

砂浆立方体抗压强度计算应精确至 0.1MPa。

以 6 个试件测试值的算术平均值作为该组试件的抗压强度值，平均值计算精确至 0.1MPa。当 6 个试件的最大值或最小值与平均值的差超过 20% 时，以中间 4 个试件的算术平均值作为该组件的抗压强度值。

三、水泥砂浆强度评定

（1）评定水泥砂浆的强度，应以标准养生 28d 的试件为准。试件为边长 70.7mm 的立方体。试件 6 个为 1 组，制取组数应符合下列规定：

①不同强度等级及不同配合比的水泥砂浆应分别制取试件，试件应随机制取，不得挑选。
②重要及主体砌筑物，每工作班制取 2 组。
③一般及次要砌筑物，每工作班可制取 1 组。
④拱圈砂浆应同时制取与砌体同条件养生试件，以检查各施工阶段强度。

（2）水泥砂浆强度的合格标准如下：

①同强度等级试件的平均强度不低于设计强度等级。
②任意一组试件的强度最低值不低于设计强度等级的 75%。
③实测项目中，水泥砂浆强度评为不合格时，相应分项工程为不合格。

第四节 竣工验收阶段浆砌工程试验检测内容

竣工验收阶段浆砌工程试验检测工作包括：

（1）浆砌工程抗压强度评定。
（2）按照竣工资料编制办法要求及时准确完成试验资料的整理归档工作，主要包括以下内容：

①原材料各项常规试验记录及汇总表的收集、整理及归档。
②浆砌工程抗压强度试验记录及评定表的收集、整理及归档。

【思考题】

1. 已知某种石料，磨细成矿粉后取 50g 烘干试样，投入比重瓶中液面升高 18.2cm。取 260g 烘干的该石料，浸水饱和后，饱和面干质量 280g，水中质量为 135g。求真实密度、毛体积密度和孔隙率。

2. 简述石料的单轴抗压强度试验步骤。

第七章 路面基层、底基层试验检测方法

路面基层、底基层的质量是影响道路工程整体质量的关键内容。通过对已建高速公路和其他公路的质量调查分析数据表明,道路工程产生的早期破坏,达不到设计使用年限的主要原因之一,主要是基层质量控制不到位,不符合标准要求。

(1)基层:直接位于沥青面层或水泥混凝土面层下,用高质量材料铺筑的主要承重层。

(2)底基层:在沥青路面基层或水泥混凝土路面基层下,用质量较次的材料铺筑的次要辅助承重层。

第一节 基层、底基层的技术要求

路面基层(底基层)可分为粒料类和无机结合料稳定类。

(1)粒料类常分为嵌锁型和级配型,常用的有填隙碎石(嵌锁型)、级配碎(砾)石、天然砂砾(级配型)几种。

(2)无机结合料稳定类基层(底基层)又称为半刚性基层,常用的半刚性基层的类型有:水泥稳定类、石灰稳定类、综合稳定类、石灰工业废渣类。

 垫层材料

1. 碎石

碎石的最大粒径不应超过53mm;按《公路工程集料试验规程》(JTG E42—2005)中的标准方法进行试验时,碎石压碎值,对高速公路和一级公路不大于30%,其他公路不大于35%。碎石中不应有黏土块、植物等有害物质,针片状颗粒含量不应超过20%。

2. 砂砾

可采用级配砂砾或天然砂砾,应符合表7-1的要求。砂砾的压碎值,对高速公路和一级公路,不大于30%,对其他公路,不大于35%。

天然砂砾垫层颗粒组成范围   表7-1

通过下列方孔筛(mm)的质量百分率(%)						液限(%)	塑性指数
53	37.5	9.5	4.75	0.6	0.75		
100	80~100	40~100	25~85	8~45	0~15	<28	<9

3. 煤渣和矿渣

煤渣和矿渣应坚硬、无杂质,宜具有适当的级配,且小于2.36mm的颗粒含量不宜大于20%。

石灰稳定土底基层材料

1. 材料

(1) 石灰:石灰应符合规范的要求,且宜采用磨细生石灰粉。

(2) 稳定土。

①适宜用于石灰稳定的土可以为细粒土、中粒土和粗粒土以及级配碎石、未筛分碎石、沙砾、碎石土、沙砾土、煤矸石和各种粒状矿渣等集料,用于石灰稳定时,颗粒的最大粒径不大于37.5mm。

②塑性指数为 15~20 的黏性土以及含有一定数量黏性土的中粒土和粗粒土,不含黏性土或无塑性指数的级配沙砾、级配碎石和未筛分碎石,应掺加 15% 左右的黏性土,土粒的最大尺寸应不大于 15mm。

③石灰稳定土中碎石或碎石的压碎值对高速公路和一级公路应不大于 30%,对其他公路应不大于 35%。

④硫酸盐含量超过 0.8% 的土和有机质含量超过 10% 的土,不宜用作石灰稳定土。

石灰稳定土底基层原料的试验项目见表 7-2。

石灰稳定土底基层原料的试验项目 表 7-2

试验项目	材料名称	频度
含水率	土、沙砾、碎石等集料	每天使用前测 2 个样品
颗粒分析	沙砾、碎石等集料	每种土使用前测 2 个样品,使用过程中每 2000m³ 测 2 个样品
液限、塑限	土、级配碎石或级配碎石中 0.5mm 以下细土	每种土使用前测 2 个样品,使用过程中每 2000m³ 测 2 个样品
相对密度、吸水率	沙砾、碎石等	使用前测 2 个样品,沙砾使用过程中每 2000m³ 测 2 个样品,碎石种类变化重做 2 个样品
压碎值	沙砾、碎石等	使用前测 2 个样品,沙砾使用过程中每 2000m³ 测 2 个样品,碎石种类变化重做 2 个样品
有机质和硫酸盐含量	土	对土有怀疑时做此试验
有效钙、氧化镁	石灰	做材料组成设计和生产使用时分别测 2 个样品,以后每月测 2 个样品
重型击实	土	每种土使用前进行

2. 混合料组成的设计

(1) 混合料的原材料应按表 7-2 的要求进行试验,混合料按设计掺配后,应进行重型击实试验。

(2) 石灰稳定土混合料的组成设计包括:用于底基层 7d 浸水抗压强度标准应符合图纸要求,并考虑气候、水文条件等因素,通过试验选取适宜用于稳定的土,确定必需的最佳的石灰剂量和混合料的最佳含水率。在需要该善混合料的物理力学性质时,还应包括确定掺合料的比例。

水泥稳定土底基层、基层

1. 材料

(1) 水泥。

普通硅酸盐水泥、矿渣硅酸盐水泥和火山灰质硅酸盐水泥均适用于稳定土。但应选用初凝时间3h以上和终凝时间较长(宜在6h以上)的水泥,但不得使用快硬水泥、早强水泥以及已受潮变质的水泥。宜采用强度等级不小于32.5级的水泥。

(2)稳定土。

①适宜用于水泥稳定的土包括:级配碎石、未筛分碎石、砂砾、碎石土等,其中水泥稳定土用作底基层时,其最大粒径,对高速公路和一级公路不超过37.5mm,对其他公路不超过53mm;用作基层时的最大粒径,对高速公路和一级公路不应超过31.5mm,对其他公路不超过37.5mm,颗粒组成见表7-3。

适宜用于水泥稳定的集料的颗粒组成范围   表7-3

结构层	通过下列方孔筛(mm)的质量百分率(%)									液限(%)	塑性指数
	37.5	31.5	26.5	19	9.5	4.75	2.36	0.6	0.075		
底基层	100	90~100		67~90	45~68	29~50	18~38	8~22	0~7①	<28	<9
基层		100	90~100	72~89	47~67	29~49	17~35	8~22	0~7①	<28	<9

注:集料中0.6mm以下细土有塑性指数时,小于0.075mm颗粒含量不应超过5%;细土无塑性指数时,小于0.075mm的颗粒含量不应超过7%。

水泥稳定土中碎石或砾石的压碎值,对高速公路和一级公路的基层不大于30%,其他公路不大于35%;对底基层中碎石或砾石的压碎值,高速公路和一级公路不应大于30%,其他公路不大于40%。

有机质含量超过2%的土,必须先用石灰进行处理,闷料一夜后再用水泥稳定。

硫酸盐含量超过0.25%的土,不适宜用作水泥稳定土。

(3)水:应符合规范的要求。

(4)石灰:应符合规范的要求。

2.混合料组成设计

(1)混合料的组成设计应符合《公路路面基层施工技术细则》(JTJ/T F20—2015)的有关规定。

(2)试验。

①用于基层、底基层的原材料应进行标准试验,试验项目见表7-4。

②混合料按设计掺配后,应进行重型击实试验、承载比试验及抗压强度试验。

水泥稳定土底基层和基层原材料的试验项目   表7-4

试验项目	材料名称	频度
含水率	土、砂砾、碎石等集料	每天使用前测2个样品
颗粒分析	砂砾、碎石等集料	每种土使用前测2个样品,使用过程中每2000m³测2个样品
液限、塑限	土、级配砾石或级配碎石中0.5mm以下的细土	每种土使用前测2个样品,使用过程中每2000m³测2个样品
相对密度、吸水率	砂砾、碎石等	使用前测2个样品,砂砾使用过程中每2000m³测2个样品,碎石种类变化重做2个样品
压碎值	砂砾、碎石等	使用前测2个样品,砂砾使用过程中每2000m³测2个样品,碎石种类变化重做2个样品
有机质和硫酸盐含量	土	对土有怀疑时做此试验
水泥强度等级和终凝时间	水泥	做材料组成设计时测一个样品,料源或强度变化时重测
重型击实	土	每种土使用前进行

(3)水泥稳定混合料的设计应考虑气候、水文条件等因素的影响,按《公路工程无机结合料稳定材料试验规程》(JTG E51—2009)规定进行试验,通过试验选取最适宜于用稳定的材料,确定最佳的水泥剂量和最佳含水率。在需要改善土的颗粒组成时,还应确定掺合料的比例。工地实际采用的水泥剂量可比室内试验确定的剂量适当增加,根据拌和方法不同,最多不超过0.5%厂拌、1.0%路拌,并应取得监理工程师的批准。

(4)采用水泥和石灰综合稳定时,如水泥用量占结合料总量的30%以上,则按本节要求进行组成设计,并且还须确定石灰剂量。

(5)水泥稳定土的7d浸水抗压强度应符合图纸要求。

(6)水泥的最小剂量应符合表7-5的规定。

水 泥 最 小 剂 量   表7-5

土类 \ 拌和方法	集中拌和法	土类 \ 拌和方法	集中拌和法
中粒土和粗粒土	3%	细粒土	4%

四 石灰粉煤灰稳定土底基层、基层

1. 材料

(1)石灰:应符合规范的要求。

(2)粉煤灰:粉煤灰中SiO_2、Al_2O_3和Fe_2O_3的总含量应大于70%,粉煤灰的烧失量不应超过20%,粉煤灰比面积应大于$2500cm^2/g$(或90%通过0.3mm筛孔,70%通过0.075mm筛孔)。

干粉煤灰和湿粉煤灰都可以使用。干粉煤灰若堆在空地上,应加水,防止飞扬造成污染。湿粉煤灰的含水率不宜超过35%。

使用时,应将凝固的粉煤灰块打碎或过筛,同时清除有害杂质。

(3)稳定土。

①宜采用塑性指数12~20的黏性土(粉压黏土),土中土块的最大尺寸不应大于15mm。

②有机质含量超过10%的土不宜选用。

③用于高速公路和一级公路的二灰稳定土应符合下列要求:

a. 二灰稳定土用作基层时,土中碎石、砾石颗粒的最大粒径不应超过37.5mm。各种细粒土、中粒土和粗粒土都可用二灰稳定后作底基层。

b. 二灰稳定土用作基层时,二灰的质量应占15%,最多不超过20%,石料颗粒的最大粒径不应超过31.5mm,粒径小于0.075cm的颗粒含量宜接近0。

④用于其他公路的二灰稳定土应符合下列要求:

a. 二灰稳定土用作底基层时,石料颗粒的最大粒径不应超过53mm。

b. 二灰稳定土用作基层时,石料颗粒的最大粒径不应超过37.5mm。

⑤基层碎石或砾石的压碎值,对高速公路和一级公路不大于30%,其他公路不大于35%;底基层碎石或砾石的压碎值,对高速公路和一级公路不大于35%,其他公路不大于40%。

⑥适于石灰粉煤灰稳定集料的组成范围见表7-6、表7-7。

(4)水:应符合规范的要求。

石灰粉煤灰稳定砂砾混合料中集料的颗粒组成范围　　　　　　　表7-6

结构层	通过下列方孔筛(mm)的质量百分率(%)							
	37.5	31.5	19.0	9.5	4.75	2.36	1.18	0.60	0.075
底基层	100	85~100	68~85	50~70	35~55	25~45	17~35	10~27	0~15
基层		100	85~100	55~75	39~59	27~47	17~35	10~25	0~10

石灰粉煤灰稳定碎石混合料中集料的颗粒组成范围　　　　　　　表7-7

结构层	通过下列方孔筛(mm)的质量百分率(%)							
	37.5	31.5	19.0	9.5	4.75	2.36	1.18	0.60	0.075
底基层	100	90~100	72~90	48~68	30~50	18~38	10~27	6~20	0~7
基层	100	81~98	52~70	30~50	18~38	10~27	6~20	0~7	

2. 混合料组成设计

(1) 石灰粉煤灰稳定土混合料的设计应考虑气候、水文条件等因素,通过试验选取最适宜于稳定的土,确定必需的或最佳的石灰粉煤灰剂量和混合料的最佳含水率。

(2) 施工前,应取有代表性的样品按表7-8的要求对原材料进行试验。

底基层和基层原材料的试验项目　　　　　　　表7-8

试验项目	材料名称	频　　度
含水率	土、砂砾、碎石等集料	每天使用前测2个样品
颗粒分析	砂砾、碎石等集料	每种土使用前测2个样品,使用过程中每2000m³测2个样品
液限、塑限	土、级配砂砾或级配碎石中0.5mm以下的细土	每种土使用前测2个样品,使用过程中每2000m³测2个样品
相对密度、吸水率	砂砾、碎石等	使用前测2个样品,砂砾使用过程中每2000m³测2个样品,碎石种类变化重做2个样品
压碎值	砂砾、碎石等	使用前测2个样品,砂砾使用过程中每2000m³测2个样品,碎石种类变化重做2个样品
有机质和硫酸盐含量	土	对土有怀疑时做此试验
有效钙、氧化镁	石灰	做材料组成设计和生产使用时分别测2个样品,以后每月测2个样品
烧失量	粉煤灰	做材料组成设计前测2个样品

五 级配碎(砾)石底基层、基层

1. 级配碎石

(1) 用于底基层的碎石最大粒径,对于高速公路和一级公路不应超过37.5mm(方孔筛),其他公路不应超过53mm。碎石的压碎值,对于高速公路和一级公路不应大于30%,二级公路不大于35%,二级以下公路不大于40%;用于基层的碎石最大粒径,对于高速公路和一级公路不应大于31.5mm,其他公路不应超过37.5mm。压碎值对于高速公路和一级公路不应大于26%,二级公路不应超过30%,二级以下公路不大于35%。

(2) 碎石中不应有黏土块、植物等有害物质,针片状颗粒含量不应超过20%。

(3) 级配碎石底基层和未筛分碎石底基层的颗粒组成和塑性指数应符合表7-9,表7-10的规定。

级配碎石底基层、基层的颗粒组成范围　　　　　　　　　　　　　　　表 7-9

结构层	通过下列方孔筛(mm)的质量百分率(%)								液限(%)	塑性指数
	37.5	31.5	19	9.5	4.75	2.36	0.6	0.075		
高速、一级公路		100	85~100	52~74	29~54	17~37	8~20	0~7	<28	小于6或9
其他公路	100	90~100	73~88	46~69	29~54	17~37	8~20	0~7	<28	小于6或9

级配砾石底基层的集料级配范围表　　　　　　　　　　　　　　　　　表 7-10

结构层	通过下列方孔筛(mm)的质量百分率(%)									液限(%)	塑性指数
	53	37.5	31.5	19	9.5	4.75	2.36	0.6	0.075		
高速、一级公路		100	83~100	54~84	29~59	17~45	11~35	6~21	0~10	<28	小于6或9
其他公路	100	85~100	69~88	40~65	19~43	10~30	8~25	6~18	0~10	<8	小于6或9

2. 级配砾石

(1) 级配砾石的最大粒径,用于基层时不应超过 37.5mm,用于底基层时不应超过 53mm。

(2) 砾石颗粒中针片状颗粒含量不应超过 20%。

(3) 级配砾石基层(非高速公路和非一级公路)的颗粒组成的塑性指数应符合表 7-11 的规定。

级配砾石基层的颗粒组成范围　　　　　　　　　　　　　　　　　表 7-11

通过下列方孔筛(mm)的质量百分率(%)									液限(%)	塑性指数
53	37.5	31.5	19.0	9.5	4.75	2.36	0.6	0.075		
100	90~100	81~94	63~81	45~66	27~51	16~35	8~20	0~7	<28	<6或9
	100	90~100	73~88	49~69	29~54	17~37	8~20	0~7	<28	<6或9
		100	85~100	52~74	29~54	17~37	8~20	0~7	<28	<6或9

(4) 用于底基层时,集料的压碎值对高速公路和一级公路不应大于 30%,二级公路不应大于 35%,二级以下公路不大于 40%;用作二级公路的基层时,压碎值不应大于 30%,用于二级以下公路,压碎值不大于 35%。

(5) 砾石应在最佳含水率时进行碾压,按重型击实试验法确定的压实度,底基层达到 96%,基层达到 98% 以上。

(6) 砂砾底基层的砂砾级配合范围应符合表 7-12 的要求。级配碎(砾)石试验项目与频度见表 7-13。

砂砾底基层的集料级配范围　　　　　　　　　　　　　　　　　　表 7-12

通过下列方孔筛(mm)的质量百分率(%)						液限(%)	塑性指数
53	37.5	9.5	4.75	0.6	0.075		
100	80~100	40~100	25~85	8~45	0~15	小于28	小于9

级配碎(砾)石试验项目与频度　　　　　　　　　　　　　　　　　表 7-13

项目	频度	质量标准
级配	每2000m² 测两个样品	在规定范围内
均匀性	随时观察	无粗细集料离析现象
压实度	每一作业段或不超过2000m² 检查6次以上	级配集料基层和中间层98%,填隙碎石固体体积率85%

续上表

项 目	频 度	质量标准
塑性指数	每种土使用前测 2 个样品,使用过程中每 2000m³ 测两个样品	小于规定值
集料压碎值	同上	不超过规定值
承载比	每 3000m² 测 1 次,根据观察,异常时随时增加试验	不小于规定值
沉值检验	每一评定段(不超过 1km)每一线车道 40~50 个测点	95% 或 97.7% 概率上波动界限不大于计算的容许值
含水率	每天使用前测 2 个样品	最佳含水率 1%~2%

第二节 施工准备阶段基层、底基层的试验检测内容

施工准备阶段路面基层、底基层试验检测项目包括:粒料的常规检测、水泥的常规检验、土的液塑限试验、石灰化学分析试验、EDTA 标准曲线、标准击实试验、无侧限抗压强度试验。

粒料的常规试验检测项目同桥涵工程石料试验检测项目。

水泥的常规试验检测项目同桥涵工程水泥试验检测项目。

土的液塑限试验检测项目同路基工程液塑限试验检测项目。

 路面基层、底基层试验检测项目一——石灰化学分析试验方法

(一)试验方法一:石灰的氧化钙和氧化镁含量试验方法

1. 有效氧化钙的测试方法

1)目的和适用范围

本方法适用于测定各种石灰的有效氧化钙含量,作为评定路用石灰质量的主要指标。

2)仪器设备

(1)筛子:0.15mm,1 个。

(2)烘箱:50~250℃,1 台。

(3)干燥器:ϕ25cm,1 个。

(4)称量瓶:ϕ30mm×50mm,10 个。

(5)瓷研钵:ϕ12~13cm,1 个。

(6)分析天平:量程不小于 50g,感量 0.0001g,1 台。

(7)电子天平:量程不小于 500g,感量 0.01g,1 台。

(8)电炉:1500W,1 个。

(9)石棉网:20cm×20cm,1 块。

(10)玻璃珠:ϕ3mm,1 袋(0.25kg)。

(11)具塞三角瓶:250mL,20 个。

(12)漏斗:短颈,3 个。

(13)塑料洗瓶:1 个。

(14)塑料桶:20L,1 个。

(15) 下口蒸馏水瓶:5000mL,1个。
(16) 三角瓶:300mL,10个。
(17) 容量瓶:250mL、1000mL,各1个。
(18) 量筒:200mL、100mL、50mL、5mL,各1个。
(19) 试剂瓶:250mL、1000mL,各5个。
(20) 塑料试剂瓶:1L,1个。
(21) 烧杯:50mL,5个;250mL(或300mL),10个。
(22) 棕色广口瓶:60mL,4个;250mL,5个。
(23) 滴瓶:60mL,3个。
(24) 酸滴定管:50mL,3支。
(25) 滴定台及滴定管夹:各1套。
(26) 大肚移液管:25mL、50mL,各1支。
(27) 表面皿:φ7cm,10块。
(28) 玻璃棒:8mm×250mm、4mm×180mm,各10支。
(29) 试剂勺:5个。
(30) 吸水管:8mm×150mm,5支。
(31) 洗耳球:大小各1个。

3) 试剂

(1) 蔗糖(分析纯)。
(2) 酚酞指示剂:称取0.5g酚酞,溶于50mL95%的乙醇中。
(3) 0.1%甲基橙水溶液:称取0.05g甲基橙,溶于50mL蒸馏水中。
(4) 0.5N盐酸标准溶液:将42mL浓盐酸(相对密度1.19)稀释至1L,按下述方法标定其当量浓度后备用。

称取0.800~1.000g(精确至0.0001g)已在180℃下烘干2h的碳酸钠,置于250mL三角瓶中,加100mL水使其完全溶解;然后加入2~3滴0.1%甲基橙指示剂,用待标定的盐酸标准溶液滴定,至碳酸钠溶液由黄色变为橙红色。将溶液加热至沸,并保持微沸3min,然后放在冷水中冷却至室温,如此时橙红色又变为黄色,则再用盐酸标准溶液滴定,至溶液出现稳定橙红色时为止。

盐酸标准溶液的当量浓度按式(7-1)计算:

$$N = \frac{Q}{V \times 0.053} \tag{7-1}$$

式中:N——盐酸标准溶液当量浓度;
　　　Q——称取碳酸钠质量,g;
　　　V——滴定时消耗盐酸标准溶液的体积,mL;
　0.053——碳酸钠毫克当量。

4) 准备试样

(1) 生石灰试样:将生灰样品打碎,使颗粒不大于1.18mm。拌和均匀后用四分法缩减至200g左右,放在瓷研钵中研细,再经四分法缩减几次至剩下20g左右。将研磨所得石灰样品通过0.10mm筛,从此细样中均匀挑取10余克,置于称量瓶中,在105℃下烘干恒量,储存于干燥器中,供试验用。

(2) 消石灰试样:将消石灰样品用四分法缩减至10余克,如有大颗粒存在,须在瓷研钵中磨细至无不均匀颗粒存在为止。置于称量瓶中,在 105~110℃下烘干至恒量,储存于干燥器中,供试验用。

5) 试验步骤

称取约 0.5g(用减量法称准确至 0.0001g)试样放入干燥的 250mL 具塞三角瓶中,取 5g 蔗糖覆盖在试样表面,投入干玻璃珠 15 粒,迅速加入新煮沸并已冷却的蒸馏水 50mL,立即加塞振荡 15min(如有试样结块或粘于瓶壁现象,则应重新取样)。打开瓶塞,用水冲洗瓶塞及瓶壁,加入 2~3 滴酚酞指示剂,以 0.5N 盐酸标准溶液滴定(滴定速度以每秒 2~3 滴为宜),至溶液的粉红色显著消失并在 30s 内不再复现为止。

6) 计算

有效氧化钙的百分含量(X_1),按式(7-2)计算:

$$X_1 = \frac{V \times N \times 0.028}{G} \times 100\% \tag{7-2}$$

式中:V——滴定时消耗盐酸标准溶液的体积,mL;

0.028——氧化钙毫克当量;

G——试样质量,g;

N——盐酸标准溶液当量浓度。

7) 精密度或允许误差

对同一石灰样品至少应做 2 个试样和进行 2 次测定,并取 2 次结果的平均值作为最终结果。

2. 氧化镁的测试方法

1) 目的和适用范围

本试验方法适用于测定各种石灰的总氧化镁含量。

2) 仪器设备

同有效氧化钙的测定。

3) 试剂

(1) 1:10 盐酸:将 1 体积盐酸(相对密度 1.19)以 10 体积蒸馏水稀释。

(2) 氢氧化铵—氯化铵缓冲溶液(pH=10):将 67.5g 氯化铵溶液溶于 300mL 无二氧化碳蒸馏水中,加氨水(相对密度为 0.90)570mL,然后用水稀释至 1000mL。

(3) 酸性铬蓝 K—萘酚绿 B(1:2.5)混合指示剂:称取 0.3g 酸性铬蓝 K 和 0.75g 萘酚绿 B 以及 50g 已在 105℃ 环境下烘干的硝酸钾混合研细,保存于棕色广口瓶中。

(4) EDTA 二钠标准溶液:将 10gEDTA 二钠溶于温热蒸馏水中,待全部溶解并冷却至室温后,用水稀释至 1000mL。

(5) 氧化钙标准溶液:精确称取 1.7848g 在 105℃ 下烘干(2h)的碳酸钙(优级纯),置于 250mL 烧杯中,盖上表面皿。从杯嘴缓慢滴加 1:10 盐酸 100mL,加热溶液,待溶液冷却后,移入 1000mL 的容量瓶中,用新煮沸冷却后的蒸馏水稀释至刻度线并摇匀,此溶液 1mL 相当于 1mg 氧化钙。

(6) 20% 的氢氧化钠溶液:将 20g 氢氧化钠溶于 80mL 蒸馏水中。

(7) 钙指示剂:将 0.2g 钙试剂羧酸钠和 20g 已在 105℃ 下烘干的硫酸钾混合研细,保存于棕色广口瓶中。

(8) 10% 酒石酸钾钠溶液:将 10g 酒石酸钾钠溶于 90mL 的蒸馏水中。

(9) 三乙醇胺(1:2)溶液:将 1 体积三乙醇胺以 2 体积蒸馏水稀释并摇匀。

4) EDTA 二钠标准溶液与氧化钙和氧化镁关系的标定

精确吸取 50mL 氧化钙标准溶液置于 300mL 三角瓶中,用水稀释至 100mL 左右;加入钙指示剂 0.1g,以 20% 氢氧化钠溶液调整溶液碱度至出现酒红色;再过量加 3~4mL,以 EDTA 二钠标准液滴定,至溶液由酒红色变成纯蓝色为止。EDTA 二钠标准溶液对氧化钙滴定度按式(7-3)计算:

$$T_{CaO} = \frac{CV_1}{V_2} \quad (7-3)$$

式中:T_{CaO}——EDTA 二钠标准溶液对氧化钙的滴定度,即 1mL 的 EDTA 二钠标准溶液相当于氧化钙的毫克数;
C——1mL 氧化钙标准溶液含有氧化钙的毫克数,等于 1;
V_1——吸取氧化钙标准溶液体积,mL;
V_2——消耗 EDTA 二钠标准溶液体积,mL。

氧化镁滴定度按式(7-4)计算:

$$T_{MgO} = T_{CaO} \times \frac{40.31}{56.08} = 0.72 T_{CaO} \quad (7-4)$$

5) 试验步骤

称取约 0.5g(准确至 0.0001g)试样,放入 250mL 烧杯中,用水湿润,加 30mL 1:10 盐酸,用表面皿盖住烧杯,加热至沸,并保持微沸 8~10min。用水把表面皿洗净,冷却后把烧杯内的沉淀及溶液移入 250mL 容量瓶中,加水至刻度线并摇匀。待溶液沉淀后,用移液管吸取 25mL 溶液,置入 250mL 三角瓶中,加 50mL 水稀释后,加酒石酸钾钠溶液 1mL、三乙醇胺溶液 5mL,再加入胺—胺缓冲溶液 10mL、酸性铬蓝 K—萘酚绿 B 指示剂约 0.1g。用 EDTA 二钠标准溶液滴定至溶液由酒红色变为纯蓝色时即为终点,记下耗用 EDTA 标准溶液的体积 V_1。再从同一容量瓶中用移液管吸取 25mL 溶液,置入 300mL 三角瓶中,加水 150mL 稀释后,加三乙醇胺溶液 5mL 及 20% 氢氧化钠溶液 5mL,置入约 0.1g 钙指示剂。用 EDTA 二钠标准溶液滴定,至溶液由酒红色变为纯蓝色即为终点,记下耗用 EDTA 二钠标准溶液的体积 V_2。

6) 计算

氧化镁的百分含量(X_2)按式(7-5)计算:

$$X_2 = \frac{T_{MgO}(V_1 - V_2) \times 100}{G \times 1000} \times 100\% \quad (7-5)$$

式中:T_{MgO}——EDTA 二钠标准溶液对氧化镁的滴定度;
V_1——滴定钙、镁合量消耗 EDTA 二钠标准溶液的体积,mL;
V_2——滴定钙消耗 EDTA 二钠标准溶液的体积,mL;
100——总溶液对分取溶液的体积倍数;
G——试样质量,g。

7) 精密度或允许误差

对同一石灰样品至少应做 2 个试样和进行 2 次测定,读数精确到 0.1mL,取 2 次测定结果的平均值作为最终结果。

(二)试验方法二:有效氧化钙和氧化镁含量的简易测试方法

1. 适用范围

本试验方法适用于氧化镁含量在 5% 以下的低镁石灰。

2. 仪器设备

同有效氧化钙测定,除"仪器设备"(11)、(17)中的250mL,(18)中的100mL及50mL,(19)中的250mL,(20)、(21)、(22)、(25)、(27)项所列仪器之外。

3. 试剂

(1) 1N 盐酸标准液。取83mL(相对密度为1.19)浓盐酸用蒸馏水稀释至1000mL。溶液当量浓度的标定与有效氧化钙的测定所述0.5N盐酸溶液的标定方法相同,但无水碳酸钠的称量应为1.5~2g。

氧化镁被水分解的过程缓慢,如果氧化镁含量高,到达滴定终点时间很长,则会增加与空气中二氧化碳的作用时间,影响测定结果。

(2) 1% 酚酞指示剂。

4. 试验步骤

迅速称取石灰试样0.8~1.0g(准确至0.0005g),置入300mL三角瓶中,加入150mL新煮沸并已冷却的蒸馏水和10颗玻璃珠。瓶口上插一短颈漏斗,加热5min,但勿使沸腾,迅速冷却。滴入酚酞指示剂2滴,在不断摇动下以盐酸标准液滴定,控制速度为每秒2~3滴,至粉红色完全消失,稍停,又出现红色,继续滴入盐酸。如此重复几次,直至5min内不出现红色为止。如滴定过程持续半小时以上,表明为高锰石灰,则结果只能作为参考。

5. 计算

$$(CaO + MgO)\% = \frac{V \times N \times 0.028}{G} \times 100\% \tag{7-6}$$

式中:V——滴定消耗盐酸标准液的体积,mL;
N——盐酸标准液的当量浓度;
G——样品质量,g;
0.028——氧化钙的毫克当量,因氧化镁含量甚少,并且两者的毫克当量相差不大,故有效$(CaO + MgO)\%$的毫克当量都以CaO的毫克当量计算。

6. 精密度或允许误差

对同一石灰样品,至少应做2个试样和进行2次测定,并取2次测定结果的平均值作为最终结果。

二、路面基层、底基层试验检测项目二——水泥或石灰剂量测定方法(EDTA滴定法)

1. 目的和适用范围

(1) 本试验方法适用于在工地快速测定水泥和石灰稳定土中水泥和石灰的剂量,并可用以检查拌和的均匀性。用于稳定的土可以是细粒土,也可以是中粒土和粗粒土。工地水泥和石灰稳定土含水率少量变化(±2%),实际上不影响测定结果。用本方法进行一次剂量测定,只需10min左右。

(2) 本方法也可以用来测定水泥和石灰稳定土中结合料的剂量。

2. 仪器设备

(1) 滴定管(酸式):50mL,1支。

(2)滴定台:1个。

(3)滴定管夹:1个。

(4)大肚移液管:10mL,10支。

(5)锥形瓶(即三角瓶):200mL,20个。

(6)烧杯:2000mL(或1000mL),1只;300mL,10只。

(7)容量瓶:1000mL,1个。

(8)搪瓷杯:容量大于1200mL,10只。

(9)不锈钢棒(或粗玻璃棒):10根。

(10)量筒:100mL和5mL,各1只;50mL,2只。

(11)棕色广口瓶:60mL,1只(装钙红)。

(12)托盘天平:称量500g、感量0.5g和称量100g、感量0.1g,各1台。

(13)秒表:1只。

(14)表面皿:ϕ9cm,10个。

(15)研钵:ϕ12~13cm,1个。

(16)土样筛:筛孔2.0mm或2.5mm,1个。

(17)洗耳球(1两或2两):1个。

(18)精密试纸:pH12~14。

(19)聚乙烯桶:20L,1个(装蒸馏水);10L,2个(装氯化铵及EDTA二钠标准液);5L,1个(装氢氧化钠)。

(20)毛刷、去污粉、吸水管、塑料勺、特种铅笔、厘米纸。

(21)洗瓶(塑料):500mL,1只。

3.试剂

(1)0.1mol/m³乙二胺四乙酸二钠(简称EDTA二钠)标准液:准确称取EDTA二钠(分析纯)37.226g,用微热的无二氧化碳蒸馏水溶解,待全部溶解并冷却至室温后,定容至1000mL。

(2)10%氯化铵溶液:将500g氯化铵(分析纯或化学纯)放在10L聚乙烯桶内,加蒸馏水4500mL,充分振荡,使氯化铵完全溶解。也可以分批在1000mL的烧杯内配制,然后倒入塑料桶内摇匀。

(3)1.8%氢氧化钠(内含三乙醇胺)溶液:用100g架盘天平称18g氢氧化钠(分析纯),放入洁净干燥的1000mL烧杯中,加入1000mL蒸馏水使其全部溶解,待溶解冷却至室温后,置入2mL三乙醇胺(分析纯),搅拌均匀后储于塑料桶中。

(4)钙红指示剂:将0.2g钙试剂羟酸钠(分子式为$C_{21}H_{13}O_7N_2SNa$,分子量为460.39)与20g预先在105℃烘箱中烘1h的硫酸钾混合,一起放入瓷研钵中,研成极细粉末,储于棕色广口瓶中,以防吸水变潮。

4.准备标准曲线

(1)取样:取工地用石灰和集料,风干后分别过2.0mm或2.5mm筛,用烘干法或酒精燃烧法测其含水率(如为水泥可假定其含水率为0)。

(2)混合料组成的计算:

①公式:

$$干料质量 = \frac{湿料质量}{1+含水率}$$

②计算步骤:

$$\text{干混合料质量} = \frac{300\text{g}}{1+\text{最佳含水率}}$$

$$\text{干土质量} = \frac{\text{干混合料质量}}{1+\text{石灰(或水泥)剂量}}$$

$$\text{干石灰(或水泥)质量} = \text{干混合料质量} - \text{干土质量}$$

$$\text{湿土质量} = \text{干土质量} \times (1+\text{土的风干含水率})$$

$$\text{湿石灰质量} = \text{干石灰} \times (1+\text{石灰的风干含水率})$$

$$\text{石灰土中应加入的水} = 300\text{g} - \text{湿土质量} - \text{湿石灰质量}$$

(3)准备5种试样,每种2个样品(以水泥集料为例),如下:

①1种:称2份300g集料分别放在2个搪瓷杯内,集料的含水率应等于工地预期达到的最佳含水率。集料中所加的水应与工地所用的水相同(300g为湿质量)。

②2种:准备2份水泥剂量为2%的水泥土混合料试样,每份质量均为300g,并分别放在2个搪瓷杯内。水泥土混合料的最佳含水率应等于工地预期达到的最佳含水率。混合料中所加的水应与工地所用的水相同。

③3种、4种、5种:各准备2份水泥剂量分别为4%、6%、8%的水泥土混合料试样,每份质量均为300g,并分别放在6个搪瓷杯内,其他要求同第1种。

(4)取一个盛有试样的搪瓷杯,在杯内加600mL10%氯化铵溶剂,用不锈钢搅拌棒充分搅拌3min(每分钟搅拌110~120次)。如水泥(或石灰)土混合料中的土是细粒土,则也可以用1000mL具塞三角瓶代替搪瓷杯,手握三角瓶(瓶口向上)用力振荡3min[每分钟(120±5)次],以代替搅拌棒搅拌。放置沉淀4min[如4min后得到的是混浊悬浮液,则应增加放置沉淀时间,直到出现澄清悬浮液为止,并记录所需的时间,以后所有该种水泥(或石灰)土混合料的试验,均应以同一时间为准],然后将上部清液转移到300mL烧杯内,搅匀,加盖表面皿待测。

(5)用移液管吸取上层(液面下1~2cm)悬浮液10.0mL,置入200mL的三角瓶内,用量筒量取50mL1.8%的氢氧化钠(内含三乙醇胺)倒入三角瓶中,此时溶液pH值为12.5~13.0(可用pH值为12~14的精密试纸检验),然后加入钙红指示剂(体积约为黄豆大小),摇匀,溶剂呈玫瑰红色。用EDTA二钠标准液滴定到纯蓝色为终点,记录EDTA二钠的耗量(以mL计,读至0.1mL)。

(6)对其他几个搪瓷杯中的试样,用同样的方法进行试验,并记录各自EDTA二钠的耗量。

(7)以同一水泥(或石灰)剂量混合料消耗EDTA二钠标准液毫升数的平均值为纵坐标,以水泥(或石灰)剂量(%)为横坐标制图。两者的关系应是一根顺滑的曲线,如素集料或水泥(或石灰)改变及同一次配制的EDTA溶液用完后,必须重做标准曲线。

5.试验步骤

(1)选取有代表性的水泥土或石灰土混合料,称300g放在搪瓷杯中,用搅拌棒将结块搅散,加600mL10%的氯化铵溶液,然后如前述步骤进行试验。

(2)利用所绘制的标准曲线,根据所消耗的EDTA二钠标准液毫升数,确定混合料中的水泥或石灰剂量。

6.注意事项

(1)每个样品搅拌的时间、速度和方式应力求相同,以增加试验的精度。

(2)做标准曲线时,如工地实际水泥剂量较大,素集料和低剂量水泥的试样可以不做,而直接用较高的剂量做试验,但应有两种剂量大于实用剂量以及两种剂量小于实用剂量。

(3)配制的氯化铵溶液最好当天用完,不要放置过久,以免影响试验的精度。

(4)如为细粒土,则每份的质量可以减为100g。

(5)在此,准备标准曲线的水泥剂量为:0、2%、4%、6%和8%,实际工作中应使工地实际所用水泥或石灰的剂量位于准备标准曲线时所用剂量的中间。

(6)当仅用100g混合料时,只需200mL10%氯化铵溶液。

三 路面基层、底基层试验检测项目三——击实试验方法

1. 目的和适用范围

(1)本试验方法适用于在规定的试筒内,对水泥稳定土(在水泥水化前)、石灰稳定土及石灰(或水泥)粉煤灰稳定土进行击实试验,以绘制稳定土的含水率—干密度关系曲线,从而确定其最佳含水率和最大干密度。

(2)试验集料的最大粒径宜控制在25mm以内,最大不得超过40mm(圆孔筛)。

2. 仪器设备

(1)击实筒:小型,内径100mm、高127mm的金属圆筒,套环高50m,底座;中型,内径152mm、高170mm的金属圆筒,套环高50m,直径151mm和高50mm的筒内垫块,底座。

(2)击锤和导管:击锤的底面直径50mm,总质量4.5kg。击锤在导管内的总行程为450mm。

(3)天平:感量为0.01g。

(4)台秤:称量为15kg,感量为5g。

(5)圆孔筛:孔径40mm、25mm或20mm以及5mm的筛各1个。

(6)量筒:50mL、100mL和500mL的量筒各1个。

(7)直刮刀:长200~250m、宽30mm、厚3mm且一侧开口的直刮刀,用以刮平和修饰粒料大试件的表面。

(8)刮土刀:长150~200mm、宽约20mm的刮刀,用以刮平和修饰小试件的表面。

(9)工字形刮平尺:30mm×50mm×310mm,上、下两面和侧面均刨平。

(10)拌和工具:约400mm×600mm×70mm的长方形金属盘,拌和用平头小铲等。

(11)脱模器。

(12)测定含水率用的铝盒、烘箱等其他用具。

3. 试料准备

将具有代表性的风干试料(必要时,也可以在50℃烘箱内烘干)用木锤或木碾捣碎。土团均应捣碎到能通过5mm的筛孔。但应注意不使粒料的单个颗粒破碎或不使其破碎程度超过施工中拌和机械的破碎率。如试料是细料土,将已捣碎的具有代表性的土过5mm筛备用(用甲法或乙法做试验);如试料中含有粒径大于5mm的颗粒,则先将试料过25mm的筛,如存留在筛孔25mm筛的颗粒的含量不超过20%,则过筛料留作备用(用甲法或乙法做试验);如试料中粒径大于25mm的颗粒含量过多,则将试料过40mm的筛备用(用丙法做试验)。每次筛分后,均应记录超尺寸颗粒的百分率。在预定做击实试验的前一天,取有代表性的试料测定其风干含水率。对于细粒土,试样应不少于100g;对于中粒土(粒径小于25mm的各种集料),试样应不少于1000g;对于粗料土的各种集料,试样应不少于2000g。

4. 试验步骤

1) 甲法

(1) 将已筛分的试样用四分法逐次分小,至最后取出 10~15kg 试料。再用四分法将已取出的试料分成 5~6 份,每份试料的干质量为 2.0kg(对于细粒土)或 2.5kg(对于各种中粒土)。

(2) 预定 5~6 个不同含水率,依次相差 0.5%~1.5%,且其中至少有 2 个大于和 2 个小于最佳含水率。对于细粒土,可参照其塑限估计素土的最佳含水率。一般其最佳含水率较塑限小 3%~10%,对于砂性土接近 3%,对于黏性土为 6%~10%。天然砂砾土、级配集料等的最佳含水率与集料中细土的含量和塑性指数有关,一般变化为 5%~12%。对于细土少、塑性指数为零的未筛分碎石,其最佳含水率接近 5%。对于细土偏多、塑性指数较大的砂砾土,其最佳含水率在 10% 左右。水泥稳定土的最佳含水率与素土的接近,石灰稳定土的最佳含水率可能较素土大 1%~3%。

(3) 按预定含水率制备试样。将 1 份试料平铺于金属盘内,将事先计算得的该份试料中应加的水量均匀地喷洒在试料上,用小铲将试料充分拌和到均匀状态(如为石灰稳定土和水泥、石灰综合稳定土,则可将石灰和试料一起拌匀),然后装入密闭容器或塑料口袋内浸润备用。

浸润时间:黏性土 12~24h;粉性土 6~8h;砂性土、砂砾土、红土砂砾、级配砂砾等可以缩短到 4h 左右;含土很少的未筛分碎石、砂砾和砂可缩短到 2h。

应加水量可按式(7-7)计算:

$$Q_w = \left(\frac{Q_n}{1+0.01w_n} + \frac{Q}{1+0.01w_c} \right) \times 0.01w \tag{7-7}$$

式中:Q_w——混合料中应加的水量,g;

Q_n——混合料中素土(或集料)的质量,g;

w_n——混合料中素土(或集料)的原始含水率,即风干含水率,%;

Q——混合料中水泥或石灰的质量,g;

w_c——混合料中水泥或石灰的原始含水率,%;

w——要求达到的混合料的含水率,%。

(4) 将所需要的稳定剂水泥加入到浸润后的试料中,并用小铲、泥刀或其他工具充分拌和到均匀状态。加入有水泥的试样拌和后,应在 1h 内完成下述击实试验,拌和超过 1h 的试样应予以作废(石灰稳定土和石灰粉煤灰除外)。

(5) 试筒套环与击实底板应紧密连接。将击实筒放在坚实地面上,取制备好的试样(仍用四分法)400~500g(其量应使击实后的试样等于或略高于筒高的 1/5)倒入筒内,整平其表面并稍加压紧,然后按所需击数进行第一层试样的击实。击实时,击锤应自由铅直落下,落高应为 45cm,锤迹必须均匀分布于试样面。第一层击实完后,检查该层高度是否合适,以便调整以后几层的试样用量。用刮土刀或改锥将已击实层的表面"拉毛",然后重复上述做法,进行其余四层试样的击实。最后一层试样击实后,试样超出试筒顶的高度不得大于 6m,超出高度过大的试件应该作废。

(6) 用刮土刀沿套环内壁削挖(使试样与套环脱离)后,扭动并取下套环。对齐筒顶,细心刮平试样,并拆除底板。如试样底面略突出筒外或有孔洞,则应细心刮平或修补。最后用工字形刮平尺对齐筒顶和筒底将试样刮平。擦净试筒的外壁,称取其质量并准确至 5g。

(7) 用脱模器推出筒内试样。自试样内部从上到下取2个有代表性的样品(可将脱出试件用锤打碎后,用四分法采取),测定其含水率,计算至0.1%。2个试样含水率的差值不得大于1%。所取样品的数量见表7-14(如只取1个样品测定含水率,则样品的质量应为表列数值的2倍)。

测稳定土含水率的样品数量 表7-14

最大粒径(m)	样品质量(g)
2	约50
5	约100
25	约500

烘箱的温度应事先调整到110℃左右,以使放入的试样能立即在105℃~110℃的温度下烘干。

(8) 进行其余含水率下稳定土的击实和测定工作。凡已用过的试样,一律不再重复使用。

2) 乙法

在缺乏内径10cm的试筒,以及在需要与承载比等试验结合起来进行时,采用乙法进行击实试验。本法更适宜于粒径达25mm的集料。

(1) 将已过筛的试料用四分法逐次分小,至最后取出约30kg试料。再用四分法将取出的试料分成5~6份,每份试料的干重约为4.4kg(细粒土)或5.5kg(中粒土)。

(2) 其他试验步骤与甲法相同,但应该先将垫块放入筒内底板上,然后加料并击实。所不同的是,每层需取制备好的试样约900g(对于水泥或石灰稳定细粒土)或1100g(对于稳定中粒土),每层的锤击次数为59次。

3) 丙法

(1) 将已过筛的试料用四分法逐次分小,至最后取出约33kg试料。再用四分法将取出的试料分成6份(至少要5份),每份重约5.5kg(风干质量)。

(2) 预定5~6个不同含水率,依次相差0.5%~1.5%。在估计的最佳含水率左右可只差0.5%~1%。

(3) 按预定含水率制备试样,与甲法相同。

(4) 将混合料拌和均匀,与甲法相同。

(5) 将试筒、套环与穷击底板紧密地连接在一起,并将垫块放在筒内底板上。击实筒应放在坚实(最好是水泥混凝土)地面上,取制备好的试样1.8kg左右[其量应使击实后的试样略高于(高出1~2m)筒高的1/3]倒入筒内,整平其表面,并稍加压紧。然后按所需击数进行第一层试样的击实(共击98次)。击实时,击锤应自由铅直落下,落高应为45cm,锤迹必须均匀分布于试样面。第1层击实完后,检查该层的高度是否合适,以便调整以后两层的试样用量。用刮土刀或改锥将已击实的表面"拉毛",然后重复上述做法,进行其余两层试样的击实。最后一层试样击实后,试样超出试筒顶的高度不得大于6m,超出高度过大的试件应该作废。

(6) 用刮土刀沿套环内壁削挖(使试样与套环脱离)后,扭动并取下套环。齐筒顶细心刮平试样,并拆除底板,取走垫块。擦净试筒的外壁,称重,准确至5g。

(7) 用脱模器推出筒内试样。自试样内部从上到下取2个有代表性的样品(可将脱出试件用锤打碎后,用四分法采取),测定其含水率,计算至0.1%。2个试样含水率的差值不得大于1%。所取样品的数量应不少于700g,如只取1个样品测定含水率,则样品的数量应不少于1400g,烘箱的温度应事先调整到110℃左右,以使放入的试样能立即在105℃~110℃的温度下烘干。

(8) 按上述(3)~(7)项进行其余含水率下稳定土的击实和测定。凡已用过的试料,一律不再重复使用。

5. 计算

(1) 按式(7-8)计算每次击实后稳定土的湿密度：

$$p_w = \frac{Q_1 - Q_2}{V} \tag{7-8}$$

式中：p_w——稳定土的湿密度，g/cm³；
　　　Q_1——试筒与湿试样的合质量，g；
　　　Q_2——试筒的质量，g；
　　　V——试筒的容积，cm³。

(2) 按式(7-9)计算每次击实后稳定土的干密度：

$$p_d = \frac{p_w}{1 + 0.01w} \tag{7-9}$$

式中：p_d——试样的干密度，g/cm³；
　　　w——试样的含水率，%。

(3) 以干密度为纵坐标，以含水率为横坐标，在普通直角坐标纸上绘制干密度与含水率的关系曲线，驼峰形曲线顶点的纵、横坐标分别为稳定土的最大干密度和最佳含水率。最大干密度用2位小数表示。如最佳含水率的值在12%以上，则用整数表示(即精确到1%)；如最佳含水率的值在6%~12%之间，则用一位小数"0"或"5"表示(即精确到0.5%)；如最佳含水率的值小于6%，则取1位小数，并用偶数表示(即精确到0.2%)。

如试验点不足以连成完整的驼峰形曲线，则应该进行补充试验。

(4) 超尺寸颗粒的校正。

当试样中大于规定最大粒径的超尺寸颗粒的含量为5%~30%时，按式(6-4)对试验所得最大干密度和最佳含水率进行校正(超尺寸颗粒的含量小于5%时，可以不进行校正)，最大干密度按式(7-10)校正：

$$\rho'_{dm} = \rho_{dm}(1 - 0.01\rho) + 0.9 \times 0.01\rho G'_a \tag{7-10}$$

式中：ρ'_{dm}——校正后的最大干密度，g/cm³；
　　　ρ_{dm}——试验所得的最大干密度，g/cm³；
　　　ρ——试样中超尺寸颗粒的百分率，%；
　　　G'_a——超尺寸颗粒的毛体积相对密度。

计算精确至0.01g/cm³。

最佳含水率按式(7-11)校正：

$$w'_0 = w_0(1 - 0.01\rho) + 0.01\rho w_a \tag{7-11}$$

式中：w'_0——校正后的最佳含水率，%；
　　　w_0——试验所得的最佳含水率，%；
　　　ρ——试样中超尺寸颗粒的百分率，%；
　　　w_a——超尺寸颗粒的吸水量，%。

6. 精密度或允许误差

应做2次平行试验，2次试验最大密度的差值不应超过0.05g/cm³(稳定细粒土)或

0.08g/cm³(稳定中粒土和粗粒土),最佳含水率的差值不应超过 0.5%(最佳含水率小于 10%)或1.0%(最佳含水率大于 10%)。

四 路面基层、底基层试验检测项目四——无侧限抗压强度试验方法

1. 目的和适用范围

本试验方法适用于测定无机结合料稳定土(包括稳定细粒土、中粒土和粗粒土)试件的无侧限抗压强度、在室内的配合比设计试验及现场检测。本试验方法包括:按照预定干密度用静力压实法制备试件以及用锤击法制备试件,试件都是高:直径 = 1:1 的圆柱体。应该尽可能用静力压实法制备等干密度的试件。

室内配合比设计试验和现场检测两者在试料准备上是不同的,前者根据设计配合比称取试料并拌和,按要求制备试件;后者则在工地现场取拌和的混合料作试料,并按要求制备试件。

2. 取样频率

在现场按规定频率取样,按工地预定达到的压实度制备试件。试件数量(每2000m²每工作班),对于稳定细粒土、中粒土和粗粒土,当多次试验结果的偏差系数 $C_v \leq 10\%$ 时,可为 6 个试件;$C_v = 10\% \sim 15\%$ 时,可为 9 个试件;$C_v > 15\%$ 时,则需 13 个试件。

3. 仪器设备

(1)圆孔筛:孔径40mm、25mm(或20mm)及5mm 的筛各一个。
(2)试模:适用于不同土的试模尺寸如下:
细粒土(最大粒径不超过 10mm),试模的直径×高 = 50mm×50mm;
中粒土(最大粒径不超过 25mm),试模的直径×高 = 100mm×100mm;
粗粒土(最大粒径不超过 40mm),试模的直径×高 = 150mm×150mm。
(3)脱模器。
(4)反力框架:规格为 400kN 以上。
(5)液压千斤顶:200~1000kN。
(6)击锤和导管:击锤的底面直径为 50mm,总质量为 4.5kg,击锤在导管内的总行程为 450mm。
(7)密封湿气箱或湿气池:放在保持恒温的小房间内。
(8)水槽:深度应大于试件高度50mm。
(9)路面材料强度试验仪或其他合适的压力机,但后者的规格应不大于200kN。
(10)天平:感量为 0.01g。
(11)台秤:称量为 10kg,感量为 5g。
(12)量筒、拌和工具、漏斗以及大、小铝盒和烘箱等。

4. 试件制备

(1)试料准备。将具有代表性的风干试料(必要时,也可以在 50℃烘箱内烘干)用木锤和木碾捣碎,但应避免破碎粒料的原粒径。将土过筛并进行分类,如试料为粗粒土,则除去大于 40mm 的颗粒备用;如试料为中粒土,则除去大于 25mm 或 20mm 的颗粒备用;如试料为细粒土,则除去大于 10mm 的颗粒备用。

在预定做试验的前一天,取有代表性的试料测定其风干含水率。对于细粒土,试样应不少于 100g;对于粒径小于 25mm 的中粒土,试样应不少于 1000g;对于粒径小于 40mm 的粗粒土,

试样的质量应不少于2000g。

（2）按《公路工程无机结合料稳定材料试验规程》（JTG E51—2009）确定无机结合料混合料的最佳含水率和最大干密度。

（3）配制混合料。

①对于同一无机结合料剂量的混合料，需要制备相同状态的试件数量（即平行试验的数量）与土类及操作的仔细程度有关。对于无机结合料稳定细粒土，至少应该制备6个试件；对于无机结合料稳定中粒土和粗粒土，至少分别应该制备9个和13个试件。

②称取一定数量的风干土并计算干土的质量，其数量随试件大小而变。对于50mm×50mm的试件，1个试件需干土180~210g；对于100mm×100mm的试件，1个试件需干土1700~1900g；对于150mm×150mm的试件，1个试件需干土5700~6000g。

对于细粒土，可以一次称取6个试件的土；对于中粒土，可以一次称取3个试件的土；对于粗粒土，一次只称取1个试件的土。

③将称好的土放在长方盘（约400mm×600mm×700mm）内。向土中加水，对于细粒土（特别是黏性土），使其含水率较最佳含水率小3%；对于中粒土和粗粒土，可按式（7-7）加水。将土和水拌和均匀后放在密闭容器内，浸润备用。如为石灰稳定土和水泥石灰综合稳定土，可将石灰和土一起拌匀后进行浸润。

浸润时间：黏性土12~14h，粉性土6~8h，砂性土、砂粒土、红土砂砾、级配砂砾等可以缩短至4h左右，含土很少的未筛分碎石、砂砾及砂可以缩短到2h。

④在浸润过的试料中，加入预定数量的水泥或石灰。水泥或石灰剂量按干土即干集料质量的百分率计，并拌和均匀。在拌和过程中，应将预留3%的水（对于细粒土）加入土中，使混合料的含水率达到最佳含水率。拌和均匀的加有水泥的混合料应在1h内按下述方法制成试件，超过1h的混合料应该作废。其他结合料稳定土的混合料虽不受此限制，但也应尽快制成试件。

（4）按预定的干密度制件。

用反力框架和液压千斤顶制件。制备一个预定干密度的试件，需要的稳定土混合料数量可按式（7-12）计算：

$$m_1 = \rho_d V(1+w) \tag{7-12}$$

式中：V——试模的体积；

w——稳定土混合料的含水率，%；

ρ_d——稳定土试件的干密度，g/cm³。

将试模的下压柱放入试模的下部，但外露2cm左右。将称量的规定数量的稳定土混合料分2~3次灌入试模中（利用漏斗），每次灌入后用夯棒轻轻均匀插实。如制备的是50mm×50mm的小试件，则可以将混合料一次倒入试模中，然后将上压柱放入试模内，应使上压柱也外露2cm左右（即上、下压柱露出试模外的部分应该相等）。

将整个试模（连同上、下压柱）放在反力框架内的千斤顶上（千斤顶下应放一扁球座），加压直到上、下压柱都压入试模为止。维持压力1min，解除压力后，取下试模，拿去上压柱，并放到脱模器上将试件顶出（利用千斤顶和下压柱）。称取试件的质量m_2，小试件准确到1g；中试件准确到2g，大试件准确到5g。然后用游标卡尺量取试件的高度h，准确到0.1mm。用击锤制件步骤同前，只是用击锤（可以利用做击实试件的锤，但压柱顶面需要垫一块牛皮或胶皮，以保护锤面和压柱顶面不受损伤）将上、下压柱打入试模内。

5. 养生

试件从试模内脱出并称量后,应立即放到密封湿气箱和恒温室内进行保湿养生。但中试件和大试件应先用塑料薄膜包覆,有条件时,可采用蜡封保湿养生。养生时间视需要而定,作为工地控制,通常都只取7d。整个养生期间的温度,在北方地区应保持在(20±2)℃,在南方地区应保持在(25±2)℃。养生期的最后1天,应该将试件浸泡在水中,水的深度应使水面在试件顶上约2.5cm。在浸泡水中前,应再次称取试件的质量。在养生期间,试件质量的损失应该符合下列规定:小试件不超过1g;中试件不超过4g;大试件不超过10g。质量损失超过此规定的试件,应该作废。

6. 无侧限抗压强度试验

(1) 将已浸水1昼夜的试件从水中取出,用软的布吸净试件表面的可见自由水,并称取试件的质量 m_4。

(2) 用游标卡尺量取试件的高度 h_1,准确到 0.1mm。

(3) 将试件放到路面材料强度试验仪的升降台上(台上先放一扁球座),进行抗压试验。试验过程中,应使试件的形变等速增加,并保持速率约为1mm/min。记录试件破坏时的最大压力 $P(\text{N})$。

(4) 从试件内部取有代表性的样品(经过打破),测定其含水率 w_1。

7. 计算

(1) 试件的无侧限抗压强度 R_c 用式(7-13)~式(7-15)计算。

对于小试件:

$$R_C = \frac{P}{A} = 0.00051P \quad (\text{MPa}) \tag{7-13}$$

对于中试件:

$$R_C = \frac{P}{A} = 0.000127P \quad (\text{MPa}) \tag{7-14}$$

对于大试件:

$$R_C = \frac{P}{A} = 0.000057P \quad (\text{MPa}) \tag{7-15}$$

式中:P——试件破坏时的最大压力,N;

A——试件的截面积,$A = \frac{\pi}{4}D^2$,D 为试件的直径。

(2) 精密度或允许误差。

若干次平行试验的偏差系数 C_v(%) 应符合下列规定。

对于小试件,不大于6%;

对于中试件,不大于10%;

对于大试件,不大于15%。

8. 基层、底基层的技术要求

基层、底基层的技术要求包括工程外形,如高程、宽度、横坡等。这些由测量部门负责检查;内在质量的技术要求,如压实度、抗压强度、弯沉值等,都是由项目试验室负责检测的。弯沉值可按设计要求执行,压实度和抗压强度见表 7-15。

无机结合料稳定类材料的抗压强度(单位:MPa) 表 7-15

公 路 等 级		高速公路和一级公路	二级及二级以下公路
水泥稳定类材料	基层	3~5①	2.5~3.0②
	底基层	1.5~2.5①	1.5~2.0②
石灰稳定类材料	基层		≥0.8③
	底基层	≥0.8	0.5~0.7④
二灰稳定类材料	基层	0.8~1.1①	0.6~0.8
	底基层	≥0.6	≥0.5

注:①设计累计标准轴次小于 12×10⁶ 的公路,可采用低限值;设计累计标准轴次超过 12×10⁶ 的公路可用中值;主要行驶重载车辆的公路应用高限值。某一具体公路应采用一个值,而不用某一范围。
②二级以下公路可取低限值,行驶重载车辆的公路,应取较高的值;二级公路可取中值;行驶重载车辆的二级公路应取高限值。某一具体公路,应采用一个值,而不用某一范围。
③在低塑性土(塑性指数小于 7)地区,石灰稳定砂砾土和碎石土的 7d 浸水抗压强度应大于 0.5MPa。
④低限用于塑性指数小于 7 的黏性土,且低限值宜仅用于二级以下公路。高限用于塑性指数大于 7 的黏性土。

9. 半刚性基层和底基层材料强度评定

(1)半刚性基层和底基层材料强度,以规定温度下保湿养生 6d、浸水 1d 后的 7d 无侧限抗压强度为准。

(2)在现场按规定频率取样,按工地预定达到的压实度制备试件。每 2000m² 或每工作班制备 1 组试件:不论稳定细粒土、中粒土或粗粒土,当多次偏差系数 C_v ≤10% 时,可为 6 个试件;C_v = 10% ~ 15% 时,可为 9 个试件;C_v > 15% 时,则需 13 个试件。

(3)试件的平均强度 $\bar{R}$ 应满足下式要求:

$$\bar{R} \geq \frac{R_d}{1 - Z_a C_v} \tag{7-16}$$

式中:R_d——设计抗压强度,MPa;
　　　C_v——试验结果的偏差系数(以小数计);
　　　Z_a——标准正态分布表中随保证率而变的系数。
高速公路、一级公路:保证率 95%,Z_a = 1.645;其他公路:保证率 90%,Z_a = 1.282。

(4)评定路段内半刚性材料强度评为不合格时,相应分项工程为不合格。

第三节 施工过程中基层、底基层的试验检测内容

施工过程中路面基层、底基层的一般要求

1. 垫层

(1)承包人应在监理工程师验收合格的路基上铺筑垫层材料,未经监理工程师批准而在其上摊铺的材料,应由承包人自费清除。

(2)经过整平和整型,承包人应按试验路段所确认的压实工艺,在全宽范围内均匀地压实至重型击实最大密度的 96% 以上。

(3)一个路段碾压完成以后,应按批准的方法做密实度试验。如被检验的材料没有达到

所需的密实度、稳定性,则承包人应重新碾压、整型及整修,所需费用由承包人自理。

(4)在已完成的垫层上每一作业段或不大于2000m²随机取样6次,按《公路路基路面现场测试规程》(JTG E51—2009)规定进行压实度试验,并按规定检验其他项目。所有试验结果,均报监理工程师审批。

2.石灰稳定土底基层

(1)石灰稳定土施工的压实厚度,每层不小于100mm,也不超过200mm。

(2)取样和试验。

石灰稳定土应在施工现场每天进行一次或每2000m²取样一次,并按《公路工程无机结合料稳定材料试验规程》(JTG E51—2009)标准方法进行混合料的含水率、石灰含量和无侧限抗压强度试验;在已完成的下承层上按《公路路基路面现场测试规程》(JTG E60—2008)规定进行压实度试验,每一作业段或不超过2000m²检查6次以上。所有试验结果,均报监理工程师审批。

3.水泥稳定土底基层、基层

(1)混合料的最小压实用12~15t压路机碾压时,每层的压实厚度不应超过150mm;用18~20t压路机碾压时,每层的压实厚度不应超过200mm;每层最小压实厚度为100mm。

(2)取样和试验。

水泥稳定土应在施工现场每天进行一次或每2000m²取样一次,检查混合料的级配是否在规定的范围内;并按《公路工程无机结合料稳定材料试验规程》(JTG E51—2009)标准方法进行混合料的含水率、水泥含量和无侧限抗压强度试验;在已完成的铺筑层上按《公路路基路面现场测试规程》(JTG E60—2008)进行压实度试验,每一作业段或不超过2000m²检查6次以上。基层应取钻件(路面芯样)检验其整体性。水泥稳定基层的龄期达7~10d时,应能取出完整的钻件。对于所有试验结果,均报监理工程师审批。

4.石灰粉煤灰稳定土底基层、基层

混合料压实时,若用12~15t三轮压路机碾压,每层的压实厚度不应超过150mm;若用18~20t三轮压路机碾压,每层的压实厚度不应超过200mm;若采用能量大的振动压路机碾压,每层的压实厚度可以根据试验适当增加。压实厚度超过上述规定时,应分层铺筑,每层的最小压实厚度为100mm,下层宜稍厚。

5.级配碎(砾)石底基层、基层

(1)在已完成的底基层、基层上按规范的要求进行取样试验,所有试验结果均应报监理工程师审批。(2)碎石层在最佳含水率时进行碾压,按重型击实试验法确定的压实度,底基层应达到96%以上,基层应达到98%以上。

三 施工过程中路面基层、底基层试验检测项目

施工过程中路面基层、底基层试验检测项目包括:
原材料试验及基层、底基层现场施工质量控制。

1.原材料试验

(1)土:颗粒分析、液塑限、含水率。

(2)石灰:钙镁含量测定。

(3)水泥:凝结时间、强度试验、安定性。

(4)粉煤灰:化学分析、细度、烧失量。

(5)碎石:筛分试验、压碎值试验、表观密度、堆积密度、针片状含量。

以上原材料开工前均应进行全面试检验,合格后方可开工,施工过程中,应根据规范规定的频率及材料变化情况及时检验。

2. 基层、底基层现场施工质量控制

(1)含灰量测定:对现场混合料,采用 EDTA 滴定法检查,参照标准曲线,确定含灰量,控制施工质量。

(2)抗压强度测定:含灰量测定合格后,制备抗压强度试件。

(3)混合料含水率测定:混合料拌和均匀后,应立即测定其含水率。只有含水率在[最佳含水率±(1%~2%)]的范围内才能开始碾压,这时其压实效果最好。

(4)压实度检测:可参照路基工程现场检测的方法。基层、底基层压实度最低要求见表 7-16。

基层、底基层压实度最低要求(单位:%)　　　　表 7-16

公　路　等　级			高速公路和一级公路	二级及二级以下公路
水泥稳定类材料	基层	中粒土、粗粒土	98	97
		细粒土	98	93
	底基层	中粒土、粗粒土	97	95
		细粒土	95	93
石灰稳定类材料	基层	中粒土、粗粒土	—	97
		细粒土	—	93
	底基层	中粒土、粗粒土	97	95
		细粒土	95	93
二灰稳定类材料	基层	中粒土、粗粒土	98	97
		细粒土	98	93
	底基层	中粒土、粗粒土	97	95
		细粒土	95	93

(5)弯沉测定:可参照路基工程现场检测的方法。

第四节　竣工验收阶段基层、底基层的试验检测内容

基层、底基层工程竣工验收阶段试验检测工作包括:

(1)对基层、底基层工程应进行整体评定。

(2)按照竣工资料编制办法要求及时准确完成试验资料的整理归档工作,具体包括以下内容:

①原材料各项常规试验记录及汇总表的收集、整理及归档。

②EDTA 滴定法测水泥、石灰剂量试验记录的收集、整理及归档。

③击实试验记录的收集、整理及归档。

④压实度试验记录及评定表的收集、整理及归档。无侧限抗压强度记录及评定表的收集、

整理及归档。

⑤路面基层、地基层弯沉值记录及评定表的收集、整理及归档。

【思考题】

1. 水泥稳定粒料基层施工质量检查项目有哪些？相应的检查方法是什么？
2. 简述水泥或石灰剂量的测定方法及其意义。

第八章 路面工程试验检测方法

路面是用各种筑路材料或混合料铺筑在公路路基上供汽车行驶的层状构造物,其作用是保证汽车在道路上能全天候、稳定、高速、舒适、安全和经济的运行,分为水泥混凝土路面、沥青混凝土路面。

第一节 路面工程的技术要求

根据路面的分类,本节主要介绍沥青混凝土路面和水泥混凝土路面的技术要求。

热拌沥青混合料面层

1. 粗集料

(1)粗集料包括碎石、破碎砾石、筛选砾石、矿渣等。粗集料应洁净、干燥、无风化、无杂质,具有足够的强度、耐磨耗性。

(2)粗集料的粒径规格应符合规范要求。

(3)粗集料的质量应符合规范的要求。

(4)当按《公路工程沥青及沥青混合料试验规程》(JTG E20—2011)规定的方法试验时,沥青与集料的黏附性不低于4级。否则,应掺加外掺剂。外掺剂的精确比例由实验室确定。

2. 细集料

(1)细集料可采用天然砂、人工砂及石屑,或天然砂和石屑两者的混合料。

(2)细集料应干净、坚硬、干燥、无风化、无杂质或其他有害物质,并有适当的级配。

(3)天然砂、石屑的规格和细集料的质量,应符合规范的技术要求。

3. 填料

(1)填料宜采用石灰岩或岩浆岩中的强基性岩石等憎水性石料经磨制的矿粉,不应含泥土杂质和团粒,要求干燥、洁净,其质量应符合规范的技术要求。

(2)经监理工程师批准,采用水泥、石灰等作为填料时,其用量不宜超过集料总量的2%。

4. 沥青

(1)使用的沥青材料应为重交通道路石油沥青。

(2)运到现场的每批沥青都应附有制造厂的证明和出厂试验报告,并说明装运数量、装运日期、订货数量等。

(3)沥青标号应根据当地的气候情况和图纸要求确定,并取得监理工程师的批准。

(4)承包人应于施工开始前28d将拟用的沥青样品和上述证明及试验报告提交监理工程师检验、批准。除监理工程师另有指示外,承包人不得在施工中以其他沥青替代。

(5)进场沥青每批都应重新进行取样和试验。取样和试验应符合《公路工程沥青及沥青混合料试验规程》(JTG E20—2011)规定。

(6)不同生产厂家、不同标号的沥青必须分开存放,不得混杂,并应有防水措施。

沥青混合料组成设计

(1)沥青混合料面层一般采用双层或三层式结构。

(2)各层沥青混合料的技术标准应符合《公路沥青路面施工技术规范》(JTG F40—2004)的规定。上面层和中面层车辙试验动稳定度,对高速公路应不小于800次/mm,对一级公路应不小于600次/mm。

(3)承包人应按目标配合比设计、生产配合比设计和生产配合比验证三阶段进行沥青混合料的配合比设计。沥青混合料配合比的设计与检验应按《公路沥青路面施工技术规范》(JTG F40—2004)规定的方法进行。

(4)承包人应在28d前向监理工程师提交拟用的沥青混合料级配、沥青结合料用量及沥青混合料稳定度、流值、空隙率、动稳定度、残留稳定度等各项技术指标的书面详细说明。在承包人提交的目标配合比未经监理工程师批准前,不得进入生产配合比设计。

(5)如果承包人建议改变料源时,应在材料生产之前,把新的目标配合比设计报告监理工程师审批。审批新的工地拌合料级配时应做试验,每一次评价至少需要14d时间。由于这些变化而产生的所有费用都应由承包人支付。

(6)在沥青混合料未被批准之前,不得进行下一步工序。未经监理工程师认可,对已批准的沥青混合料配合比和原材料品种不得更改。

水泥混凝土路面

(一)材料

1.水泥

(1)各级路面用水泥的物理性能和化学成分应符合图纸要求和《硅酸盐水泥、普通硅酸盐水泥》(GB 175—2007)和《道路硅酸盐水泥》(GB 13693—2005)的规定,并符合《公路水泥混凝土路面施工技术细则》(JTG/T F30—2014)的规定。

(2)特重、重交通混凝土路面宜采用旋窑道路硅酸盐水泥或普通硅酸盐水泥;中、轻交通的路面也可采用矿渣硅酸盐水泥。低温天气施工、有快通要求的路段可采用R型水泥,其他宜采用普通型水泥。

(3)采用机械化铺筑时,宜选用散装水泥,散装水泥的出厂温度应符合《公路水泥混凝土路面施工技术细则》(JTG/T F30—2014)第3.1.4节的规定。

(4)当贫混凝土和碾压混凝土用作基层时,可使用各种硅酸盐类水泥。不掺用粉煤灰时,宜使用强度等级32.5级以下的水泥。掺用粉煤灰时,只能使用道路水泥、硅酸盐水泥、普通水泥。

(5)水泥进场时,应附有产品合格证及化验单,承包人应对品种、强度等级、包装、数量、出厂日期等进行检查验收,并报监理工程师审批。

2.粗集料

(1)粗集料可使用碎石、破碎卵石和卵石。粗集料应质地坚硬、耐久、洁净。粗集料技术指标应符合图纸要求及表8-1的规定。粗集料按技术要求分为Ⅰ、Ⅱ、Ⅲ级。高速公路、一级公路、二级公路及有抗(盐)冻要求的三、四级公路混凝土路面使用的粗集料级别应不低于Ⅱ

级,无抗(盐)冻要求的三、四级公路混凝土路面、碾压混凝土及贫混凝土基层可使用Ⅲ级粗集料。有抗(盐)冻要求时,Ⅰ级集料吸水率不应大于1.0%;Ⅱ级集料吸水率不应大于2.0%。

碎石、碎卵石和卵石技术指标 表8-1

项目	技术要求		
	Ⅰ级	Ⅱ级	Ⅲ级
碎石压碎指标(%)	<10	<15	<20
卵石压碎指标(%)	<12	<14	<16
坚固性(按质量损失计,%)	<5	<8	<12
针片状颗料含量(按质量计,%)	<5	<15	<20
含泥量(按质量计,%)	<0.5	<1.0	<1.5
泥块含量(按质量计,%)	<0	<0.2	<0.5
有机物含量(比色法)	合格	合格	合格
硫化物及硫酸盐(按SO_3质量计,%)	<0.5	<1.0	<1.0
岩石抗压强度	火成岩不应小于100MPa;变质岩不应小于80MPa;水成岩不应小于60MPa		
表观密度	>2500kg/m³		
松散堆积密度	>1350kg/m³		
空隙率	<47%		
碱集料反应	经碱集料反应试验后,试件无裂缝、酥裂、胶体外溢等现象,在规定试验龄期的膨胀率应小于0.10%		

注：1. Ⅲ级碎石的压碎指标,用作路面时,应小于20%;用作下面层或基层时,可小于25%。
  2. Ⅲ级粗集料的针片状颗粒含量,用作路面时,应小于20%;用作下面层或基层时,可小于25%。

(2) 粗集料的级配范围应符合表8-2的要求。

粗级料级配范围 表8-2

粒径级配类型		方筛孔尺寸(m)							
		2.36	4.75	9.50	16.0	19.0	26.5	31.5	37.5
		累计筛余(以质量计,%)							
合成级配	4.75~16	95~100	85~100	40~60	0~10				
	4.75~19	95~100	85~95	60~75	30~45	0~5	0		
	4.75~26.5	95~100	90~100	70~90	50~70	25~40	0~5	0	
	4.75~31.5	95~100	90~100	75~90	60~75	40~60	20~35	0~5	0
粒级	4.75~9.5	95~100	80~100	0~15	0				
	9.5~16		95~100	85~100	0~15	0			
	9.5~19		95~100	85~100	40~60	0~15	0		
	16~26.5			95~100	55~70	25~40	0~10	0	
	16~31.5			95~100	85~100	55~70	25~40	0~10	0

(3) 路面和桥面混凝土粗集料不得使用不分级的统料,应按公称最大粒径的不同采用2~4料级集料进行掺配,并应符合图纸要求及表8-2合成连续级配的要求。卵石公称最大粒径不宜大于19.0mm;碎卵石公称最大粒径不宜大于26.5mm;碎石公称最大粒径不应大于31.5mm。贫混凝土基层粗集料公称最大粒径不应大于31.5mm;钢纤维混凝土与碾压混凝土粗集料公称最大粒径不宜大于19.0mm。碎卵石或碎石粒径小于75um的石粉含量不宜大于1%。

(4)当怀疑有碱活性集料或夹杂有碱活性集料时,应进行碱集料反应检验,确认无碱集料反应后,方可使用。

(5)当粗集料中含有活性二氧化硅或其他活性成分时,水泥中碱的含量不应大于0.6%,并应按照《公路工程集料试验规程》(JTG E42—2005)的规定进行试验,确认对混凝土质量无有害影响方可施工。

(6)在含碱环境中(如盐碱地、含碱工业废水侵蚀)的混凝土,不得使用含有活性成分的集料。

3. 细集料

(1)细集料可采用质地坚硬、耐久、洁净的天然砂(河砂和沉积砂)、机制砂或混合砂,细集料的技术指标应符合图纸要求及表8-3的规定。细集料按技术要求分为Ⅰ级、Ⅱ级、Ⅲ级。高速公路、一级公路、二级公路及有抗(盐)冻要求的三、四级公路混凝土路面使用的砂类别应不低于Ⅱ级,无抗(盐)冻要求的三、四级公路混凝土路面、碾压混凝土及贫混凝土基层可使用Ⅲ级砂。特重、重交通混凝土路面宜使用河砂,砂的硅质含量不应低于25%。

细集料技术指标 表8-3

项 目	技术要求		
	Ⅰ级	Ⅱ级	Ⅲ级
机制砂单粒级最大压碎指标(%)	<20	<25	<30
氯化物(按氯离子质量计,%)	<0.01	<0.02	<0.06
坚固性(按质量损失计,%)	<6	<8	<10
云母(按质量计,%)	<1.0	<2.0	<2.0
天然砂、机制砂含泥量(按质量计,%)	<1.0	<1.0	<3.0
天然砂、机制砂泥块含量(按质量计,%)	0	<1.0	<2.0
机制砂 MB 值 <1.4 或合格石粉含量(按质量计,%)	<3.0	<5.0	<7.0
机制砂 MB 值 ≥1.4 或不合格石粉含量(按质量计,%)	<1.0	<3.0	<5.0
有机物含量(比色法)	合格	合格	合格
硫化物及硫酸盐(按 SO_3 质量计,%)	<0.5	<0.5	<0.5
轻物质(按质量计,%)	<1.0	<1.0	<1.0
机制砂母岩抗压强度	火成岩不应小于100MPa;变质岩不应小于80MPa;水成岩不应小于60MPa。		
表观密度	>2500kg/m³		
松散堆积密度	>1350kg/m³		
空隙率	<47%		
碱集料反应	经碱集料反应试验后,由砂配制试件无裂缝、酥裂、胶体外溢等现象,在规定试验龄期的膨胀率应小于0.10%		

(2)细集料级配应符合图纸要求及表8-4的规定。砂按细度模数分为粗砂、中砂、细砂。路面和桥面用天然砂宜为中砂,可使用偏细粗砂或偏粗细砂,细度模数应为2.0~3.5。同一配合比用砂的细度模数变化范围不应超过0.3,否则,应分别堆放,并调整配合比中的砂率后使用。

细集料级配范围   表8-4

砂分级	方筛孔尺寸（m）					
	0.15	0.30	0.60	1.18	2.36	4.75
	累计筛余（以质量计,%）					
粗砂	90~100	80~95	71~85	35~65	5~35	0~10
中砂	90~100	70~92	41~70	10~50	0~25	0~10
细砂	90~100	55~85	16~40	0~25	0~15	0~10

4. 掺合料

混凝土路面可掺用粉煤灰的质量指标应符合图纸要求及表8-5的规定,应使用Ⅰ、Ⅱ级干排或磨细粉煤灰,不得使用Ⅲ级粉煤灰。贫混凝土、碾压混凝土基层或复合式路面下面层应掺用符合表8-4规定的Ⅲ级及Ⅲ级以上的粉煤灰,不得使用等级外的粉煤灰。

粉煤灰分级和质量指标   表8-5

粉煤灰等级	细度（45um气流筛,筛余量,%）	烧失量（%）	需水量比（%）	含水率（%）	Cl^-（%）	SO_3（%）	混合砂浆活性指数	
							7d	28d
Ⅰ	≤12	≤5	≤95	≤1.0	<0.02	≤3	≥75	≥85(75)
Ⅱ	≤20	≤8	≤105	≤1.0	<0.02	≤3	≥70	≥80(62)
Ⅲ	≤45	≤15	≤115	≤1.5	—	≤3	—	—

5. 外加剂

外加剂的产品质量及掺量应符合图纸要求及《公路水泥混凝土路面施工技术细则》(JTG F30—2014)表3.6.1的规定。供应商应提供有相应资质外加剂检测机构认定的品质检测报告。检测报告应说明外加剂的主要化学成分,对钢筋无锈蚀、对混凝土无腐蚀和对人员无毒副作用。承包人在施工中应经配合比试验确定外加剂的品种质量和剂量。所有外加剂的使用均应得到监理工程师批准。

6. 水

混凝土搅拌和养护用水应清洁,宜采用饮用水。使用非饮用水时,应进行检验,并符合下列规定:

(1) 硫酸盐含水率(按SO_3计)不得超过2700mg/L。

(2) 含盐量不得超过5000mg/L。

(3) pH值不得小于4。

(4) 不得含有油污。

(5) 海水不得作为混凝土拌和用水。

7. 钢筋

(1) 钢筋应符合图纸及《钢筋混凝土用钢 第2部分:热轧带肋钢筋》(GB 1499.2—2007)和《钢筋混凝土用钢 第1部分:热轧光圆钢筋》(GB 1499.1—2008)的要求。

(2) 钢筋应顺直,不得有裂缝、断伤、刻痕,表面油污和颗粒状或片状锈蚀应清除。

8. 接缝材料

(1) 胀缝板宜选用杉木板、纤维板、沥青纤维板、泡沫橡胶板或泡沫树脂板等材料。其技术要求应符合图纸及《公路水泥混凝土路面施工技术细则》(JTG/T F30—2014)中表3.9.2的要求。

（2）填缝料可选用沥青橡胶类、聚氯乙烯胶泥类、沥青玛蹄脂类等加热施工式填缝料和聚氨酯焦油类、氯丁橡胶类、乳化沥青橡胶类等常温施工式填缝料及预制橡胶嵌缝条。其技术要求应符合《公路水泥混凝土路面施工技术细则》（JTG/T F30—2014）中表 3.9.4 的规定。

9．其他材料

用于混凝土路面养护的养生剂、用于防裂缝修补材料和传力杆套（管）帽、沥青及塑料薄膜等材料的技术性能及物理力学性能应符合《公路水泥混凝土路面施工技术细则》（JTG/T F30—2014）第 3.10 节的规定。

（二）配合比设计

（1）普通混凝土配合比设计适用于滑模摊铺机、轨道摊铺机、三辊轴机组和小型机具施工方式。

（2）普通混凝土路面的配合比设计在兼顾经济性的同时，应满足弯拉强度、工作性、耐久性等三项技术要求。三项技术要求应符合图纸要求及《公路水泥混凝土路面施工技术细则》（JTG/T F30—2014）中第 4.1 条的有关规定。

（3）路面混凝土满足耐久性要求的最大水（胶）灰比和最小水泥用量应符合表 8-6 的规定。

混凝土满足耐久性要求的最大水（胶）灰比和最小单位水泥用量　　　　表 8-6

公 路 等 级		高速、一级公路	二级公路	三、四级公路
最大水（胶）灰比		0.44	0.46	0.48
抗冰冻要求最大水（胶）灰比		0.42	0.44	0.46
抗盐冻要求最大水（胶）灰比		0.40	0.42	0.44
最小单位水泥用量(kg)	42.5 级	300	300	290
	32.5 级	310	310	305
抗冰（盐）冻时最小单位水泥用量(kg)	42.5 级	320	320	315
	32.5 级	330	330	325
掺粉煤灰时最小单位水泥用量(kg)	42.5 级	260	260	255
	32.5 级	280	270	265
抗冰（盐）冻掺粉煤灰最小单位水泥用量（42.5 级水泥）(kg)		280	270	265

第二节　施工准备阶段路面工程的试验检测内容

路面工程分为水泥混凝土路面试验检测和沥青混凝土路面试验检测。

根据设计图纸要求，路面工程施工准备阶段试验检测可分为水泥混凝土路面试验检测和沥青混凝土路面试验检测。

（1）水泥混凝土路面试验检测项目包括：

①细集料试验。

②粗集料试验。

③水泥常规试验。

④混凝土配合比试验。

(2)沥青混凝土路面试验检测项目包括:

①沥青三大指标测定,即针入度、软化点、延度的测定,必要时需做沥青含蜡量、黏度及闪点的测定。

②做砂、石、石屑、石粉等材料的常规检验。

③沥青混合料组成设计:一般至少要取5种不同沥青用量的试件,每组试件不少于5个,做马歇尔试验,测定沥青混凝土的密度、稳定度、流值,计算饱和度和空隙率,绘制沥青用量选定图,确定沥青用量。

路面工程试验检测项目一——沥青常规试验检测方法

(一)试验一:沥青针入度试验

1. 试验目的

通过针入度的测定不仅能够掌握不同沥青的黏稠性以及进行沥青标号的划分,而且可以用来描述沥青的温度敏感性——针入度指数。针入度指数可在15℃、25℃、30℃等多个温度条件下测定。若30℃时的针入度值过大,可用5℃时的代替。当量软化点 T_{800} 是相当于沥青针入度为800时的温度,用以评价沥青的高温稳定性。当量脆点 $T_{1.2}$ 是相当于沥青针入度为1.2时的温度,用以评价沥青的低温抗裂性能。

2. 试验仪器与材料

(1)针入度仪:凡能保证针和针连杆在无明显摩擦下垂直运动,并能指示针贯入深度准确至0.1mm的仪器均可使用。针和针连杆组合件总质量为(50±0.05)g,另附(50±0.05)g砝码一只,试验时总质量为(100±0.05)g。当采用其他试验条件时,应在试验结果中注明。仪器设有放置平底玻璃保温皿的平台,并有调节水平的装置,针连杆应与平台相垂直。仪器设有针连杆制动按钮,使针连杆可自由下落。针连杆易于装拆,以便检查其质量。该仪器还设有可自由转动与调节距离的悬臂,其端部有一面小镜或聚光灯泡,借以观察针尖与试样表面的接触情况。当为自动针入度仪时,各项要求与此项相同,温度采用温度传感器测定,针入度值采用位移计测定,并能自动显示或记录,且应对自动装置的准确性经常校验。为提高测试精密度,不同温度的针入度试验宜采用自动针入度仪进行。

(2)标准针由硬化回火的不锈钢制成,洛氏硬度为HRC54-60,表面粗糙度 R_a 为0.2~0.3um,针及针杆总质量为(2.5±0.05)g,针杆上应打印有号码标志,针应设有固定用装置盒(筒),以免碰撞针尖,每根针必须附有计量部门的检验单,并定期进行检验。

(3)盛样皿:金属制,平底圆柱形。小盛样皿的内径55mm,深35mm(适用于针入度小于200个单位的试样);大盛样皿内径70mm,深45mm(适用于针入度200~350个单位的试样);对针入度大于350的试样需使用特殊盛样皿,其深度不小于60mm,试样体积不小于125mL。

(4)恒温水槽:容量不少于10L,控温的准确度为0.1℃。水槽中应设有一带孔的搁架,位于水面下不得小于100mm,距水槽底不得小于50mm处。

(5)平底玻璃皿:容量不少于1L,深度不小于80mm,内设有一不锈钢三脚支架,能使盛样皿稳定。

(6)温度计:0~50℃,分度为0.1℃。

(7)秒表:分度0.1s。

(8)盛样皿盖:平板玻璃,直径不小于盛样皿开口尺寸。

(9)溶剂:三氯乙烯等。

(10)其他:电炉或砂浴、石棉网、金属锅或瓷柄坩埚等。

3. 试验方法与步骤

(1)将试样注入盛样皿中,试样高度应超过预计针入度值10mm。盖上盛样皿,以防落入灰尘。盛有试样的盛样皿在15~30℃室温中冷却1~1.5h(小盛样皿)、1.5~2h(大盛样皿)或2~2.5h(特殊盛样皿)后移入保持规定试验温度±0.1℃的恒温水槽中1~1.5h(小盛样皿)、1.5~2h(大试样皿)或2~2.5h(特殊盛样皿)。

调整针入度仪使之水平。检查针连杆和导轨,以确认无水和其他外来物,无明显摩擦。用三氯乙烯或其他溶剂清洗标准针,并拭干。将标准针插入针连杆,用螺丝固紧。按试验条件,加上附加砝码。

(2)将盛有试样的平底玻璃皿置于针入度仪的平台上,慢慢放下针连杆,用适当位置的反光镜或灯光反射观察,使针尖恰好与试样表面接触。拉下刻度盘的拉杆,使之与针连杆顶端轻轻接触,调节刻度盘或深度指示器的指针指示为零。开动秒表,当秒表指针正指向5s的瞬间,用手紧压针入度仪按钮,使标准针自动下落贯入试样,经规定时间,停压按钮使针停止移动(当采用自动针入度仪时,计时与标准针落入贯入试样同时开始,至5s时自动停止)。

(3)压下刻度盘拉杆与针连杆顶端接触,读取刻度盘指针或位移指示器的读数,准确至0.5(0.1mm)。同一试样平行试验至少3次,各测试点之间及与盛样皿边缘的距离不应小于10mm。每次试验后应将盛有盛样皿的平底玻璃皿放入恒温水槽,使平底玻璃皿中的水温保持试验温度。每次试验应换一根干净标准针,或将标准针取下用蘸有三氯乙烯溶剂的棉花或布揩净,再用干棉花或布擦干。

(4)测定针入度指数 PI 时,按同样的方法分别在15℃、25℃、30℃(或5℃)3个温度条件下,分别测定沥青的针入度。

4. 试验结果确定和计算

(1)同一试样3次平行试验结果的最大值和最小值之差在表8-7列允许偏差范围内时,计算3次试验结果的平均值,并取至整数作为针入度试验结果,单位0.1mm。

不同针入度允许偏差范围 表8-7

针入度(0.1m)	允许差值(0.1mm)	针入度(0.1m)	允许差值(0.1mm)
0~49	2	150~249	12
50~149	4	250~500	20

(2)沥青针入度指数PI和当量软化点、当量脆点的计算:

①由3个以上的温度针入度按一元一次方程直线回归法,求取针入度对温度的感应系数 A_{1gpen}。

$$\lg P = A_{1gpen} \times T + K \tag{8-1}$$

式中:A_{1gpen}——针入度对温度感应系数,即由式(8-1)回归得到的斜率;

$\lg P$——不同温度条件下测得的针入度值的对数;

T——试验温度,℃;

K——由式(8-1)回归得到的截距。

由回归求得的 A_{1gpen} 计算针入度指数,并记为 PI_{1gpen}。

$$PI_{1gpen} = \frac{20 - 500A_{1gpen}}{1 + 50A_{1gpen}} \tag{8-2}$$

②沥青的当量软化点 T_{800} 的计算。

$$T_{800} = \frac{\lg 800 - K}{A_{1gpen}} = \frac{2.9031 - K}{A_{1gpen}} \tag{8-3}$$

③沥青的当量脆点 $T_{1.2}$ 的计算。

$$T_{1.2} = \frac{\lg 1.2 - K}{A_{1gpen}} = \frac{0.0792 - K}{A_{1gpen}} \tag{8-4}$$

5. 说明与注意问题

(1) 针入度试验的三项关键性条件分别是:温度、测试时间和针的质量,如这三项试验条件控制不准,将严重影响试验结果的准确性。三项条件最常见的状态是:温度25℃、测试时间5s、针的质量100g,所以针入度常用 P25℃,100g,5s 表示。

(2) 测定针入度值大于200的沥青试样时,至少用3支标准针,每次试验后将针留在试样中,直至3次平行试验完成后,才能将标准针取出。

(3) 当试验结果小于50(0.1mm)时,重复性试验的允许差为2(0.2mm),复现性试验的允许差为4(0.1mm);当试验结果等于或大于50(0.1mm)时,重复性试验的允许差为平均值的4%,复现性试验的允许差为平均值的8%。

(二)试验二:沥青软化点试验(环球法)

1. 试验目的

沥青材料是一种非晶质高分子材料,它由液态凝结为固态,或由固态熔化为液态,没有敏锐的固化点和液化点,通常采用条件的硬化点和滴落点来表示。沥青材料在硬化点至滴落点之间的温度阶段时,是一种滞流状态。在工程实际中,为保证沥青不致由于温度升高而产生流动的状态,取液化点与固化点之间温度间隔的87.21%作为软化点。软化点的数值随采用的仪器不同而异,我国现行规范试验采用环球法。

2. 试验仪器与材料

(1) 软化点试验仪:由若干附件组成,钢球——直径9.53mm,质量(3.5±0.05)g;试样环——由黄铜或不锈钢等制成;钢球定位环——由黄铜或不锈钢制成。

(2) 金属支架:由两个主杆和三层平行的金属板组成。上层为一圆盘,直径略大于烧杯直径,中间有一圆孔,用以插放温度计。中层板上有两个孔,各放置金属环,中间有一小孔可支持温度计的测温端部。一侧立杆距环上面51mm处刻有水高标记。环下面距下层底板为25.4mm,而底板距烧杯底不小于12.7mm,也不得大于19mm。三层金属板和两个主杆由两螺母固定在一起。

(3) 耐热玻璃烧杯:容量800~1000mL,直径不小于86m,高不小于120mm。

(4) 温度计:0~80℃,分度为0.5℃。

(5) 环夹:由薄钢条制成,用以夹持金属环,以便刮平表面。

(6) 装有温度调节器的电炉或其他加热炉具:(液化石油气、天然气等)。最好采用带有振荡搅拌器的加热电炉,振荡子置于烧杯底部。

(7) 试样底板:金属板(表面粗糙度应达 $R_a 0.8 \mu m$)或玻璃板。

(8) 恒温水槽:控温的准确度为 0.5℃。
(9) 平直刮刀。
(10) 甘油滑石粉隔离剂(甘油与滑石粉的比例为质量比 2∶1)。
(11) 新煮沸过的蒸馏水。
(12) 其他:石棉网。

3. 试验方法与步骤

(1) 将试样环置于涂有甘油滑石粉隔离剂的试样底板上。将准备好的沥青试样徐徐注入试样环内至略高出环面为宜。试样在室温冷却 30min 后,用环夹夹着试样环,用热刮刀刮除环面上超出的部分,务必使沥青试样与环面齐平。

(2) 实际试验操作时,根据沥青实际软化点的高低采用两种不同方式进行。

① 试验方法一:软化点在 80℃ 以下的沥青。

a. 将装有试样的试样环连同试样底板置于(5±0.5)℃水的恒温水槽中至少 15min;同时将金属支架、钢球、钢球定位环亦置于相同水槽中。

b. 烧杯内注入新煮沸并冷却至 5℃的蒸馏水,水面略低于立杆上的深度标记。

c. 从恒温水槽中取出盛有试样的试样环放置在支架中层板的圆孔中,套上定位环;然后将整个环架放入烧杯中,调整水面至深度标记,并保持水温为(5±0.5)℃。环架上任何部分不得附有气泡。将(0~80)℃的温度计由上层板中心孔垂直插入,使端部测温头底部与试样环下面齐平。

d. 将盛有水和环架的烧杯移至放有石棉网的加热炉具上,然后将钢球放在定位环中间的试样中央,立即开动振荡搅拌器,使水微微振荡,并开始加热,使杯中水温在 3min 内调节至维持每分钟上升(5±0.5)℃。在加热过程中,应记录每分钟上升的温度值,如温度上升速度超出此范围时,则试验应重做。

e. 试样受热软化逐渐开始下坠,至与下层底板表面接触时,立即读取温度,准确至 0.5℃。

② 试验方法二:软化点在 80℃ 以上的沥青。

a. 将装有试样的试样环连同试样底板置于装有(32±1)℃甘油的恒温容器中至少 15min,同时将金属支架、钢球、钢球定位环等亦置于甘油中。

b. 在烧杯内注入预先加热至 32℃的甘油,其液面略低于立杆上的深度标记,并将盛有甘油和环架的烧杯移至放有石棉网的加热炉具上,然后将钢球放在定位环中间的试样中央开始试验。

c. 按上述相同的升温方法进行加热测定,最终测出试样坠落接触底板时的温度,准确至 1℃。

4. 试验结果

同一试样平行试验两次,当两次测定值的差值符合重复性试验精密度要求时,取其平均值作为软化点试验结果,准确至 0.5℃。

5. 说明与注意问题

(1) 当试样软化点小于 80℃时,重复性试验的允许差为 1℃,复现性试验的允许差为 4℃。当试样软化点等于或大于 80℃时,重复性试验的允许差为 2℃,复现性试验的允许差为 8℃。

(2) 如估计试样软化点高于 120℃,则试样环和试样底板(不得用玻璃板)均应预热至 80~100℃。

(三)试验三:沥青延度试验

1. 试验目的

当沥青受到外力的拉伸作用时,能够产生一定的塑性变形,通过延度试验测定沥青能承受的塑性变形总能力。

2. 试验仪器与材料

(1)延度仪:试验专用水槽型设备,能将试件浸没于水中,保持规定的试验温度及按照规定拉伸速度进行拉伸试验。

(2)试模:黄铜制,由两个端模和两个侧模组成,其中两个侧模在试验时可以卸掉。

(3)试模底板:玻璃板或磨光的铜板、不锈钢板(表面粗糙度 $R_a = 0.2\mu m$)。

(4)恒温水槽:容量不小于10L,控制温度的准确度为 $0.1℃$,水槽中应设有带孔搁架,搁架距水槽底不得小于50mm。试件浸入水中深度不小于100mm。

(5)温度计:$0 \sim 50℃$,分度为 $0.1℃$。

(6)砂浴或其他加热炉具。

(7)甘油滑石粉隔离剂(甘油与滑石粉的质量比为2:1)。

(8)其他:平刮刀、石棉网、酒精、食盐等。

3. 试验方法与步骤

(1)将隔离剂拌和均匀,涂于清洁干燥的试模底板和两个侧模的内侧表面,并将试模在试模底板上装妥。

(2)将准备好的沥青试样仔细地自试模的一端向另一端往返数次缓缓注入模中,最后略高出试模,灌模时应注意勿使气泡混入。试件在室温中冷却 $30 \sim 40$ min,然后置于规定试验温度 $\pm 0.1℃$ 的恒温水槽中,保持30min后取出,用热刮刀刮除高出试模的沥青,使沥青面与试模面齐平。沥青的刮平应自试模的中间刮向两端,且表面应刮平滑。将试模连同底板再浸入规定试验温度的水槽中 $1 \sim 1.5$ h。

(3)检查延度仪延度是否符合规定要求,然后移动滑板使其指针正对标尺的零点。将延度仪注水,并保温达到试验温度 $\pm 0.5℃$。将保温后的试件连同底板移入延度仪的水槽中,然后将盛有试样的试模自玻璃板或不锈钢板上取下,将试模两端的孔分别套在滑板及槽端固定板的金属柱上,并取下侧模。水面距试件表面应不小于25mm。

(4)开动延度仪,并注意观察试样的延伸情况。此时应注意,在试验过程中,水温应始终保持在试验温度规定范围内,且仪器不得有振动,水面不得有晃动。当水槽采用循环水时,应暂时中断循环,停止水流。在试验中,如发现沥青细丝浮于水面或沉入槽底时,则应在水中加入酒精或食盐,调整水的密度与沥青试样的密度相近后,重新试验。

(5)试件拉断时,读取指针所指标尺上的读数,以 cm 表示。在正常情况下,试件延伸时应成锥尖状,拉断时实际断面接近于零。如不能得到这种结果,则应在报告中注明。

4. 试验结果

同一试样,每次平行试验不少于3个试件,如3个测定结果均大于100cm,试验结果记作">100cm";特殊需要也可分别记录实测值,如3个测定结果中,有一个以上的测定值小于100cm时,若最大值或最小值与平均值之差满足重复性试验精密度要求,则取3个测定结果的平均值的整数作为延度试验结果,若平均值大于100cm,记作">100cm";若最大值或最小值与平均值之差不符合重复性试验精密度要求时,试验应重新进行。

5. 说明与注意问题

（1）当试验结果小于100cm时，重复性试验的允许差为平均值的20%；复现性试验的允许差为平均值的30%。

（2）沥青延度的试验温度与拉伸速率可根据要求采用，通常采用的试验温度有25℃、15℃、10℃或5℃等，通常重交通道路石油沥青延度试验时的温度为15℃，而中、轻交通道路石油沥青延度试验时的温度为25℃。拉伸速度一般为(5±0.25)cm/min，当低温采(1±0.05)cm/min拉伸速度时，应在报告中注明。

（3）隔离剂的使用是为了防止沥青粘在底板或侧模上，隔离剂原有的调配比例偏稀，易从侧模上流淌下去，起不到防粘连作用，所以可不必拘泥原有比例。调配的原则是既能起到有效的防粘连作用，又不会因偏稠而减薄沥青试件的有效尺寸。

二 路面工程试验检测项目二——沥青混合料常规试验检测方法

（一）概述

沥青混合材料是以沥青为结合料，经过合理选择级配组成的矿质混合料（如碎石、石屑、砂等），在一定温度下经拌和而成的路面材料。将沥青混合料摊铺，碾压成型，具有整体性能的路面材料即各种类型的沥青路面。

（二）沥青混合料的分类

（1）按胶结材料的种类不同，分为石油沥青混合料和煤沥青混合料。

（2）按矿质材料的级配类型，分为连续级配沥青混合料和间断级配沥青混合料。

（3）按矿质材料最大粒径，分为粗粒式、中立式、细粒式和砂粒式沥青混合料。

粗粒式沥青混合料一般用于高层路面的基层，双层式沥青路面的下层；中粒式沥青混合料一般用于路面的面层或双层式沥青路面的下层；细粒式沥青混合料可用于双层式沥青路面面层；砂粒式沥青混合料一般用于高级路面上的磨耗层。

（4）按沥青混合料的密实度，分为密级配沥青混合料、开级配和半开级配沥青混合料。

①密级配混合料是指剩余空隙率小于10%的混合料，其矿料一般为连续级配，并含有较多的矿粉。当剩余空隙率3%~6%时，为密实式沥青混合料。当剩余空隙率4%~10%时，为半密实式沥青混合料。

②开级配沥青混合料是指剩余空隙率大于15%的混合料，其混合料的矿质材料级配大多为间断级配，细粒较少。

③半开级配沥青混合料是指剩余空隙率为10%~15%的混合料，其混合料的矿质材料级配大多为间断级配。

（5）按矿粉含量多少，分为沥青混凝土混合料和沥青碎石混合料。

沥青混凝土的矿质集料中规定应加入一定数量的矿粉，使混凝土具有最佳密实度，空隙率在10%以下，其强度主要靠沥青本身的黏聚力与矿料之间的黏附力而形成。而沥青碎石混合料的矿料中粗粒含量多，其强度、耐久性均比沥青混凝土混合料差。

（6）按应用情况，分为普通沥青混合料及特种沥青混合料。

特种沥青混合料是指在特殊情况下使用的沥青混合，常用的有几种：

①摊铺沥青混凝土。它是用标号较高的沥青和较多的石粉，经过高温拌和而呈黏稠状并

有一定流动性的混合料。

②碾压式沥青混凝土。它是在沥青、石粉和砂所组成的砂质沥青砂浆中掺入近乎单粒径的混合料,在其上面压入预涂沥青碎石,其抗滑性、耐磨性好。

③半柔半刚性沥青混合料。它是在已铺筑的开级配沥青混凝土表面的集料空隙间,灌注以水泥为主并掺加树脂的薄层砂浆,硬化成具有坚固表层的沥青面层材料。

④彩色混合料。它是以沥青及合成树脂为结合料,集料为彩色石子,并加入不同颜料为填充料拌制的混合料。这种材料常用于人行横道线或公园内道路的路面。

(7)按沥青混合料施工温度,分为热拌热铺、热拌冷铺和冷拌冷铺沥青混合料。

①热拌热铺沥青混合料,是指沥青和矿料都需加热到要求的温度才能拌和均匀,并要求保持一定的温度才能摊铺和易于压实的沥青混合料。

②热拌冷铺沥青混合料,一般是指在工地现场用加热到规定温度的沥青与冷矿料进行拌和的混合料。

③冷拌冷铺沥青混合料,是指结合料和矿料都无须加热,或对沥青略为加热进行拌和,亦称常温拌和,的混合料。

(三)沥青混合料试验

1. 试验一 沥青混合料试件制作方法(击实法)

1)试验目的与适用范围

(1)本方法适用于标准击石法制作沥青混合料试件,以供试验室进行沥青混合料物理力学性质试验使用。

(2)标准击石法适用于马歇尔试验、间接抗拉试验(劈裂法)等所使用的 $\phi 101.6mm \times 63.5mm$ 圆柱体试件的成型。

(3)沥青混合料试件制作时的矿料规格及试件数量应符合如下规定:

①沥青混合料配合比设计及在实验室人工配制沥青混合料制作试件时,试件直径不小于集料公称最大粒径的4倍,厚度应为集料公称最大粒径的1~1.5倍。对直径 $\phi 101.6mm$ 的试件,集料公称最大粒径不大于26.5mm。对集料大于26.5mm的粗粒式沥青混合料,其大于26.5mm的集料应用等量的13.2~26.5mm的集料代替(替代法)。大型圆柱体试件适用于集料公称最大粒径不大于37.5mm情况,试验室成型的一组试件的数量不得小于4个,必要时需增加至5~6个。

②用在拌和厂及施工现场采集的拌和沥青混合料成品试样制作直径 $\phi 101.6mm$ 的试件时,按下列规定选用不同的方法及试件数量:

a. 当集料公称最大粒径小于或等于26.5mm时,可直接取样(直接法)。一组试件的数量通常为4个。

b. 当集料公称最大粒径大于26.5mm,但不大于31.5mm时,宜将大于26.5mm的集料随后使用(过筛法),一组试件数量仍为4个,如采用直接法,一组试件的数量应增加至6个。

c. 当集料公称最大粒径大于31.5mm时,必须用过筛法。过筛的筛孔为26.5mm,一组试件仍为4个。

2)试验仪器

(1)标准击实仪:由击实锤、$\phi 98.5mm$ 平圆形压实头及带手柄的导向棒组成。用人工或机械压实锤举起,从(457.2 ± 1.5)mm 高度沿导向棒自由下落击实,标准击实锤质量为(4536 ± 9)g。

(2)标准击实台:用以固定试模,在 200mm × 200mm × 457mm 的硬木墩上采用青冈栎、松或其他干密度为 0.67~0.77g/cm³ 的硬木制成。人工击实或机械击实均必须有此标准击实台。

自动击实仪是将标准击实锤及标准击实台安装一体，并用电力驱动使击实锤连续击实试件且可自动计数的设备，击实速度为(60±5)次/min。

(3) 试验室用沥青混合料拌和机：能保证拌和温度并充分拌和均匀，可控制拌和时间，容量小于 10L。搅拌叶自转速度为 70~80r/min，公转速度为 40~50r/min。

(4) 脱模器：电动或手动，可无破损地推出圆柱体试件，备有标准圆柱体试件尺寸的推出环。

(5) 试模：由高碳钢或工具钢制成，每组包括内径(101.6±0.2)mm，高 87mm 的圆柱形金属筒、底座(直径约 120.6mm)和套筒(内径 101.6mm、高 70mm)各 1 个。

(6) 烘箱：大、中型各一台，装有温度调节器。

(7) 天平或电子秤：用于称量矿料的，感量不大于 0.5g；用于称量沥青的，感量不大于 0.1g。

(8) 沥青运动黏度测定设备：毛细管黏度计、赛波特重油黏度计或布洛克菲尔德黏度计。

(9) 插刀或大螺丝刀。

(10) 温度计：分度值为 1℃。宜采用有金属插杆的热电偶温度计，金属插杆的长度不小于 300mm。量程 0~300℃，数字显示或度盘指针的分度值为 0.1℃，且有留置读数功能。

(11) 其他：电炉或煤气炉、沥青熔化锅、拌和铲、标准筛、滤纸(或普通纸)、胶布、卡尺、秒表、粉笔、棉纱等。

3) 试验步骤

(1) 准备工作

①确定制作沥青混合料试件的拌和与压实温度。

a. 按规范规定测定沥青的黏度，绘制黏温曲线。按要求确定适宜沥青混合料拌和及压实的等黏温度。

b. 当缺乏沥青黏度测定条件时，试件的拌和与压实温度可按规定选用，并根据沥青品种和标号作适当调整。针入度小、稠度大的沥青取高限，针入度大、稠度小的沥青取低限，一般取中值。对改性沥青，应根据改性剂的品种和用量，适当提高混合料的拌和和压实温度，对大部分聚合物改性沥青，需要在基质沥青的基础上提高 15~30℃，掺加纤维时，尚需再提高 10℃ 左右。

c. 常温沥青混合料的拌和及压实在常温下进行。

②试样采集。

按《公路工程沥青及沥青混合料试验规程》(JTG E20—2011)中的规定在拌和场或施工现场采集沥青混合料试样。将试样置于烘箱中或加热的砂浴上保温，在混合料中插入温度计测量温度，待混合料温度符合要求后成型。需要适当拌和时，可倒入已加热的小型沥青混合料拌和机中适当拌和，时间不超过 1min。但不得用铁锅在电炉或明火上加热炒拌。

③材料准备。

在试验室人工配置沥青混合料时，材料准备按下列步骤进行：

a. 将各种规格的矿料置(105±5)℃的烘箱中干至恒重(一般为 4~6h)。根据需要，粗集料可先用水冲洗干净后烘干。也可将粗细集料过筛后用水冲洗再烘干备用。

b. 按规定试验方法分别测定不同粒径规格粗、细集料及其填料(矿粉)的各种密度，按《公路工程沥青及沥青混合料实验规定》(JTG E20—2011)中 T 0603 测定沥青的密度。

c. 将烘干的粗细集料,按每个试件设计级配要求称其质量,在一个金属盘中混合均匀,矿粉单独加热,置烘箱中预热至沥青拌和温度以上约 15℃ (采用石油沥青时通常为 163℃;采用改性沥青时通常需 180℃)备用。当采用替代法时,对粗集料中粒径大于 26.5mm 的部分,以 13.2~26.5mm 粗集料等量代替。常温沥青混合料的矿料不应加热。

d. 将按《公路工程沥青及沥青混合料实验规程》(JTG E20—2011)中 T 0601 采集的沥青试样,用恒温烘箱或油浴、电热套融化加热至规定的沥青混合料拌和温度备用,但不得超过 175℃。当不得已采用燃气炉或电炉直接加热进行脱水时,必须使用石棉垫隔开。

此外,用沾有少许黄油的棉纱擦拭试模、套筒及击实座等,置于 100℃ 左右的烘箱中加热 1h 备用。常温沥青混合料用试模不加热。

(2) 拌制沥青混合料

① 黏稠石油沥青或煤沥青混合料。

a. 将沥青混合料拌和机预热至拌和温度以上 10℃ 左右备用(对试验室试验研究、配合比设计及采用机械拌和施工的工程,严禁用人工炒拌法热拌沥青混合料)。

b. 每个试件预热的粗细集料置于拌和机中,用小铲子适当混合,然后再加入需要数量的已加热至拌和温度的沥青(如沥青已称量在一专用容器内时,可在倒掉沥青后用一部分热矿粉将沾在容器壁上的沥青擦拭一起倒入拌和锅中),开动拌和机,一边搅拌一边将拌和叶片插入混合料中拌和 1~1.5min,然后暂停拌和,加入单独加热的矿粉,继续拌至均匀为止,并使沥青混合料保持在要求的拌和温度范围内。标准的总拌和时间为 3min。

② 液体石油沥青混合料。

将每组(或每个)试件的矿料置于已加热至 55~100℃ 的沥青混合料拌和机中,注入要求数量的液体沥青,并将混合料边加热边拌和,使液体沥青中的溶剂挥发至 50% 以下,拌和时间应事先试拌来决定。

③ 乳化沥青混合料。

将每个试件的粗细集料置于沥青混合料拌和机(不加热,也可用人工炒拌)中,注入计算的用水量(阴离子乳化沥青不加水)后,拌和均匀并使矿料表面完全湿润,再注入设计的沥青乳液用量,在 1min 内使混合料拌匀,然后加入矿粉后迅速搅拌,使混合料拌成褐色为止。

(3) 试件成型

① 马歇尔标准击实法的成型步骤如下:

a. 将拌好的沥青混合料均匀称取一个试件所需的用量(标准马歇尔试件约为 1200g)。当已知沥青混合料的密度时,可根据试件的标准尺寸计算并乘以 1.03 得到要求的混合料数量。当一次拌和几个试件时,宜将其倒入经预热的金属盘中,用小铲适当地拌和均匀分成几份,分别取用。在试件制作过程中,为防止混合料温度下降,应连盘放在烘箱中保温。

b. 从烘箱中取出预热的试模及套筒,用沾有少许黄油的棉纱擦拭套筒、底座及击实锤底面,将试模装在底座上,垫一张圆形的吸油性小的纸,按四分法从四个方向用小铲将混合料铲入试模中,用插刀或大螺丝刀沿周边插捣 15 次,中间 10 次,插捣后将沥青混合料表面整平成凸圆弧面。

c. 插入温度计,至混合料中心附近,测量混合料温度。

d. 待混合料温度达到符合要求的压实温度后,将试模连同底座一起放在击实台上固定,在装好的混合料上面垫一张吸油性小的圆纸,再将装入击实锤及导向棒的压实头插入试模中,然后开启电动机或人工将击实锤从 457mm 的高度自由落下击实规定的次数(75 次、50 次或 35 次)。

e. 试件击实一面后,取下套筒,将试模掉头,装上套筒,然后以同样的方法和次数击实另一面。

乳化沥青混合料试件在两面击实后,将其中一组试件在室温下横向放置 24h。另一组试件置于温度为(105±5)℃的烘箱中养生 24h。将养生试件取出后,立即两面锤击各 25 次。

f. 试件击实结束后,立即用镊子取掉上下面的纸,用卡尺量取试件距离试模上口的高度并由此计算试件的高度。如高度不符合要求,试件应作废,并按式(8-5)调整试件的混合料质量,以保证高度符合(63.5±1.3)mm(标准试件)的要求。

$$\text{调整混合料质量} = \frac{\text{要求试件高度} \times \text{原用混合料质量}}{\text{所得试件的高度}} \tag{8-5}$$

②卸去套筒和底座,将装有试件的试模横向放置冷却至室温后(不小于 12h),置于脱模机上脱去试件。依据《公路工程沥青及沥青混合料实验规程》(JTG E20—2011)中 T 0709 制作现场马歇尔指标检验的试件,在施工质量检验过程中如急需实验,允许采用电风扇吹 1h 或浸水冷却 3min 以上的方法脱模,但浸水脱模法不能用于测量密度、空隙率等各项物理指标。

③将试件仔细置于干燥洁净的平面上,供试验用。

2. 试验二 水中重法——沥青混合料表观密度的测定

1)试验目的与适用范围

本试验用于测定几乎不吸水的密实的 I 型沥青混合料试件的表观相对密度或表观密度,并计算沥青混合料试件的空隙率、矿料间隙等各项体积指标。

2)试验方法与步骤

(1)除去试件表面的浮力,在适宜的天平或电子秤上(最大称量应不小于试件质量的 1.25 倍,且不大于试件质量的 5 倍)称取干燥试件的空中质量(m_a),根据选择的天平的感量读数,准确至 0.1g、0.5g 或 5g。

(2)挂上网篮,浸入溢流水箱中,调节水位,将天平调平或复零,把试件置于网篮中(注意不要晃动水),待天平稳定后立即读数,称取水中质量(m_w)。若天平读数持续变化,不能很快达到稳定,说明试件吸水较严重,不适于用此法测定,应改用蜡封法测定。

(3)对从路上钻取的非干燥试件,可先称取水中质量(m_w),然后用电风扇将试件吹干至恒重(一般不少于 12h)。当不再进行其他试验时,也可用(60±5)℃烘箱烘干至恒重,再称取空中质量(m_a)。

3)试验结果计算

(1)按式(8-6)及式(8-7)计算用水中重法测定的沥青混合料试件的表现相对密度及表观密度,取 3 位小数。

当沥青以油石比计时:

$$\lambda = \frac{m_a}{m_a - m_w} \tag{8-6}$$

当沥青以沥青含量计时:

$$\rho = \frac{m_a}{m_a - m_w} \times \rho_w \tag{8-7}$$

式中:λ——试件的表观相对密度;

ρ——试件的表观密度,g/cm³;

m_a——干燥试件的空中质量,g;
m_w——试件的水中质量,g;
ρ_w——常温水的密度,取1g/cm³。

(2)当试件为几乎不吸水的密实沥青混合料时,以表观密度代替毛体积密度。并按试验方法一的方式计算试件的理论最大密度及空隙率、沥青的体积百分率、矿料间隙率、沥青饱和度等各项体积指标。

3. 试验三 沥青混合料马歇尔稳定度试验

1)试验目的与适用范围

根据马歇尔稳定度试验和浸水马歇尔稳定度试验,进行沥青混合料的配合比设计或沥青路面施工质量检验。浸水马歇尔稳定度试验(根据需要,也可进行真空饱水马歇尔试验)供检验沥青混合料受水损害时抗剥落的能力时使用,通过测试其水稳定性检验配合比设计的可行性。

2)试验仪器与材料

(1)沥青混合料马歇尔试验仪:对用于高速公路和一级公路的沥青混合料宜采用自动马歇尔试验仪,用计算机或X-Y记录仪记录荷载—位移曲线,并具有自动测定荷载与试件垂直变形的传感器、位移计,能自动显示或打印试验结果。对ϕ63.5m的标准马歇尔试件,试验仪最大荷载不小于25kN,读数准确度为100N,加载速率应能保持(50±5)mm/min。钢球直径16mm,上下压头曲率半径为50.8mm。当采用ϕ152.4mm大型马歇尔试件时,试验仪器最大荷载不得小于50kN,读数准确度为100N。上下压头的曲率内径为(152.4±0.2)mm,上下压头间距(19.05±0.1)mm。

(2)恒温水槽:控温准确度为1℃,深度不小于150mm。

(3)真空饱水容器:包括真空泵及真空干燥器。

(4)烘箱。

(5)天平:感量不大于0.1g。

(6)温度计:分度为1℃。

(7)卡尺。

(8)其他:棉纱、黄油。

3)试验操作方法和步骤

(1)准备工作

①制备符合要求的马歇尔试件,一组试件的数量最少不得少于4个。

②量测试件的直径及高度:用卡尺测量试件中部的直径,用马歇尔试件高度测定器或用卡尺在十字对称的4个方向量测离试件边缘10m处的高度,准确至0.1m,并以其平均值作为试件的高度。如试件高度不符合(63.5±1.3)mm或(95.3±2.5)mm要求或两侧高度差大于2mm时,此试件应作废。

③将恒温水槽调节至要求的试验温度,对黏稠石油沥青或烘箱养生过的乳化沥青混合料,调至(60±1℃)。

④将马歇尔试验仪的上下压头放入水槽或烘箱中达到同样温度。将上下压头从水槽或烘箱中取出,擦拭干净内面。为使上下压头滑动自如,可在下压头的导棒上涂少量黄油。再将试件取出置于下压头上,盖上上压头,然后装在加载设备上。在上压头的球座上放妥钢球,并对准荷载测定装置的压头。

(2)试验步骤

①将试件置于已达规定温度的恒温水槽中保温,保温时间对标准马歇尔试件需30~40min,对大型马歇尔试件需45~60min。试件之间应有间隔,底下应垫起,离容器底部不小于5cm。

②当采用自动马歇尔试验仪时,将自动马歇尔试验仪的压力传感器、位移传感器与计算机或X-Y记录仪正确连接,调整好适宜的放大比例。调整好计算机程序或将X-Y记录仪的记录笔对准原点。(当采用压力环和流值计时,将流值计安装在导棒上,使导向套管轻轻地压住上压头,同时将流值计读数调零。调整压力环中百分表,对零。)

③启动加载设备,使试件承受荷载,加载速度为(50±5)mm/min。计算机或X-Y记录仪自动记录传感器压力和试件变形曲线,并将数据自动存入计算机。

④当试验荷载达到最大值的瞬间,取下流值计,同时读取压力环中百分表读数及流值计的流值读数。

(3)浸水马歇尔试验方法

浸水马歇尔试验方法与标准马歇尔试验方法的不同之处在于,试件在已达规定温度恒温水槽中的保温时间为48h,其余均与标准马歇尔试验方法相同。

4)试验结果计算

(1)试件的稳定度及流值:

①当采用自动马歇尔试验仪时,将计算机采集的数据绘制成压力和试件变形曲线,或由X-Y记录仪自动记录的荷载—变形曲线,在切线方向延长曲线与横坐标相交于O_1,将O_1作为修正原点,从O_1起量取相应于荷载最大值时的变形作为流值(FL),以mm计,准确至0.1mm。最大荷载即为稳定度(MS),以kN计,准确至0.01kN。

②采用压力环和流值计测定时,根据压力环标定曲线,将压力环中百分表的读数换算为荷载值,或者由荷载测定装置读取的最大值即为试件的稳定度(MS),以kN计,准确至0.01kN。由流值计及位移传感器测定装置读取的试件垂直变形,即为试件的流值(FL),以mm计,精确至0.1mm。

(2)试件的马歇尔模数按式(8-8)计算。

$$T = \frac{MS}{FL} \quad (8-8)$$

式中:T——试件的马歇尔模数;

MS——试件的稳定度,kN;

FL——试件的流值,mm。

(3)试件的浸水残留稳定度按式(8-9)计算。

$$MS_0 = \frac{MS_1}{MS} \times 100\% \quad (8-9)$$

式中:MS_0——试件的浸水残留稳定度;

MS_1——试件浸水48h后的稳定度,kN。

5)说明与注意问题

(1)从恒温水槽中取出试件至测出最大荷载值的时间,不得超过30s。

(2)当一组测定值中某个测定值与平均值之差大于标准差的k倍时,该测定值应予舍弃,并以其余测定值的平均值作为试验结果。当试件数目n为3、4、5、6个时,k值分别为1.15、

1.46、1.67、1.82。

(3)采用自动马歇尔试验时,试验结果应附上荷载—变形曲线原件或自动打印结果,并报告马歇尔稳定度、流值、马歇尔模数以及试件尺寸、试件的密度、空隙率、沥青用量、沥青体积百分率、沥青饱和度、矿料间隙率等各项物理指标。

第三节 施工过程中路面工程的试验检测内容

对于水泥混凝土路面工程,施工过程中的质量控制管理与桥涵工程中的混凝土一样。
沥青混凝土路面,施工过程中的质量控制包括:

一、原材料试验

(1)沥青常规试验。
(2)粗集料常规试验。
(3)细集料常规试验。
(4)填料(包括矿粉、粉煤灰)筛分、含水率、堆积密度、表观密度。

上述原材料开工前应进行全部检测合格后,方可用于路面工程,并且在施工过程中,应根据规范规定频率,并对材料的变化情况及时进行抽检。

二、热拌沥青混合料配合比设计方法

沥青混合料配合比分为三个阶段:目标配合比设计、生产配合比设计、生产配合比验证。
各阶段的主要工作为:

(1)目标配合比:用工程实际使用的材料计算各种材料的用量比例,配合成规定的矿料级配,进行马歇尔试验,确定最佳沥青含量,作为目标配合比,供拌和机确定各料仓供料比例、进料及试拌使用。

(2)生产配合比阶段:对间歇式拌和机,必须分两次筛分。对进入各料仓的材料进行筛分,以确定热拌仓的材料比例,供拌和机控制室使用。同时反复调整进仓比例达到供料平衡,并取目标配合比的最佳用量及最佳沥青用量±0.3%做马歇尔试验,确定生产配合比。

(3)生产配合比验证阶段:拌和机采用生产配合比进行试拌,铺筑试验段,并用拌和的沥青混合料及路上钻取的芯样进行马歇尔试验,由此确定生产用标准配合比。

第四节 竣工验收阶段路面工程的试验检测内容

路面工程竣工验收阶段试验检测工作包括:
(1)沥青路面工程应进行整体评定。
(2)按照竣工资料编制办法要求及时准确完成试验资料的整理归档工作,具体包括以下内容:

①原材料各项常规试验记录及汇总表的收集、整理及归档。
②EDTA滴定法测水泥、石灰剂量试验记录的收集、整理及归档。
③马歇尔稳定度试验记录的收集、整理及归档。
④压实度试验记录及评定表的收集、整理及归档。无侧限抗压强度记录及评定表的收集、

整理及归档。

⑤路面弯沉值记录及评定表的收集、整理及归档。

⑥路面平整度试验记录及评定的收集、整理及归档。

【思考题】

1. 简述沥青三大指标的试验方法及其意义。
2. 简述沥青混合料马歇尔稳定度试验内容及主要步骤。

第三篇

铁道工程试验检测技术

本书第一部分和第二部分内容详细介绍了道路与铁道工程从施工准备到竣工验收全过程试验检测的内容,为试验检测人员、质检人员控制原材料质量及现场质量控制提供了依据。需要说明的是,在前面介绍的路基、桥涵工程试验方法以及工程示例,是以公路工程特别是高速公路建设全过程试验检测方法来展开介绍的,公路工程与铁道工程路基与桥涵施工的试验检测方法基本相同,但是试验检测人员在学习过程中要特别注意是公路工程与铁道工程有三方面的不同点:

(1)铁道工程与公路工程主要工程试验检测项目的试验方法及试验频率,如水泥、细集料、粗集料、钢筋、外加剂等都是一样的,部分试验检测项目的试验频率,如现场检测项目压实度等略有不同,希望试验检测人员严格按照所在行业的规范的要求的频率进行每项试验,不要混淆。

(2)铁道工程路基工程上部是用道砟、钢轨来直接承受列车自重和旅客、货物的重量,公路工程路基工程上部是用路面(沥青混凝土、水泥混凝土路面)来承受列车自重和旅客、货物的重量。所以本章概略介绍一下铁道工程与公路工程试验检测一些主要不同的试验检测方法。

(3)铁路客运专线设计时速达350km/h,设计使用年限100年,强调了客运专线工程施工质量达到设计要求的结构安全性、耐久性和使用功能。主体结构质量实现零缺陷,突出了对混凝土结构耐久性等工程施工项目进行过程检测的原则,以及对路基工程零沉降的要求。

本部分在编写过程中,认真总结和借鉴了武广、郑西、京津、哈大等客运专线的先进、成熟的技术和管理经验,并充分了解了客运专线铁路的技术特点和质量要求。所以,将结合客运专线的具体、特殊的试验方法及检测标准,按照建设程序,从施工准备阶段、施工过程中、竣工验收阶段三阶段对客运专线特殊的检测方法进行介绍。

第九章 客运专线铁路路基工程试验检测

第一节 概　　述

一、客运专线施工准备阶段路基工程试验检测

首先同公路工程一样,试验人员应从路基原地面取土做土工试验,然后进行取土场填料的试验检测。原地面处理前,应对地基地质资料进行核查,施工单位应进行静力触探试验,做好地质核对工作,如遇到无法采用静力触探方法检测的地质条件时,可采用其他方法核查。沿线路纵向每100m检验2点,监理单位100%见证检验,勘察设计单位现场确认。

对于强夯和冲击碾压的地基处理要慎重,要求施工单位应进行地质核查,确认是否适用相应施工工艺。

二、客运专线施工过程中路基工程试验检测

施工过程中要针对不同的填料进行工艺性试验,通过试验获取相应的试验数据,研究填料性质、施工工艺、检测方法等的合理性,并填报试验段总结报告,报监理指挥部和公司评估确认后方准进行路基大面积施工。

本章第四节~第七节所列的技术要求,因铁路客运专线时速高、使用年限长,所以在严格执行标准的基础上,为了保证工程质量,吸取武广、郑西、哈大铁路客运专线路基施工的经验及成果,针对路基工程个别数据,照标准规范有所提高,并进行了补充,而且增加了E_{v2}检测指标,使用时可参考。施工时,以高速铁路路基工程施工质量验收标准为准。

第二节 土的工程分类(TB 10077—2001)

一、一般土的分类

(1) 土的颗粒按表9-1分类。
(2) 根据颗粒的形状和级配,碎石类土按表9-2分类。

土的颗粒分类(单位:mm)　　　　表9-1

颗粒名称		粒径
漂石(浑圆、圆棱)或块石(尖棱)	大	$d > 800$
	中	$400 < d \leq 800$
	小	$200 < d \leq 400$

续上表

颗 粒 名 称		粒 径
卵石(浑圆、圆棱)或碎石(尖棱)	大	$100 < d \leqslant 200$
	小	$60 < d \leqslant 100$
粗圆砾(浑圆、圆棱)或粗角砾(尖棱)	大	$40 < d \leqslant 60$
	小	$20 < d \leqslant 40$
细圆砾(浑圆、圆棱)或细角砾(尖棱)	大	$10 < d \leqslant 20$
	中	$5 < d \leqslant 10$
	小	$2 < d \leqslant 5$
砂粒	粗	$0.5 < d \leqslant 2$
	中	$0.25 < d \leqslant 0.5$
	细	$0.075 < d \leqslant 0.25$
粉粒		$0.005 \leqslant d \leqslant 0.075$
黏粒		$d < 0.005$

碎石类土的分类 表 9-2

土的名称	颗粒形状	土的颗粒级配
漂石土	浑圆或圆棱状为主	粒径大于 200mm 的颗粒超过总质量的 50%
块石土	尖棱状为主	
卵石土	浑圆或圆棱状为主	粒径大于 60mm 的颗粒超过总质量的 50%
碎石土	尖棱状为主	
粗圆砾土	浑圆或圆棱状为主	粒径大于 20mm 的颗粒超过总质量的 50%
粗角砾土	尖棱状为主	
细圆砾土	浑圆或圆棱状为主	粒径大于 2mm 的颗粒超过总质量的 50%
细角砾土	尖棱状为主	

(3)根据土的颗粒级配,砂类土按表 9-3 分类。

砂类土的分类 表 9-3

土的名称	土的颗粒级配
砾砂	粒径大于 2mm 颗粒的质量占总质量的 25%~50%
粗砂	粒径大于 0.5mm 颗粒的质量占总质量的 50%
中砂	粒径大于 0.25mm 颗粒的质量占总质量的 50%
细砂	粒径大于 0.075mm 颗粒的质量占总质量的 85%
粉砂	粒径大于 0.075mm 颗粒的质量占总质量的 50%

(4)塑性指数等于或小于 10,且粒径大于 0.075mm 颗粒的质量不超过全部质量 50% 的土,定名为粉土。

(5)根据土的塑性指数,黏性土按表 9-4 分类。

黏性土的分类 表 9-4

土的名称	塑性指数 I_P	土的名称	塑性指数 I_P
粉质黏土	$10 < I_P \leqslant 17$	黏土	$I_P > 17$

(6)根据结构特征、地貌、天然坡形态、开挖及钻探情况,碎石类土的密实程度按表 9-5 分

类;根据标准贯入锤击数或相对密度,砂类土的密实程度按表 9-6 划分;根据孔隙比,粉土的密实程度按表 9-7 划分;根据压缩系数,黏性土的压缩性按表 9-8 划分。

碎石类土密实程度的分类　　　　　　　　　　　　　　　　　表 9-5

密实程度	结构特征	天然坡和开挖情况	钻探情况
密实	骨架颗粒交错紧贴连接接触,孔隙填满密实	天然陡坡稳定,坡下堆积物较少。镐挖掘困难,用撬棍才能松动,坑壁稳定。从坑壁取出大颗粒处,能保持凹面形状	钻进困难。钻探时,钻具跳动剧烈,孔壁较稳定
中密	骨架颗粒排列疏密不匀,部分颗粒不接触,孔隙填满,但不密实	天然坡不易陡立或堆积物较多。天然坡大于颗粒的安息角。镐可挖掘,坑壁有掉块现象。填充物为沙粒类土石,坑壁取出大颗粒处,不易保持凹面形状	钻进较难。钻探时,钻具跳动不剧烈,孔壁有坍塌现象
稍密	多数骨架颗粒不接触,孔隙基本填满,但较松散	不易形成陡坎,天然坡略大于粗颗粒安息角。镐较易挖掘。坑壁易掉块,从坑壁取出大颗粒后易坍塌	钻进较难。钻探时,钻具有跳动,孔壁交易坍塌
松散	骨架颗粒之间有较大孔隙,充填物少,且松散	镐可挖掘。天然坡多为主要颗粒的安息角。坑壁坍塌	钻进较容易。钻进中孔壁易坍塌

砂类土的密实程度的分类　　　　　　　　　　　　　　　　　表 9-6

密实程度	标准贯入捶击数 N	相对密度 D_r
密实	$N>30$	$D_r < 0.67$
中密	$15<N\leqslant30$	$0.4<D_r\leqslant0.67$
稍密	$10<N\leqslant15$	$0.33<D_r\leqslant0.4$
松散	$N\leqslant10$	$D_r\leqslant0.33$

粉土密实程度的分类　　表 9-7

密实程度	孔隙比 e 值
密实	$e<0.75$
中密	$0.75\leqslant e\leqslant0.9$
稍密	$e>0.9$

黏性土压缩性的分类　　表 9-8

压缩性分级	压缩系数 $a_{0.1-0.2}$ (MPa)
低压缩性	$a_{0.1-0.2}<0.1$
中压缩性	$0.1\leqslant a_{0.1-0.2}<0.5$
高压缩性	$a_{0.1-0.2}\geqslant0.5$

(7)根据饱和度,碎石类土、砂类土的潮湿程度按表 9-9 分类;根据天然含水率,粉土的潮湿程度按表 9-10 划分;根据液性指数,黏性土的塑性状态按表 9-11 划分。

砂石类土饱和程度的分类　　表 9-9

分类	饱和度 S_r(%)
稍湿	$S_r\leqslant50$
潮湿	$50<S_r\leqslant80$
饱和	$S_r>80$

粉土潮湿程度的分类　　表 9-10

分类	天然含水率 w(%)
稍湿	$w<20$
潮湿	$20\leqslant w\leqslant30$
饱和	$w>30$

黏性土塑性状态的分类　　　　　　　　　　　　　　　　　表 9-11

塑性状态	液性指数 I_L	塑性状态	液性指数 I_L
坚硬	$I_L\leqslant0$	软塑	$0.5<I_L\leqslant1$
硬塑	$0<I_L\leqslant0.5$	流塑	$I_L>1$

二、特殊土的分类

1. 黄土的判定及分类

(1) 第四纪以来,在干旱、半干旱气候条件下形成的,土颗粒成分以粉粒为主,含碳酸钙及少量易溶盐,并具有大孔隙和垂直节理、抗水性能差、易崩解和侵蚀、上部多具湿陷性等工程地质特征的土,应判定为黄土。

(2) 黄土堆积时代按表 9-12 分类。

黄土堆积时代的分类   表 9-12

时代		地层名称		说明
全新世 Q_4	近期 Q_4^2	新黄土	—	新近堆积黄土 一般有湿陷性,常具有高压缩性
	早期 Q_4^1		—	湿陷性黄土 有湿陷性
晚更新世 Q_3			马兰黄土	
中更新世 Q_2		老黄土	离石黄土	— 一般不具湿陷性
早更新世 Q_1			午城黄土	—

(3) 根据塑性指数,黄土按表 9-13 分类。

(4) 根据湿陷系数,黄土的湿陷性按表 9-14 分类。

黄土按塑性指数分类 表 9-13

名称	塑性指数 I_P
砂质黄土	$I_P \leq 10$
黏质黄土	$I_P > 10$

黄土湿陷性的划分 表 9-14

名称	湿陷系数 δ_s
非湿陷性黄土	$\delta_s < 0.015$
湿陷性黄土	$\delta_s \geq 0.015$

(5) 黄土在上覆土层的自重压力下受水浸湿发生湿陷时,应定为自重湿陷性黄土;当黄土在大于上覆自重压力(包括土的自重压力和附加压力)下受水浸湿发生湿陷时,应定为非自重湿陷性黄土。

2. 红黏土的判定和分类

(1) 颜色呈棕红、褐黄色,覆盖于碳酸盐系岩层之上,且液限等于或大于 50% 的高塑性黏土,应判定为红黏土。红黏土经搬运、沉积后仍保留残积黏土的基本特征,且液限大于 45%,应判定为次生红黏土。红黏土就具有遇水软化、失水收缩强烈、裂隙发育、易剥落等工程地质特征。

(2) 根据塑性状态,红黏土按表 9-15 分类。

红黏土塑性状态的划分 表 9-15

状态	含水比 a_w 值	比贯入阻力 P_s (MPa)	经验指标
坚硬	$a_w \leq 0.55$	$P_s \geq 2.3$	土质较干、硬
硬塑	$0.55 < a_w \leq 0.7$	$1.3 \leq P_s < 2.3$	不易搓成 3mm 粗的土条
软塑	$0.7 < a_w \leq 1.0$	$0.2 \leq P_s < 1.3$	易搓成 3mm 粗的土条
流塑	$a_w > 1.0$	$P_s < 0.2$	流动状态

(3) 红黏土的裂隙状态按表 9-16 分类。

(4) 根据界限液塑比和液塑比关系,红黏土按表 9-17 分类。界限液塑比,$I_r' = 1.4 + 0.066 w_L$,液塑比 $I_r = w_L / w_P$,其中 w_L 和 w_P 是土的液限和塑限。

红黏土裂隙状态的划分　表9-16

裂隙状态	外观特征
致密状	偶见裂隙,少于1条/m
巨块状	裂隙较多,1~5条/m
碎块状	裂隙发育,多于5条/m

红黏土按界限液塑比和液塑比关系的分类　表9-17

类别	I_r 和 I_r' 的关系	收缩特征
Ⅰ类	$I_r \geq I_r'$	收缩后再浸水,膨胀量能恢复到原位
Ⅱ类	$I_r < I_r'$	收缩后再浸水,膨胀量不能恢复到原位

3. 膨胀土的判定和分类

(1) 土中黏粒成分主要由亲水矿物组成,吸水显著膨胀软化,失水急剧收缩开裂,并能产生往复胀缩变形的黏性土,应判定为膨胀土。

(2) 根据地貌、土的颜色、结构、土质情况、自然地质现象和土的自由膨胀率等特征,可按表9-18对膨胀土作初期判定;按自由膨胀率、蒙脱石含量、阳离子交换量三项指标可对膨胀土详细判定应采用。当符合表9-19中的两项指标时,即应判定为膨胀土。

膨胀土的初判条件　表9-18

地貌	具垄岗式地貌景观,常呈垄岗和沟谷相间;地形平缓开阔,无自然陡坎,坡面沟槽发育
颜色	多呈棕、黄、褐色,间夹灰白、灰绿色条带或薄膜;灰白、灰绿色多呈透镜体或夹层出现
结构	具多裂隙结构,方向不规则。裂面光滑,可见擦痕。裂隙中常充填灰白、灰绿色黏土
土质	土质细腻,具滑感,土中常含有钙质或铁锰质结核或豆石,局部可富集成层
自然地质现象	坡面常见浅色溜坍、滑坡、地面裂缝。当坡面有数层土时,其中膨胀土层往往形成凹形坡。新开挖的坑壁易发生坍塌
自由膨胀率 F_s (%)	$F_s \geq 40$

膨胀土的详判指标　表9-19

名称	判定指标
自由膨胀率 F_s (%)	$F_s \geq 40$
蒙脱石含量 M (%)	$M \geq 7$
阳离子交换量 CEC(NH_4^+) (mmol/kg)	CEC(NH_4^+) ≥ 170

(3) 根据膨胀土的膨胀潜势,膨胀土可按表9-20可分为强、中、弱三级。

膨胀潜势的分级　表9-20

级别 分级指数	弱膨胀土	中等膨胀土	强膨胀土
自由膨胀率 F_s (%)	$40 \leq F_s < 60$	$60 \leq F_s < 90$	$F_s \geq 90$
蒙脱石含量 M (%)	$7 \leq M < 17$	$17 \leq M < 27$	$M \geq 27$
阳离子交换量 CEC(NH_4^+) (mmol/kg)	$170 \leq$ CEC(NH_4^+) < 260	$260 \leq$ CEC(NH_4^+) < 360	CEC(NH_4^+) ≥ 360

4. 软土的判定和分类

(1) 天然孔隙比大于或等于1.0,天然含水率大于或等于液限,压缩系数大于或等于0.5,不排水抗剪强度小于30kPa的黏性土,可判定为软土。软土一般含有机质,具有压缩性高、强度低、灵敏度高和排水固结缓慢等特点。软土的结构受到扰动后,强度会极大地下降。

(2)根据物理力学性质,软土可按表9-21分类。

软土的分类　　　　　　　　　　　　　　　　　表9-21

分类指标	软黏性土	淤泥质土	淤泥	泥炭质土	泥炭
有机质含量w_u(%)	$\omega_u < 3$	$3 \leq \omega_u < 10$		$10 \leq \omega_u \leq 60$	$\omega_u > 60$
天然孔隙比 e	$e \geq 1.0$	$1.0 \leq e \leq 1.5$	$e > 1.5$	$e > 3$	$e > 10$
天然含水率w(%)	$w \geq w_L$			$w \geq w_L$	
渗透系数k(cm/s)	$k < 10^{-6}$		$k < 10^{-3}$	$k < 10^{-2}$	
压缩系数$a_{0.1-0.2}$(MPa^{-1})	$a_{0.1-0.2} \geq 0.5$		—		
不排水抗剪强度 CU(kPa)	CU < 30			CU < 10	
静力触探比贯入阻力P_s(kPa)	$P_s < 800$				
标准贯入试验捶击数N(击)	$N < 4$	$N < 2$	—		

(3)根据软土的成因类型,软土可按表9-22分类。

软土的成因类型　　　　　　　　　　　　　　　　表9-22

地貌特征	成因类型	沉积特征
滨海平原	滨海相	地层不均匀、极疏松,常与砂砾层混杂
	泻湖相	颗粒细、孔隙比大、强度低,常夹有泥灰薄层
	溺谷相	孔隙比大、结构疏松、含水率高
	三角洲相	分选性差、结构疏松、多交错层理、多粉砂薄层
湖积平原	湖相	粉土颗粒含量高,呈明显的层理,结构松软,表层硬壳厚度不规律
河流冲积平原	河漫滩相 牛轭湖相	成层情况复杂,成分不均一,以淤泥及软黏土为主,间与砂或泥炭互层
山间谷地	谷地相	软土呈片状、带状分布,靠山边浅,谷地中心深,厚度变化大。颗粒由山前向谷地中心逐渐变细。下伏硬底坡度大
泥炭沼泽地	沼泽相	以泥炭为主,且常出露于地表。孔隙极大,富有弹性。下部有淤泥或薄层淤泥与泥炭互层

(4)根据无侧限抗压强度试验或现场十字板剪切试验,软土的灵敏度可按表9-23分类。

软土灵敏度的划分　　　　　　　　　　　　　　　表9-23

灵敏度分类	灵敏度S_t	灵敏度分类	灵敏度S_t
中灵敏性	$2 < S_t \leq 4$	极灵敏性	$8 < S_t \leq 16$
高灵敏性	$4 < S_t \leq 8$	流性	$S_t > 16$

5. 盐渍土的判定和分类

(1)易溶盐含量大于0.5%的土,可判定为盐渍土。某地区或场地地表以下1.0m深度内易溶盐的平均含量大于0.5%时,应定为盐渍土地区或场地。盐渍土具有较强的吸湿、松涨、溶陷及腐蚀等工程地质特性。

(2) 按含盐性质的分类,盐渍土可按表 9-24 的规定分类。

盐渍土按含盐性质的分类　　　　　　表 9-24

盐渍土的名称	盐分比值 D_1	盐分比值 D_2	盐渍土的名称	盐分比值 D_1	盐分比值 D_2
氯盐渍土	$D_1 > 2$	—	硫酸盐渍土	$D_1 < 0.3$	—
亚氯盐渍土	$2 \geq D_1 > 1$	—	碱性盐渍土	—	$D_2 > 0.3$
亚硫酸盐渍土	$1 \geq D_1 \geq 0.3$	—			

(3) 根据盐渍程度的分类,盐渍土可按表 9-25 分类。

盐渍土盐渍化程度的分类　　　　　　表 9-25

盐渍化程度	土层的平均含盐量		
	氯盐渍土及亚氯盐渍土	硫酸盐渍土及亚硫酸盐渍土	碱性硫酸盐渍土
弱盐渍土	$0.5 < \overline{DT} \leq 1.0$	—	—
中盐渍土	$1.0 < \overline{DT} \leq 5.0$	$0.5 < \overline{DT} \leq 2.0$	$0.5 < \overline{DT} \leq 1.0$
强盐渍土	$5.0 < \overline{DT} \leq 8.0$	$2.0 < \overline{DT} \leq 5.0$	$1.0 < \overline{DT} \leq 2.0$
超盐渍土	$\overline{DT} > 8.0$	$\overline{DT} > 5.0$	$\overline{DT} > 2.0$

6. 填土的判定和分类

(1) 人为活动堆填的土应判定为填土,一般具有成分复杂和固结时间短等特点。

(2) 根据物质组成和堆填方式,填土可按表 9-26 分类。

填土的分类　　　　　　表 9-26

名　称	填　土　特　征
杂填土	土中含有较多的建筑垃圾、工业废料、生活垃圾等杂质
素填土	由碎石类土、砂类土、粉土、黏性土组成,不含杂质或杂质很少
冲填土	泥、砂由水力冲填而成
填筑土	经人工按一定标准夯实、压密

三、路基填料的分类[《高速铁路路基工程施工技术指南》(铁建设[2010]241号)]

路基填料分类是根据《铁路路基设计规范》(TB 10001—2005)中的"填土分类"为基础,进行了局部的修订,在"一级定名"上与岩土分类标准进行了统一,以铁建设[2004]148号文发布,并纳入《铁路工程岩土分类标准》(TB 10077—2001)。

(1) 一般土作为路基填料时,可按土颗粒的粒径大小分为巨粒土、砂类土和细粒土。

(2) 巨粒土、粗粒土和砂类土应根据颗粒组成、颗粒形状、细粒含量、颗粒级配、抗风力能力等,按表 9-27 进行分组。

(3) 细粒土填料应根据土的塑性指数 I_p 和液限含水率 w_L,按表 9-28 进行分组。

巨粒土、粗粒土和砂类土填料分组　　　　表 9-27

一级定名				二级定名			填料分组
类别	名称		说明	细粒含量	颗粒级配	名称	
巨粒土	碎石类土	块石类	硬块石土	粒径大于 200mm 的颗粒质量超过总质量的 50%（不易风化，尖棱状为主）	—	—	硬块石	A
			软块石土	粒径大于 200mm 的颗粒质量超过总质量的 50%（易风化，尖棱状为主）	—	—	$R_c>15\mathrm{MPa}$ 的不易风化的块石	A
					—	—	$R_c\leqslant 15\mathrm{MPa}$ 的不易风化的软块石	B
					—	—	易风化的软块石	C
					—	—	风化的软块石	D
			漂石土	粒径大于 200mm 的颗粒质量超过总质量的 50%（浑圆或圆棱状为主）	<5%	良好	级配好的漂石	A
					<5%	不良	级配不好的漂石	B
					5%~15%	良好	级配好的含土漂石	A
					5%~15%	不良	级配不好的含土漂石	B
					15%~30%	—	土质漂石	B
					>30%	—	土质漂石	C
			卵石土	粒径大于 60mm 的颗粒质量超过总质量的 50%（浑圆或圆棱状为主）	<5%	良好	级配好的卵石	A
					<5%	不良	级配不好的卵石	B
					5%~15%	良好	级配好的含土卵石	A
					5%~15%	不良	级配不好的含土卵石	B
					15%~30%	—	土质卵石	B
					>30%	—	土质卵石	C
			碎石土	粒径大于 60mm 的颗粒质量超过总质量的 50%（尖棱状为主）	<5%	良好	级配好的碎石	A
					<5%	不良	级配不好的碎石	B
					5%~15%	良好	级配好的含土碎石	A
					5%~15%	不良	级配不好的含土碎石	B
					15%~30%	—	土质碎石	B
					>30%	—	土质碎石	C
粗粒土	碎石类土	砾石类	粗圆砾土	粒径大于 20mm 的颗粒质量超过总质量的 50%（浑圆或圆棱状为主）	<5%	良好	级配好的粗圆砾	A
					<5%	不良	级配不好的粗圆砾	B
					5%~15%	良好	级配好的含土粗圆砾	A
					5%~15%	不良	级配不好的含土粗圆砾	B
					15%~30%	—	土质粗圆砾	B
					>30%	—	土质粗圆砾	C
			粗角砾土	粒径大于 20mm 的颗粒质量超过总质量的 50%（尖棱状为主）	<5%	良好	级配好的粗角砾	A
					<5%	不良	级配不好的粗角砾	B
					5%~15%	良好	级配好的含土粗角砾	A
					5%~15%	不良	级配不好的含土粗角砾	B
					15%~30%	—	土质粗角砾	B
					>30%	—	土质粗角砾	C

续上表

一级定名				二级定名			填料分组
类别	名称		说明	细粒含量	颗粒级配	名称	
粗粒土	碎石类土	砾石类细砾土	粒径大于2mm的颗粒质量不超过总质量的50%（浑圆或圆棱状为主）	<5%	良好	级配好的细圆砾	A
		细圆砾土			不良	级配不好的细圆砾	B
				5%～15%	良好	级配好的含土细圆砾	A
					不良	级配不好的含土细圆砾	B
				15%～30%	—	土质细圆砾	B
				>30%	—	土质细圆砾	C
粗粒土	碎石类土	细角砾土	粒径大于2mm的颗粒质量超过总质量的50%（尖棱状为主）	<5%	良好	级配好的细角砾	A
					不良	级配不好的细角砾	B
				5%～15%	良好	级配好的含土细角砾	A
					不良	级配不好的含土细角砾	B
				15%～30%	—	土质细角砾	B
				>30%	—	土质细角砾	C
粗粒土	砂类土	砾砂	粒径大于2mm的颗粒质量为总质量的25%～50%	<5%	良好	级配好的砾砂	A
					不良	级配不好的砾砂	B
				5%～15%	良好	级配好的含土砾砂	A
					不良	级配不好的含土砾砂	B
				>15%	—	土质砾砂	B
		粗砂	粒径大于0.5mm的颗粒质量超过总质量的50%	<5%	良好	级配好的粗砂	A
					不良	级配不好的粗砂	B
				5%～15%	良好	级配好的含土粗砂	A
					不良	级配不好的含土粗砂	B
				>15%	—	土质粗砂	B
		中砂	粒径大于0.25mm的颗粒质量超过总质量的50%	<5%	良好	级配好的中砂	A
					不良	级配不好的中砂	B
				5%～15%	良好	级配好的含土中砂	A
					不良	级配不好的含土中砂	B
				>15%	—	土质中砂	B
		细砂	粒径大于0.075mm的颗粒质量超过总质量的85%	<5%	良好	级配好的细砂	B
					不良	级配不好的细砂	C
				5%～15%	—	含土细砂	C
		粉砂	粒径大于0.075mm的颗粒质量超过总质量的50%	—		粉砂	C

注：1. 颗粒级配分为良好（$C_u \geq 5$，$C_c = 1 \sim 3$）和不良（$C_u < 5$，$C_c = 1 \sim 3$）。其中：不均匀系数 $C_u = d_{60}/d_{10}$；曲率系数 $C_c = d_{30}^2/(d_{10} \times d_{60})$，$d_{10}$、$d_{30}$、$d_{60}$ 分别为颗粒级配曲线上相应于总质量10%、30%、60%含量颗粒的粒径。

2. 硬块石为单轴饱和抗压强度 $R_c > 30$MPa 的块石；软块石为单轴饱和抗压强度 $R_c < 30$MPa 的块石。

3. 细粒含量指黏粒（$d \leq 0.075$mm）的质量占总质量的百分数。

细粒土填料分组　　　　　表9-28

一级定名			二级定名		填料分组
土名		液限含水率w_L	土名	塑性图	
细粒土	粉土	$I_P \leq 10$，且粒径大于0.075mm颗粒的质量超过全部质量的50%	$w_L < 40\%$	低液限粉土	（见右图）	C
			$w_L \geq 40\%$	高液限粉土		D
	黏性土	粉质黏土 $10 \leq I_P \leq 17$	$w_L < 40\%$	低液限粉质黏土		C
			$w_L \geq 40\%$	高液限粉质黏土		D
		黏土 $I_P > 17$	$w_L < 40\%$	低液限黏土		C
			$w_L \geq 40\%$	高液限黏土		D
	有机土			有机质大于5%		E

塑性图说明：A线方程 $I_P = 0.63(w_L - 20)$，B线 $w_L = 40$，D线 $I_P = 17$，C线 $I_P = 10$；分区：CL、CB、ML、MB。

注：1. 液限含水率试验采用圆锥仪法，圆锥仪总质量为76g，入土深度10mm。
　　2. A线方程中的w_L按去掉百分号后的数值进行计算。

第三节　客运专线路基工程试验检测方法（TB 10102—2010）

一、液塑限试验（联合测定法）

1. 液、塑限联合测定法

液、塑限联合试验是用76g圆锥仪测定土在不同含水率时的圆锥下沉深度，在对数纸上绘成圆锥下沉深度和含水率的关系直线，在直线上查得圆锥下沉深度为17mm时的相应含水率为液限，下沉深度为10mm时所对应的含水率为10mm液限；下沉深度为2mm时的相应含水率为塑限。

2. 仪器设备

本试验仪器设备主要为光电式液、塑限测定仪，其主要组成和要求如下：

（1）圆锥仪：包括锥体、微分尺及其支架和平衡装置三部分，总质量为(76 ± 0.2)g。

（2）电磁铁：要求磁铁吸力大于100g。

（3）光学投影放大部分：包括光源、聚光镜、滤光镜、物镜、反射镜及读数屏幕，要求放大10

倍,微分尺成像清晰。

(4) 升降座。

(5) 落锥后延时 5s 的显示装置。

(6) 试杯:内径 ϕ45mm,高 35mm。

(7) 天平:称量 200g,感量 0.01g。

3. 试验步骤

(1) 液、塑限联合试验样采用天然含水率的土样进行制备,也可用风干土样进行制备。

① 当采用天然含水率的土样时,如土中含有大于 0.5mm 的颗粒,应筛除粗颗粒,然后按下沉深度为 3~5mm,9~11mm 及 16~18mm 范围制备不同稠度的土膏,天然含水率的土样静置时间可视原含水率大小而定,天然含水率较高(圆锥下沉深度大于 5mm)时,可不经静置。

② 当采用风干土样时,取过 0.5mm 筛的代表性试样约 200g,分成 3 份,分别放入 3 个调土皿中,加入不同数量的水,加水量分别按上述的下沉深度范围调成均匀土膏,然后用玻璃板盖住或放在密闭的保湿缸中,静置一昼夜。

(2) 将调土皿中的土膏,用调土工具充分搅拌均匀,密实地填入试杯中,并使空气逸出。高出杯口的余土用刮土刀刮平,随即将试杯放在底座上。

(3) 在圆锥仪的锥体上抹一薄层凡士林,接通电源,使电磁体吸稳圆锥仪。

(4) 调整升降座,使圆锥仪锥尖刚好接触土面,调节屏幕准线,使初始读数为零位刻线,关断电源使电磁铁失磁,此时圆锥仪在自重作用下沉入土内,约经 5s 后测读圆锥下沉深度。然后在试杯中取不少于 10g 的试样装入称量盒内,测定其含水率。

(5) 重复本条第(2)~(4)条步骤,测试其余 2 个土样的圆锥下沉深度和含水率。

4. 计算

$$w = \left(\frac{m_s - m}{m}\right) \times 100\% \tag{9-1}$$

式中:w——圆锥下沉任意深度下试样的含水率,%,计算至 0.1%;

m——湿土质量,g;

m_s——干土质量,g。

在双对数坐标纸上,以圆锥下沉深度 h 为纵坐标,含水量 w 为横坐标,绘制 lgw-lgh 关系直线,三点应接近一直线,如果三点不在一直线上,通过高含水率的一点与其余两点连两根直线,在圆锥下沉深度为 2mm 处查得相应的两个含水率,如果两个含水率的差值不超过 2%,则在该含水率的平均值的点与高含水率的点之间作一直线,若含水率差值超过 2%,则应补点。

三 击实试验

1. 定义及分类

(1) 击实试验是测定试样在标准击实功作用下含水率与最大干密度之间的关系,从而确定该试样的最优含水率和最大干密度。

(2) 本试验应分轻型击实和重型击实。轻型击实试验单位体积击实功宜为 600kJ/m³,重型击实试验单位体积击实功宜为 2700kJ/m³。

(3) 本试验类型和方法列于表 9-29,应根据要求和试样最大粒径选用。

当试样中粒径大于各方法相应最大粒径 5mm、20mm 或 40mm 的颗粒质量占总质量的 5%~30% 时,其最大干密度和最优含水率应进行校正。

击实试验标准技术参数　　　　表 9-29

试验类型	编号	试验方法							试验条件		
		击实仪规格									
		击锤			击实筒			护筒			
		质量(kg)	锤底直径(mm)	落距(mm)	内径(mm)	筒高(mm)	容积(cm³)	高度(mm)	层数	每层击数	最大粒径(mm)
轻型	Q1	2.5	51	305	102	116	947.4	50	3	25	5
	Q2	2.5	51	305	152	116	2103.9	50	3	56	20
重型	Z1	4.5	51	457	102	116	947.4	50	5	25	5
	Z2	4.5	51	457	152	116	2103.9	50	5	56	20
	Z3	4.4	51	457	152	116	2103.9	50	3	94	40

注：1. Q1、Q2、Z1、Z2、Z3 分别指轻 1、轻 2、重 1、重 2、重 3。
　　2. Q2、Z2、Z3 筒高为筒内净高。

2. 本试验应采用的仪器设备

（1）击实筒：钢制圆柱形筒，尺寸应符合表 9-29 规定。该筒配有刚护筒、底板和垫块。

（2）击锤：击锤必须配备导筒，锤与导筒之间要有相应的间隙，使锤能自由下落，并设有排气孔，见表 9-29。击锤可用人工操作或机械操作，机械操作的击锤必须有控制落距的跟踪装置和锤击点按一定角度均匀分布的装置。

（3）推土器：螺旋式推土器或其他适用设备。

（4）天平：称量 200g，分度值 0.01g。

（5）台秤：称量 15kg，分度值 5g。

（6）标准筛：孔径为 5mm、20mm、40mm。

（7）其他：碾土设备、喷水设备、切土刀、称量盒、烘箱等。

3. 试验步骤

试样制备分为干法和湿法两种，应符合下列规定：

（1）干法制备试样应按下列步骤进行：

①将代表性试样风干或低于 50℃ 温度下进行烘干。烘干以不破坏试样的基本颗粒为准。将土碾碎，过 5mm、20mm 或 40mm 筛，拌和均匀备用。试样数量，小直径击实筒最少 20kg，最大直径击实筒最少 50kg。

②按烘干法测定试样的风干含水率。按试样的塑限估计最优含水率，在最优含水率附近选择依次相差约 2% 的含水率制备一组试样至少 5 个，其中 2 个含水率大于塑限、2 个小于塑限、1 个接近塑限。加水量可用下式计算：

$$m'_w = \frac{m_0}{1+w_0}(w' - w_0) \tag{9-2}$$

式中：m'_w——所需加水量，g；

　　　m_0——风干试样质量，g；

　　　w_0——风干试样含水率，%；

　　　w'——要求达到的含水率，%。

③按预定的含水率制备试样。根据击实筒容积大小，每个试样取 2.5kg 或 6.5kg，平铺于不吸水的平板上，洒水拌和均匀，然后分别放入有盖的容器里静置备用。高塑性黏性土静置时

间不得小于 24h，低塑性黏性土静置时间可缩短，但不应小于 12h。

（2）湿法制备试样应按下列步骤进行：将天然含水率的试样碾碎过 5mm、20mm 或 40mm 筛，混合均匀后，按选用击实筒容积取 5 份试样，其中一份保持天然含水率，另外 4 份分别风干或加水达到所要求的不同含水率。制备好的试样要完全拌匀，保证水分均匀分布。

（3）试验操作应按下列步骤进行：

①称取击实筒质量（m_1）并作记录。

②将击实筒仪放在坚实的地面上，安装好击实筒及护筒（大直径击实筒内还要放入垫块），内壁涂少许润滑油。每个试样应根据选用试验类型，按表 9-29 规定，分层击实。每层高度应近似，两层交界处层面应刨毛，所用试样的总质量应使最后的击实面超出击实筒顶，并不大于 6mm。击实时要保持导筒垂直平稳，并按表 9-29 规定相应试验类型的层数和击数，以均匀速度作用到整个试样上。击锤应沿击实筒周围锤击一遍后，中间再加一击。

③击实完成后拆去护筒，用切土刀修平击实筒顶部的试样，拆除底板，当试样底面超出筒外时，也应修平，擦净筒的外壁，称筒和试样的总质量，准确至 5g。

④用推土器将试样从筒中推出，从其中心取 2 个代表性试样，采用烘干法测定其含水率。

⑤试样不宜重复使用。对易被击碎的脆性颗粒及高塑性黏土的试样不得重复使用。

⑥按以上步骤进行不同含水率试样的击实。

⑦试验结果应按下列公式计算及制图：

a. 击实后试样的湿密度：

$$\rho = \frac{m_2 - m_1}{V} \tag{9-3}$$

式中：ρ——击实后试样的湿密度，g/cm³，计算至 0.01g/cm³；

m_2——击实后筒和湿试样质量，g；

m_1——击实筒质量，g；

V——击实筒容积，cm³。

b. 击实后试样的干密度：

$$\rho_d = \frac{\rho}{1 + 0.01w} \tag{9-4}$$

式中：ρ_d——击实后试样的干密度，g/cm³，计算至 0.01g/cm³；

w——含水率，%。

以干密度为纵坐标，含水率为横坐标，绘制干密度与含水率的关系曲线。曲线上峰值点的纵横坐标分别表示该击实试样的最大干密度和最优含水率。若曲线不能绘出正确的峰值点，应进行补点。

c. 试验所得的最大干密度和最优含水率需校正时，应按以下公式进行：

校正后试样的最大干密度：

$$\rho'_{dmax} = \frac{1}{\frac{1-P_s}{\rho_{dmax}} + \frac{P_s}{\rho_a}} \tag{9-5}$$

式中：ρ'_{dmax}——校正后试样的最大干密度，g/cm³，计算至 0.01g/cm³；

ρ_{dmax}——粒径小于 5mm、20mm 或 40mm 的试样试验所得的最大干密度，g/cm³；

P_s——试样中粒径大于 5mm、20mm 或 40mm 的颗粒含量的质量分数；

ρ_a——粒径大于 5mm、20mm 或 40mm 的颗粒毛体积密度，g/cm³。

校正后试样的最优含水率：

$$w'_{opt} = w_{opt}(1 - P_s) + P_s w_x \tag{9-6}$$

式中：w'_{opt}——校正后试样的最优含水率，%，计算至 0.01%；

w_{opt}——粒径小于 5mm、20mm 或 40mm 的试样试验所得的最优含水率，%；

w_x——粒径大于 5mm、20mm 或 40mm 颗粒吸着含水率，%。

饱和含水率：

$$w_{sat} = \left(\frac{\rho_w}{\rho_d} - \frac{\rho_w}{\rho_s}\right) \times 100 \tag{9-7}$$

式中：w_{sat}——饱和含水率，%，计算至 0.1%；

ρ_s——试样的颗粒密度，对于粗粒土，则为试样中粗细颗粒的混合密度，g/cm³；

ρ_w——4℃时水的密度，g/cm³。

计算数个干密度下试样的饱和含水率，以干密度为纵坐标，含水率为横坐标，绘制出饱和曲线。

三 颗粒密度实验

(一) 试验目的和方法

土的颗粒密度是指土体内固体颗粒的质量与颗粒体积之比值，单位为 g/cm³。

粒径大于 5mm 的砾石、碎(卵)石等粗颗粒，因颗粒间存在空隙，空隙又分封闭的与敞开的两部分。当浸水时，敞开部分为水所填充，封闭部分则不能侵入。因此，粗颗粒土颗粒密度通常以下列三种方法表示：

(1) 视密度(也称表观密度)：土粒干质量与土粒实体积(包括固体颗粒和封闭空隙体积)的比值。它与细粒土的颗粒密度在实用上是一致的，因为一般指的是空隙，事实上是指能被水充填的空隙。通常情况下，粗土粒的颗粒密度就是指视密度。

(2) 毛体积密度：土粒干质量与土粒总体积(包括固体颗粒、封闭空隙和敞开空隙全部体积)的比值。

(3) 饱和面干密度(简称表干密度)：当土粒呈饱和面干状态时的土粒总质量与土粒总体积的比值。

颗粒密度是计算孔隙比、孔隙率、饱和度等指标的重要数据。毛体积密度用于击实试验中对超粒径(≥5mm 或 ≥20mm 或 ≥40mm 的颗粒占 5%~30%)土的最大干密度校正。

(二) 颗粒密度试验方法分类

土的颗粒密度试验按土粒的不同粒径可分别采用：

(1) 量瓶法：适用于粒径小于 5mm 的土。

(2) 浮称法：适用于粒径等于或大于 5mm 的土，且粒径大于 20mm 的土质量应小于土总体质量的 10%。

(3) 虹吸管法：适用于粒径等于或大于 5mm 的土，且粒径大于 20mm 的土质量应等于或大于土总体质量的 10%。

(4) 如果土含有小于和大于 5mm 的颗粒，则应分别用量瓶法和浮称法或虹吸管法测定不同粒径的颗粒密度，并按(9-8)计算土的平均颗粒密度：

$$\rho_s = \cfrac{1}{\cfrac{P_1}{\rho_{s1}} + \cfrac{P_2}{\rho_{s2}}} \tag{9-8}$$

式中：ρ_s——土的平均颗粒密度，g/cm^3；

P_1、P_2——大于和小于5mm粒径的土粒质量占总质量的分数；

ρ_{s1}、ρ_{s2}——大于和小于5mm粒径的颗粒密度，g/cm^3。

(三)量瓶法

1. 试验所需主要仪器设备和器具

(1)量瓶：容积100(或50)mL。

(2)天平：称量200g，分度值0.001g。

(3)恒温水槽：准确度±1.0℃。

(4)沙浴：应能调节温度。

(5)温度计：测量范围0~50℃，分度值0.5℃。

(6)真空抽气设备。

(7)其他：烘箱、纯水或中性液体(煤油)等。

2. 量瓶校正

(1)将量瓶洗净，烘干后称其质量，准确至0.001g。

(2)将煮沸经冷却的纯水(或抽气后的煤油)注入量瓶，对长颈量瓶注入水(油)至刻度处，对短颈量瓶注水(油)至毛细管口。将量瓶放入恒温水槽直至瓶内水(油)温度稳定。取出量瓶，擦净外壁，称瓶、水(油)总质量，准确至0.001g。测定恒温水槽内水温，准确至0.5℃。

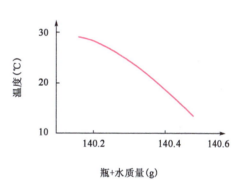

图9-1 温度与瓶、水总质量关系曲线

(3)按5℃间隔调节恒温水槽内水的温度，测定不同温度下的瓶、水(油)总质量。每个温度需进行两次测定，平行差值不大于0.002g，取两次测值的平均值。汇制温度与瓶、水(油)总质量的关系曲线，如图9-1所示。

3. 试验要点

(1)在烘干的100mL量瓶内装入烘干试样15g(50mL量瓶装10g)，称量瓶和试样的质量，准确至0.001g。

(2)向已装有试样的量瓶内注入半瓶纯水，摇动量瓶，并放在砂浴上煮沸，煮沸时间自悬液沸腾时算起：砂性土不少于30min，黏性土不少于60min。煮沸时为防止瓶内悬液溢出，应随时注意砂浴温度。

(3)将煮沸并冷却的纯水注入装有试样的悬液的量瓶至近满，并放置于恒温水槽内，直至温度稳定，瓶内悬液上部澄清，取出量瓶，擦净外壁，称取量瓶、水、试样总质量，准确至0.001g。测定量瓶内的水温，准确至0.5℃。

(4)根据测得的温度，从已绘制的"温度与量瓶和水总质量关系曲线"中查得量瓶和水的总质量。

(5)如试样含有可溶盐亲水性胶体或有机质，需用抽气法以中性液体(如煤油)为介质进行测定。抽气时真空压力表读数须接近100kPa,抽气时间1~2h。

(6)按式(9-9)计算颗粒密度：

$$\rho = \frac{m_d}{m_{pw} + m_d - m_{pws}} \rho_{wT} \tag{9-9}$$

式中：ρ——颗粒密度,g/cm³,计算精确至0.01g/cm³；
$\qquad m_d$——试样干质量,g；
$\qquad m_{pw}$——量瓶和水(油)的总质量,g；
$\qquad m_{pws}$——量瓶、水(油)和土的总质量,g；
$\qquad \rho_{wT}$——在T(℃)时水(油)的密度,g/cm³。

(7)本试验应进行平行测定,平行测定的差值不应大于0.02g/cm³,取算术平均值。

(四)浮称法

1. 试验所需主要仪器设备和器具

(1)铁丝框：孔径小于5mm,边长10~15cm,高10~20cm。
(2)天平：称量2000g,分度值0.2g。
(3)盛水容器：尺寸应能适合铁丝框沉入。
(4)其他：烘箱、温度计、孔径5mm及20mm筛等。

2. 试验要点

(1)选取有代表性的试样约1000g清洗干净,浸入水中24h后取出,将试样放在湿毛巾上擦干表面,即得饱和面干试样,称其质量(m_b)。

(2)将铁丝框浸入水中,称铁丝框在水中的质量(m_1),如图9-2所示。

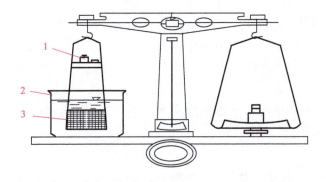

图9-2 浮称天平
1-平衡砝码；2-盛水容器；3-盛粗粒土的丝筐

(3)将已知质量的饱和面干试样全部放入铁丝框,缓缓浸没于水中,并在水中摇晃至无泡沫移出为止,称铁丝框和试样在水中的总质量(m_2),测定盛水容器内水温,准确至0.5℃。

(4)取出铁丝框中的全部试样烘干,并称烘干试样质量(m_d)。

(5)按式(9-10)~式(9-13)计算颗粒密度(ρ_s)、毛体积密度(ρ_a)、饱和面干密度(ρ_b)和吸着含水率(w_x)。

$$\rho_s = \frac{m_d}{m_d - (m_2 - m_1)} \times \rho_{wT} \tag{9-10}$$

$$\rho_a = \frac{m_d}{m_b - (m_2 - m_1)} \times \rho_{wT} \tag{9-11}$$

$$\rho_b = \frac{m_b}{m_b - (m_2 - m_1)} \times \rho_{wT} \tag{9-12}$$

$$w_x = \left(\frac{m_b}{m_d} - 1\right) \times 100\% \tag{9-13}$$

(6)本试验应进行平行测定,平行测定的差值不应大于 0.02g/cm³,取算术平均值。

(五)虹吸管法

1. 试验所需主要仪器设备和器具

(1)虹吸管:见图 9-3。
(2)台秤:称量 10kg,分度值 1g。
(3)量筒:容积大于 200mL。
(4)其他:同浮称法。

2. 试验要点

(1)取粒径大于 5mm 具代表性的试样 1~7kg 彻底冲洗干净,浸泡 24h 后取出,用湿毛巾滚擦颗粒表面水分后称量,即得饱和面干试样质量(m_b)。

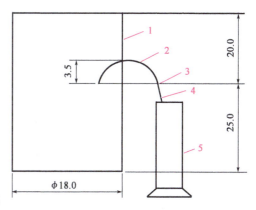

图 9-3 虹吸管示意图(尺寸单位:cm)
1-虹吸筒;2-虹吸管;3-橡皮管;4-管夹;5-量筒

(2)向虹吸管内注入清水,至管口有水溢出为止。将已称量的饱和面干试样缓缓放入筒中,经搅拌至无气泡逸出为止。待虹吸管中水面平静后,使试样排开的水通过虹吸管流入量筒内。

(3)称量筒质量(m_c)及量筒加水的总质量(m_{cw}),同时测量筒内水温。

(4)取出虹吸管内试样,烘干,称干试样质量。

(5)按式(9-14)~式(9-16)和式(9-13)分别计算颗粒密度(ρ_s)、毛体积密度(ρ_a)、饱和面干密度(ρ_b)和吸着含水率(w_s)。

$$\rho_s = \frac{m_d}{(m_{cw} - m_c)(m_b - m_d)} \times \rho_{wT} \tag{9-14}$$

$$\rho_a = \frac{m_d}{(m_{cw} - m_c)} \times \rho_{wT} \tag{9-15}$$

$$\rho_b = \frac{m_b}{(m_{cw} - m_c)} \times \rho_{wT} \tag{9-16}$$

(6)本试验应进行平行测定,平行测定的差值不应大于 0.02g/cm³,取算术平均值。

第四节 地基处理的方法、技术要求和频次要求

一、路堑基床换填底面、3m 路堤基底地基处理的检测方法、技术要求

路堑基床换填底面冲击压实后,应进行 E_{v2} 检测,并满足 $E_{v2} \geq 45\text{MPa}$ 的要求;填高大于 3m 的路堤基底,冲击压实后或清基换填后,应进行 E_{v2} 检测,并满足 $E_{v2} \geq 45\text{MPa}$ 的要求(对于冲击压实段,压实后测试 E_{v2} 指标,对于换填段,填筑第三层时开始测试 E_{v2} 指标)。

二、水泥土搅拌桩及 CFG 桩检测项目、方法和频率等要求

施工前必须进行工艺性试验(每个工点不少于 3 根),通过试验确定制桩工艺和参数,经

监理单位、勘察设计单位确认后,方可进行施工。

1. 水泥搅拌桩检测项目、方法和频率等要求

(1) 成桩 28d 后全长抽芯取样进行无侧限抗压强度试验,按总桩数的 2‰ 抽检且每批次不少于 3 根,每根桩检测桩径方向 1/4 处、桩长范围内垂直钻孔取芯,观察其完整性、均匀性,拍摄取出芯样的照片,取不同深度的 3 个试样作无侧限抗压强度试验,钻芯后的孔洞采用水泥砂浆灌浆封闭。其无侧限抗压强度不得小于设计规定值。监理单位按施工单位抽样数量的 20% 见证检测。

(2) 水泥搅拌桩采用平板荷载试验检验地基承载力,检验数量为总桩数的 2‰,并不少于 3 根,要求处理后的单桩或复合地基承载力满足设计要求。监理单位 100% 见证检测,勘察设计单位现场确认。

2. CFG 桩检测项目、方法和频率等要求

(1) CFG 桩粗细骨料质量要求按《建筑用砂》(GB/T 14684—2011)、《建筑用卵石、碎石》(GB/T 14685—2011) 执行。

(2) 桩身 28d 立方体抗压强度,施工单位每工作班一组(3 块)试件,监理单位按施工单位抽检次数的 10% 进行见证检验,但至少一次。

(3) CFG 桩桩间土施工后应检测其压实系数 K,$K \geq 0.9$。检测频率按基床以下路堤标准执行,击实试验按每个 CFG 桩施工段落、长度不超过 500m 或土质变化时进行一次。

(4) CFG 桩采用平板荷载试验检验地基承载力,检验数量为总桩数的 2‰,并不少于 3 根,CFG 桩按复合地基设计的,处理后的复合地基承载力、变形模量应满足设计要求,按柱桩设计的,处理后的单桩承载力应满足设计要求。监理单位 100% 见证检测。

(5) CFG 桩桩身质量、完整性检验:抽取不少于总桩数的 10% 桩检测桩身完整性(采用小应变检测)。

CFG 桩、搅拌桩、旋喷桩等复合地基褥垫层压实指标

(1) 基床底层:压实度 $K \geq 0.95$、$E_{vd} \geq 40\text{MPa}$。

(2) 基床底层以下路基:压实度 $K \geq 0.92$、$E_{vd} \geq 40\text{MPa}$。

考虑 CFG 桩头影响,E_{vd} 指标第一层不测试,仅在褥垫层顶面测试,各指标检测频率参照第五节相关部位的 A、B 组填料标准执行。

第五节 A、B 组填料及改良土检测项目及技术要求

填料要求

各施工单位要提前试验选定合格的填料,除天然填料外都要在现场设 A、B 料加工区。按照试验方法、土石分类标准要求,结合武广、郑西客运专线的经验,A、B 组填料的粒径不宜大于 60mm。

A、B 组填料及改良土土体常规检测指标要求

细粒土每 5000m³ 检测一次液塑限、最大干密度和最佳含水率;粗粒土或碎石土每

10000m³检测颗粒级配和颗粒密度。改良土外掺料200t检测一次。

三、特殊试验要求

(1) 采用碎石类土作为 A、B 组填料的,对需要破碎的块石土,要求母岩单轴饱和抗压强度 $R_c > 15\text{MPa}$,且不易风化,不易软化(软化系数 $k_r > 0.75$);填料中的细粒土(小于0.075mm)含量应小于15%,对于基床底层液限 $w_L < 40\%$,且塑性指数 $I_P \leq 17$,对于基床以下部分,液限 $w_L < 40\%$。对于浸水地段或高路堤路基填料还应满足设计图中要求。

采用砂类土(砾砂、中粗砂)作为 A、B 组填料的,砾砂中大于 2mm 的颗粒、粗砂中大于 0.5mm 的颗粒、中砂中大于 0.25mm 的颗粒应坚硬,不易风化,颗粒级配应良好,并含有不宜大于10%的细粒含量,且液限 $w_L < 40\%$,以保证具有较好的黏结性。

(2) 确定填料软化性能和水稳定性能,对于膨胀性细粒土,建议采用3项检测指标:
① 自由膨胀率 F_s(应小于40%);
② 蒙脱石含量 M(应小于7%);
③ 阳离子交换量 CEC(NH_4^+)(应小于170mol/kg)。
在调查料源或者料源发生变化时应检测此三项指标。

四、改良土生产和试验要求

改良土一律采用厂拌方式生产,不允许路拌;对于水泥改良土应进行延时试验,控制压实质量。

第六节 路基填筑检测要求

路基填筑要针对不同的填料先进行工艺性试验,通过试验获取相应的试验数据,研究填料性质、施工工艺、检测方法等的合理性,并填报试验段总结报告,报监理、指挥部和公司评估确认后,方准进行路基大面积施工。由于 K_{30} 和 E_{v2} 检测深度影响范围为 3 倍的板直径,约 0.9m,因此宜由路基基底起填筑第三层开始测试 K_{30} 或 E_{v2} 指标。

一、基床表层级配碎石技术要求和压实标准

1. 级配碎石技术要求

技术要求除满足《客运专线基床表层级配碎石暂行技术条件》的要求外,同时应满足颗粒粒径 $d \leq 0.075$,含量不大于 5.0%(质量比),压实后颗粒粒径 $d \leq 0.075$,含量不大于 7.0%(质量比)。

2. 压实标准(表9-30)

基床表层级配碎石压实标准　　　　表9-30

填料	压 实 标 准			
	地基系数 K_{30}(MPa/m)	变形模量 E_{v2}(MPa)	动态变形模量 E_{vd}(MPa)	压实系数 K
级配碎石	≥190	≥120	≥55	≥0.97

注:参照标准 $E_{V2}/E_{V1} \leq 2.3, K \geq 0.97$。

检测频率为纵向 100m 每压实层抽样检测压实系数 K 和动态变形模量 E_{vd} 各 6 点,其中:左、右距路肩边线 1.5m 处各 2 点,路基中部 2 点,测定应沿路基纵向均匀随机布置;K_{30} 检测 4 点或 E_{v2} 检测 4 点,其中:左、右距路肩边线 1.5m 处各 1 点,路基中部 2 点,测定应沿路基纵向均匀随机布置。监理单位分别按 10% 平行和见证检验,均不少于 1 次。

基床底层填料和压实标准

(1) 基床底层选用 A、B 组填料或改良土;采用块石类作为基床底层填料时,应级配良好,其粒径不宜大于 60mm。

(2) 基床底层路基填筑压实标准,见表 9-31。

基床底层路基填筑压实质量标准　　　　　表 9-31

填　料	压实标准	改良细粒土	砂类土及细砾土	碎石类及粗砾土
A、B 组及改良土	地基系数 K_{30}(MPa/m)	—	≥130	≥150
	变形模量 E_{v2}	≥80	≥80	≥80
	动态变形模量 E_{vd}(MPa)	—	≥40	≥40
	压实系数 K	≥0.95	≥0.95	≥0.95

注:化学改良土还应满足设计提出的其他技术要求。

根据其他客运专线及德铁经验,增加 E_{v2}/E_{v1} 指标,$E_{v2}/E_{v1} \leq 3.0$,当 $3.0 < E_{v2}/E_{v1} \leq 3.5$ 时,E_{v1} 应不小于 E_{v2} 规范规定值的 60%。对砂类土及细砾土、碎石类及粗砾土,应增加压实系数 $K \geq 0.95$ 控制(可采用表面振实法或振动台法确定最大干密度)。

检测频率为纵向 100m 每压实层抽样检测压实系数 K(改良细粒土)、压实系数 K(砂类土和碎石类土)各 6 点,其中:左、右距路肩边线 1m 处各 2 点,路基中部 2 点,测定应沿路基纵向均匀随机布置;检测动态变形模量 E_{vd} 4 点,其中:左、右距路基边线 2m 处各 1 点,路基中部 2 点,测定应沿路基纵向均匀随机布置;每 100m 每填高约 90cm 抽检 K_{30} 检测 4 点,E_{v2} 检测 4 点,其中:左、右距路基边线 2m 处各 1 点,路基中部 2 点,测定应沿路基纵向均匀随机布置;对化学改良土无侧限抗压强度指标,施工单位按每检验批每压实层抽样检验 3 处(左、中、右各 1 处)。监理单位分别按施工单位抽检次数的 10% 分别进行平行检验和见证检验,均不少于 1 次。

基床以下路堤填料和压实标准

(1) 基床以下应选用 A、B 组填料和 C 组中的块石、碎石类、砾石类填料;当选用硬质岩石或不易风化的软质岩的碎石时,应级配良好,填料的粒径不宜大于 7.5cm。

(2) 基床以下路堤填筑压实质量按表 9-32 的要求控制。但试验段路基要对表内指标每层全部检测。并据此推算不同填料的各项指标之相互关系。

基床以下路堤填筑压实质量标准　　　　　表 9-32

填　料	压实标准	改良细粒土	砂类土及细砾土	碎石类及粗砾土
A、B 组及改良土	地基系数 K_{30}(MPa/m)	—	≥110	≥130
	压实系数 K	≥0.92	≥0.92	≥0.92

注:1. 化学改良土还应满足设计提出的其他技术要求(7d 饱和无侧限抗压强度 ≥250kPa)。
　　2. 无砟轨道可采用 K_{30} 或 E_{V2}。采用 E_{V2} 时,其控制标准为 $E_{V2} \geq 45MPa$ 且 $E_{V2}/E_{V1} \leq 2.6$。

检测频率为纵向 100m 每压实层抽样检测压实系数 K(改良细粒土)、压实系数 K(砂类土和碎石类土)各6点,其中:左、右距路肩边线1m处各2点,路基中部2点,测定应沿路基纵向均匀随机布置,有反压护道地段每100m增加1个检测点;检测动态变形模量 E_{vd} 4点。其中:左、右距路肩边线1m处各1点,路基中部2点,测定应沿路基纵向均匀随机布置;每100m每填高约90cm抽样检测4点,其中:左、右距路基边线2m处各1点,路基中部2点,测点应沿路基纵向均匀随机布置。监理单位分别按10%平行证检验压实系数 K、动态变形模量 E_{vd},均不少于1次,100%见证 K_{30}、变形模量 E_{v2}。

第七节 过渡段施工检测项目及技术要求

一 地基处理要求

当路堤高度 $H \leq 3.0$m 时,原地面处理后的质量要求应符合 $E_{vd} \geq 40$MPa;当 $H > 3.0$m 时,应符合 $E_{vd} \geq 30$MPa。

检测频率为施工单位每个过渡段抽检压实系数 K(细粒土)、压实系数 K 和孔隙率 n(砂类土和碎石类土)、动态变形模量 E_{vd} 各3点,其中:距路基边线1m处左、右各1点,路基中部1点;抽样检验地基系数 K_{30}、E_{v2} 各2点,其中:距路基边线2m处1点,路基中间1点。监理单位按施工单位抽检次数的20%平行检验,但至少一次。

二 过渡段填料

掺加3%~5%的P.O42.5水泥级配碎石。

三 压实标准

过渡段填料压实标准见表9-33。

压实标准   表9-33

填料	压实标准		
	地基系数 K_{30}(MPa/m)	动态变形模量 E_{vd}(MPa)	压实系数 K
级配碎石	≥150	≥50	≥0.95

增加压实系数 $K \geq 0.95$,同时严格控制水泥剂量,做好出厂检验,每过渡段每填高90cm抽检3处水泥剂量。

检验频率:施工单位每压实层抽检压实系数3点、动态变形模量 E_{vd} 每填高30cm抽检3点,测点要求均匀随机布置;每填高约60cm抽检 K_{30}、E_{v2} 各2点,测点要求均匀随机布置。监理按施工单位抽检次数的20%频率进行平行检验,但至少一次。

第八节 路基工程现场试验检测方法

一 K_{30} 平板载荷试验(TB 10102—2004)

K_{30} 平板载荷试验是采用直径为30cm的荷载板测定下沉量为1.25mm地基系数的试验

方法。计量单位为 MPa/m。

(一) 试验条件

K30 平板载荷试验适用于粒径不大于荷载板直径 1/4 的各类土和土石混合填料,测试有效深度范围为 400~500mm。

试验场地及环境条件应符合下列要求:

(1) 对于水分挥发快的均粒砂,表面结硬壳、软化或因其他原因表层扰动的土,平板荷载试验应置于扰动带以下进行。

(2) 对于粗、细粒均质土,宜在压实后 2~4h 内开始进行。

(3) 测试面必须是平整无坑洞的地面。对于粗粒土或混合料造成的表面凹凸不平,应铺设一层约 2~3mm 的干燥中砂或石膏腻子。此外,测试面必须远离震源,以保持测试精度。

(4) 雨天或风力大于 6 级的天气,不得进行试验。

(二) 本试验仪器设备

(1) 荷载板:荷载板为圆形钢板,其直径为 30cm,板厚为 25mm。荷载板上应带有水准泡。

(2) 加载装置:

①液压千斤顶与手动油泵,通过高压油软管连接。千斤顶顶端应设置球铰,并配有可调节丝杆和加长杆件,以便与各种不同高度的反力装置相适应。选用荷载应大于或等于 50kN。

②液压油软管长度不少于 1.8m,两端应装有自动开闭阀门的快速接头,以防止液压油漏出。

③手动液压泵上应装有一个可调节减压阀,可准确地分级对荷载板实施加、卸载。

④测压表量程应达到最大试验荷载的 1.25 倍,精度不低于 0.6 级。

⑤当使用测力计直接测量加荷载时,测力计精度应达到 1%。

(3) 反力装置的承载能力应大于最大试验荷载 10kN。

(4) 下沉量测量装置由测桥和测表组成。测桥是用于安装测表固定支架或作为测表量测基准面,由长度大于 3m 的支撑梁和支撑座组成,当跨度为 4m 时其截面系数应大于或等于 $8cm^3$。测表宜配置 3~4 个精度为 0.01mm 的百分表或电子数显百分表,量程应不小于 10mm,每个测表应配有可调式固定支架。

(5) 其他:铁锹、钢板尺(长 400mm)、毛刷、圬工泥刀、刮铲、水准仪、铅锤、褶尺、干燥中砂、石膏、油、遮阳挡风设施等。

(三) 试验仪器的校验规定

(1) 测试地基系数时,应对仪器进行测试校验。

(2) 新仪器进行试验的三个月内,应每月标定一次,以作出相应误差修正。当三次标定误差小于 ±5% 时,仪器进入稳定期。

(3) 仪器每次投入新工点或每年必须予以校验一次。

(四) 试验操作步骤

(1) 场地测试面应进行平整,并使用毛刷扫去松土。当处于斜坡上时,应将荷载板支撑面做成水平面。

(2) 安置平板载荷仪:

①将荷载板放置于测试地面上,应使荷载板与地面良好接触,必要时可铺设一薄层干燥砂(2~3mm)或石膏泥子。当用石膏泥子做垫层时,应在荷载板底面上抹一层油膜,然后将荷载板安放在石膏层上,左右转动荷载板并轻轻击打顶面,使其与地面完全接触,与此同时可借助荷载板上的水准泡或水准仪调整水平。

②将反力装置承载部分安置于荷载板上方,并加以制动。反力装置的支撑点必须距荷载板外侧边缘1m以外。

③将千斤顶放置于反力装置下面的荷载板上,可利用加长杆和通过调节丝杆,使千斤顶顶端球铰座紧贴在反力装置承载部位上,组装时应保持千斤顶垂直不出现倾斜。

④安置测桥。测桥支撑座应设置在距离荷载板外侧边缘及反力装置支承点1m以外,测表的安放必须相互对称,并且应与荷载板中心保持等距离。

(3) 加载试验:

①为稳固荷载板,预先加0.01MPa荷载约30s,待稳定后卸除荷载,将百分表读数调至零或读取百分表读数作为下沉量的起始读数。

②以0.04MPa的增量,逐级加载。每增加一级荷载,当1min的沉降量不大于该级荷载产生的沉降量的1%时,读取荷载强度和下沉量读数,然后增加下一级荷载。

③当总下沉量超过规定的基准值(1.25mm),或者荷载强度超过估计的现场实际最大接触压力,或者达到地基的屈服点时,试验即可终止。

(4) 当试验过程出现异常时(如荷载板严重倾斜,荷载板过度下沉),应将试验点下挖相当于荷载板直径的深度,重新进行试验。对出现的异常应在试验记录表中注明。

(五) 试验结果计算及制图

(1) 根据试验结果绘出荷载强度与下沉量关系曲线,见图9-4。

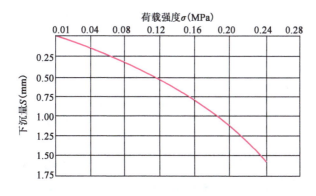

图9-4 荷载强度 σ-下沉量 S 关系曲线

(2) 从荷载强度与下沉量关系曲线得出下沉量基准值时的荷载强度,并按式(9-17)计算出地基系数:

$$K_{30} = \frac{\sigma_s}{S_s} \tag{9-17}$$

式中:K_{30}——由直径30cm的荷载板测得的地基系数,MPa/m,计算取整数;

σ_s——σ-S 曲线中 $S_s = 1.25 \times 10^{-3}$m 相对应的荷载强度,MPa;

S_s——下沉量基准值,取 1.25×10^{-3} m。

(六) 试验记录格式

试验记录格式应符合表9-34的要求。

K_{30} 平板载荷试验记录　　　　　　　　表9-34

工程名称：　　　　　　填料类型：　　　　　　试验编号：
工程地点：　　　　　　填层厚度：　　　　　　试验日期：
施工单位：　　　　　　检测里程：　　　　　　试验人员：
荷载板直径：　　　　　检测高程：　　　　　　试验负责人：

加载顺序	荷载强度 σ(MPa)	油压表读数 $P_压$(MPa)	下沉量 S(mm)(百分表读数)				荷载板中心下沉量 (mm)
			表1	表2	表3	平均	
预压	0.01						
复位	0.00						
1	0.04						
2	0.08						
3	0.12						
4	0.16						
5	0.20						
6	0.24						

复核：___年___月___日  　　　　　　试验：___年___月___日

(七) 随机误差校正

(1) 由被测土体表面状态影响,所出现的随机误差可通过作图法和 K_{30} ADJUST 程序进行校正。

(2) 作图法校正如图9-5所示。

当试验结果如图中曲线②时,曲线经坐标原点,可不校正。

当试验误差结果如图中曲线①时,应在曲线出现明显拐点的位置沿正常曲线延伸,使交 S 轴于 O_1 点,此时零点下移 $\triangle S''$,标准下沉量应为 $S_1 = S_s + \triangle S''$,由此对应的荷载强度 σ_1 计算出 K_s 值。

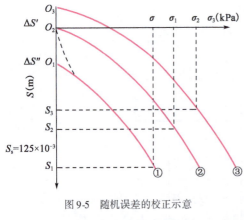

图9-5　随机误差的校正示意

当试验结果如图中曲线③时,应在曲线出现明显拐点的位置沿正常曲线曲率延伸,使交 S 轴于 O_3 点,此时零点上移 $\triangle S'$,标准下沉量应为 $S_3 = S_s - \triangle S'$ 由此对应的荷载强度 σ_3 计算出 K_s 值。

E_{vd} 动态平板载荷试验(TB 10102—2010)

E_{vd} 动态平板载荷试验是采用动态变形模量测试仪来监控检测土体承载力指标——动态变形模量 E_{vd} 的试验方法。它通过落锤试验和沉陷测定来直接测出反映土体动态特性的指标

E_{vd},计量单位为 MPa。

(一) 试验条件

E_{vd} 动态平板载荷试验适用于粒径不大于荷载板直径 1/4 的各类土和土石混合填料,测试有效深度范围为 400~500mm。

试验场地及环境条件应符合下列要求:

(1) 测试面宜水平,其倾斜度不大于 5°。

(2) 测试面必须平整无坑洞。对于粗粒土或混合料造成的表面凹凸不平,可用少量细中砂来补平。

(3) 试验时测试点必须远离震源。

(二) 本试验仪器设备

(1) 动态变形模量测试仪由加载装置、荷载板和沉陷测定仪 3 部分组成,见图 9-6。

(2) 加载装置主要由挂(脱)钩装置、落锤、导向杆、阻尼装置等部分构成。

① 落锤质量:10kg。

② 最大冲击力:7.07kN。

③ 冲击持续时间:18ms±2ms。

④ 导向杆必须保持垂直、光洁。

(3) 荷载板主要由圆形钢板和传感器等部分构成。

① 圆形钢板直径 300mm,厚度 20mm。

② 传感器必须牢固密贴地安装在荷载板的中心位置上。

(4) 沉陷测定仪主要由信号处理、显示、打印机和电源等部分构成。

(5) 沉陷测试范围:(0.1~2.0)mm±0.04mm。

E_{vd} 测试范围:10MPa < E_{vd} < 225MPa。

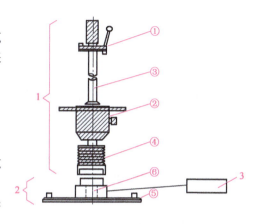

图 9-6 动态变形模量测试仪
1-加载装置[①挂(脱)钩装置;②落锤;③导向杆;④阻尼装置];2-荷载板(⑤圆形钢板;⑥传感器);3-沉陷测定仪

(三) 仪器的校验和标定要求

(1) 仪器在每次试验前应按使用说明书进行校验。

(2) 仪器每年必须重新标定一次。

(四) 试验操作步骤

1. 测试前的准备工作

(1) 测试面应整平。应使荷载板与地面良好接触,必要时可用少量的细中砂来补平。

(2) 导向杆应保持垂直。

(3) 检查仪器标明的落距。

2. 测试步骤

(1) 荷载板放置在平整好的测试面上,安装上导向杆并保持其垂直。

(2) 将落锤提升至挂(脱)钩装置上挂住,然后使落锤脱钩并自由落下,当落锤弹回后将其抓住,并挂在挂(脱)钩装置上。按此操作进行三次预冲击。

(3)正式测试时,按上述第(2)项的方式进行三次冲击测试,作为正式测试记录。测试时应避免荷载板的移动和跳跃。

(4)测试时,应记录每个测点的工程名称、检测部位、试验时间、土的种类、含水率以及相关的参数。

(五)试验结果计算

试验结果应按下列平板压力公式计算:

$$E_{vd} = 1.5 \times r \times \frac{\sigma}{S} \tag{9-18}$$

式中:E_{vd}——动态变形模量,MPa,计算至 0.1MPa;

r——圆形刚性荷载板的半径,mm,即 $r = 150$mm;

σ——荷载板下的最大动应力,它是通过在刚性基础上,由最大冲击力 $F_s = 7.07$kN 且冲击时间 $t_s = 18$ms 时标定得到的,$\sigma = 0.1$MPa;

S——实测荷载板下沉幅值,mm;

1.5——荷载板形状影响系数。

实测结果可采用下列简化公式:

$$E_{vd} = \frac{22.5}{S} \tag{9-19}$$

根据 E_{vd} 与 K_{30} 的相关关系,可以推算出 K_{30} 值。

(六)试验记录格式

记录格式应符合表 9-35 的要求。

E_{vd} 动态平板载荷试验记录　　　　表 9-35

工程名称:　　　　　填料类型:　　　　　试验编号:

检测部位:　　　　　填层厚度:　　　　　试验日期:

施工单位:　　　　　检测里程:　　　　　环境温度:

仪器型号:　　　　　检测高程:　　　　　含水率:

冲击顺序	沉陷值 S_i（mm）	平均沉陷值 S（mm）	动态变形模量 E_{vd}（MPa）	备 注

附
动态变形模量测试仪打印的实测结果及实测 $S-t$(沉陷—时间)曲线

复核:＿＿＿＿＿年＿＿月＿＿日　　　　　试验:＿＿＿＿＿年＿＿月＿＿日

(1)取三次冲击测得的平均值 S 计算 E_{vd},作为该检测点的测试值。

(2)在试验记录表格中应附有动态变形模量测试仪打印出的实测结果及实测 $S-t$(沉陷-时间)曲线。

三 变形模量 E_{V2} 试验（Strain Modulus Test of E_{v2}）（TB 10102—2010）

通过圆形承载板和加载装置对地面进行第一次加载和卸载，再进行第二次加载，用测得的承载板下应力 σ 和与之相对应的承载板中心沉降量 S，来计算变形模量 E_{v2} 及 E_{v2}/E_{v1} 值的试验方法。

1. 一次变形模量（The First Strain Modulus）

一次变形模量是指用第一次加载测得的承载板下应力 σ 和与之相对应的承载板中心沉降量 S 计算的变形模量。

2. 二次变形模量（The Second Stain Modulus）

二次变形模量是指用第二次加载测得的承载板下应力 σ 和与之相对应的承载板中心沉降量 S 计算的变形模量。

其中符号含义如下：

E_V——变形模量；
E_{V1}——一次变形模量；
E_{V2}——二次变形模量；
σ——承载板下应力；
S_M——沉降量测表读数；
S——承载板中心沉降量。

3. 基本规定

（1）变形模量 E_{V2} 试验适用于粒径不大于承载板直径 1/4 的各类土和土石混合填料。

（2）变形模量 E_{V2} 试验采用直径 300mm 承载板。变形模量 E_{V2} 的计算单位为 MPa。

（3）试验场地及环境条件应符合下列要求：

①对于水分挥发快的中粗砂，表面结硬壳、软化或因其他原因表层扰动的土，变形模量 E_{V2} 试验应置于其影响以下进行，下挖深度应不大于承载板直径。

②对于粗、细粒均质土，宜在压实后 4h 内开始检测。

③测试面应水平无坑洞。对于粗粒土或混合料填层造成的表面凹凸不平，承载板下应铺一层厚 2~3mm 的干燥中砂或石膏腻子。

④试验时测试点应远离震源。

⑤雨天或风力大于 6 级的天气不得进行试验。

（4）变形模量 E_{V2} 测试仪测量应采用自动采集、数字显示仪器。

（5）承载板的沉降量应采用中心单点测量。

4. 仪器设备

变形模量 E_{V2} 测试仪器应包括承载板、反力装置、加载装置、荷载测量装置及沉降量测装置。

（1）承载板应符合下列要求：

①承载板直径应为（300±0.5）mm，厚度应为（25±0.2）mm，材质应为 Q345 钢。承载板上应带有水准泡。

②承载板加工表面粗糙度 R_a 不应大于 6.3μm。

（2）反力装置的承载能力应大于最大试验荷载 10kN 以上。

(3) 加载装置应符合下列要求:

①千斤顶应通过高压油软管与手动液压泵连接。千斤顶顶端应设置球铰,并配有可调节丝杆和加长杆件。

②高压油软管长度不应小于1.8m,两端应装有自动开闭阀门的快速接头。

③手动液压泵上应装有可调节减压阀,可准确地对承载板进行分级加载、卸载。

④千斤顶两边应固定,并确保不倾斜。千斤顶活塞的行程不应小于150mm。在试验过程中,千斤顶高度不应超过600mm。

(4) 荷载量测装置的量测表量程应达到最大试验荷载的1.25倍,最大误差应不大于1%,显示值应能保证承载板上的荷载有效位至少达到0.001MPa。

(5) 沉降量测装置应符合下列要求:

沉降量测装置应由测桥和测表组成。

测桥的测量臂可采用杠杆式(图9-7)或垂直抽拉式(图9-8)。测量臂应有足够的刚度。

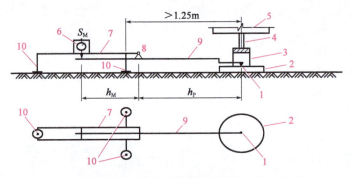

图9-7 杠杆式测量臂

1-触点;2-承载板;3-千斤顶;4-加长杆件;5-反力装置;6-沉降量测表;7-支撑架;8-杠杆支点;9-测量臂;10-支撑座

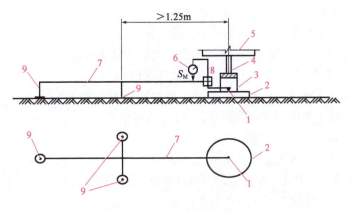

图9-8 垂直抽拉式测量臂

1-触点;2-承载板;3-千斤顶;4-加长杆件;5-反力装置;6-沉降量测表;7-支撑架;8-垂直支架;9-支撑座

承载板中心至测桥支撑座的距离应大于1.25m。杠杆式测量臂杠杆比$h_P:h_M$可在1:1~2:1范围内选择,选定后不得改变。

沉降量测表最大误差不应大于0.04mm,分辨率应达到0.01mm,量程不应小于10mm。

辅助工具应包括铁锹、钢板尺(长400mm)、毛刷、刮铲、水准仪、铅锤、褶尺、干燥中砂、石膏粉、油、遮阳挡风设施等。

传感器、测表应按国家有关规定标定,变形模量E_{V2}测试仪必须每年标定一次。

5. 试验要点

场地测试面应进行平整,并使用毛刷扫去表面松土。当测试面处于斜坡上时,应将承载板支撑面做成水平面。

(1) 测试仪器安置应符合下列要求:

①将承载板放置于测试点上,使承载板与地面完全接触,必要时可铺设一薄层干燥砂(2~3mm)或石膏腻子。同时利用承载板上的水准泡或水准仪来调整使承载板水平。当用石膏腻子做垫层时,应在承载板底面上抹一层油膜,然后将承载板安放在石膏层上,左右转动承载板并轻轻击打顶面,使其完全与地面接触,被挤出的石膏应在凝固前清除,直至石膏凝固以后,方可进行测试。

②将反力装置承载部位安置于承载板上方,并加以制动。承载板外侧边缘与反力装置支撑点之间的距离不得小于0.75m。

③将千斤顶放在承载板的中心位置,使千斤顶保持垂直。用加长杆和调节丝杆使千斤顶顶端球铰座与反力装置承载部位紧贴。

④安置测桥时应将沉降量测装置的触点自由地放入承载板上测量孔的中心位置,沉降量测表必须与测试面垂直。测桥支撑座与反力装置支撑点的距离不得小于1.25m。

⑤试验过程测桥和反力装置不得晃动。

⑥沉降量测装置应有遮阳挡风装置。

预加载时,应预先加0.01MPa荷载约30s,待稳定后卸除荷载,将沉降量测表读数调零。

(2) 加载与卸载应符合下列要求:

①变形模量 E_{V2} 试验第一次加载应至少分6级,并以大致相等的荷载增量(0.08MPa)逐级加载,达到最大荷载为0.5MPa或沉降量达到5mm时所对应的应力后,再进行卸载。

②承载板卸载应按最大荷载的50%、25%和0三级进行。

③卸载后,按照第一次加载的操作步骤,并保持与第一次加载时各级相同的荷载进行第二次加载,直至第一次所加最大荷载的倒数第二级。

④每级加载或卸载过程必须在1min内完成。

⑤加载或卸载时,每级荷载的保持时间为2min,在该过程中荷载应保持恒定。

⑥试验中若施加了比预定荷载大的荷载时,应保持该荷载,并将其记录在试验记录表中,加以注明。

当试验过程中出现承载板严重倾斜,以至承载板上水准器的气泡不能与圆圈标志重合或承载板过度下沉及量测数据出现异常等情况时,应查明原因,另选点进行试验,并在试验记录表中注明。

6. 资料整理与计算

每一级荷载的应力和所对应的沉降量测表读数 S_M 应按表9-36填写。承载板中心沉降量 S 应按式(9-20)计算。

$$S = S_M \frac{h_P}{h_M} \tag{9-20}$$

式中:S——承载板中心沉降量,mm;

S_M——沉降量测表读数,mm;

h_P/h_M——杠杆比。

变形模量 E_{v2} 试验记录 表9-36

工程名称： 填料类型： 试验编号： 仪器名称：
工程地点： 填层厚度： 杠杆比 h_P/h_M： 仪器型号：
施工单位： 试验里程： 试验高程： 天　气：

加卸载顺序序号	荷载 F (kN)	应力 σ (MPa)	沉降量测表读数 S_M (mm)	承载板中心沉降量 S (mm)
预压				
复位				

复核：＿＿＿＿　＿＿年＿＿月＿＿日　　　　　　　　试验：＿＿＿＿　＿＿年＿＿月＿＿日

根据试验结果绘制应力—沉降量曲线（图9-9），应力—沉降量曲线上应用箭头标明受力方向。

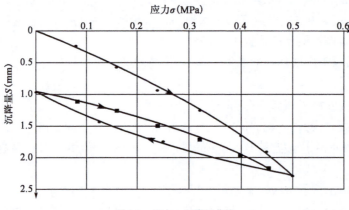

图9-9 应力—沉降量曲线

变形模量 E_V 计算应符合下列规定：

（1）第一次加载和第二次加载所得到的应力—沉降量曲线，可用式(9-21)表达。

$$S = a_0 + a_1 \cdot \sigma + a_2 \cdot \sigma^2 \tag{9-21}$$

式中：σ——承载板下应力，MPa；

S——承载板中心沉降量，mm；

a_0——常数项，mm；

a_1——一次项系数，mm/MPa；

a_2——二次项系数，mm/MPa^2。

（2）应力—沉降量曲线方程的系数，是将测试值按最小二乘法计算得到的。用于计算系数的方程式为：

$$a_0 \cdot n + a_1 \sum_{i=1}^{n} \sigma_i + a_2 \sum_{i=1}^{n} \sigma_i^2 = \sum_{i=1}^{n} S_i \tag{9-22}$$

$$a_0 \sum_{i=1}^{n} \sigma_i + a_1 \sum_{i=1}^{n} \sigma_i^2 + a_2 \sum_{i=1}^{n} \sigma_i^3 = \sum_{i=1}^{n} S_i \cdot \sigma_i \tag{9-23}$$

$$a_0 \sum_{i=1}^{n} \sigma_i^2 + a_1 \sum_{i=1}^{n} \sigma_i^3 + a_2 \sum_{i=1}^{n} \sigma_i^4 = \sum_{i=1}^{n} S_i \cdot \sigma_i^2 \tag{9-24}$$

式中:σ_i,S_i——分别为每级荷载的应力和相应的承载板中心沉降量测试值。

(3)变形模量 E_{vi} 是通过应力—沉降量曲线在 $0.3\sigma_{max}$ 和 $0.7\sigma_{max}$ 之间割线的斜率确定的,变形模量应按式(9-25)计算。

$$E_{vi} = 1.5r \frac{1}{a_1 + a_2 \sigma_{1max}} \tag{9-25}$$

式中:E_{vi}——变形模量,MPa;

  r——承载板半径,mm;

  σ_{1max}——第一次加载最大应力,MPa;

  a_1——一次项系数,mm/MPa;

  a_2——二次项系数,mm/MPa^2。

试验结束应将试验结果按表 9-37 填写。

试验结果汇总表　　　　　　　　　　　　　　　　　表 9-37

汇总指标	第一次加载	第二次加载
σ_{max}(MPa)		
a_0(mm)		
a_1(mm/MPa)		
a_2(mm/MPa^2)		
$E_{vi} = 1.5r \dfrac{1}{a_1 + a_2\sigma_{1max}}$(MPa)		
E_{v2}/E_{v1}		

注:采用第一次加载测试值计算的变形模量为 E_{v1};采用第二次加载测试值计算的变形模量为 E_{v2}。

7. 变形模量 E_{v2} 检测示例

(1)本检测示例中 E_{v2} 测试仪测桥的测量臂为杠杆式,杠杆比 $h_P:h_M = 2.0$。测试仪应按图 9-7 安装。

(2)变形模量 E_{v1} 和 E_{v2} 的值通过表 9-38 中的试验数据计算得出。

变形模量 E_{v2} 试验记录　　　　　　　　　　　　　表 9-38

加载顺序序号	沉降量测表读数 S_M(mm)	承载板中心沉降量 S(mm)
预压	0.03	0.06
复位	0.00	0.00
1	0.16	0.32
2	0.28	0.56
3	0.41	0.82
4	0.52	1.04
5	0.62	1.24
6	0.70	1.40

续上表

加载顺序序号	沉降量测表读数 S_M(mm)	承载板中心沉降量 S(mm)
7	0.79	1.58
卸载		
8	0.64	1.28
9	0.51	1.02
10	0.39	0.78
第二次加载		
11	0.39	0.78
12	0.46	0.92
13	0.53	1.06
14	0.60	1.20
15	0.66	1.32
16	0.70	1.40
17	0.75	1.50

复核:_____年___月___日　　　　　　　试验:_____年___月___日

(3)根据试验结果绘制应力—沉降量曲线,如图 9-10 所示。

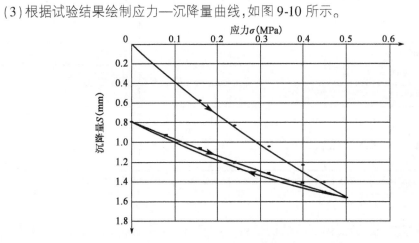

图 9-10　应力—沉降量曲线

(4)将试验结果填入试验结果汇总表 9-39。

试验结果汇总表　　　　　　　　　　　　　　表 9-39

汇总指标	第一次加载	第二次加载
σ_{max}(MPa)	0.500	0.450
a_0(mm)	0.091	0.777
a_1(mm/MPa)	2.939	1.887
a_2(mm/MPa^2)	−0.004	−0.685
$E_{vi} = 1.5r \dfrac{1}{a_1 + a_2 \sigma_{1max}}$(MPa)	76.62	145.69
E_{v2}/E_{v1}	1.90	

【思考题】

1. 试述在使用联合测定法进行液塑限试验时,液限和塑限如何界定?
2. 简述击实试验的操作步骤。
3. 试述 K_{30} 平板荷载试验的定义。
4. 简述 E_{vd} 动态变形模量测试试验和 E_{v2} 静态变形模量测试试验的定义及适用范围。

第十章 客运专线铁路桥涵工程试验检测

第一节 概 述

一、客运专线施工准备阶段桥涵工程的试验检测

客运专线同公路工程一样,工程开工前应对所需原材料进行考察、试验检测,检验合格后进行配合比设计、申报、审批,审批后方可施工。但是有所区别的是,客运专线的试验检测项目除了常规试验检测项目外,还增加了一些客运专线的特殊检测项目。

二、客运专线施工过程中桥涵工程的试验检测规格

客运专线在混凝土施工前,试验检测人员首先应对原材料按检验批检测、报验,原材料的产地、品种、规格必须与审批配合比相同,其次对原材料的含水率进行检测,将理论配合比换算成施工配合比,混凝土在拌制过程中严格按施工配合比施工,必须对混凝土拌合物性能进行检测。各项指标满足要求后,及时对混凝土的强度及耐久性指标进行检验,检验结果必须满足设计要求。如更换原材料,应重新进行混凝土配合比设计,并对混凝土的拌合物性能、力学性能和耐久性能进行检验,检验结果应分别满足有关规范及标准的要求。

三、客运专线施工后桥涵工程的试验检测

应采用下述方法按表10-1的要求对实体混凝土质量进行检验。

实体混凝土质量抽检要求   表10-1

检 验 项 目	频 次
表面裂缝宽度	每一构件不少于20个点
混凝土保护层厚度	混凝土用量小于1.0m³的构件随机抽取5%进行检测,单个构件不少于5个点

(1) 用肉眼或放大镜观察实体结构表面是否存在非外力裂缝。当混凝土表面出现非外力裂缝时,普通混凝土结构表面的裂缝最大宽度不得大于0.20mm,预应力混凝土结构不得出现结构性裂缝。

(2) 采用无损检测方法进行混凝土保护层厚度的检测(当对混凝土保护层厚度检验结果有怀疑时,可采用局部破损的方法进行复核,复核结束后对破损部位进行及时修复),检验结果应满足设计要求。

(3) 依据《铁路工程结构混凝土强度检测规程》(TB 10426—2004)对钻芯取样的具体要求,在现浇混凝土实体结构上随机钻芯抽取混凝土芯样。依据该规程附录A的规定测定实体混凝土的电通量。测定结果应满足设计或规程的规定。

(4)当设计对混凝土提出抗冻性要求时,应依据《铁路工程结构混凝土强度检测规程》(TB 10426—2004)对钻芯取样的具体要求,在现浇混凝土实体结构上随机钻芯抽取混凝土芯样。

第二节 原材料试验检测项目及频次要求

客运专线各级试验检测机构应按表10-2试验检测项目及频次要求,对原材料、成品、半成品、构配件、结构物、路基等项目开展试验检测工作。[《铁路混凝土工程施工质量验收标准》(TB 10424—2010)]

试验检测项目及频次(原材料及混凝土)　　　　　表10-2

序号	项目	试验检测项目	检测频次			
			施工单位试验室		监理单位试验室	
			频次代表数量	检测频次(%)	平行试验频次(%)	见证试验频次(%)
1	水泥	1.强度 2.安定性 3.凝结时间 4.比表面积	袋装200t,散装500t,水泥出厂达3个月	100	—	10(水泥出厂达3个月,见证100%)
		5.烧失量 6.Cl⁻含量 7.碱含量 8.游离CaO含量 9.MgO含量 10.SO₃含量 11.助磨剂名称及掺量 12.石膏名称及掺量 13.混合料名称及掺量 14.熟料C₃A含量	每厂家、每品种、每批号检查供应商提供的质量证明文件	1.任何新选货源; 2.使用同厂家、同品种的产品达6个月及出厂日期达6个月的产品。 1～10、14项指标检验不少于一次	1.每厂家、每品种、每批号检查供应商提供的质量证明文件,包括1～14项指标; 2.任何新选货源; 3.使用同厂家、同品种的产品达6个月及出厂日期达6个月的产品。 1～10、14项指标见证试验	
2	粗骨料	1.颗粒级配 2.压碎指标 3.针片状颗粒含量 4.含泥量 5.泥块含量 6.紧装空隙率 7.吸水率 8.坚固性 9.岩石抗压强度 10.硫化物及硫酸盐含量 11.Cl⁻含量 12.有机物含量(卵石) 13.碱活性	600t或400m³	100	10	10
			1.任何新选料源; 2.连续使用同料源、同规格、同品种的骨料达一年	1～13项检验不少于一次	1.任何新选料源; 2.连续使用同料源、同规格、同品种的粗骨料达一年。 1～13检验不少于一次	100

续上表

序号	项目	试验检测项目	检测频次 施工单位试验室 频次代表数量	检测频次 施工单位试验室 检测频次(%)	检测频次 监理单位试验室 平行试验频次(%)	检测频次 监理单位试验室 见证试验频次(%)
3	细骨料	1. 颗粒级配 2. 含泥量 3. 泥块含量 4. 云母含量 5. 轻物质含量 6. 有机物含量 7. 压碎指标(机制砂)	600t 或 400m³	100 (有机物 3个月1次)	10	10
3	细骨料	8. 石粉含量(机制砂)$MB<1.40$; $MB \geq 1.40$(根据需要调整表格)	600t 或 400m³	100 (有机物 3个月1次)	10	10
3	细骨料	9. 碱活性 10. 坚固性 11. 硫化物及硫酸盐含量 12. 吸水率 13. Cl⁻含量	1. 任何新选料源; 2. 连续使用同料源、同规格、同品种的骨料达一年	1~13项检验不少于一次	1. 任何新选料源; 2. 连续使用同料源、同规格、同品种的细骨料达一年。 1~13项检验不少于一次	
4	减水剂	1. 减水率 2. 泌水率比 3. 含气量 4. 抗压强度比 5. 压力泌水率比(用于泵送混凝土时) 6. 坍落度1h变化量(用于配制泵送混凝土时) 7. Na₂SO₄含量(按折固含量计) 8. Cl⁻含量(按折固含量计) 9. 碱含量(按折固含量计) 10. 收缩率比 11. 凝结时间差 12. 甲醛含量	同厂家、同批号、同品种、同批号日期的每50t为一批 每品种、每厂家检查供应商提供的质量证明文件。 1. 任何新选货源; 2. 使用同厂家、同批号、同品种的产品达6个月及出厂日期达6个月的产品	每批一次 1~11项检验不少于一次。 (如聚羧酸高性能减水剂,则增加第12项甲醛含量检测指标)	10 1. 任何新选货源; 2. 使用同厂家、同批号、同品种的产品达6个月及出厂日期达6个月的产品。 1~11项至少检验一次。(如聚羧酸高性能减水剂则增加第12项甲醛含量检测指标)	100
5	拌合水	1. pH值 2. 不溶物含量 3. 可溶物含量 4. 氯化物含量 5. 硫酸盐含量 6. 碱含量	同一水源的涨水季节检验一次	100	—	10

续上表

序号	项目	试验检测项目	检测频次 施工单位试验室 频次代表数量	检测频次(%)	监理单位试验室 平行试验频次(%)	见证试验频次(%)
5	拌合水	7. 凝结时间差	1. 新水源； 2. 同水源的水使用达一年。 1~8 项至少检验一次	100	—	100
		8. 抗压强度比(28d)				
6	粉煤灰	1. 细度	200t 为一批	100	10	10
		2. 烧失量				
		3. 需水量比				
		4. 含水率	1. 任何新选货源； 2. 使用同厂家、同批号、同品种的产品达 6 个月及出厂日期达 6 个月的产品。 1~8 项检验一次	100	1. 任何新选货源； 2. 使用同厂家、同批号、同品种的产品达 6 个月及出厂日期达 6 个月的产品。 1~8 项至少检验一次	100
		5. SO_3 含量				
		6. CaO 含量				
		7. Cl^- 含量				
		8. 游离 CaO 含量				
7	磨细矿渣粉	1. 比表面积	200t 为一批	100	10	10
		2. 烧失量				
		3. 流动度比				
		4. 密度				
		5. SO_3 含量	1. 任何新选货源； 2. 使用同厂家、同批号、同品种的产品达 6 个月及出厂日期达 6 个月的产品。 1~10 项检验一次。	100	1. 任何新选货源； 2. 使用同厂家、同批号、同品种的产品达 6 个月及出厂日期达 6 个月的产品。 1~10 项至少检验一次。	100
		6. Cl^- 含量				
		7. 含水率				
		8. MgO 含量				
		9. 活性指数(7d)				
		10. 活性指数(28d)				
8	喷混凝土配合比	1d、28d 抗压强度	相同原材料、施工工艺	100	—	检查试验报告
9	普通结构混凝土配合比	1. 坍落度	相同原材料、施工工艺	100	—	检查确认试验报告
		2. 泌水率				
		3. 含气量				
		4. 凝结时间				
		5. 抗压强度(56d)				
		6. 碱含量				
		7. 氯离子含量				
		8. 三氧化硫含量				

续上表

序号	项目	试验检测项目	检测频次			
			施工单位试验室		监理单位试验室	
			频次代表数量	检测频次(%)	平行试验频次(%)	见证试验频次(%)
9	普通结构混凝土配合比	9.电通量 10.弹性模量 11.抗冻性(必要时) 12.气泡间距系数(必要时) 13.氯离子扩散系数(必要时) 14.56d抗硫酸盐结晶破坏等级(必要时) 15.胶凝材料抗蚀系数(必要时) 16.收缩(仅对无砟轨道底座板、双块式轨枕道床板、自密式混凝土)	相同原材料、施工工艺	100	—	检查确认试验报告
10	隧道衬砌混凝土配合比	1.坍落度 2.泌水率 3.凝结时间 4.含气量 5.三氧化硫含量 6.抗渗性 7.抗压强度(56d) 8.碱含量 9.氯离子含量 10.电通量 11.抗冻等级(必要时) 12.气泡间距系数(必要时) 13.氯离子扩散系数(必要时) 14.56d抗硫酸盐结晶破坏等级(必要时) 15.胶凝材料抗蚀系数(必要时)	相同原材料、施工工艺	100	—	检查确认试验报告
11	预应力梁片混凝土配合比	1.坍落度 2.泌水率 3.凝结时间 4.含气量 5.三氧化硫含量 6.抗渗性	相同原材料、施工工艺	100	—	检查确认试验报告

续上表

序号	项目	试验检测项目	检测频次 施工单位试验室 频次代表数量	检测频次 施工单位试验室 检测频次（%）	检测频次 监理单位试验室 平行试验频次（%）	检测频次 监理单位试验室 见证试验频次（%）
11	预应力梁片混凝土配合比	7. 抗冻性 8. 抗压强度(56d)电通量 9. 弹性模量 10. 碱含量 11. 氯离子含量 12. 电通量 13. 胶凝材料抗蚀系数（必要时）	相同原材料、施工工艺	100	—	检查确认试验报告
12	混凝土施工质量	1. 盘称量偏差	每工作班	不少于1次	—	100
		2. 砂、石含水率，施工配合比	拌制前测定砂、石含水率，并根据检测结果调整施工配合比；当遇雨天时应增加含水率检测次数	100	—	100
		3. 坍落度	拌和站首盘混凝土每班或每50m³		—	100
		4. 含气量	拌和站首盘混凝土每班或每50m³	100	—	100
		5. 入模温度	拌和站首盘混凝土每班3次		每班1次	—
13	标准养护试件制作	普通混凝土 28d或56d抗压强度	同配比、每班、每一结构部位每100m³取1组，每根桩至少2组	100	—	检查试验报告
		普通混凝土 电通量(56d)	同配比、同强度等级20000m³			
		喷射混凝土 1d、28d抗压强度	同配比、同工艺、同一作业循环，拱下、边墙			
14	标准养护试件制作	隧道衬砌混凝土 56d抗压强度	同配比、每100m³、每一结构部位、每拌制100盘	100	—	检查试验报告
		隧道衬砌混凝土 电通量(56d)	同配比、同强度等级、每20000m³			
		隧道衬砌混凝土 抗渗(56d)	同配比、每500m³			
		预应力、蒸汽养护混凝土 28d抗压强度	每片预制梁各部分2组			

续上表

序号	项目	试验检测项目		频次代表数量	施工单位试验室 检测频次（%）	监理单位试验室 平行试验频次（%）	监理单位试验室 见证试验频次（%）
14	标准养护试件制作	预应力、蒸汽养护混凝土	28d 弹性模量比	每片预制梁各部位1组	100	—	检查试验报告
			电通量(56d)	每20000m³			
			抗渗性	每5000m³			
			抗冻性	每20000m³			
			保护层厚	每片预制梁			100
15	同条件养护试件制作	普通混凝土抗压强度		同配比、同结构部位	100	10	—
		衬砌混凝土抗压强度		每200m³			
		底板、仰拱混凝土抗压强度		隧道每500m³			
		预应力、蒸汽养护混凝土	脱模抗压强度	每片梁每部位（底板、腹板、顶板）至少1组			
			初张抗压强度				
			终张抗压强度				
			终张弹性模量				
			抗压强度				
16	钢筋	1. 屈服强度		同牌号、同炉号、同规格、同交货状态,60t	每批一次	—	10
		2. 抗拉强度					
		3. 伸长率					
		4. 冷弯试验					
17	钢筋焊接	闪光对焊	1. 外观	每200个	100	—	20
			2. 拉力试验				
			3. 弯曲试验				
		电弧焊	1. 外观	每200个（机械接头每500个做一次）			
			2. 拉力试验				
			3. 机械接头				
18	预应力钢筋	1. 外观		同厂家、同牌号、同炉号、同规格、同生产工艺、同交货状态 30t 为一批	每批一次	—	10
		2. 技术指标	破断负荷				
			屈服负荷				
			弹性模量				
			极限伸长率				
19	钢绞线	1. 外观		同牌号、同规格、同交货状态 30t 为一批	100	—	10
		2. 机械力学性能					
		3. 松弛性能		进场时每厂家1次	100		100

续上表

序号	项目	试验检测项目	检测频次			
			施工单位试验室		监理单位试验室	
			频次代表数量	检测频次(%)	平行试验频次(%)	见证试验频次(%)
20	锚具夹具连接件	1. 外观	5000套为一批	10（且不少于10套）	施工单位的10（且不少于3套）	10
		2. 硬度		5（且不少于5套）	施工单位的10（且不少于2套）	100
		3. 静载锚固性能试验		每批抽检一次（每次3套）	施工单位的10（且不少于每次3套）	10

第三节 技术要求

一、水泥

（1）硅酸盐水泥的强度等级分为42.5、42.5R、52.5、52.5R、62.5、62.5R六个等级。

（2）普通硅酸盐水泥的强度等级分为42.5、42.5R、52.5、52.5R四个等级。

（3）矿渣硅酸盐水泥、火山灰质硅酸盐水泥、粉煤灰硅酸盐水泥、复合硅酸盐水泥的强度等级分为32.5、32.5R、42.5、42.5R、52.5、52.5R六个等级（普通水泥强度等级中取消了32.5、32.5R）。

水泥的品质应符合表10-3的要求[《通用硅酸盐水泥》(GB 175—2007)]。

水泥的检测要求 表10-3

序号	项目		硅酸盐水泥			普通水泥	
			42.5级	52.5级	62.5级	42.5级	52.5级
1	抗压强度(MPa)	3d	≥17.0	≥23.0	≥28	≥17.0	≥23.0
		28d	≥42.5	≥52.5	≥62.5	≥42.5	≥52.5
2	抗折强度(MPa)	3d	≥3.5	≥4.0	≥5.0	≥3.5	≥4.0
		28d	≥6.5	≥7.0	≥8.0	≥6.5	≥7.0
3	凝结时间(min)	初凝	≥45			≥45	
		终凝	≤390			≤600	
4	安定性		合格			合格	
5	比表面积(m²/kg)		300～350			300～350	
6	80μm方孔筛筛余(%)		—			—	
7	不溶物含量(%)		≤0.75 Ⅰ型 ≤1.50 Ⅱ型			—	
8	烧失量(%)		≤3.5 Ⅱ型，≤3.0 Ⅰ型			≤5.0	
9	熟料中的C_3A含量(%)		≤8%				

续上表

序号	项目	硅酸盐水泥			普通水泥	
		42.5级	52.5级	62.5级	42.5级	52.5级
10	SO_3含量(%)	≤3.5				
11	水泥中的MgO含量(%)	≤5.0				
12	游离CaO含量(%)	≤1.0				
13	氯离子含量(%)	≤0.06				
14	碱含量(%)	≤0.80				

注:1. 当骨料具有碱—硅酸反应活性时,水泥的碱含量不应超过0.60%。
   2. C40及以上混凝土用水泥的碱含量不宜超过0.60%。

水泥的试验条件如下:

试验室温度为(20±2)℃,相对湿度不低于50%,水泥试样、拌合水、仪器和用具的温度应与试验室一致;湿气养护箱的温度为(20±1)℃,相对湿度不低于90%,养护池水温(20±1)℃。

二、粉煤灰

粉煤灰的技术指标应符合表10-4的要求[《铁路混凝土工程施工质量验收标准》(TB 10424—2010)和《用于水泥和混凝土中的粉煤灰》(GB/T 1596—2005)]。

粉煤灰的技术要求　　　　　　　　　　　　　　表10-4

序号	名称	技术指标	
		C50以下混凝土	C50及以上混凝土
1	细度(%)	≤25	≤12
2	氯离子含量(%)	不宜大于0.02	
3	需水量比(%)	≤105	≤95
4	烧失量(%)	≤8.0	≤5.0
5	含水率(%)	≤1.0	
6	SO_3含量(%)	≤3.0	
7	CaO含量(%)	≤10	
8	游离CaO含量(%)	F类粉煤灰≤1.0	

三、矿渣粉

矿渣粉的技术要求应符合表10-5的规定[(TB 10424—2010)和《用于水泥和混凝土中的粒化高炉矿渣粉》(GB/T 18046—2008)]。

矿渣粉的技术要求　　　　　　　　　　　　　　表10-5

序号	名称	技术要求
1	MgO含量(%)	≤14.0
2	SO_3含量(%)	≤4.0
3	烧失量(%)	≤3.0

续上表

序　号	名　称	技术要求
4	氯离子含量(%)	≤0.06
5	比表面积(m²/kg)	350～500
6	流动度比(%)	≥95
7	含水率(%)	≤1.0
8	7d 活性指数(%)	≥75
9	28d 活性指数(%)	≥95
10	密度(g/cm³)	≥2.8

四 硅灰

硅灰的技术指标应符合表 10-6 的要求(TB 10424—2010)。

硅灰的技术要求　　　　　　　　　　　　　　　　表 10-6

序　号	名　称	技术指标
1	烧失量(%)	≤6
2	氯离子含量(%)	不宜大于0.02
3	SiO₂ 含量(%)	≥85
4	比表面积(m²/kg)	≥18000
5	需水量比(%)	≤125
6	含水率(%)	≤3.0
7	28d 活性指数(%)	≥85

五 减水剂

减水剂的品质应符合表 10-7、表 10-8 的要求(TB 10424—2010)。

高效减水剂的性能　　　　　　　　　　　　　　　　表 10-7

序　号	检验项目		技术要求	
			标准型	缓凝型
1	减水率(%)		≥20	
2	含气量(%)		≤3.0	
3	泌水率比(%)		≤20	
4	压力泌水率比(用于配制泵送混凝土时)(%)		≤90	
5	抗压强度比(%)	1d	≥140	—
		3d	≥130	—
		7d	≥125	≥125
		28d	≥120	≥120
6	坍落度1h经时变化量(用于配制泵送混凝土时)(mm)		—	≤60
7	凝结时间差(min)	初凝	−90～+120	＞+90
		终凝		—

续上表

序 号	检验项目	技术要求	
		标准型	缓凝型
8	硫酸钠含量(按折固含量计,%)	≤10.0	
9	Cl⁻含量(按折固含量计,%)	≤0.6	
10	碱含量(按折固含量计,%)	≤10	
11	收缩率比(%)	≤125	

注：检验减水率、含气量、泌水率、抗压强度比、凝结时间差、收缩率比时，混凝土坍落度宜为(80±10)mm。

聚羧酸高性能减水剂的性能 表10-8

序 号	检验项目		技术要求		
			早强型	标准型	缓凝型
1	减水率(%)		≥25		
2	含气量(%)		≤3.0		
3	泌水率比(%)		≤20		
4	压力泌水率比(用于配制泵送混凝土时)(%)		≤90		
5	抗压强度比(%)	1d	≥180	≥170	—
		3d	≥170	≥160	—
		7d	≥145	≥150	≥140
		28d	≥130	≥140	≥130
6	坍落度1h经时变化量(用于配制泵送混凝土时)(mm)		—	≤80	≤60
7	凝结时间差(min)	初凝	-90~+90	-90~+120	> +90
		终凝			—
8	甲醇含量(按折固含量计,%)		≤0.05		
9	硫酸钠含量(按折固含量计,%)		≤5.0		
10	Cl⁻含量(按折固含量计,%)		≤0.6		
11	碱含量(按折固含量计,%)		≤10		
12	收缩率比(%)		≤1110		

注：检验减水率、含气量、泌水率、抗压强度比、凝结时间之差、收缩率比时，混凝土坍落度宜为(80±10)mm。

六 细骨料的技术要求

细骨料的颗粒级配(累计筛余百分率)应满足表10-9的规定[TB 10424—2010、《建筑用砂》(GB/T 14684—2001)]。

细骨料的累计筛余百分率(%) 表10-9

筛孔尺寸(mm) \ 级配区间	Ⅰ区	Ⅱ区	Ⅲ区
10.0	0	0	0
5.00	10~0	10~0	10~0
2.50	35~5	25~0	15~0

续上表

级配区间 筛孔尺寸(mm)	Ⅰ 区	Ⅱ 区	Ⅲ 区
1.25	65~35	50~10	25~0
0.63	85~71	70~41	40~16
0.315	9	92~70	85~55
0.160	100~90	100~90	100~90

除 5.00mm 和 0.63mm 筛档外,细骨料的实际颗粒级配与表 10-9 中所列的累计筛余百分率相比允许稍有超出分界线,但其总量不应大于 5%。

细骨料的粗细程度按细度模数分为粗、中、细三级,其细度模数分别为:

粗级:3.7~3.1;

中级:3.0~2.3;

细级:2.2~1.6。

细骨料应选用级配合理、质地均匀坚固、吸水率低、孔隙率小的洁净天然中粗河砂(用于预制梁时,砂的细度模数要求为 2.6~3.0,喷射混凝土用砂细度模数应大于 2.5)。当河砂料源确有困难时,经监理和业主同意也可采用质量符合要求的人工砂。细骨料的品质应符合表 10-9 的要求。

配制混凝土时宜优先选用中级细骨料。当采用粗级细骨料时,应提高砂率,并保持足够的水泥或胶凝材料用量,以满足混凝土的和易性;当采用细级细骨料时,宜适当降低砂率。当所用细骨料的颗粒级配不符合表 10-9 的要求时,应采取经试验证明能确保工程质量的技术措施后,方允许使用。

细骨料的坚固性用硫酸钠溶液循环浸泡法检验,试样经 5 次循环后,其质量损失应不超过 8%。细骨料的吸水率应不大于 2%。采用天然河砂配制混凝土时,砂的有害物质含量应符合表 10-10 的规定。当砂中含有颗粒状的硫酸盐或硫化物杂质时,应进行专门检验,确认能满足混凝土耐久性要求时方能采用。

细骨料的碱活性应首先采用岩相法对骨料的矿物组成和类型进行检验,然后采用砂浆棒法进行检验,细骨料的砂浆棒膨胀率应小于 0.10%,否则应采取抑制碱—骨料反应的技术措施。

细骨料的技术要求　　　　　表 10-10

项　目		质量指标		
		<C30	C30~C45	≥C50
人工砂石粉含量	$MB<1.40$	≤10.0	≤7.0	≤5.0
	$MB≥1.40$	≤5.0	≤3.0	≤2.0
含泥量(%)		≤3.0	≤2.5	≤2.0
泥块含量(%)		≤0.5		
云母含量(%)		≤0.5		
轻物质含量(%)		≤0.5		
氯离子含量(%)		≤0.02		
硫化物及硫酸盐含量(折算成 SO_3)(%)		≤0.5		

续上表

项目	质量指标		
	<C30	C30~C45	≥C50
有机物含量(用比色法试验)	浅于标准色		
坚固性(质量损失率)(%)	≤8		
吸水率(%)	≤2		
碱活性	岩相法	矿物组成和类型鉴定		
	快速砂浆棒法(碱—硅酸反应)	砂浆棒膨胀率小于0.10%		
人工砂压碎指标值(%)	<25		

七、粗骨料的技术要求 [TB 10424—2010、《建筑用卵石、碎石》(GB/T 14685—2001)]

(1) 粗骨料的颗粒级配范围应符合表10-11的规定。

碎石或卵石的颗粒级配范围　　　　表10-11

级配情况	公称粒径(mm)	方孔筛筛孔边长尺寸(mm)										
		2.36	4.75	9.5	16.0	19.0	26.5	31.5	37.5	53	63	75	90
		累计筛余(按质量计,%)										
连续粒级	5~10	95~100	80~100	0~15	0	—	—	—	—	—	—	—	—
	5~16	95~100	85~100	30~60	0~10	0	—	—	—	—	—	—	—
	5~20	95~100	90~100	40~80	—	0~10	0	—	—	—	—	—	—
	5~25	95~100	90~100	—	30~70	—	0~5	0	—	—	—	—	—
	5~31.5	95~100	90~100	70~90	—	15~45	—	0~5	0	—	—	—	—
	5~40	—	95~100	70~90	—	30~65	—	—	0~5	0	—	—	—
单粒级	10~20	—	95~100	85~100	—	0~15	0	—	—	—	—	—	—
	16~31.5	—	95~100	—	85~100	—	—	0~10	0	—	—	—	—
	20~40	—	—	95~100	—	80~100	—	—	0~10	0	—	—	—
	31.5~63	—	—	—	—	95~100	—	75~100	45~75	—	0~10	—	—

续上表

级配情况	公称粒径(mm)	方孔筛筛孔边长尺寸(mm)										
		2.36	4.75	9.5	16.0	19.0	26.5	31.5	37.5	53	63	75	90
		累计筛余(按质量计,%)										
单粒级	40~80	—	—	—	—	95~100	—	—	70~100	—	30~60	0~10	0

(2)粗骨料的技术要求,应符合表10-12及表10-13的规定。

粗骨料的技术要求　　　　　　　　　　　　　　　　表10-12

项目 \ 强度等级		<C30	C30~C45	≥C50
含泥量(%)		≤1.0	≤1.0	≤0.5
泥块含量(%)		≤0.2		
针、片状颗粒总含量(%)		≤10	≤8	≤5
硫化物及硫酸盐含量(折算成SO_3)(%)		≤0.5		
氯离子含量(%)		<0.02		
有机质含量(卵石)		浅于标准色		
紧密空隙率(%)		≤40		
吸水率(%)		<2%(用于干湿交替或冻融循环下的混凝土应小于1%)		
强度(%)(岩石抗压强度与混凝土强度等级之比)		≥1.5		
坚固性(质量损失率)(%)		≤8　　≤5(预应力混凝土)		
碱活性	岩相法	矿物组成和类型鉴定		
	快速砂浆棒法（碱—硅酸反应）	砂浆棒膨胀率小于0.10%		

注:施工过程在中粗骨料强度可用压碎指标值进行控制且应符合表10-13的要求。

粗骨料的压碎指标值(%)　　　　　　　　　　　　　表10-13

混凝土强度等级	<C30			≥C30		
岩石种类	水成岩	变质岩或深成的火成岩	火成岩	水成岩	变质岩或深成的火成岩	火成岩
碎石	≤16	≤20	≤30	≤10	≤12	≤13
卵石	≤16			≤12		

注:水成岩包括石灰岩、砂岩等;变质岩包括片麻岩、石英岩等;深成的火成岩包括花岗岩、正长岩、闪长岩和橄榄岩等,火成岩包括玄武岩和辉绿岩等。粗骨料的碱活性应首先采用岩相法检验。若粗骨料含有碱—硅酸反应活性矿物,其砂浆棒膨胀率应小于0.10%,否则应采取抑制碱—骨料反应的技术措施。不得使用具有碱—碳酸盐反应活性的骨料。

(3)粗骨料应选用级配合理、粒形良好、质地均匀坚固、线膨胀系数小的洁净碎石,也可采用碎卵石,不宜采用砂岩碎石。

粗骨料的最大公称粒径不宜超过钢筋混凝土保护层厚度的2/3(在严重腐蚀环境条件下

不宜超过钢筋混凝土保护层厚度的 1/2），且不得超过钢筋最小间距的 3/4。配制强度等级 C50 及以上预应力混凝土时，粗骨料最大公称粒径不应大于 25mm。

粗骨料应采用二级或多级级配，其松散堆积密度应大于 1500kg/m³，紧密空隙率宜小于 40%，吸水率应小于 2%（用于干湿交替或冻融循环下的混凝土应小于 1%）。

当粗骨料为碎石时，碎石的强度可用岩石抗压强度表示，且岩石抗压强度与混凝土强度等级之比不应小于 1.5。施工过程中碎石的强度可用压碎指标值进行控制，且应符合表 10-13 的规定。对于压碎指标值不符合表 10-13 规定的碎石，应通过试验，建立岩石抗压强度与压碎指标的对应关系，确认岩石抗压强度与混凝土强度等级之比不小于 1.5（预应力混凝土为 2.0），且混凝土的力学及耐久性能满足要求后，方可使用。

若粗骨料为碎卵石，碎卵石的强度用压碎指标值表示，且应符合表 10-13 的规定。

粗骨料的坚固性用硫酸钠溶液循环浸泡法进行检验，试样经 5 次循环后，其质量损失率应符合表 10-12 的规定。

八、拌和用水 [TB 10424—2010 和《混凝土用水标准》（JGJ 63—2006）]

拌和用水可采用饮用水。当采用其他来源的水时，水的品质应符合表 10-14 的要求。

拌和用水的技术要求　　　　　　　　　　　表 10-14

项目	预应力混凝土	钢筋混凝土	素混凝土
pH 值	>6.5	>6.5	>6.5
不溶物（mg/L）	<2000	<2000	<5000
可溶物（mg/L）	<2000	<5000	<10000
氯化物（以 Cl^- 计）（mg/L）	<500 <350（用钢丝或热处理钢筋）	<1000	<3500
	<2000（混凝土处于氯盐环境下）		
硫酸盐（以 SO_4^{2-} 计）（mg/L）	<600	<2000	<2700
碱含量（以当量 Na_2O 计）（mg/L）	<1500	<1500	<1500
凝结时间差（min）	≤30		
抗压强度比（%）	≥90		

注：1. 拌合水不得采用海水。当混凝土处于氯盐环境时，拌合水氯离子含量应不大于 200mg/L。对于使用钢丝或经热处理钢筋的预应力混凝土，拌合水氯离子含量不得超过 350mg/L。
2. 养护用水除不溶物、可溶物可不作要求外，其他项目应符合《铁路混凝土工程施工质量验收标准》（TB 10424—2010）的规定。养护用水不得采用海水。允许存放 6h。

九、钢筋及焊接

（1）低碳钢热轧圆盘条的力学性能应符合表 10-15 的规定[《低碳钢热轧圆盘条》（GB/T 701—2008）]。

低碳钢热轧圆盘条的力学性能要求　　　　　　　　　　　表 10-15

序号	牌号	抗拉强度 R_m（MPa），不大于	断后伸长率 $A_{11.3}$（%），不小于	冷弯试验（180°） d=弯心直径；a=试样直径
1	Q195	410	30	$d=0$
2	Q215	435	28	$d=0$

续上表

序号	牌号	抗拉强度 R_m(MPa),不大于	断后伸长率 $A_{11.3}$(%),不小于	冷弯试验(180°) d=弯心直径;a=试样直径
3	Q235	500	23	$d=0.5a$
4	Q275	540	21	$d=1.5a$

（2）热轧光圆钢筋的力学性能应符合表10-16的规定[《钢筋混凝土用钢 第1部分:热轧光圆钢筋》(GB 1499.1—2008)]。

热轧光圆钢筋的力学性能要求　　　　表10-16

序号	牌号	屈服强度(MPa)	抗拉强度(MPa)	断后伸长率(%)	冷弯试验(180°) d=弯心直径;a=试样直径
1	HPB235	235	370	25	$d=a$

（3）热轧带肋钢筋的力学性能应符合表10-17的规定[《钢筋混凝土用钢 第2部分:热轧带肋钢筋》(GB 1499.2—2007)]。

热轧带肋钢筋的力学性能要求　　　　表10-17

序号	牌号	公称直径d(mm)	抗拉强度(MPa)	极限强度(MPa)	伸长率(%)	弯芯直径
1	HRB335	6~25	335	455	17	$3d$
		28~50				$4d$
2	HRB400	6~25	400	540	16	$4d$
		28~50				$5d$
3	HRB500	6~25	500	630	15	$6d$
		28~50				$7d$

（4）钢筋焊接。

①3个钢筋接头试件的抗拉强度均不得小于该级别钢筋规定的抗拉强度;

②应至少有2个试件断于焊缝之外,并呈延性断裂;

③闪光对焊接头弯曲试验指标:按表10-18要求试验至少有2个试件不破断[《钢筋焊接接头试验方法标准》(JGJ/T 27—2001)]。

闪光对焊弯心直径要求　　　　表10-18

钢筋级别	弯心直径		弯曲角度(°)
	$d≤25$mm	$d>25$mm	
Ⅰ级	$2d$	$3d$	90
Ⅱ级	$4d$	$5d$	90
Ⅲ级	$5d$	$6d$	90
Ⅳ级	$7d$	$8d$	90

第四节　原材料取样方法(GB/T 12573—2008)

一、水泥取样方法要点

散装水泥:以同一出厂批量、同一品种、统一强度等级的水泥为一批,且总量不超过500t,

随机从不少于 3 个罐车中取样,经混拌均匀后取不少于 12kg。取得的样品,进行检验前,将其分成两等份,一份用于标准检验,一份密封保管 3 个月,以备有疑问时复验。

袋装水泥:对同一水泥厂生产的同期出厂的同品种、同强度等级的水泥,一次进场的统一编号的水泥为一批,且总量不超过 200t,取样应有代表性,可从 20 个以上不同部位的袋中取等量样品水泥,经混拌均匀后取不少于 12kg。取得的样品,进行检验前,将其分成两等份,一份用于标准检验,一份密封保管 3 个月,以备有疑问时复验。

二、粉煤灰取样方法要点

粉煤灰:已连续供应的 200t 相同等级、相同种类的粉煤灰为一批次。不足 200t 按一个批次论[粉煤灰样本量按干灰(含水量小于 1%)的质量计算],取样应有代表性并符合下列要求(GB/T 12573—2008):

(1)散装灰应从每批不同部位取 15 份试样,每份不得少于 1kg,混拌均匀,按四分法缩取出比试验用量大一倍的试样。

(2)袋装灰的取样,应从每批中任抽 10 袋,每袋各取样不得少于 1kg,混拌均匀,按四分法缩取出比试验用量大一倍的试样。

三、矿渣粉取样方法要点

取样按(GB/T 12573—2008)的规定进行,每一编号为一取样单位,取样应有代表性,可连续取样,也可以在 20 个以上部位取等量样品。样品总量至少 20kg。试样应混拌均匀,按四分法缩取出比试验用量大一倍的试样。

四、硅灰取样方法要点

取样按(GB/T 12573—2008)的规定进行,每一编号为一取样单位,取样应有代表性,可连续取样,也可以在 20 个以上部位取等量样品。样品总量至少 2kg。试样应混拌均匀,按四分法缩取出比试验用量大一倍的试样。

五、外加剂取样方法要点

掺量≥1% 同品种的外加剂每一编号为 100t,掺量小于 1% 的外加剂每一编号为 50t。不足 100t 或 50t 的也可按一个批量计,每一编号取样量不少于 0.2t,取得的试样应充分混匀,分为两等份,一份按规定进行检验,另一份密封保存半年,以备有疑问时提交国家指定的检验机关进行复验或仲裁。

六、细骨料的取样与缩分

1. 取样

每验收批取样方法应按下列规定执行:

(1)在料堆上取样时,取样部位应均匀分布。取样前先将取样部位表层铲除。然后由各部位抽取大致相等的砂共 8 份,用四分法缩分成一个样品。

(2)从皮带运输机上取样时,应在皮带运输机机尾的出料处用接料器定时抽取砂 4 份,用四分法缩分成一个样品。

(3)从火车、汽车、货船上取样时,从不同部位和深度抽取大致相等的砂8份,用四分法缩分成一组样品。

2. 样品的缩分

(1)样品的缩分可选择下列两种方法之一:

①用分料器:将样品在潮湿状态下拌和均匀,然后使样品通过分料器。留下接料斗中的其中一份,用另一份再次通过分料器,重复上述过程,直至把样品缩分到试验所需量为止。

②人工四分法缩分:将所取每组样品置于平板上,在潮湿状态下拌和均匀,并堆成厚度约为20mm的"圆饼"。然后沿互相垂直的两条直径把"圆饼"分成大致相等的4份,取其对角的两份重新拌匀,再堆成"圆饼"。重复上述过程,直至缩分后的材料量略多于进行试验所必需的量为止。

(2)对较少的砂样品(如作单项试验时),可采用较干的原砂样,但应经仔细拌匀后缩分。

细骨料的堆积密度和紧密密度及含水率检验所用的试样可不经缩分,在拌匀后直接进行试验。

七 粗骨料的取样与缩分

1. 取样

每验收批的取样应按下列规定进行:

(1)在料堆上取样时,取样前先将取样部位表面铲除,然后在各部位抽取大致相等的粗骨料15份(在料堆的顶部、中部和底部各由均匀分布的五个不同部位取得)组成一组样品。

(2)从皮带运输机上取样时,应在皮带运输机机尾的出料处,用接料器定时抽取8份粗骨料,组成一组样品。

(3)从火车、汽车、货船上取样时,应从不同部位和深度抽取大致相同的粗骨料16份,组成一组样品。

2. 样品的缩分

(1)将每组样品置于铁板上,在自然状态下拌混均匀,并堆成锥体,然后沿互相垂直的两条直线把锥体分成大致相等的4份,取其对角的2份重新拌匀,再堆成锥体,重复上述过程,直至缩分后的材料量略多于进行试验所必需的量为止。

(2)碎石或卵石的含水率、堆积密度、紧密密度检验所用的试样,不经缩分,拌匀后直接进行试验。

八 水的取样方法

采集自来水或具有抽水机设备的井水:应先放数分钟,冲洗掉水管中的杂物。没有抽水设备的井水,应先将水桶冲洗干净,然后再取出井水装入采样瓶。

采集河、湖表面水样:在中心部位或经常流动的地方将样瓶浸入水面下30~50cm采集,当水源很浅时,可在水面下5~10cm处采集;采集较深的河、湖水样时,应用水样采取器,亦可用3~5L的采集瓶代替。每次取样不得少于6个取样点,即要求在离开岸线不相等的至少3个点,每个点选取两个不同深度采取水样3~5kg即可。

水样采集使用硬质玻璃或塑料制品的塑料瓶,容量2L,无色透明,为具有磨口玻璃瓶的细口瓶。采集前,应将采样瓶内外清洗干净,采样时再用所采水样冲洗3次,然后,将水样收集在采样瓶中，水面距瓶塞不超过 10mm。

测定凝结时间用水样不得少于 1L，测定砂浆强度用不得少于 2L，水质分析用不得少于 5L，测定混凝土强度用不得少于 15L。

未受污染的水允许存放 72h，清洁的河水、井水等，允许存放 48h，一般江、河、湖水等，允许存放 12h。

九 钢材的取样方法要点

钢筋原材以同牌号、同炉号、同规格尺寸为一批（质量不大于 60t，不足 60t 以一批计）随机取样 1 组，每组 2 根（长度 $L \geq L_0 + 200mm$）做拉伸试验，2 根（长度 $L \geq 5d + 150mm$）做弯曲试验。

钢筋焊接接头及机械连接接头以每 200 个同级别焊接（连接）头为一批，不足 200 个焊接头也为一批，每批随机取 1 组（3 根）试件拉伸试验，对闪光焊应另取一组做弯曲试验。

其他钢筋（钢丝）机械性能试样的批量划分和取样数量应符合下列规定：

(1) 碳素钢丝：以同钢号、同规格、同交货条件的钢丝为一批，从每批中选取 10% 盘数（不少于 15 盘）的钢丝，从每盘钢丝的两端各截取一套试样进行抗拉强度、弯曲和伸长率的试验。屈服点检验按 2% 盘选取，但不得少于 3 盘。

(2) 冷拉钢筋：以同级别、同直径的冷拉钢筋每 60t 为一批。每批冷拉钢筋中抽取两根钢筋，每根取两个试样，分别进行拉力和冷弯试验（计算冷拉钢筋的屈服点和抗拉强度值，应采用冷拉前的截面面积）。

(3) 冷拔低碳钢丝：甲级钢丝的机械性能应逐盘检验，从每盘任一端截取两个试样，分别作拉力和反复弯曲试验。乙级钢丝的机械性能可分别抽样检验，以同直径的钢丝 5t 为一批，从中任选 3 盘，每盘各截取两根试验分别作拉力和反复弯曲试验。

第五节 细骨料化学分析试验检测方法（GB/T 14684—2011）

一 砂中有机物含量试验

(1) 本方法适用于近似地判断天然砂中有机物含量是否会影响混凝土质量。

(2) 有机物含量试验应采用下列仪器设备：

①天平：称量 1000g，感量 0.1g 和称量 100g，感量 0.01g 的天平各一台。

②量筒：容量为 1000mL、250mL、100mL 和 10mL。

③烧杯、玻璃棒和筛孔公称直径为 5.00mm 的方孔筛。

④氢氧化钠溶液：氢氧化钠与蒸馏水之质量比为 3:97。

⑤鞣酸、酒精等。

(3) 试样的制备与标准溶液的配制应符合下列规定：

①筛除样品中公称粒径 5.00mm 以上颗粒，用四分法缩分至 500g，风干备用。

②称取鞣酸粉 2g，溶解于 98mL 的 10% 酒精溶液中，即配得所需的鞣酸溶液；然后取该溶

液 25mL,注入 975mL 浓度为 3% 的氢氧化钠溶液中,加塞后剧烈摇动,静置 24h,即配得标准溶液。

(4) 有机物含量试验应按下列步骤进行:

①向 250mL 量筒中倒入试样至 130mL 刻度处,再注入浓度为 3% 氢氧化钠溶液 200mL 刻度处,剧烈摇动后静置 24h。

②比较试样上部溶液和新配制标准溶液的颜色,盛装标准溶液与盛装试样的量筒容积应一致。

(5) 结果评定应按下列方法进行:

①当试样上部的溶液颜色浅于标准溶液的颜色时,则试样的有机物含量判定合格。

②当两种溶液的颜色接近时,应将该试样(包括上部溶液)倒入烧杯中放在温度为 60~70℃ 的水浴锅中加热 2~3h,然后再与标准溶液比色。

③当溶液颜色深于标准色时,应按下法进一步试验:

取试样一份,用 3% 的氢氧化钠溶液洗除有机杂质,再用清水淘洗干净,直至试样上部溶液颜色浅于标准溶液的颜色,然后用洗除有机质和未洗除的试样分别按现行的国家标准《水泥胶砂强度检验方法(ISO 法)》(GB/T 17671—1999) 配制两种水泥砂浆,测定 28d 的抗压强度,当未经洗除有机杂质的砂的砂浆强度与经洗除有机物后的砂的砂浆强度比不低于 0.95 时,则此砂可以采用,否则不可采用。

二、砂中云母含量试验

(1) 本方法适用于测定砂中云母的近似百分含量。

(2) 云母含量试验应采用下列仪器设备:

①放大镜(5 倍)。

②钢针。

③试验筛:筛孔公称直径为 5000mm 和 315um 的方孔筛各一只。

④天平:称量 100g,感量 0.1g。

(3) 试样制备应符合下列规定:

称取经缩分的试样 150g,在温度 (105±5)℃ 的烘箱中烘干至恒重,冷却至室温后备用。

(4) 云母含量试验应按下列步骤进行:

先筛出粒径大于公称粒径 5.00mm 和小于公称粒径 315um 的颗粒,然后根据砂的粗细不同称取试样 15g(m_0),放在放大镜下观察,用钢针将砂中所有云母全部挑出,称取所挑出云母质量(m)。

(5) 砂中云母含量 w_m 应按式(10-1)计算,精确至 0.1%。

$$w_m = \frac{m}{m_0} \times 100\% \tag{10-1}$$

式中:w_m——砂中云母含量,%;

m_0——烘干试样质量,g;

m——云母质量,g。

三、砂中轻物质含量试验

(1) 本方法适用于测定砂中轻物质的近似含量。

(2)轻物质含量试验应采用下列仪器设备和试剂：

①烘箱：温度控制范围为(105±5)℃。

②天平：称量1000g，感量1g。

③量具：量杯(容量1000mL)、量筒(容量250mL)、烧杯(容量150mL)各一只。

④密度计：测定范围为1800~2000kg/m³。

⑤网篮：内径和高度均为70mm，网孔孔径不大于300um。

⑥试验筛：筛孔公称直径为5.00mm和315um的方孔筛各一只。

⑦氯化锌：化学纯。

(3)试样制备及重液配制应符合下列规定：

①称取经缩分的试样约800g，在温度为(105±5)℃的烘箱中烘干至恒重，冷却后将粒径大于公称粒径5.00mm和小于公称粒径315um的颗粒筛去，然后称取每份为200g的试样两份备用。

②配制密度为2000kg/m³的重液：向1000mL的量杯中加水至600mL刻度处，再加入1500g氯化锌，用玻璃棒搅拌使氯化锌全部溶解，待冷却至室温后，将部分溶液倒入250mL量筒中测其密度。

③如溶液密度小于要求值，则将它倒回量杯，再加入氯化锌，溶解并冷却后测其密度，直至溶液密度满足要求为止。

(4)轻物质含量试验应按下列步骤进行：

①将上述试样一份(m_0)倒入盛有重液(约500mL)的量杯中，用玻璃棒充分搅拌，使试样中的轻物质与砂分离，静置5min后，将浮起的轻物质连同部分重液倒入网篮中，轻物质留在网篮中，而重液通过网篮流入另一容器，倾倒重液时应避免带出砂粒，一般当重液表面与砂表面相距20~30mm时即停止倾倒，流出的重液倒回盛试样的量杯中，重复上述过程，直至无轻物质浮起为止。

②用清水洗净留存于网篮中的物质，然后将它倒入烧杯，在(105±5)℃的烘箱中烘干至恒重，称取轻物质与烧杯的总质量(m_1)。

(5)砂中轻物质的含量w_1应按式(10-2)计算，精确到0.1%。

$$w_1 = \frac{m_1 - m_2}{m_0} \times 100\% \qquad (10-2)$$

式中：w_1——砂中轻物质含量，%；

m_1——烘干的轻物质与烧杯的总质量，g；

m_2——烧杯的质量，g；

m_0——试验前烘干的试样质量，g。

以两次试验结果的算术平均值作为测定值。

四、砂的坚固性试验

(1)本方法适用于通过测定硫酸钠饱和溶液渗入砂中形成结晶时的裂胀力对砂的破坏程度，来间接地判断其坚固性。

(2)坚固性试验应采用下列仪器设备和试剂：

①烘箱：温度控制范围为(105±5)℃。

②天平：称量1000g，感量0.1g。

③试验筛:筛孔公称直径为 160um、315um、630um、1.25mm、2.50mm、5.00mm 的方孔筛各一只。

④容器:搪瓷盆或瓷缸,容量不小于 10L。

⑤三脚网篮:内径及高均为 70mm,由铜丝或镀锌铁丝制成,网孔的孔径不应大于所盛试样粒级下限尺寸的一半。

⑥试剂:无水硫酸钠。

⑦密度计。

⑧氯化钡:浓度为 10%。

(3)溶液的配制及试样制备应符合下列规定:

①硫酸钠溶液的配制应按下述方法进行:

取一定数量的蒸馏水(取决于试样及容器大小,加温至 30℃ 左右),每 1000mL 蒸馏水加入无水硫酸钠(Na_2SO_4)350g,用玻璃棒搅拌,使其溶解并饱和,然后冷却至 20~25℃,在此温度下静置两昼夜,其密度应为 1151~1174kg/m^3。

②将缩分后的样品用水冲洗干净,在(105±5)℃的温度下,烘干冷却至室温备用。

(4)坚固性试验应按下列步骤进行:

①称取公称粒级分别为 315~630μm、630μm~1.25mm、1.25~2.50mm 和 2.50~5.00mm 的试样各 100g。若是特细砂,应筛去公称粒径 160μm 以下和 2.50mm 以上的颗粒,称取公称粒级分别为 160~315μm、315~630μm、630μm~1.25mm、1.25~2.50mm 的试样各 100g。分别装入网篮并浸入盛有硫酸钠溶液的容器中,溶液体积应不小于试样总体积的 5 倍,其温度应保持在 20~25℃。三脚网篮浸入溶液时,应先上下升降 25 次以排除试样中的气泡,然后静置于该容器中。此时,网篮底面应距容器底面约 30mm(由网篮脚高控制),网篮之间的间距应不小于 30mm,试样表面至少应在液面以下 30mm。

②浸泡 20h 后,从溶液中提出网篮,放在温度为(105±5)℃的烘箱中烘烤 4h,至此,完成了第一次循环。待试样冷却至 20~25℃后,即开始第二次循环,从第二次循环开始,浸泡及烘烤时间均为 4h。

③第五次循环完成后,将试样置于 20~25℃的清水中洗净硫酸钠,再在(105±5)℃的烘箱中烘干至恒重,取出并冷却至室温后,用孔径为试样粒级下限的筛,过筛并称量各粒级试样试验后的筛余量。

注:试样中硫酸钠是否洗净,可按下法检验。取冲洗过试样的水若干毫升,滴入少量 10% 的氯化($BaCl_2$)溶液,如无白色沉淀,则说明硫酸钠已被洗净。

(5)试验结果计算应符合下列规定:

①试样中各粒级颗粒的分计质量损失百分率 δ_{ji} 应按式(10-3)计算,精确至 0.1%。

$$\delta_{ji} = \frac{m_i - m_i'}{m_0} \times 100\% \qquad (10\text{-}3)$$

式中:δ_{ji}——各粒级颗粒的分计质量损失百分率,%;

m_i——每一粒级试样试验前的质量,g;

m_i'——经硫酸钠溶液试验后,每一粒级筛余颗粒的烘干质量,g。

②300um~4.75mm 粒级试样的总质量损失百分率 δ_j 应按式(10-4)计算,精确至 1%。

$$\delta_j = \frac{a_1\delta_{j1} + a_2\delta_{j2} + a_3\delta_{j3} + a_4\delta_{j4}}{a_1 + a_2 + a_3 + a_4} \times 100\% \qquad (10\text{-}4)$$

式中： δ_j——试样的总质量损失百分率，%；

$a_1、a_2、a_3、a_4$——公称粒级分别为 315～630μm、630μm～1.25mm、1.25～2.50mm、2.50～5.00mm 粒级在筛除小于公称粒径 315μm 及大于公称粒径 5.00mm 颗粒后的原试样中所占的百分率，%；

$\delta_{j1}、\delta_{j2}、\delta_{j3}、\delta_{j4}$——公称粒级分别为 315～630μm、630μm～1.25mm、1.25～2.50mm、2.50～5.00mm 各粒级的分计质量损失百分率，%。

③特细砂按式(10-5)计算，精确至 1%。

$$\delta_j = \frac{a_0\delta_{j0} + a_1\delta_{j1} + a_2\delta_{j2} + a_3\delta_{j3}}{a_0 + a_1 + a_2 + a_3} \times 100\% \tag{10-5}$$

式中： δ_j——试样的总质量损失百分率，%；

$a_0、a_1、a_2、a_3$——公称粒级分别为 160～315μm、315～630μm、630μm～1.25mm、1.25～2.5 粒级在筛除小于公称粒径 160μm 及大于公称粒径 2.50mm 颗粒后的原试样中所占的百分率，%；

$\delta_{j0}、\delta_{j1}、\delta_{j2}、\delta_{j3}$——公称粒级分别为 160～315μm、315～630μm、630μm～1.25mm、1.25～2.50mm 各粒级的分计质量损失百分率，%。

五 砂中硫酸盐及硫化物含量试验

(1) 本方法适用于测定砂中的硫酸盐及硫化物含量(按 SO_3 百分含量计算)。

(2) 硫酸盐及硫化物试验应采用下列仪器设备和试剂：

①天平和分析天平：天平，称量 1000g，感量 1g；分析天平，称量 100g，感量 0.001g。

②高温炉：最高温度 1000℃。

③试验筛：筛孔公称直径为 80μm 的方孔筛一只。

④瓷坩埚。

⑤其他仪器：烧瓶、烧杯等。

⑥10%(W/V)氯化钡溶液：10g 氯化钡溶于 100mL 蒸馏水中。

⑦盐酸(1+1)：浓盐酸溶于同体积的蒸馏水中。

⑧1%(W/V)硝酸银溶液：1g 硝酸银溶于 100mL 蒸馏水中，并加入 5～10mL 硝酸，存于棕色瓶中。

(3) 试样制备应符合下列规定：

样品经缩分至 150g 左右，置于温度为(105+5)℃烘干至恒重，冷却至室温后，研磨至全部通过筛孔公称直径为 80μm 的方孔筛，备用。

(4) 硫酸盐及硫化物含量试验应按下列步骤进行：

①用分析天平精确称取砂粉试样 1g(m)，放入 300mL 的烧杯中，加入 20～30mL 蒸馏水及 10mL 的盐酸(1+1)，加热至微沸，并保持微沸 5min，试样充分分解后取下，以中速滤纸过滤，用温水洗涤 10～12 次。

②调整滤液体积至 200mL，煮沸，搅拌的同时滴加 10mL10% 氯化钡溶液，并将溶液煮沸数分钟，然后移至温热处静置至少 4h(此时溶液体积应保持在 200mL)，用慢速滤纸过滤，用温水洗到无氯根反应(用硝酸银溶液检验)。

③将沉淀及滤纸一并移入已灼烧至恒重的瓷坩埚(m_1)中，灰化后在 800℃ 的高温炉内灼烧 30min。取出坩埚，置于干燥器中冷却至室温，称量。如此反复灼烧，直至恒重(m_2)。

(5)硫化物及硫酸盐含量(以SO_3计)应按式(10-6)计算,精确至0.1%。

$$w_{SO_3} = \frac{(m_1 - m_2) \times 0.343}{m} \times 100\% \quad (10-6)$$

式中：w_{SO_3}——硫酸盐含量,%；

  m——试样质量,g；

  m_1——瓷坩埚的质量,g；

  m_2——瓷坩埚质量和试样总质量,g；

  0.343——$BaSO_4$换算成SO_3的系数。

以两次试验的算术平均值作为测定值,当两次试验结果之差大于0.2%时,须重做试验。

六、砂中氯离子含量试验

(1)本方法适用于测定砂中的氯离子含量。

(2)氯离子含量试验应采用下列仪器设备和试剂：

①天平：称量1000g,感量0.1g。

②带塞磨口瓶：容量1L。

③三角瓶：容量300mL。

④滴定管：容量10mL或25mL。

⑤容量瓶：容量500mL。

⑥移液管：容量50mL,2mL。

⑦5%(W/V)铬酸钾指示剂溶液。

⑧0.01mol/L的氯化钠标准溶液。

⑨0.01mol/L的硝酸银标准溶液。

(3)试样制备应符合下列规定：

取经缩分后样品1.1kg,在温度(105±5)℃的烘箱中烘干至恒重,经冷却至室温备用。

(4)氯离子含量试验应按下列步骤进行：

①称取试样500g(m),装入带塞磨口瓶中,用容量瓶取500mL蒸馏水,注入磨口瓶内,加上塞子,摇动一次,放置2h,然后每隔5min摇动一次,共摇动3次,使氯盐充分溶解。将磨口瓶上部已澄清的溶液过滤,然后用移液管吸取50mL滤液,注入三角瓶中。再加入浓度为5%的(W/V)铬酸钾指示剂1mL。用0.01mol/L硝酸银标准溶液滴定至呈现砖红色为终点,记录消耗的硝酸银标准溶液的毫升数(V_1)。

②空白试验：用移液管准确吸取50mL蒸馏水到三角瓶内,加入5%铬酸钾指示剂1mL,并用0.01mol/L的硝酸银标准溶液滴定至溶液呈砖红色为止,记录此点消耗的硝酸银标准溶液的毫升数(V_2)。

(5)砂中氯离子含量w_{Cl^-}应按式(10-7)计算,精确至0.01%。

$$w_{Cl^-} = C_{AgNO_3} \frac{(V_1 - V_2) \times 0.0355 \times 10}{m} \times 100\% \quad (10-7)$$

式中：w_{Cl^-}——砂中氯离子含量,%；

  C_{AgNO_3}——硝酸银标准溶液的浓度,mol/L；

V_1——样品滴定时消耗的硝酸银标准溶液的体积,mol/L;

V_2——空白试验时消耗的硝酸银标准溶液的体积,mol/L;

m——试样质量,g。

七、砂的碱活性试验

1. 试验方法一

(1) 本方法适用于在 1mol/L 氢氧化钠溶液中浸泡试样 14d 以检验硅质骨料与混凝土中的碱产生潜在反应的危害性,不适用于碱碳酸盐反应活性骨料检验。

(2) 快速法碱活性试验应采用下列仪器设备:

①烘箱:温度控制范围为(105±5)℃。

②天平:称量 1000g,感量 0.1g。

③试验筛:筛孔公称直径为 5.00mm、2.50mm、1.25mm、630μm、315μm、160μm 的方孔筛各一只。

④测长仪:测量范围 280~300mm,精度 0.01mm。

⑤水泥胶砂搅拌机:应符合现行行业标准《行星式水泥胶砂搅拌机》[JC/T 681—2005(2012)]的规定。

⑥恒温养护箱或水浴:温度控制范围为(80±2)℃。

⑦养护筒:由耐碱耐高温的材料制成,不漏水,密封,防止容器内湿度下降,筒的容积可以保证试件全部浸没在水中。筒内设有试件架,试件垂直于试件架放置。

⑧试模:金属试模,尺寸为 25mm×25mm×280mm,试模两端正中有小孔,装有不锈钢测头。

⑨镘刀、捣棒、量筒、干燥器等。

(3) 快速法试验应按下列步骤进行:

①将试件成型完毕后,带模放入标准养护室,养护(24±4)h 后脱模。

②脱模后,将试件浸泡在装有自来水的养护筒中,并将养护筒放入温度(80±2)℃的烘箱或水浴箱中养护 24h。同种骨料制成的试件放在同一个养护筒中。

③然后将养护筒逐个取出。每次从养护筒中取出一个试件,用抹布擦干表面,立即用测长仪测试件的基长(L_0)。每个试件至少重复测试两次,取差值在仪器精度范围内的两个读数的平均值作为长度测定值(精确至 0.02mm),每次每个试件的测量方向应一致,待测的试件须用湿布覆盖,防止水分蒸发;从取出试件擦干到读数完成应在(15±5)s 内结束,读完数后的试件应用湿布覆盖。全部试件测完基准长度后,把试件放入装有浓度为 1mol/L 氢氧化钠溶液的养护筒中,并确保试件被完全浸泡。溶液温度应保持在(80±2)℃,将养护筒放回烘箱或水浴箱中。

注:用测长仪测定任一组试件的长度时,均应先调整测长仪的零点。

④自测定基准长度之日起,第 3d、7d、10d、14d 再分别测其长度(L_t)。测长方法与测基长方法相同。每次测量完毕后,应将试件调头放入原养护筒,盖好筒盖,放回(80±2)℃的烘箱或水浴箱中,继续养护到下一个测试龄期。操作时防止氢氧化钠溶液溢溅,避免烧伤皮肤。

⑤在测量时应观察试件的变形、裂缝、渗出物等,特别应观察有无胶体物质,并作详细记录。

应符合现行行业标准《水泥胶砂流动度测定仪(跳桌)》[JC/T 958—2005(2012)]要求。

(4)试件的制作应符合下列规定：

①将砂样缩分成约 5kg,按表 10-19 中所示级配及比例组合成试验用料,并将试样洗净烘干或晾干备用。

砂 级 配 表　　　　表 10-19

公称粒径	2.50~5.00mm	1.25~2.50mm	630μm~1.25mm	315~630μm	160~315μm
分级质量(%)	10	25	25	25	15

注:对特细砂分级质量不作规定。

②水泥应采用符合现行国家标准《通用硅酸盐水泥》(GB 175—2007)要求的普通硅酸盐水泥。水泥与砂的质量比为 1:2.25,水灰比为 0.47。试件规格 25mm×25mm×280mm,每组 3 条。称取水泥 440g,砂 990g。

③成型前 24h,将试验所用材料(水泥、砂、拌和用水等)放入(20±2)℃的恒温室中。

④将称好的水泥与砂倒入搅拌锅,应按现行国家标准《水泥胶砂强度检验方法(ISO 法)》(GB/T 17671—1999)的规定进行搅拌。

⑤搅拌完成后,将砂浆分两层装入试模内,每层捣 40 次,测头周围应填实,浇捣完毕后用镘刀刮除多余砂浆,抹平表面,并标明测定方向及编号。

(5)试件中的膨胀率应按式(10-8)计算,精确至 0.01%。

$$\varepsilon_t = \frac{L_t - L_0}{L_0 - 2\Delta} \times 100\% \qquad (10-8)$$

式中:ε_t——试件在 t 天龄期的膨胀率,%;

L_t——试件在 t 天龄期的长度,mm;

L_0——试件的基长,mm;

Δ——测头长度,mm。

以三个试件膨胀率的平均值作为某一龄期膨胀率的测定值。任一试件膨胀率与平均值均应符合下列规定:

①当平均值小于或等于 0.05% 时,其差值均应小于 0.01%。

②当平均值大于 0.05% 时,单个测值与平均值的差值均应小于平均值的 20%。

③当三个试件的膨胀率均大于 0.10% 时,无精度要求。

④当不符合上述要求时,去掉膨胀率最小的,用其余两个试件的平均值作为该龄期的膨胀率。

(6)结果评定应符合下列规定:

①当 14d 膨胀率小于 0.10% 时,可判定为无潜在危害。

②当 14d 膨胀在 0.10%~0.20% 之间时,混凝土的碱含量应符合表 10-20 的规定。

混凝土最大碱含量(单位:kg/cm³)　　　表 10-20

设计使用年限级别		一(100 年)	二(60 年)	三(30 年)
环境条件	干燥环境	3.5	3.5	3.5
	潮湿环境	3.0	3.0	3.5
	含碱环境	—	3.0	3.0

③当 14d 膨胀率为 0.20%~0.30% 时,可判定为有潜在危害;除了混凝土的碱含量应符合表 10-20 的规定外,应在混凝土中掺加具有明显抑制效能的矿物掺合料和外加剂,并经试验

证明抑制有效。

2. 试验方法二

(1) 本方法适用于鉴定硅质骨料与水泥(混凝土)中的碱产生潜在反应的危害性,不适用于碱碳酸盐反应活性骨料检验。

(2) 砂浆长度法碱活性试验应采用下列仪器设备:

①试验筛:应符合《普通混凝土用砂、石质量及检测方法标准》(JGJ 52—2006)的要求。

②水泥胶砂搅拌机:应符合现行行业标准 JC/T 681 的规定。

③镘刀及截面为 14mm×13mm、长 120～150mm 的钢制捣棒。

④量筒、秒表。

⑤试模和测头:金属试模,规格为 25mm×25mm×280mm,试模两端正中应有小孔,测头在此固定埋入砂浆,测头用不锈钢金属制成。

⑥养护筒:用耐腐蚀材料制成,应不漏水,不透气,加盖后放在养护室中能确保桶内空气相对湿度为 95% 以上,筒内设有试件架,架下盛有水,试件垂直立于架上并不与水接触。

⑦测长仪:测量范围 280～300mm,精度 0.01mm。

⑧室温为 (40±2)℃ 的养护室。

⑨天平:称量 2000g,感量 2g。

⑩跳桌:应符合现行行业标准 JC/T 958—2005(2012) 要求。

(3) 砂浆长度法试验应按下列步骤进行:

①试件成型完毕后,带模放入标准养护室,养护 (24±4)h 后脱模(当试件强度较低时,可延至 48h 脱模),脱模后立即测量试件的基长 (L_0)。测长应在 (20±2)℃ 的恒温室中进行,每个试件至少重复测试两次,取差值在仪器精度范围内的两个读数的平均值作为长度测定值(精确至 0.02mm)。待测的试件须用湿布覆盖,以防止水分蒸发。

②测量后将试件放入养护筒中,盖严后放入 (40±2)℃ 养护室里养护(一个筒内的品种应相同)。

③自测基长之日起,在 14d、1 个月、2 个月、3 个月、6 个月时分别测其长度 (L_1),如有必要还可适当延长。在测长前一天,应把养护筒从 (40±2)℃ 养护室中取出,放入 (20±2)℃ 的恒温室。试件的测长方法与测基长相同,测量完毕后,应将试件调头放入养护筒中,盖好筒盖,放回 (40±2)℃ 养护室继续养护到下一测龄期。

④在测量时应观察试件的变形、裂缝和渗出物,特别应观察有无胶体物质,并作详细记录。

(4) 试件的制备应符合下列规定:

①制作试件的材料应符合下列规定:

a. 水泥:在做一般骨料活性鉴定时,应使用高碱水泥,含碱量为 1.2%;低于此值时,掺浓度为 10% 的氢氧化钠溶液,将碱含量调至水泥量的 1.2%;对于具体工程,该工程拟用水泥的含碱量高于此值,则应采用工程所使用的水泥。

注:水泥含碱量以氧化钠(Na_2O)计,氧化钾(K_2O)换算为氧化钠时乘以换算系数 0.658。

b. 砂:将样品缩分成约 5kg,按表 10-21 中所示级配及比例组合成试验用料,并将试样洗净晾干。

砂 级 配 表　　表 10-21

公称粒径	2.50～5.00mm	1.25～2.50mm	630μm～1.25mm	315～630μm	160～315μm
分级质量(%)	10	25	25	25	15

注：对特细砂分级质量不作规定。

②制作试件用的砂浆配合比应符合下列规定：

水泥与砂的质量比为 1:2.25。每组 3 个试件，共需水泥 440g，砂料 990g，砂浆用水量应按现行国家标准《水泥胶砂流动度测定方法》(GB/T 2419—2005) 确定，跳桌次数改为 6s 跳动 10 次，以流动度在 105~120mm 为准。

(5) 试件的膨胀率应按式(10-9)计算，精确至 0.001%。

$$\varepsilon_t = \frac{L_t - L_0}{L_0 - 2\Delta} \times 100\% \qquad (10\text{-}9)$$

式中：ε_t——试件在 t 天龄期的膨胀率，%；

L_0——试件的基长，mm；

L_t——试件在 t 天龄期的长度，mm；

Δ——测头长度，mm。

以三个试件膨胀率的平均值作为某一龄期率的测定值。任一试件膨胀率与平均值应符合下列规定：

①当平均值小于或等于 0.05% 时，其差值均应小于 0.01%。

②当平均值大于 0.05% 时。其差值均应小于平均值的 20%。

③当三个试件的膨胀率均超过 0.10% 时，无精度要求。

④当不符合上述要求时，去掉膨胀率最小的，用其余两个试件的平均值作为该龄期的膨胀率。

(6) 结果评定应符合下列规定：

①当 14d 膨胀率小于 0.10% 时，可判定为无潜在危害。

②当 14d 膨胀率在 0.10%~0.20% 之间时，混凝土的碱含量应符合表 10-20 的规定。

③当 14d 膨胀率为 0.20%~0.30% 时，可判定为有潜在危害；除了混凝土的碱含量应符合表的规定外，应在混凝土中掺加具有明显抑制效能的矿物掺合料和外加剂，并经试验证明抑制有效。

第六节　粗骨料化学分析试验检测方法（GB/T 14685—2011）

一、卵石中有机物含量试验

(1) 本方法适用于定性地测定卵石中的有机物含量是否达到影响混凝土质量的程度。

(2) 有机物含量试验应采用下列仪器、设备和试剂：

①天平：称量 1kg，感量 1g 和称量 100g，感量 0.1g 的天平各 1 台。

②量筒：容量为 100mL、1000mL。

③烧杯、玻璃棒和筛孔公称直径为 20mm 的试验筛。

④浓度为 3% 的氢氧化钠溶液：3g 氢氧化钠溶于 100mL 蒸馏水。

⑤鞣酸、酒精等。

(3) 试样的制备和标准溶液配制应符合下列规定：

①试样制备:筛除样品中公称粒径 20mm 以上的颗粒,缩分至约 1kg,风干后备用。

②标准溶液的配制方法:称取 2g 鞣酸粉,溶解于 98mL 的 10% 酒精溶液中,即得所需的鞣酸溶液,然后取该溶液 25mL,注入 975mL 浓度为 3% 的氢氧化钠溶液中,加塞后剧烈摇动,静置 24h 即得标准溶液。

(4)有机物含量试验应按下列步骤进行:

①向 1000mL 量筒中,倒入干试样至 600mL 刻度处,再注入浓度为 3% 的氢氧化钠溶液至 800mL 刻度处,剧烈搅动后静置 24h。

②比较试样上部溶液和新配制标准溶液的颜色。盛装标准溶液与盛装试样的量筒容积应一致。

(5)结果评定应符合下列规定:

①若试样上部的溶液颜色浅于标准溶液的颜色,则试样有机物含量鉴定合格。

②若两种溶液的颜色接近,则应将该试样(包括上部溶液)倒入烧杯中放在温度为 60~70℃ 的水浴锅中加热 2~3h,然后再与标准溶液比色。

③若试样上部的溶液颜色深于标准色,则应配制成混凝土作进一步检验。其方法为:取试样一份,用浓度 3% 的氢氧化钠溶液洗除有机物,再用清水淘洗干净,直至试样上部溶液的颜色浅于标准色;然后用洗除有机物的和未经清洗的试样用相同的水泥、砂配成配合比相同、坍落度基本相同的两种混凝土,测其 28d 抗压强度。若未经洗除有机物的卵石混凝土强度与经洗除有机物的混凝土强度之比不低于 0.95,则此卵石可以使用。

碎石或卵石的坚固性试验

(1)本方法适用于以硫酸钠饱和溶液法间接地判断碎石或卵石的坚固性。

(2)坚固性试验应采用下列仪器、设备及试剂:

①烘箱:温度控制范围为 (105±5)℃。

②台秤:称量 10kg,感量 10g。

③试验筛:根据试样粒级,按表 10-22 选用。

坚固性试验所需的各粒级试样量   表 10-22

公称粒级(mm)	5.00~10.0	10.0~20.0	20.0~40.0	40.0~63.0	63.0~80.0
试样质量(g)	500	1000	1500	3000	3000

④容器:搪瓷盆或瓷盆,容积不小于 50L。

⑤三脚网篮:网篮的外径为 100mm,高为 150mm,采用孔径 2~3mm。

⑥试剂:无水硫酸钠。

(3)酸钠溶液的配制及试样的制备应符合下列规定:

①钠溶液的配制:取一定数量的蒸馏水(取决于试样及容器的大小),加温至 30℃ 左右,每 1000mL 蒸馏水加入无水硫酸钠(Na_2SO_4)350g,用玻璃棒搅拌,使其溶解至饱和,然后冷却至 20~25℃。在此温度下静置两昼夜。其密度保持在 1151~1174kg/m³ 范围内。

②试样的制备:将样品按表 10-22 的规定分级,并分别擦洗干净,放入 105~110℃ 烘箱内烘 24h,取出并冷却至室温,然后按表 10-22 对各粒级规定的量称取试样(m_1)。

(4)坚固性试验应按下列步骤进行:

①将所称取的不同粒级的试样分别装入三脚网篮,并浸入盛有硫酸钠溶液的容器中。溶液体积应不小于试样总体积的 5 倍,其温度保持在 20~25℃ 的范围内。三脚网篮浸入溶液时

应先上下升降25次以排除试样中的气泡,然后静置于该容器中。此时,网篮底面应距容器底面约30mm(由网篮脚控制),网篮之间的间距应不小于30mm,试样表面至少应在液面以下30mm。

②20h后,从溶液中提出网篮,放在(105±5)℃的烘箱中烘4h。至此,完成了第一个试验循环。待试样冷却至20~25℃后,即开始第二次循环。从第二次循环开始,浸泡及烘烤时间均可为4h。

③第五次循环完后,将试样置于25~30℃的清水中洗净硫酸钠,再在(105±5)℃的烘箱中烘至恒重。取出冷却至室温后,用筛孔孔径为试样粒级下限的筛过筛,并称取各粒级试样试验后的筛余量(m_i')。

注:试样中硫酸钠是否洗净,可按下法检验:取洗试样的水数毫升,滴入少量氯化钡($BaCl_2$)溶液,如无白色沉淀,即说明硫酸钠已被洗净。

④对公称粒径大于20.0mm的试样部分,应在试验前后记录其颗粒数量,并作外观检查,描述颗粒的裂缝、开裂、剥落、掉边和掉角等情况所占颗粒数量,以作为分析其坚固性时的补充依据。

(5)试样中各粒级颗粒的分计质量损失百分率δ_{ji}应按式(10-10)计算,精确至0.1%。

$$\delta_{ji} = \frac{m_i - m_i'}{m_0} \times 100\% \qquad (10\text{-}10)$$

式中:δ_{ji}——各粒级颗粒的分计质量损失百分率,%;

m_i——各粒级试样试验前的烘干质量,g;

m_i'——经硫酸钠溶液法试验后,各粒级筛余颗粒的烘干质量,g。

(6)试样的总质量损失百分率δ_j应按式(10-11)计算,精确至1%。

$$\delta_j = \frac{a_1\delta_{j1} + a_2\delta_{j2} + a_3\delta_{j3} + a_4\delta_{j4} + a_5\delta_{j5}}{a_1 + a_2 + a_3 + a_4 + a_5} \times 100\% \qquad (10\text{-}11)$$

式中: δ_j——总质量损失百分率,%;

$a_1、a_2、a_3、a_4、a_5$——试样中分别为5.00~10.0mm、10.0~20.0mm、20.0~40.0mm、40.0~63.0mm、63.0~80.0mm各公称粒级的分计百分含量,%;

$\delta_{j2}、\delta_{j3}、\delta_{j4}、\delta_{j5}$——各粒级的分计质量损失百分率,%。

三 岩石的抗压强度试验

(1)本方法适用于测定碎石的原始岩石在水饱和状态下的抗压强度。

(2)岩石的抗压强度试验应采用下列设备:

①压力试验机:荷载1000kN。

②石材切割机或钻石机。

③岩石磨光机。

④游标卡尺,角尺等。

(3)试样制备应符合下列规定:

试验时,取有代表性的岩石样品用石材切割机切割成边长为50mm的立方体,或用钻石机钻取直径与高度均为50mm的圆柱体。然后用磨光机把试件与压力机压板接触的两个面磨光并保持平行,试件形状须用角尺检查。

至少应制作六个试块。对有显著层理的岩石,应取两组试件(12块)分别测定其垂直和平行于层理的强度值。

(4) 岩石抗压强度试验应按下列步骤进行:

① 用游标卡尺量取试件的尺寸(精确至0.1mm),对于立方体试件,在顶面和底面上各量取其边长,以各个面上相互平行的两个边长的算术平均值作为宽或高,由此计算面积。对于圆柱体试件,在顶面和底面上各量取相互垂直的两个直径,以其算术平均值计算面积。取顶面和底面面积的算术平均值作为计算抗压强度所用的截面积。

② 将试件置于水中浸泡48h,水面应至少高出试件顶面20mm。

③ 取出试件,擦干表面,放在有防护网的压力机上进行强度试验,防止岩石碎片伤人。试验时加压速度应为0.5~1.0MPa/s。

(5) 岩石的抗压强度 f 应按式(10-12)计算,精确至0.1MPa。

$$f = \frac{F}{A} \tag{10-12}$$

式中:f——岩石的抗压强度,MPa;
F——破坏荷载,N;
A——试件的截面积,mm^2。

(6) 结果评定应符合下列规定:

岩石抗压强度取6个试件试验结果的算术平均值,并给出最小值,精确至1MPa。

对具有显著层理的岩石,应分别给出垂直于层理及平行于层理的抗压强度。

四 碎石或卵石中硫化物及硫酸盐含量试验

(1) 本方法适用于测定碎石或卵石中硫化物及硫酸盐含量(按SO_3百分含量计)。

(2) 本试验应采用下列仪器、设备及试剂:

① 天平:称量1000g,感量1g。
② 分析天平:称量100g,感量0.001g。
③ 温炉:最高温度1000℃。
④ 试验筛:筛孔公称直径为75μm的方孔筛一只。
⑤ 烧瓶、烧杯等。
⑥ 10%氯化钡溶液:10g氯化钡溶于100mL蒸馏水中。
⑦ 盐酸(1+1):浓盐酸溶于同体积的蒸馏水中。
⑧ 1%硝酸银溶液:1g硝酸银溶于100mL蒸馏水中,加入5~10mL硝酸,存于棕色瓶中。

(3) 试样制备应符合下列规定:

试验前,取公称粒径40.0mm以下的风干碎石或卵石约1000g,按四分法缩分至约200g,磨细使全部通过公称直径为75μm的方孔筛,仔细拌匀,烘干备用。

(4) 试验步骤如下:

① 精确称取石粉试样约1g(m)放入300mL的烧杯中,加入20~30mL蒸馏水及10mL的盐酸(1+1),加热至微沸,并保持微沸5min。使试样充分分解后取下。以中速滤纸过滤,用温水洗涤10~12次。

② 调整滤液体积至200mL,煮沸,边搅拌边滴加10mL氯化钡溶液(10%),并将溶液煮沸数分钟,然后移至温热处至少静置4h(此时溶液体积应保持在200mL),用慢速滤纸过滤,用温

水洗至无氯根反应(用硝酸银溶液检验)。

③将沉淀及滤纸一并移入已灼烧至恒重(m_1)的瓷坩埚中,灰化后在800℃的高温炉内灼烧30min。取出坩埚,置于干燥器中冷却至室温,称重,如此反复灼烧,直至恒重(m_2)。

(5)水溶性硫化物及硫酸盐含量(以SO_3计)(w_{SO_3})应按式(10-13)计算,精确至0.1%。

$$w_{SO_3} = \frac{(m_2 - m_1) \times 0.343}{m} \times 100\% \qquad (10\text{-}13)$$

式中:w_{SO_3}——硫化物及硫酸盐含量(以SO_3计),%;
$\quad\quad m$——试样质量,g;
$\quad\quad m_2$——沉淀物与坩埚共重,g;
$\quad\quad m_1$——坩埚质量,g;
$\quad\quad$0.343——$BaSO_4$换算成SO_3的系数。

以两次试验的算术平均值作为评定指标,当两次试验结果的差值大于0.2%时,应重做试验。

五 碎石或卵石的碱活性试验

(一)方法一

(1)本方法适用于检验硅质骨料与混凝土中的碱产生潜在反应的危害性,不适用于碳酸盐骨料检验。

(2)本方法采用下列仪器设备:

①烘箱:温度控制范围为(105±5)℃。
②台秤:称量5000g,感量5g。
③试验筛:筛孔公称直径为5.00mm、2.50mm、1.25mm、630μm、315μm、160μm的方孔筛各一只。
④测长仪:测量范围280~300mm,精度0.01mm。
⑤水泥胶砂搅拌机:应符合现行国家标准《行星式水泥胶砂搅拌机》[JC/T 681—2005(2012)]要求。
⑥恒温养护箱或水浴:温度控制范围为(80±2)℃。
⑦养护筒:由耐碱耐高温的材料制成,不漏水,密封,以防止容器内温度下降;筒的容积可以保证试件全部浸没在水中;筒内设有试件架,试件垂直于试架放置。
⑧试模:金属试模尺寸为25mm×25mm×280mm,试模两端正中有小孔,可装入不锈钢测头。
⑨镘刀、捣棒、量筒、干燥器等。
⑩破碎机。

(3)试样制备应符合下列规定:

①将试样缩分成约5kg,把试样破碎后筛分成按表10-23中所示级配及比例组合成试验用料,并将试样洗净烘干或晾干备用。
②水泥采用符合现行国家标准《通用硅酸盐水泥》(GB 175—2007)要求的普通硅酸盐水泥,水泥与砂的质量比为1:2.25,水灰比为0.47;每组试件称取水泥440g,石料990g。
③将称好的水泥与砂倒入搅拌锅,应按现行国家标准《水泥胶砂强度检验方法(ISO法)》

(GB/T 17671—1999)规定的方法进行。

④搅拌完成后,将砂浆分两层装入试模内,每层捣 40 次,测头周围应填实,浇捣完毕后用镘刀刮除多余砂浆,抹平表面,并标明测定方向。

(4)试验步骤如下:

①将试件成型完毕后,带模放入标准养护室,养护(24 ± 4)h 后脱模。

②脱模后,将试件浸泡在装有自来水的养护筒中,并将养护筒放入温度(80 ± 2)℃的恒温养护箱或水浴箱中,养护 24h,同种骨料制成的试件放在同一个养护筒中。

③然后将养护筒逐个取出,每次从养护筒中取出一个试件,用抹布擦干表面,立即用测长仪测试件的基长(L_0),测长应在(20 ± 2)℃恒温室中进行,每个试件至少重复测试两次,取差值在仪器精度范围内的两个读数的平均值作为长度测定值(精确至 0.02mm),每次每个试件的测量方向应一致,待测的试件须用湿布覆盖,以防止水分蒸发;从取出试件擦干到读数完成应在(15 ± 5)s 内结束,读完数后的试件用湿布覆盖。全部试件测完基长后,将试件放入装有浓度为 1mol/L 氢氧化钠溶液的养护筒中,确保试件被完全浸泡,且溶液温度应保持在(80 ± 2)℃,将养护筒放回恒温养护箱或水浴箱中。

注:用测长仪测定任一组试件的长度时,均应先调整测长仪的零点。

④自测定基长之日起,第 3d、7d、14d 再分别测长(L_t),测长方法与测基长方法一致。测量完毕后,应将试件调头放入原养护筒中,盖好筒盖,放回(80 ± 2)℃的恒温养护箱或水浴箱中,继续养护至下一测试龄期。操作时应防止氢氧化钠溶液溢溅烧伤皮肤。

⑤在测量时应观察试件的变形、裂缝和渗出物等,特别应观察有无胶体物质,并作详细记录。

(5)结果计算:试件的膨胀率按式(10-14)计算,精确至 0.01%。

$$\varepsilon_t = \frac{L_t - L_0}{L_0 - 2\Delta} \times 100\% \tag{10-14}$$

式中:ε_t——试件在 t 天龄期的膨胀率,%;
  L_t——试件在 t 天龄期的长度,mm;
  L_0——试件的基长,mm;
  Δ——测头长度,mm。

以三个试件膨胀率的平均值作为某一龄期膨胀率的测定值。任一试件膨胀率与平均值应符合下列规定:

①当平均值小于或等于 0.05% 时,单个测值与平均值的差值均应小于 0.01%。
②当平均值大于 0.05% 时,单个测值与平均值的差值均应小于平均值的 20%。
③当三个试件的膨胀率均大于 0.10% 时,无精度要求。
④当不符合上述要求时,去掉膨胀率最小的,用其余两个试件膨胀率的平均值作为该龄期的膨胀率。

(6)结果评定:

①当 14d 膨胀率小于 0.10% 时,可判定为无潜在危害。
②当 14d 膨胀率在 0.10%~0.20% 之间时,混凝土的碱含量应符合表 10-20 的规定。
③当 14d 膨胀率为 0.20%~0.30% 时,可判定为有潜在危害;除了混凝土的碱含量应符合表 10-20 的规定外,应在混凝土中掺加具有明显抑制效能的矿物掺和料和外加剂,并经试验证明抑制有效。

(二)方法二——砂浆长度法

(1)本方法适用于鉴定硅质骨料与水泥(混凝土)中的碱产生潜在反应的危险性,不适用于碱碳酸盐反应活性骨料检验。

(2)本方法采用下列仪器设备。

①试验筛:筛孔公称直径为 $160\mu m$、$315\mu m$、$630\mu m$、$1.25mm$、$2.50mm$、$5.00mm$ 的方孔筛各一只。

②水泥胶砂搅拌机:应符合现行行业标准《行星式水泥胶砂搅拌机》[JC/T 681—2005(2012)]的规定。

③镘刀及截面为 $14mm \times 13mm$、长 $130 \sim 150mm$ 的钢制捣棒。

④量筒、秒表。

⑤试模和测头(埋钉):金属试模,规格为 $25mm \times 25mm \times 280mm$,试模两端板正中有小洞。测头以耐锈蚀金属制成。

⑥养护筒:由耐碱耐高温的材料制成,应不漏水,不透气,加盖后在养护室能确保筒内空气相对湿度为 95% 以上,筒内设有试件架,架下盛有水,试件垂直立于试件架上并不与水接触。

⑦测长仪:测量范围 $160 \sim 185mm$,精度 $0.01mm$。

⑧恒温箱(室):温度为 $(40 \pm 2)℃$。

⑨台秤:称量 $5kg$,感量 $5g$。

⑩跳桌:应符合现行行业标准《水泥胶砂流动度测定仪》[JC/T 958—2005(2012)]的要求。

(3)试样制备应符合下列规定:

①水泥:水泥含碱量应为 1.2%,低于此值时,可掺浓度 10% 的氢氧化钠溶液,将碱含量调至水泥量的 1.2%。当具体工程所用水泥含碱量高于此值时,则应采用工程所使用的水泥。

注:水泥含碱量以氧化钠(Na_2O)计,氧化钾(K_2O)换算为氧化钠时乘以换算系数 0.658。

②石料:将试样缩分至约 $5kg$,破碎筛分后,各粒级都应在筛上用水冲净黏附在骨料上的淤泥和细粉,然后烘干备用。石料按表 10-23 的级配配成试验用料。

石料级配表 表10-23

公称粒级	2.50~5.00mm	1.25~2.50mm	630μm~1.25mm	315~630μm	160~315μm
分级质量(%)	10	25	25	25	15

③砂浆配合比:水泥与石料的质量比为 1:2.25。每组 3 个试件,共需水泥 $440g$,石料 $990g$。砂浆用水量按现行国家标准《水泥胶砂流动度测定方法》(GB/T 2419—2005)确定,跳桌跳动次数应为 6s 跳动 10 次,流动度为 $105 \sim 120mm$。

(4)试验所用试件制作方法:

①成型前 24h,将试验所用材料(水泥、骨料、拌和用水等)放入 $(20 \pm 2)℃$ 的恒温室中。

②石料水泥浆制备:先将称好的水泥,石料倒入搅拌锅内,开动搅拌机。拌和 5s 后,徐徐加水,$20 \sim 30s$ 内加完,自开动机器起搅拌 120s。将粘在叶片上的料刮下。取下搅拌锅。

③砂浆分两层装入试模内,每层捣 40 次,测头周围应捣实,浇捣完毕后用镘刀刮除多余砂浆,抹平表面,并标明测定方向及编号。

(5)试验步骤如下:

①试件成型完毕后,带模放入标准养护室,养护 24h 后,脱模(当试件强度较低时,可延至 48h 脱模)。脱模后立即测量试件的基长(L_0),测长应在(20±2)℃的恒温室中进行,每个试件至少重复测试两次,取差值在仪器精度范围内的两个读数的平均值作为测定值。待测的试件须用湿布覆盖,防止水分蒸发。

②测量后将试件放入养护筒中,盖严筒盖放入(40±2)℃的养护室里养护(同一筒内的试件品种应相同)。

③自测量基长起,第 14d、1 个月、2 个月、3 个月、6 个月再分别测长(L_t),需要时可以适当延长。在测长前一天,应把养护筒从(40±2)℃的养护室取出,放入(20±2)℃的恒温室。试件的测长方法与测基长相同,测量完毕后,应将试件调头放入养护筒中。盖好筒盖,放回(40±2)℃的养护室继续养护至下一测试龄期。

④在测量时应观察试件的变形、裂缝和渗出物等,特别应观察有无胶体物质,并做详细记录。

(6)结果计算:

试件的膨胀率应按式(10-15)计算,精确至 0.001%。

$$\varepsilon_t = \frac{L_t - L_0}{L_0 - 2\Delta} \times 100\% \tag{10-15}$$

式中:ε_t——试件在 t 天龄期的膨胀率,%;

L_t——试件在 t 天龄期的长度,mm;

L_0——试件的基长,mm;

Δ——测头长度,mm。

以三个试件膨胀率的平均值作为某一龄期膨胀率的测定值。任一试件膨胀率与平均值应符合下列规定:

①当平均值小于或等于 0.05% 时,单个测值与平均值的差值均应小于 0.01%。

②当平均值大于 0.05% 时,单个测值与平均值的差值均应小于平均值的 20%。

③当三个试件的膨胀率均超过 0.10% 时,无精度要求。

④当不符合上述要求时,去掉膨胀率最小的,用其余两个试件膨胀率的平均值作为该龄期的膨胀率。

(7)结果评定:

①当 14d 膨胀率小于 0.10% 时,可判定为无潜在危害。

②当 14d 膨胀率在 0.10%~0.20% 之间时,混凝土的碱含量应符合表 10-20 的规定。

③当 14d 膨胀率为 0.20%~0.30% 时,可判定为有潜在危害;除了混凝土的碱含量应符合表的规定外,应在混凝土中掺加具有明显抑制效能的矿物掺合料和外加剂,并经试验证明抑制有效。

六 碎石或卵石中氯离子含量试验

(1)仪器设备应符合下列规定:

①天平:称量 2kg,感量 2g;称量 100g,感量 0.01g。

②带塞磨口瓶:1000mL。

③烧杯:1000mL。

④三角瓶:300mL。
⑤移液管:50mL,2mL。
⑥滴定管:10mL 或 25mL。
⑦容量瓶:500mL。
(2)试剂应符合下列规定:
①5%铬酸钾指示剂溶液。
②0.01mol/L 氯化钠标准溶液。
③0.01mol/L 硝酸银标准溶液。

以上三种溶液配制及标定方法按《化学试剂 标准滴定溶液的制备》(GB/601—2002)、《化学试剂 杂质测定用标准溶液的制备》(GB/T 602—2002)的规定进行

(3)试验步骤如下:

①将试样四分法缩分至约1500g 的样品后,放在(105±5)℃的烘箱中烘制恒量,冷却至室温,用天平准确称取500g,共2份,分别装入容量1000mL 的带塞磨口瓶中,加入500mL 蒸馏水,加上盖子,摇动一次后,放置24h,然后每隔5min 摇动一次,共摇动3次,便于氯盐充分溢出。将磨口瓶上部已澄清的溶液用滤纸经漏斗流入到1000mL 烧杯中,然后用移液管吸取50mL 溶液,注入三角瓶中。向三角瓶中加入5%的铬酸钾指示剂1mL,再用0.01mol/L 硝酸银标准溶液滴定至呈现红色为终点。记录消耗的硝酸银标准溶液的毫升数(A)。

②空白试验:用移液管准确吸取50mL 蒸馏水到三角瓶内,加入5%的铬酸钾指示剂1mL,并用0.01mol/L 硝酸银标准溶液滴定至呈现砖红色为止,记录此点消耗的硝酸银标准溶液的毫升数(B)。

(4)结果计算与评定应符合以下规定:

Cl^-含量(NaCl)按式(10-16)计算,准确至0.01%。

$$Q = \frac{N(A-B) \times 0.0585 \times 10}{G_9} \times 100 \quad (10\text{-}16)$$

式中:Q——氯化物含量,%;
N——硝酸银标准溶液的浓度,mol/L;
A——样品滴定时消耗的硝酸银标准溶液的体积,mL;
B——空白试验时消耗的硝酸银标准溶液的体积,mL;
G_9——试样质量,g;
0.0585——换算成 NaCl 系数;
10——全部试样溶液与所分取试样的体积比。

取两次试验测定值的算术平均值作为试验结果。若两次试验测定值相差大于0.01%,须重新试验。

第七节 外加剂试验方法(GB 8076—2008)

  材料

1. 水泥

外加剂试验必须采用《混凝土外加剂》(GB 8076—2008)标准规定的基准水泥。在因故

得不到基准水泥时,允许采用铝酸三钙含量在 6% ~8%、总碱量($Na_2O + 0.658K_2O$)不大于 1% 的熟料和二水石膏、矿渣共同磨制的强度等级不低于 42.5MPa 的普通硅酸盐水泥。但仲裁仍需要基准水泥。

混凝土外加剂试验用基准水泥必须由经中国水泥质量监督中心确认具备生产条件的工厂供给,基准水泥的品质指标应满足以下要求。

熟料应满足的要求如下:
(1)铝酸三钙含量 6% ~8%。
(2)硅酸三钙含量 50% ~55%。
(3)游离氧化钙含量不得超过 1.2%。
(4)总碱量($Na_2O + 0.658K_2O$)不超过 1.0%。
(5)水泥比表面积为 $(320 \pm 20) m^2/kg$。

用满足上述要求的熟料与二水石膏矿渣共同磨制生成的强度等级不低于 42.5MPa 的水泥可作为基准水泥。

2. 砂

所用砂子应满足《建筑用砂》(GB/T 14684—2011)的要求,且它的细度模数为 2.6 ~2.9,含泥量 <1.0%。

3. 石

所用石子应满足《建筑用卵石、碎石》(GB/T 14685—2011)的要求,且粒级为 5 ~20mm(圆孔筛)。石子要求采用混合级配,其中 5 ~10mm 的粒级占 40%,10 ~20mm 占 60%。如有争议,以碎石试验结果为准。

4. 水

试验用水应满足《混凝土拌合物用水标准》(JGJ 63—2006)的要求。

二 配合比

基准水凝土配合比按《普通混凝土配合比设计规程》(JGJ 55—2011)进行设计。掺非引气型外加混凝土和基准混凝土的水泥、砂、石的比例不变,配合比设计还应满足以下要求:

(1)水泥用量:$330kg/m^3$。
(2)砂率:基准混凝土和掺合外加剂的混凝土的砂率均为 43% ~47%,但掺引气减水剂和引气剂的混凝土砂率应比基准水凝土低 1% ~3%。

外加剂掺量:按生产厂推荐的掺量。
用水量:应使混凝土坍落度达到 $(80 \pm 10) mm$。
混凝土搅拌:采用 60L 自落式混凝土搅拌机,全部材料及外加剂一次投入,拌和量应不少于 20L,不大于 45L,搅拌 3min,出料后再铁板上用人工翻拌 2 ~3 次再进行试验。
各种混凝土材料及实验环境温度均应保持 $(20 \pm 2)℃$。

三 试件制作及试验所需试件数量

试件制作:混凝土试件制作及养护应按《普通混凝土力学性能试验方法》(GB/T 50081—2002)进行,但预养护温度为 $(20 \pm 3)℃$。
试验项目及所需要数量详见表 10-24。

试验项目及所需数量 表 10-24

试验项目		外加剂种类	试验类别	试验所需数量			
				混凝土拌和批数量	每批取样数量	掺外加剂混凝土总取样数量	基准混凝土总取样数量
减水率		除早强剂、缓凝剂、速凝剂外各种外加剂	混凝土拌合物	3	1次	3次	3次
泌水率比		各种外加剂	混凝土拌合物	3	1个	3个	3个
含气量				3	1个	3个	3个
凝结时间差				3	1个	3个	3个
抗压强度比			硬化混凝土	3	9或12块	27或36块	27或36块
收缩率比				3	1块	3块	1块
相对耐久性指标		引气剂、引气减水剂	硬化混凝土	3	1块	3块	3块
1h经时变换量	坍落度	高性能减水剂、泵送剂	混凝土拌合物	3	1个	3个	3个
	含气量	引气剂、引气减水剂		3	1个	3个	3个

注：试验时，检验一种外加剂的三批混凝土要在开始试验一周内的不同日期完成。

四 试验方法

将掺有外加剂的混凝土的性能与基准混凝土的性能进行比较，这又可以分为两类，即拌合物的性能比较和硬化混凝土性能的比较。拌合物性能主要有减水率、泌水率比、含气量等，而硬化混凝土性能主要有抗压强度比、收缩率比、相对耐久性指标等。下面分别加以介绍。

（一）减水率试验

减水率指在掺外加剂的混凝土与基准混凝土的坍落度一致时，混凝土单位用水量之差与基准混凝土单位用水量之比。所谓坍落度一致是指两种混凝土的坍落度均在 (80 ± 10) mm 范围内。

坍落度的测定按《普通混凝土拌合物性能试验方法》(GB/T 50080—2002)的要求进行。减水率按式(10-17)计算。

$$w_R = \frac{W_0 - W_1}{W_0} \times 100\% \tag{10-17}$$

式中：w_R——减水率，%；

W_0——基准混凝土单位用水量，kg/m³；

W_1——掺外加剂混凝土单位用水量，kg/m³。

减水率试验要进行三次。以三次的算术平均值为减水率的测定值。计算时，精确到小数点后一位。若三次试验的最大值或最小值中有一个与中间值之差超过中间值的 15% 时，则将最大值与最小值一并舍去，取中间值作为该组试验的减水率。若有最大值和最小值与中间值之差超过 15%，则该项试验结果无效，应该重做试验。

（二）泌水率比试验

泌水率比按式(10-18)计算。

$$B_R = \frac{B_t}{B_c} \times 100\% \tag{10-18}$$

式中:B_R——泌水率比,%;

B_t——基准混凝土泌水率,kg/m³;

B_c——掺外加剂混凝土泌水率,kg/m³。

泌水率的测定和计算方法如下:

先用湿布润湿容积为 5L 的带盖筒(内径为 185mm,高 200mm),将混凝土拌合物一次装入,在振动台上振动 20s,然后用抹刀轻轻抹平,加盖以防水分蒸发。试件表面应比筒口边低约 20mm,自抹面开始计算时间,在前 60min,每隔 10min,用吸液管吸水一次,以后每隔 20min 吸水一次,直至连续三次无泌水为止。每次吸水前 5min,应将筒底一侧垫高约 20mm,使筒体倾斜,以便于吸水。吸水后,将筒轻轻放平盖好。将每次吸出的水注入带塞的量筒,最后得出总的泌水量,准确至 1g,并按式(10-19)、式(10-20)计算泌水率。

$$B = \frac{V_W}{\frac{W}{G} \cdot G_W} \times 100\% \tag{10-19}$$

$$G_W = G_1 - G_0 \tag{10-20}$$

式中:B——泌水率,%;

V_W——泌水总量,g;

W——混凝土拌合物总用水量,g;

G——混凝土拌合物总量,g;

G_W——试样质量,g

G_1——筒及试样质量,g;

G_0——筒质量,g。

泌水率试验要进行三次。以三次的算术平均值为泌水率的测定值。计算时,精确到小数点后一位。若三次试验的最大值或最小值中有一个与中间值之差超过中间值的 15% 时,则将最大值与最小值一并舍去,取中间值作为该组试验的泌水率。若有最大值和最小值与中间值之差超过 15%,则该项试验结果无效,应该重做试验。

(三) 含气量

含气量按 GB/T 50080—2002 规定的方法进行试验,操作时还应按仪器说明书规定的要求进行操作。

含气量试验要进行三次。以三次的算术平均值为含气量的测定值。若三次试验的最大值或最小值中有一个与中间值之差超过中间值的 0.5% 时,则将最大值与最小值一并舍去,取中间值作为该组试验的含气量。若有最大值和最小值与中间值之差超过 0.5%,则该项试验结果无效,应该重做试验。

(四) 抗压强度比

抗压强度比以掺和外加剂混凝土与基准混凝土同龄期抗压强度之比表示,按式(10-21)计算。

$$R_s = \frac{S_t}{S_c} \times 100\% \tag{10-21}$$

式中：R_s——抗压强度比，%；
　　　S_t——掺外加剂混凝土抗压强度，MPa；
　　　S_c——基准混凝土抗压强度，MPa。

掺外加剂与基准混凝土的抗压强度按 GB/T 50081—2002 进行试验和计算，试件用振动台振动 15～20s，试件的预养温度为(20±3)℃。

第八节　粉煤灰试验方法(GB/T 1596—2005)

一、细度测定方法

1. 所用仪器设备

采用气流筛析仪(又称负压筛析仪)，主要由筛座、0.045mm 方孔筛、真空源及收尘器等组成。利用气流作为筛分的动力和介质，通过旋转的喷嘴喷出的气流作用使筛网里的待测粉状物料呈流态化，并在整个系统负压的作用下将细颗粒通过筛网抽走，从而达到筛分的目的。示意图见图 10-1。

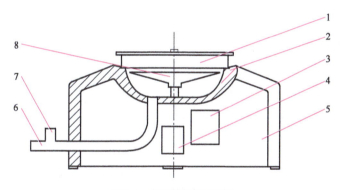

图 10-1　气流筛析仪示意图

1-0.045mm 方孔筛；2-橡胶垫圈；3-控制板；4-微电机；5-壳体；6-抽气口(接收尘器)；7-风门(调节负压)；8-喷气嘴

2. 试验步骤

(1) 称取试样 10g，精确至 0.01g。倒入 0.045mm 方孔筛筛网上，将筛子置于筛座上，盖上筛盖。

(2) 接通电源，将定时开关开到 3min，开始筛析。

(3) 开始工作后，观察负压表，使负压稳定在 4000～6000Pa 时，表示工作正常，若负压小于 4000Pa，则应停机，清理收尘器中的积灰后再进行筛析。

(4) 在筛析过程中，可用轻质木棒或硬橡胶棒轻轻敲打筛盖，以防吸附。

(5) 3min 后筛析自动停止，停机后将筛网内的筛余物收集并称量，准确至 0.01g。

3. 计算结果

45μm 方孔筛筛按式(10-22)计算。

$$F = \frac{G_1}{G} \times 100\% \tag{10-22}$$

式中：F——45μm 方孔筛筛余，%，计算至 0.1%；

G_1——筛余物的质量,g;
G——称取试样的质量,g。

二、需水量比测定方法

1. 原理

按《水泥胶砂流动度测定方法》(GB/T 2419—2005)测定试验胶砂和对比胶砂的流动度,以两者流动度达到130~140mm时的加水量之比确定粉煤灰的需水量比。

2. 材料

(1)水泥:GSB141510强度检验用水泥标准样品。
(2)标准砂:符合《水泥胶砂强度检验方法(ISO法)》(GB/T 17671—1999)规定的0.5~1.0mm的中级砂。
(3)水:洁净的饮用水。

3. 仪器设备

(1)天平:量程不小于1000g,最小分度值不大于1g。
(2)搅拌机:符合GB/T 17671—1999规定的行星式水泥胶砂搅拌机。
(3)流动度跳桌:符合GB/T 2419—2005的规定。

4. 试验步骤

(1)胶砂配比见表10-25。

胶 砂 配 比　　　　　　　　　　表10-25

胶砂种类	水泥(g)	粉煤灰(g)	标准砂(g)	加水量(mL)
对比胶砂	250	—	750	125
试验胶砂	175	75	750	按流动度达到130~140mm调整

(2)试验胶砂按GB/T 17671—1999规定进行搅拌。
(3)搅拌后的试验胶砂按GB/T 2419—2005测定流动度,当流动度在130~140mm范围内,记录此时加水量;当流动度小于130mm或大于140mm时,重新调整加水量,直至流动度达到130~140mm为止。
(4)结果计算:需水量比按式(10-23)计算:

$$X = \left(\frac{L_1}{125}\right) \times 100\% \qquad (10\text{-}23)$$

式中:X——需水量比,%,计算至1%;
L_1——试验胶砂流动度达到130~140mm时加水量,mL;
125——对比胶砂的加水量,mL。

三、烧失量的测定(基准法)

1. 方法提要

试样在(950±25)℃的马弗炉中灼烧,驱除水分和二氧化碳,同时将存在的易氧化元素氧化。由硫化物的氧化引起的烧失量误差必须进行校正,而其他元素存在引起的误差一般可忽略不计。

2. 分析步骤

称取约 1g 试样(m_7),精确至 0.0001g,置于已灼烧恒量的瓷坩埚中,将盖斜置于坩埚上,放在马弗炉内从低温开始逐渐升高温度,在(950±25)℃下灼烧 15~20min,取出坩埚置于干燥器中冷却至室温,称量。反复灼烧,直至恒量。

3. 结果表示

(1)烧失量的质量百分数 X_{LOI},按式(10-24)计算:

$$X_{LOI} = \frac{m_7 - m_8}{m_7} \tag{10-24}$$

式中:X_{LOI}——烧失量的质量百分数,%;
  m_7——试料的质量,g;
  m_8——灼烧后试料的质量,g。

(2)允许差:同一试验室的允许差为 0.15%。

第九节 高性能混凝土试验方法

高性能混凝土的特点:应具有良好的工作性、高强度、工程经济性、耐久性,特别适用于桥梁、港工、核反应堆以及高速公路、高速铁路等重要的混凝土建筑结构。这种混凝土在配合比上的特点是掺加合格的矿物掺合料和高效减水剂,取用较低的水胶比和较少的水泥用量,并在制作上通过严格的质量控制,使其达到良好的工作性、均匀性、密实性和体积稳定性。

一 试件的制作及养护

制作每组长期性能及耐久性试验的试件及其相应的对比所用的拌合物,根据不同要求,从同一盘搅拌或同一车运送的混凝土中取出,或在试验室用机械或人工单独拌制。用以检验现浇混凝土工程或预制构件质量的试件分组及取样原则,应按现行《钢筋混凝土工程施工质量验收规范》(GB 50204—2002)及其他有关规定执行。

(1)试验室拌制混凝土制作试件时,其材料用量应以重量计,称量的精度应为:水泥、水和外加剂均为 ±0.5%;骨料为 ±1%。

(2)所有试件均应在拌制或取样后立即制作。

确定混凝土设计特征值、强度等级或进行材料性能研究时,试件的成型方法应按混凝土的稠度而定。坍落度不大于 70mm 的混凝土,宜用振动台振实,大于 70mm 的宜用捣棒人工捣实。检验现浇混凝土工程和预制构件质量的混凝土,试件的成型方法应与实际施工采用的方法相同。

(3)用振动台成型时,应将混凝土拌合物一次装入试模,装料时应用抹刀沿试模的内壁略加插捣并应使混凝土拌合物高出试模上口。振动时应防止试模在振动台上自由跳动,振动应持续到混凝土表面出浆为止,刮除多余的混凝土并用抹刀抹平。

试验室用振动台的振动频率应为(50±3)Hz,空载时振幅为 0.5mm。

(4)人工插捣时,混凝土拌合物应分两层装入试模,每层的装料厚度应大致相等。插捣用钢制捣棒应为:长 600mm,直径 16mm,端部磨圆,插捣按螺旋方向从边缘向中心均匀进行。插捣底层时,捣棒应达到试模底面;插捣上层时,捣棒应穿入下层深度20~30mm,插捣时捣棒应保持垂直,不得倾斜,并用抹刀沿试模内壁插入数次。每层的插捣次数应根据试件的截面而定,一般为每100cm²截面积不应少于12次。插捣完后,刮除多余的混凝土,并用抹刀抹平。

采用标准养护的试件成型后应覆盖表面,以防止水分蒸发,并应在室温为(20±5)℃情况下静置1~2昼夜,然后编号拆模。

拆模后的试件应立即在温度为(20±2)℃、湿度为95%以上的标准养护室中养护。在标准养护室内试件应放在架上,彼此间隔应为10~20mm,并应避免用水直接淋刷试件。

当无标准养护室时,混凝土试件可在(20±2)℃的不流动水中养护。水的pH值不应小于7。

采用与构筑物或构件同条件养护的试件成型后即应覆盖,试件的拆模时间可与实际构件的拆模时间相同,折模后,试件仍需保持同条件养护。

三、抗冻性能试验(GB/T 50082—2009)

(一)慢冻法

(1)本方法适用于检验以混凝土试件所能经受的冻融循环次数为指标的抗冻标号。

(2)冻法混凝土抗冻性能试验应采用立方体试件。试件的尺寸应根据混凝土中骨料的最大粒径,按表10-26选定。

慢冻法所用试件尺寸选用　表10-26

试件尺寸(mm)	骨料最大粒径(mm)
100×100×100	30
150×150×150	40
200×200×200	60

每次试验所需的试件组数应符合表10-27的规定,每组试件应为3块。

慢冻法试验所需的试件组数　表10-27

设计抗冻标号	D25	D50	D100	D150	D200	D250	D300	D300以上
检查强度时的冻融循环次数	25	50	50及100	100及150	150及200	200及250	250及300	300及设计次数
鉴定28d强度所需试件组数	1	1	1	1	1	1	1	1
冻融试件组数	1	1	1	2	2	2	2	2
对比试件组数	1	1	1	2	2	2	2	2
总计试件组数	3	3	5	5	5	5	5	5

(3)慢冻法混凝土抗冻性能试验所用设备应符合下列规定:

①冷冻箱(室):装有试件后能使箱(室)内温度保持在-18~-20℃的范围内。

②融解水槽:装有试件后能使水温保持在18~20℃的范围以内。

③框篮:用钢筋焊成,其尺寸应与所装的试件相适应。

④案秤:称量20kg,感量为5g。

⑤压力试验机:精度至少为±2%,其量程应能使试件的预期破坏荷载值不小于全量程的20%,也不大于全量程的80%。试验机上、下压板及试件之间可各垫以钢垫板,钢垫板两承压面均应机械加工。与试件接触的压板或垫板的尺寸应大于试件承压面,其不平度应为每100mm不超过0.02mm。

(4)慢冻法混凝土抗冻性能试验应按下列规定进行：

①如无特殊要求，试件应在 28d 龄期时进行冻融试验。试验前 4d 应把冻融试件从养护地点取出，进行外观检查，随后放在（20±2）℃水中浸泡，浸泡时水面应高出试件顶面 20～30mm，冻融试件浸泡 4d 后进行冻融试验，对比试件则应保留在标准养护室内，直到完成冻融循环后，与抗冻试件同时试压。

②浸泡完毕后，取出试件，用湿布擦除表面水分、称重、按编号置入框篮后即可放入冷冻箱（室）开始冻融试验。在箱（室）内，框篮应架空，试件与框篮接触处应垫以垫条，并保证至少留有 20mm 的空隙，框篮中各试件之间至少保持 30mm 的空隙。

③抗冻试验冻结时温度应保持在 -20℃～-18℃。试件在箱内温度到达 -18℃时放入，装完试件如温度有较大升高，则以温度重新降至 -18℃时起算冻结时间。每次从装完试件到重新降至 -18℃所需的时间 1～2h。冷冻箱（室）内温度均以其中心处温度为准。

④每次循环中试件的冻结时间应按其尺寸而定，对 100mm×100mm×100mm 及 150mm×150mm×150mm 试件的冻结时间不应小于 4h，对 200mm×200mm×200mm 试件不应小于 6h。

如果在冷冻箱（室）内同时进行不同规格尺寸试件的冻结试验，其冻结时间应按最大尺寸试件计。

⑤冻结试验结束后，试件即可取出，并应立即放入能使水温保持在 18～20℃的水槽中进行融化。

此时，槽中水面应至少高出试件表面 20mm，试件在水中融化的时间不应小于 4h，融化完毕为该次冻融循环结束，取出试件送入冷冻箱（室）进行下一次循环试验。

⑥应经常对冻融试件进行外观检查。发现有严重破坏时应进行称重，如试件的平均失重率超过 5%，即可停止其冻融循环试验。

⑦混凝土试件达到规定的冻融循环次数后，即应进行抗压强度试验。

抗压试验前应称重并进行外观检查，详细记录试件表面破损、裂缝及边角缺损情况。如果试件表面破损严重，则应用石膏找平后再进行试压。

⑧在冻融过程中，如因故需中断试验，为避免失水和影响强度，应将冻融试件移入标准养护室保存，直至恢复冻融试验为止。此时应将故障原因及暂停时间在试验结果中注明。

(5)混凝土冻融试验后应按式（10-25）计算其强度损失率：

$$\Delta f_c = \frac{f_{c0} - f_{cn}}{f_{c0}} \times 100\% \tag{10-25}$$

式中：Δf_c——n 次冻融循环后的混凝土强度损失率，以 3 个试件的平均值计算，%；

f_{c0}——对比试件的抗压强度平均值，MPa；

f_{cn}——经 n 次冻融循环后的三个试件抗压强度平均值，MPa。

混凝土试件冻融后的重量损失率可按式（10-26）计算：

$$\Delta w_n = \frac{G_0 - G_n}{G_0} \times 100\% \tag{10-26}$$

式中：Δw_n——n 次冻融循环后的质量损失率，以 3 个试件的平均值计算，%；

G_0——冻融循环试验前的试件质量，kg；

G_n——n 次冻融循环后的试件质量，kg。

混凝土的抗冻等级，以同时满足强度损失率不超过 25%、重量损失率不超过 5% 时的最大循环次数表示。

(二)快冻法

(1)本方法适用于在水中经快速冻融来测定混凝土的抗冻性能。快冻法抗冻性能的指标可用能经受快速冻融循环的次数或耐久性系数来表示。本方法特别适用于抗冻性要求高的混凝土。

(2)本试验采用 100mm×100mm×400mm 的棱柱体试件。混凝土试件每组 3 块,在试验过程中可连续使用,除制作冻融试件外,尚应制备同样形状尺寸、中心埋有热电偶的测温试件,制作测温试件所用混凝土的抗冻性能应高于冻融试件。

(3)快冻法测定混凝土的抗冻性能试验所用设备应符合下列规定:

①快速冻融装置:能使试件静置在水中不动,依靠热交换液体的温度变化而连续、自动地进行冻融的装置。满载运转时冻融箱内各点温度的极差不得超过 2℃。

②试件盒:由 3mm 厚的钢板制成。其净截面尺寸应为 109mm×109mm,高度应比试件高出 50~100mm。试件底部垫起后盒内水面应至少能高出试件顶面 5mm。

③案秤:称量 20kg,感量 5g。

④动弹性模量测定仪:共振法或敲击法动弹性模量测定仪。

⑤热电偶、电位差计:能在 -20~20℃ 范围内测定试件中心温度。测量精度不低于 ±0.5℃。

(4)快冻法混凝土抗冻性能试验应按下列规定进行:

①如无特殊规定,试件应在 28d 龄期时开始冻融试验。冻融试验前四天应把试件从养护地点取出,进行外观检查,然后在温度为 (20±2)℃ 的水中浸泡(包括测温试件)。浸泡时水面应高出试件顶面 20~30mm,试件浸泡 4d 后进行冻融试验。

②浸泡完毕后,取出试件,用湿布擦除表面水分,称重,并按标准规定测定其横向基频的初始值。

③将试件放入试件盒内,为了使试件受温均衡,并消除试件周围因水分结冰引起的附加压力,试件的侧面与底部应垫放适当宽度与厚度的橡胶板,在整个试验过程中,盒内水位高度应始终保持高出试件顶面 5mm 左右。

④把试件盒放入冻融箱内。其中装有测温试件的试件盒应放在冻融箱的中心位置。此时即可开始冻融循环。

⑤冻融循环过程应符合下列要求:

a. 每次冻融循环应在 2~4h 内完成,其中用于融化的时间不得小于整个冻融时间的 1/4。

b. 在冻结和融化终了时,试件中心温度应分别控制在 (-18±2)℃ 和 (5±2)℃。

c. 每块试件从 3℃ 降至 -16℃ 所用的时间不得少于冻结时间的 1/2。每块试件从 -16℃ 升至 3℃ 所用的时间也不得少于整个融化时间的 1/2,试件内外的温差不宜超过 28℃。

d. 冻和融之间的转换时间不宜超过 10min。

⑥试件一般应每隔 25 次循环作一次横向基频测量,测量前应将试件表面浮渣清洗干净,擦去表面积水,并检查其外部损伤及质量损失。横向基频的测量方法及步骤应按标准规定执行。测完后,应立即把试件掉头,重新装入试件盒内。试件的测量、称量及外观检查应尽量迅速,以免水分损失。

⑦为保证试件在冷冻液中冻结时温度稳定均衡,当有一部分试件停冻取出时,应另用试件填充空位。

如冻融循环因故中断,试件应保持在冻结状态下,并最好能将试件保存在原容器内用冰块围住。如无这一可能,则应将试件在潮湿状态下用防水材料包裹,加以密封,并存放在(-18 ± 2)℃的冷冻室或冰箱中。

试件处在融解状态下的时间不宜超过两个循环。特殊情况下,超过两个循环周期的次数,在整个试验过程中只允许1~2次。

⑧冻融到达以下3种情况之一即可停止试验:

a. 已达到300次循环;

b. 相对动弹性模量下降到60%以下;

c. 质量损失率5%。

(5)混凝土试件的相对动弹性模量可按式(10-27)计算:

$$P = \frac{f_n^2}{f_0^2} \times 100\% \qquad (10\text{-}27)$$

式中:P——经n次冻融循环后试件的相对动弹性模量,以3个试件的平均值计算,%;

f_n——n次冻融循环后试件的横向基频,Hz;

f_0——冻融循环试验前测得的试件横向基频初始值,Hz。

混凝土试件冻融后的质量损失率应按式(10-28)计算:

$$\Delta w_n = \frac{G_0 - G_n}{G_0} \times 100\% \qquad (10\text{-}28)$$

式中:Δw_n——n次冻融循环后试件的质量损失率,以3个试件的平均值计算,%;

G_0——冻融循环试验前的试件质量,kg;

G_n——n次冻融循环后的试件质量,kg。

混凝土耐快速冻融循环次数应以同时满足相对动弹性模量值不小于60%和质量损失率不超过5%时的最大循环次数来表示。

混凝土耐久性系数应按式(10-29)计算:

$$K = P \times \frac{n}{300} \qquad (10\text{-}29)$$

式中:K——混凝土耐久性系数;

n——达到标准规定要求时的冻融循环次数;

P——经n次冻融循环后试件的相对动弹性模量。

三、抗渗性能试验(GB/T 50082—2009)

(1)本方法适用于测定硬化后混凝土的抗渗等级。

(2)抗渗性能试验应采用顶面直径为175mm,底面直径为185mm,高度为150mm的圆台体或直径与高度均为150mm的圆柱体试件(视抗渗设备要求而定)。

抗渗试件以6个为一组。

试件成型后24h拆模,用钢丝刷刷去两端面水泥浆膜,然后送入标准养护室养护。

试件一般养护至28d龄期进行试验,如有特殊要求,可在其他龄期进行。

(3)混凝土抗渗性能试验所用设备应符合下列规定:

①混凝土抗渗仪应能使水压按规定的制度稳定地作用在试件上。

②加压装置螺旋或其他形式,其压力以能把试件压入试件套内为宜。

(4)混凝土抗渗性能试验应按下列步骤进行：

①试件养护至试验前一天取出，将表面晾干，然后在其侧面涂一层熔化的密封材料，随即在螺旋或其他加压装置上，将试件压入经烘箱预热过的试件套中，稍冷却后，即可解除压力，连同试件套装在抗渗仪上进行试验。

②试验从水压为 0.1MPa 开始。以后每隔 8h 增加水压 0.1MPa，并且要随时注意观察试件端的渗水情况。

③当 6 个试件中有 3 个试件端面呈有渗水现象时，即可停止试验，记下当时的水压。

④在试验过程中，如发现水从试件周边渗出，则应停止试验，重新密封。

(5)混凝土的抗渗等级以每组 6 个件试件中 4 个试件未出现渗水时的最大水压力乘以 10 来确定，其计算式为：

$$P = 10H - 1 \tag{10-30}$$

式中：P——混凝土抗渗等级；

H——6 个试件中 3 个渗水时的水压力，MPa。

四 混凝土电通量快速测定方法（GB/T 50082—2009）

1．适用范围

(1)本方法通过测定混凝土在直流恒电压作用下通过的电量值来评价不同原材料和配合比混凝土的氯离子渗透性能，也可用来间接评价混凝土的密实性。

(2)本试验方法适用于直径为（100±1）mm，厚度为（50±2）mm 的素混凝土芯样。

(3)本试验方法不适用于掺亚硝酸钙的混凝土。掺其他外加剂或表面处理过的混凝土，当有疑问时，应进行氯化物溶液的长期浸渍试验。

2．试验设备及材料

(1)仪器设备应满足下列要求：

①直流稳压电源，可输出 60V 直流电压，精度为 ±0.1V。

②带有注液孔的塑料或有机玻璃试验槽。

③20 目铜网。

④数字式直流表，量程 20A，精度为 ±1.0%。

⑤真空泵，真空度可达 133Pa 以下。

⑥真空干燥器，内径不小于 250mm。

(2)试验应采用下列材料：

①用分析纯试剂配制的 3.0% 氯化钠溶液。

②用分析纯试剂配制的 0.3mol/L 氢氧化钠溶液。

③硅橡胶或树脂密封材料。

3．试验步骤

(1)在规定的 56d 试验龄期前，对预留的试块进行钻芯制件，试件直径为（100±1）mm，厚度为（50±2）mm，试验时以 3 块试件为一组。

(2)将试件暴露于空气中至表面干燥，以硅橡胶或树脂密封材料涂于试件侧面，必要时填补涂层中的孔道以保证试件侧面完全密封。

(3)测试前应进行真空饱水。将试件放入 1000mL 烧杯中，然后一起放入真空干燥器，启动真空泵，数分钟内真空度达 133Pa 以下，保持真空 3h 后，维持这一真空度并注入足够的蒸馏水,直至淹没试件。试件浸泡 1h 后恢复常压,再继续浸泡(18±2)h。

(4)从水中取出试件,抹掉多余水分,将试件安装于试验槽内,用橡胶密封环或其他密封胶密封,并用螺杆将两试验槽和试件夹紧,以确保不会渗漏,试验应在 20~25℃ 恒温室内进行。

(5)将质量浓度为 3.0% 的氯化钠和 0.3mol/L 的氢氧化钠溶液分别注入试件两侧的试验槽中,注入氯化钠溶液的试验槽内的铜网连接电源负极,注入氢氧化钠溶液的试验槽中的铜网连接电源正极。

(6)接通电源,对上述两铜网施加 60V 直流恒电压,并记录电流初始读数,通电并保持试验槽中充满溶液。开始时每隔 5min 记录一次电流值,当电流值变化不大时,每隔 10min 记录一次电流值,当电流变化很小时,每隔 30min 记录一次电流值,直至通电 6h。

4. 试验结果计算

(1)绘制电流与时间关系图。将各点数据以光滑曲线连接起来,对曲线作面积积分,或按梯形法进行面积积分,即可得到试验 6h 通过的电量。

(2)取同组 3 个试件通过的电量的平均值,作为该组试件的电通量。当 3 个试件中有 1 个超过中间值的 15% 时,取另 2 个试件的平均值作为该组试件的电通量。当 3 个试件中有 2 个超过中间值的 15% 时,该次试验无效。

五、矿物掺合料及外加剂抑制碱—骨料反应有效性试验方法(TB 10424—2010)

(一)方法一

1. 原理

将具有碱—硅酸反应活性的骨料与硅酸盐水泥、工程实际使用的矿物掺合料及外加剂制成砂浆试件,在 80℃、1mol/L NaOH 溶液中养护。若砂浆试件 28d 龄期时的长度膨胀率不大于 0.10%,则将矿物掺合料及外加剂抑制混凝土的碱—硅酸反应评定有效。

2. 主要试验设备及材料

(1)测长仪:量程为 275~300mm,精度为 0.01mm。

(2)恒温水浴或烘箱:温度为 (80±2)℃。

(3)硅酸盐水泥:42.5 级 PI 型硅酸盐水泥,碱含量不小于 0.80%。当水泥的碱含量小于 0.80% 时,应通过外加 NaOH(分析纯)的方式使水泥的碱含量达到 0.80%。

(4)试模和测头:试件尺寸为 25mm×25mm×280mm 的三联试模,试模两端正中留有小孔,用于安装不锈钢测头。

3. 试验室温度和湿度

试验室温度为 (20±2)℃(特别说明的除外),相对湿度大于 50%。

4. 试验步骤

(1)骨料的制备:粗骨料应全部破碎至 5mm 以下,细骨料应将大于 5mm 的部分破碎至 5mm 以下,将骨料筛分后分级洗净烘干后备用。

(2)称料:将置于 (20±2)℃ 环境中存放 24h 后的原材料按骨灰比为 2.25:1 的比例进行称料(一组 3 个试件应称取骨料 900g,水泥、矿物掺合料和外加剂共计 400g)。其中矿物掺合料与外加剂的用量应参照工程配合比进行计算,骨料的各级配用量应按照表 10-28 进行称取,用水量应以10次/6s时砂浆流动度为105~120mm进行控制。

骨料级配表　　　　　　　　表10-28

筛孔尺寸(mm)	2.5~5.0	1.25~2.5	0.63~1.25	0.315~0.63	0.16~0.315
分级质量(%)	10	25	25	25	15
分级质量(g)	90	225	225	225	135

(3)搅拌:按GB/T 17671—1999规定的程序搅拌砂浆。

(4)成型。将砂浆分两层装入试模内。试模装入砂浆后,先用小刀来回划匀胶砂(装入第二层砂浆时,划入深度应透过第一层砂浆的表面),然后用捣棒在试模内顺序往返各捣压20次。捣压完毕,将试件表面抹平、编号,并标明测定方向。

每组试件按上述方法制作3条试件。

注:当工程中仅是粗骨料具有碱—硅酸反应活性时,只取粗骨料按上述要求成型一组试件;当工程中仅是细骨料具有碱—硅酸反应活性时,只取细骨料按上述要求成型一组试件;当工程用粗、细骨料均具有碱—硅酸反应活性时,应分别取粗、细骨料按上述要求成型两组试件。

(5)拆模。试件成型后应放入标准养护室内养护(24±2)h,取出试模并小心将试件脱模。

(6)预养护。拆模后的试件应迅速放入80℃的水溶液中预养(24±2)h。

5. 结果计算与处理

(1)试件长度膨胀率Σ_t按式(10-31)计算:

$$\Sigma_t = \frac{L_t - L_0}{L_0 - 2\Delta} \times 100\% \quad (10\text{-}31)$$

式中:Σ_t——试件在第t天龄期时的长度膨胀率,%,精确至0.01%;

L_t——试件在第t天龄期时的长度,mm;

L_0——试件的初长,mm;

Δ——测头的长度,mm。

(2)当单个试件的长度膨胀率与同组3个试件长度膨胀率的算术平均值之差符合下述两种情况之一的要求时,取3个试件长度膨胀率的算术平均值作为试件长度膨胀率:

①当平均值小于或等于0.05%时,单个试件长度膨胀率与平均值之差的绝对值均小于0.01%;

②当平均值大于0.05%时,单个试件长度膨胀率与平均值之差均小于平均值的20%。

③当单个试件的长度膨胀率与3个试件长度膨胀率的算术平均值之差不符合上述要求时,去掉3个试件长度膨胀率的最小值,取剩余2个试件长度膨胀率的算术平均值作为该组试件的长度膨胀率。

6. 结果评定

当工程中仅是粗骨料具有碱—硅酸反应活性时,若取粗骨料按本方法试验的28d龄期试件长度膨胀率小于0.10%,则将矿物掺合料或外加剂抑制混凝土碱—硅酸反应评定为有效。

当工程中仅是细骨料具有碱—硅酸反应活性时,若取细骨料按本方法试验的28d龄期试件长度膨胀率小于0.10%,则将矿物掺合料和外加剂抑制混凝土碱—硅酸反应评定为有效。

当工程中粗、细骨料均具有碱—硅酸反应活性时,若分别取粗、细骨料按本方法试验的28d龄期试件长度膨胀率均小于0.10%,则将矿物掺合料和外加剂抑制混凝土碱—硅酸反应评定为有效。

(二)方法二

1. 仪器设备

(1) 骨料破碎机:颚式破碎机,圆盘粉碎机。

(2) 试验筛:0.16mm、2.5mm、5mm 和 10mm 试验筛。

(3) 天平:最大称量为 1000g,感量为 1g 的天平。

(4) 试模和测头:40mm×40mm×160mm 三联模,试模两端正中留有小孔,用于安装不锈钢测头,测头尺寸应与小孔尺寸吻合。

(5) 胶砂搅拌机:符合《水泥物理检验仪器 胶砂搅拌机》[JC/T 722—1982(2009)]规定。

(6) 胶砂振动台:符合《水泥胶砂振动台》[JC/T 723—2005(2012)]规定。

(7) 水泥胶砂流动度测定仪:符合 GB/T 2419—2005 规定。

(8) 量筒、刮刀和捣棒等通用工具。

(9) 养护容器:不锈钢、聚丙烯或聚氯乙烯容器,能密封、耐碱和耐高温。

(10) 养护箱:混凝土加速养护箱,控温范围 10~100℃,可在(80±2)℃保持恒温。

(11) 测长仪:精度达到 0.01mm 的测量工具,测量范围为 175~200mm。

2. 试验用材料

(1) 水泥:比较掺合料抑制碱—硅酸反应(ASR)膨胀的能力时,采用硅酸盐水泥,水泥碱含量按 $Na_2O + 0.658K_2O$ 计算值表示,应小于 0.6%,按照 GB/T 750—1992 测定的水泥压蒸膨胀值应小于 0.02%。用于判断实际混凝土配比的 ASR 安全性时,使用工程用水泥进行试验。

(2) 骨料:使用工程骨料。

(3) 掺合料:工程混凝土中使用的各种掺合料。

(4) 试剂:分析纯 KOH 和 NaOH 试剂,也可用分析纯 KOH 和化学纯 NaOH。

(5) 水:满足 JGJ 63—2006 要求。

3. 试验参数

(1) 试件尺寸:40mm×40mm×160mm。

(2) 骨料粒径及级配:

①当相对比较掺合料抑制细骨料 ASR 膨胀的能力时,采用工程原级配砂。

②当相对比较掺合料抑制粗骨料 ASR 膨胀的能力时,将粗骨料破碎成表 10-29 的级配。

粗骨料粒径及级配 表 10-29

粗骨料粒径(mm)	0.16~2.5	2.5~5.0	5.0~10
各级配所占比例(%)	30	40	30

③当评价实际工程混凝土配合比安全性时,将细骨料中大于 2.5mm 的部分先破碎成 0.16~2.5mm,并与小于 2.5mm 的部分混合均匀后用于试验。粗骨料全部破碎成 2.5~10mm 的颗粒。粗、细骨料均按实际配合比称取。

(3) 胶骨比:(水泥+掺合料)/骨料=1:4。当使用工程混凝土配合比时,按实际配合比。

(4) 用水量:按照《水泥胶砂流动度测定方法》(GB/T 2419—2005)测定胶砂流动度达到 105~120mm 时的用水量。当使用工程混凝土配合比时,按实际配合比。

(5)碱含量:比较掺合料抑制 ASR 膨胀的能力时,外加分析纯 KOH 调整硅酸盐水泥中的总碱含量(当量 Na_2O 含量)为 1.5%;当使用工程混凝土配合比时,采用工程用水泥,不外加碱。

水泥碱含量调整方法:将分析纯 KOH 先溶于水,以成型溶液的形式加入水泥中。外掺 KOH 的量应根据水泥的碱含量、掺合料取代水泥量和试验使用的水胶比计算。每 100mL 成型溶液应加入 KOH 的量为:

$$m_{KOH} = \frac{(1.5\% - R)(1 - X)}{0.658 \times \frac{94}{112} \times N \times \frac{W}{B}} \times 100\% \qquad (10\text{-}32)$$

式中:m_{KOH}——每 100mL 成型溶液中加入的 KOH 量,g;

R——水泥碱含量;

N——KOH 纯度;

X——掺合料取代水泥百分率;

W/B——水胶比。

(6)养护溶液:养护溶液为 1mol/L NaOH 溶液,养护溶液体积与试件体积之比,应为(4 ± 0.5)倍。

(7)养护温度:80℃,最大波动范围为 ±2℃。

(8)试验周期:28d。

4. 试验方法与步骤

(1)试件配比和制备。

进行相对比较掺合料抑制细骨料 ASR 膨胀能力的试验时,每盘混合料中水泥与掺合料总量为 375g,其中掺合料含量按不同水泥取代量计算。称取细骨料 1500g。拌合水量按照混合料的胶砂流动度达到 105~120mm 来计算。

进行相对比较掺合料抑制粗骨料 ASR 膨胀能力的试验时,每盘混合料中水泥与掺合料总量为 375g,其中掺合料含量按不同水泥取代量计算。称取破碎过的粗骨料共 1500g,其中 0.16~2.5mm 的骨料 450g,2.5~5.0mm 的骨料 600g,5.0~10mm 的骨料 450g。拌合水量按照混合料的胶砂流动度达到 105~120mm 来计算。

当评价工程实际混凝土配合比的安全性时,按实际配合比进行配制。如按实际配合比中的用水量无法成型时,可调整加水量,参照 GB/T 2419—2005 控制混合料的流动度为 105~120mm。

(2)试件成型和成型养护。

成型试验室的温度为(20 ± 2)℃,相对湿度不低于 50%。试验时,将(水泥 + 掺合料)放入砂浆搅拌机内先干拌 0.5min,再一次性加入拌合水,搅拌 1min;将按比例称好的骨料加入搅拌锅中,一同搅拌 3min 至均匀;将搅拌好的混合料倒入三联试模,捣实。然后在振动台上振动 2min,将试件刮平、编号。

试件成型后在养护室养护(24 ± 2)h,然后脱模并擦净试件侧头,用湿布盖好试件。

(3)试件预养护。

将试件放入 80℃水中预养护(24 ± 2)h。

(4)测基准长度(L_0)。

用测长仪测每条试件的长度,作为试件的基准长度,精确至 0.01mm,测量时,将养护容器一次一个地从养护箱中取出,打开养护容器,从养护容器中一次一个地取出试件,迅速用抹布擦干试件表面和测头表面,并用测长仪测定试件的长度,此长度即为试件的基准长度。每次从80℃水中取出试件至测量完成必须控制在 15s 之内。

(5) 试件养护和长度测定(L_t)。

试件测完基准长度后,立即放入 80℃、1mol/L NaOH 溶液中养护,自试件放入 NaOH 溶液中养护算起,至 7d、14d、21d 和 28d 时取出,按照上述方法测试件的长度。当养护溶液减少时,需补充 1mol/L NaOH 溶液。28d 后如需要继续测定,可安排每 14d 测定一次。每次测试件长度时,应仔细观察每一试件表面的变化情况,包括变形、裂缝和渗出物等,并做好记录。

注:1mol/L NaOH 溶液需提前 12h 以上放入养护箱中,以确保试件测定基准长度时 NaOH 溶液的温度已达到 (80±2)℃,测定完基准长度的试件可以马上放入 NaOH 溶液中养护。

5. 结果计算与处理

试件长度膨胀率 $\sum t$ 按式(10-33)计算:

$$\sum t = \frac{L_t - L_0}{L_0 - 2\Delta} \times 100\% \qquad (10-33)$$

式中:$\sum t$——试件在第 t 天龄期时的长度膨胀率,%;

L_t——养护第 t 天龄期时试件长度,mm;

L_0——试件的基准长度,mm;

Δ——测头的长度,mm。

某配比试件膨胀率为该组 3 条试件膨胀率的算术平均值。

3 条试件的测定值离散性应符合下列要求:当平均膨胀值小于 0.040% 时,每一试件的膨胀率与平均值之差应不超过 0.008%;当平均膨胀率大于 0.040% 时,每一试件的膨胀率应不超过平均值的 20%。否则,应视为结果无效。

当 3 条试件的膨胀率均大于 0.040% 时,取 3 个试件膨胀率的算术平均值为试件的膨胀率,不考虑测定值的离散性。

6. 结果评定

(1) 判定掺合料抑制 ASR 膨胀能力的效果时,膨胀率小于 0.040% 的,为抑制 ASR 膨胀有效;膨胀率小的,抑制 ASR 膨胀的能力强。

(2) 判定混凝土配合比的 ASR 安全性时,若试件 28d 膨胀率不大于 0.040%,则该混凝土配合比对 ASR 安全;反之,该配合比有发生 ASR 膨胀的可能,应结合以往工程经验与其他试验进一步确定。

7. 报告

(1) 当评定掺合料抑制 ASR 膨胀的能力时,试验报告应至少包括如下内容:

①试验水泥的品种、碱含量。

②掺合料的品种及掺量。

③骨料来源及碱活性检验结果。

④试件的水胶比及流动度。

⑤试件 28d 龄期的膨胀率。

⑥试件外观变化情况,包括:有无裂缝、有无变形、有无渗出物等。

⑦判定结论。

(2) 当判定混凝土配合比的 ASR 安全性时,试验报告应至少包括如下内容:

①混凝土所用各种原材料的品种及来源,包括:水泥、掺合料、外加剂、粗骨料等。
②粗、细骨料碱活性检验结果。
③工程混凝土配合比。
④试件28d龄期的膨胀率。
⑤试件外观变化情况,包括:有无裂缝、有无变形、有无渗出物等。
⑥判定结论。

六 胶凝材料抗硫酸盐侵蚀性能力快速试验方法(TB 10424—2010)

1. 适用范围

本试验根据胶凝材料胶砂试体浸泡在硫酸钠溶液中的抗折强度与饮用水中的同龄期抗折强度之比计算抗蚀系数,以评价胶凝材料的抗硫酸盐侵蚀的性能。

2. 试验设备及材料

(1)加压成型机:试体成型采用小型千斤顶压力机,最大荷重必须在15kN以上。
(2)抗折机:试体破型采用小型电动抗折机,加荷速度为0.78N/s。
(3)模型:试体尺寸为10mm×10mm×60mm的三联试模,试模应由不锈钢材制造。
(4)标准砂:质量应符合《水泥胶砂强度检验方法(ISO法)》(GB/T 17671—1999)的要求。
(5)拌合水:蒸馏水。

3. 温、湿度

(1)试验室温度为17~25℃,相对湿度大于50%,所用试验原材料温度应与室温相同。
(2)养护箱温度(20±3)℃,相对湿度大于90%。
(3)浸泡前养护水的温度(50±1)℃。
(4)浸泡水和浸泡液温度为(20±1)℃。

4. 试验步骤

(1)试体成型:称取水泥和矿物掺合料共100g(工程水泥和矿物掺合料用量按照配合比计算),标准砂250g,拌和均匀后加入50g蒸馏水,湿拌3min,将胶砂分别装入6个三联试模内。把带有模芯、模套的试模放到小型千斤顶压力机上,加压到8MPa压力下保持5s,然后取出试模,刮平,编号,放入养护箱养护22~23h,脱模。
(2)试体的养护:脱模后的试体放入50℃饮用水中养护7d。
(3)试体的浸泡:将试体分成两组,一组9块放入20℃饮用水中养护,一组9块放入3%的Na_2SO_4侵蚀溶液中浸泡。试体在浸泡过程中,每天用Na_2SO_4溶液滴定一次,以中和试体在溶液中释放出的$Ca(OH)_2$,边滴定边搅拌使溶液的pH值保持在7.0左右。
试体在$NaSO_4$溶液中浸泡时,每块试体需有200mL的侵蚀溶液,液面至少高出试体顶面10mm。为避免蒸发,容器必须加盖。
(4)试体破型:试体在20℃饮用水中养护56d以及在侵蚀性溶液中养护56d后,取出并用小型抗折机进行抗折试验。其中,试体支点跨距50mm,支撑圆柱直径5mm,加荷速度控制在0.78N/s。
破型前,须擦去试体表面的水分和砂粒,清除支点圆柱表面黏着的杂物。试体放入抗折支点上,应使侧面与圆柱接触。

5. 试验结果计算

(1) 试体的极限抗折强度(MPa)系由破坏荷载乘以 0.075 得到,抗折强度计算到 0.01 MPa。

(2) 去掉 9 块试体破坏荷载的最大值和最小值,以其余 7 个试体抗折强度的平均值作为该组试体的抗折强度。

(3) 水泥胶砂的抗蚀系数为同龄期的水泥胶砂试体分别在侵蚀溶液中浸泡 56d 和在饮用水中养护 56d 的抗折强度之比,以 k 表示,计算精确到 0.01。

(4) 结果判定:抗蚀系数大于 0.8 时,判定水泥胶砂抗硫酸盐侵蚀性能合格。

七、混凝土的耐久性指标(TB 10424—2010)

(1) 混凝土的电通量应符合表 10-30 的规定。

混凝土的电通量(单位:C) 表 10-30

设计使用年限级别		一(100 年)	二(60 年)	三(30 年)
56d 电通量	< C30	<1500	<2000	<2500
	C30~C45	<1200	<1500	<2000
	≥C50	<1000	<1200	<1500

注:本表是对所有耐久性要求的混凝土的基本要求。

(2) 氯盐环境下的钢筋混凝土结构,混凝土的抗氯离子渗透性能应符合表 10-31 的规定。

氯盐环境下混凝土的抗氯离子渗透性能 表 10-31

设计使用年限级别	一(100 年)			二(60 年)		
环境作用等级	L1	L2	L3	L1	L2	L3
56d 抗氯离子渗透系数	≤7	≤5	≤3	≤10	≤8	≤4

(3) 化学蚀环境下的混凝土结构,混凝土的胶凝材料的 56d 抗蚀系数不得小于 0.80。

(4) 盐类结晶破坏环境下,混凝土的气泡间距系数应小于 300um,且混凝土抗盐类结晶破坏性能应满足表 10-32 的要求。

盐类结晶破坏环境下混凝土抗盐类结晶破坏性能 表 10-32

评价指标	环境作用等级	100 年	60 年	30 年
56d 抗硫酸盐结晶破坏等级	Y1	≥KS90	≥KS60	≥KS60
	Y2	≥KS120	≥KS90	≥KS90
	Y3	≥KS150	≥KS120	≥KS120
	Y4	≥KS150	≥KS120	≥KS120

(5) 冻融破坏环境下,混凝土的气泡间距系数应小于 300um,且混凝土抗冻性能应满足表 10-33 的要求。

冻融破坏环境下混凝土抗冻性能 表 10-33

评价指标	环境作用等级	100 年	60 年	30 年
抗冻等级(56d)	D1	≥F300	≥F250	≥F200
	D2	≥F350	≥F300	≥F250
	D3	≥F400	≥F350	≥F300
	D4	≥F450	≥F400	≥F350

八、混凝土强度检验评定《铁路混凝土强度检验评定标准》(TB 10425—1994)

(一) 适用范围

(1) 本方法适用于普通混凝土和轻骨料混凝土抗压强度的检验评定。有特殊要求的混凝土,其强度的验评定尚应符合 TB 10425—1994 有关规定。

(2) 混凝土强度的检验评定,除应遵守本方法的规定外,尚应符合 TB 10425—1994 的有关规定。

(二) 一般规定

(1) 混凝土的强度等级应按立方体抗压强度标准值划分。混凝土强度等级采用符号 C 与立方体抗压强度标准值(以 MPa 计)表示。

(2) 在 28d 龄期,用标准试验方法测得的抗压强度总体分布中的一个值,强度低于该值的百分率不超过 5%(即混凝土强度的标准值为强度总体分布的平均值减去 1.645 倍标准差)。

(3) 混凝土强度应分批进行检验评定。一个验收批的混凝土应由强度等级相同、龄期相同以及生产工艺和配合比基本相同的混凝土组成。对施工现场的现浇混凝土,还应按 TB 10425—1994 的要求划分验收批。

(4) 预制混凝土构件厂和现场集中搅拌混凝土的施工单位,应按标准规定的标准差已知或标准差未知方法检验评定混凝土强度。对于除桥跨结构以外的零小工程混凝土,可按本标准规定的小样本方法检验评定其强度。

(5) 预制混凝土构件厂和现场集中搅拌混凝土的施工单位,应定期对混凝土强度进行统计分析、控制混凝土质量。可按规定确定混凝土的生产质量水平。

(6) 混凝土施工前,应根据原材料、生产工艺、生产质量水平、施工现场等具体情况,参照规定,选取适当的混凝土施工配制强度。

(三) 混凝土取样、试件制作、养护和试验

(1) 混凝土试样应在混凝土浇筑地点随机抽取,取样频率应符合下列规定:
①每拌制同配合比的混凝土 100 盘,且不超过 100m³ 时,取样次数不得少于一次。
②每一工作班拌制的同配合比的混凝土不足 100 盘,其取样次数不得少于一次。
③商品混凝土除在出厂前应按上述规定取样检验,并向使用单位提供产品质量合格证书外,运到浇筑地点后,使用单位仍应按上述规定抽样检验评定。

(2) 每组三个试件应在同一盘混凝土中取样制作,其强度代表值的确定,应符合下列规定:
①取三个试件强度的算术平均值作为每组试件的强度代表值。
②当一组试件中强度的最大值或最小值与中间值之差超过中间值的 15% 时,取中间值作为该组试件的强度代表值。
③当一组试件中强度的最大值和最小值与中间值之差均超过中间值的 15% 时,该组试件的强度不应作为评定的依据。

(3) 当采用非标准尺寸试件时,应将其抗压强度折算为标准试件抗压强度,折算系数按下列规定采用:

① 对边长为 100mm 的立方体试件取 0.95。
② 对边长为 200mm 的立方体试件取 1.05。

(4) 每批混凝土试样应制作的试件总组数,除应考虑本方法(1)规定的混凝土强度评定所必需的组数外,还应考虑检验结构或构件施工阶段混凝土强度所必需的试件组数。

(5) 检验评定混凝土强度用的混凝土试件,其标准成型方法、标准养护条件及强度试验方法均应符合现行国家标准《普通混凝土力学性能试验方法》(GB/T 50081—2002)的规定。

(6) 当检验结构或构件拆模、出池、出厂、吊装、预应力筋张拉或放张以及施工期间需短暂负荷的混凝土强度时,其试件的成型方法和养护条件应与施工中采用的成型方法和养护条件相同。

(四) 混凝土强度检测评定

1. 标准差已知方法检验

(1) 当混凝土的原材料、生产工艺及施工管理水平在较长时间内能保持一致,且同一品种混凝土的强度变异性又能保持稳定时,宜采用标准差已知方法检验混凝土强度。此时应取连续 4 组试件组成一个验收批,其强度应同时满足下列要求($f_{1cu,min}$应取两式中的较大值)。

$$m_{1f_{cu}} \geq f_{cu,k} + 0.8\sigma_0 \tag{10-34}$$

$$f_{1cu,min} \geq f_{cu,k} - 0.85\sigma_0 \tag{10-35}$$

$$f_{1cu,min} \geq 0.85 f_{cu,k} \tag{10-36}$$

式中:$m_{1f_{cu}}$——同一验收批 4 组混凝土试件的抗压强度平均值,MPa;
  $f_{cu,k}$——混凝土立方体试件抗压强度标准值,MPa;
  σ_0——前一个检验期内同一品种混凝土试件的抗压强度标准差,MPa,可按式(8-35)计算;
  $f_{1cu,min}$——同一验收批 4 组混凝土试件抗压强度中的最小值,MPa。

(2) 前一个检验期(检验期限不应超过三个月,且在该期间内的验收批总数不应少于 12 批,或试件总组数不应少于 48 组)内的同一品种混凝土试件的抗压强度标准差,可按式(10-37)计算:

$$\sigma_0 = \sqrt{\frac{\sum_{i=1}^{n} f_{0cu,i}^2 - n m_{0f_{cu}}^2}{n-1}} \tag{10-37}$$

式中:$f_{0cu,i}$——前一个检验期第 i 组混凝土试件的抗压强度,MPa;
  n——前一个检验期混凝土试件的组数;
  $m_{0f_{cu}}$——前一个检验期 n 组混凝土试件抗压强度的平均值,MPa。

2. 标准差未知方法检验

(1) 当混凝土的原材料、生产工艺及施工管理水平在较长时间内不能保持一致,且同一品种混凝土的强度变异性又不能保持稳定时;或在前一个检验期内的同类混凝土没有足够数据能确定验收批混凝土试件的抗压强度标准差时,应采用标准差未知方法检验混凝土强度。此时应由 5 组或 5 组以上的试件组成一个验收批,其强度应同时满足下列要求:

$$m_{2f_{cu}} \geq f_{cu,k} + 0.95 s_{f_{cu}} \tag{10-38}$$

$$f_{2cu,min} \geq f_{cu,k} - AB \tag{10-39}$$

式中：$m_{2f_{cu}}$——同一验收批 5 组或 5 组以上混凝土试件的抗压强度平均值，MPa；

$s_{f_{cu}}$——同一验收批 5 组或 5 组以上混凝土试件的抗压强度标准差，MPa，可按式(8-61)计算；

$f_{2cu,min}$——同一验收批 5 组或 5 组以上混凝土试件抗压强度中的最小值，MPa；

A、B——混凝土强度检验系数，可分别按表 10-34 及表 10-35 取用。

混凝土强度检验系数 A 值　　　　　表 10-34

试件组数 n	5~9	10~19	≥20
A	0.85	1.10	1.20

混凝土强度检验系数 B 值　　　　　表 10-35

混凝土强度等级	<C20	C20~C40	>C40
B(MPa)	3.5	4.5	5.5

凡按混凝土强度等级进行设计，按 TB 10425—1994 换算为强度等级后，其强度检验评定尚应满足式(10-40)、式(10-41)要求：

对于 C8 及 C13

$$f_{2cu,min} \geq 0.9 f_{cu,k} \tag{10-40}$$

对于 C18 及 C23

$$f_{2cu,min} \geq 0.85 f_{cu,k} \tag{10-41}$$

(2)混凝土试件抗压强度的标准差 $s_{f_{cu}}$ 可按式(10-42)计算：

$$s_{f_{cu}} = \sqrt{\frac{\sum_{i=1}^{n} f_{cu,i}^2 - n m_{2f_{cu}}^2}{n-1}} \tag{10-42}$$

式中：$f_{cu,i}$——同一验收批第 i 组混凝土试件的抗压强度，MPa；

$m_{2f_{cu}}$——同一验收批 5 组或 5 组以上混凝土试件的抗压强度平均值，MPa；

n——同一验收批混凝土试件的组数，$n \geq 5$ 组。

3. 小样本方法检验

采用小样本方法检验混凝土强度时，应由 2~4 组试件组成一个验收批，其强度应同时满足下列要求：

$$m_{3f_{cu}} \geq f_{cu,k} + C \tag{10-43}$$

$$f_{3cu,min} \geq f_{cu,k} - D \tag{10-44}$$

式中：$m_{3f_{cu}}$——同一验收批 2~4 组混凝土试件的抗压强度平均值，MPa；

$f_{3cu,min}$——同一验收批 2~4 组混凝土试件抗压强度中的最小值，MPa；

C、D——混凝土强度检验系数，可按表 10-36 取用。

混凝土强度检验系数 C、D 值　　　　　表 10-36

混凝土强度等级	<C20	C20~C40	>C40
C	3.6	4.7	5.8
D	2.4	3.1	3.9

凡按混凝土强度等级进行设计，按 TB 10425—1994 换算为强度等级后，其强度检验评定尚应满足式(10-45)要求：

对于 C8 及 C13：

$$f_{3cu,min} \geq 0.9 f_{cu,k} \tag{10-45}$$

4. 混凝土强度的合格性评定

（1）当混凝土强度经检验能分别满足 TB 10425—1994 有关条款要求时，则该批混凝土强度评定为合格；当不能符合上述要求时，则该批混凝土强度评定为不合格。

（2）当对验收批混凝土试件的强度代表性有怀疑时，可从结构或构件中钻取试件或采用非破损检测，按 TB 10425—1994 的规定对混凝土强度进行评定。

（3）不合格批混凝土制成的结构或构件应进行鉴定，并及时处理。

（4）结构或构件在拆模、出池、预应力筋张拉或放张、出厂、吊装以及施工期间需短暂负荷时的混凝土，应满足设计要求或 TB 10425—1994 的有关规定。

【思考题】

1. 简述水泥和粗细骨料的取样方法及取样频率。
2. 简述细骨料碱活性试验步骤。
3. 简述粗骨料氯离子试验步骤。
4. 简述高性能混凝土电通量快速测定试验步骤。

第十一章　铁路客运专线隧道工程试验检测

第一节　概　　述

一、客运专线施工准备阶段隧道工程的试验检测

施工准备阶段隧道工程的试验检测内容有：

隧道工程项目开工前，应进行原材料的考察，特别是涉及隧道工程特色或隧道施工专有材料，如支护材料，包括：锚杆、钢构件、纤维等；防排水材料，包括：注浆材料、高分子合成卷材、防水板、止水带、土工布、排水管等比较容易出现质量隐患的原材料，要严格按照规范、标准及图纸要求进行检测，合格后及时进行配合比设计优选工作。

二、施工过程中隧道工程的试验检测

隧道工程施工过程中，试验检测主要内容有：

(1) 首先执行规范、标准及图纸对原材料试验检测频率的要求，认真细致地进行原材料试验检测及混凝土配合比设计优选工作，避免不合格的原材料用于工程施工。

(2) 初期支护过程中：锚杆抗拔力试验、喷射混凝土试验。

(3) 防排水施工质量控制：混凝土抗渗试验、注浆试验。

(4) 混凝土衬砌质量检测：混凝土抗压强度试验回弹法、检测混凝土强度、超声波法检测混凝土强度、钻芯法检测混凝土强度。

(5) 超前地质预报。

(6) 通风检测。

三、竣工验收阶段隧道工程的试验检测

隧道工程验收阶段试验检测工作有：

(1) 对隧道工程应进行整体评定。

(2) 按照竣工编制办法要求及时准确完成试验资料的整理归档工作。主要包括以下内容：

①原材料各项常规试验记录及汇总表的收集、整理及归档。

②配合比报告的收集、整理及归档。

③锚杆抗拔力试验记录。

④混凝土强度记录及评定表的收集、整理及归档。

第二节　原材料试验检测项目及频次要求

铁路客运专线隧道工程施工所用原材料试验检测方法及标准执行《铁路混凝土工程施

工质量验收标准》(TB 10424—2010)、《高速铁路隧道工程施工质量验收标准》(TB 10753—2010)标准要求,本节重点讲述隧道工程施工增加或特有原材料试验检测项目及频次要求。

一 喷射混凝土用钢纤维、合成纤维

(1)钢纤维应满足下列规定:

①钢纤维的品种、规格、性能应符合设计要求。

②钢纤维抗拉强度不得小于600MPa。

③钢纤维应能承受一次弯折90°不断裂。

④钢纤维长度和直径允许偏差应为设计尺寸的±10%。

检验数量:同一生产厂家、同一批号、同一出厂日期连续进场的钢纤维,每5t为一批,不足5t应按一批计,施工单位每批抽检一次;监理单位按施工单位抽检次数的10%进行见证检验。

检验方法:施工单位、监理单位必须检查供应商质量证明文件,检测指标必须满足标准要求,包括:纤维杂质含量、长度、直径、长径比、抗拉强度、弯折强度、形状合格率,共7项。其中5项:纤维杂质含量、长度、直径、抗拉强度、弯折强度,按照常规检测频次要求进行检验。

(2)合成纤维应满足下列规定:

①合成纤维的品种、规格、性能应符合设计要求。

②合成纤维抗拉强度不宜小于280MPa。

③合成纤维长度和直径允许偏差应为设计尺寸的±10%。

检验数量:同一生产厂家、同一批号、同一出厂日期且连续进场的合成纤维,每1t为一批,不足1t应按一批计。施工单位每批抽检一次;监理单位检测次数为施工单位抽检次数的10%进行见证检验。

检验方法:施工单位、监理单位必须检查供应商质量证明文件,检测指标必须满足标准要求,包括:直径、长度、密度、抗拉强度、弹性模量、极限伸长率、DSC分析、熔点、纤维杂质含量,共9项。其中6项:直径、长度、抗拉强度、极限伸长率、DSC分析、纤维杂质含量,按照常规检测频次要求进行检验。

二 锚杆

(1)锚杆进场时,抽检频率及合格评定标准参照隧道工程检测方法要求执行,同时满足设计要求。其物理性能指标符合表11-1的规定。

锚杆物理性能指标　　　　　　　表11-1

序号	锚杆规格	牌号	公称直径(mm)	公称壁厚(mm)	质量	
					公称质量(kg/m)	允许偏差(%)
1	φ22砂浆锚杆	HRB335	22	—	2.98	±4
2	φ22组合中空锚杆	中空体Q345 实心体HRB400	20	—	2.47	
3	φ25×7普通中空锚杆	中空体Q345 实心体HRB335	22	—	2.98	
		Q345	25	7	3.11	

检验数量：锚杆的规格施工单位全检。锚杆的物理性能指标(公称直径、公称壁厚、公称质量)，施工单位随机抽样3%进行检验；监理单位按施工单位检查次数的10%进行平行检验和见证检验。

检验方法：锚杆的规格检查产品合格证、出厂检验报告。锚杆的物理性能指标采用观察、称重、尺量检查。

(2)锚杆的屈服强度、抗拉强度、屈服力、最大力、断后伸长率等力学性能指标应符合表11-2的规定。

锚杆的屈服力、最大力和断后伸长率　　　　表11-2

序号	锚杆规格	牌号	屈服强度 R'_{eL} (MPa)	抗拉强度 R_m (MPa)	屈服力 (kN)	最大力 (kN)	断后伸长率 A (%)
					不小于		
1	φ22 砂浆锚杆	HRB335	335	455	127	172	17
2	φ22 组合中空锚杆	HRB400	400	540	126	170	16
		HRB335	335	455	127	172	17
3	φ25×7 普通中空锚杆	Q345	325	490	128	193	21

检验数量：施工单位按进场的批次，每批次随机抽样2套进行检验。监理单位按施工单位检查次数的10%见证检验。

检验方法：施工单位检查产品合格证、出厂检验报告并取样进行试验。监理单位检查全部产品合格证、出厂检验报告、施工单位试验报告，并进行见证检验。

三 钢架

(1)制作钢架所用型钢进场检验必须按批抽取试件做力学性能(屈服强度、抗拉强度和伸长率)和工艺性能(冷弯)试验，其质量必须符合现行国家标准《碳素结构钢》(GB/T 700—2006)、《热轧型钢》(GB/T 700—2006)等的规定和设计要求。

检验数量：以同牌号、同炉号、同规格、同交货状态的型钢，每60t为一批，不足60t应按一批计。施工单位每批抽检一次；监理单位按施工单位抽检次数的10%进行见证取样检验，但至少一次。

检验方法：施工单位检查每批质量证明文件并进行相关性能试验；监理单位检查全部质量证明文件和试验报告，并进行见证取样检测。

(2)制作钢架的钢材品种和规格必须符合设计要求。

检验数量：施工单位、监理单位全部检查。

检验方法：观察，尺量。

四 管棚、小导管用钢管

(1)管棚、小导管所用钢管进场必须按批抽取试件做力学性能(屈服强度、抗拉强度和伸长率)和工艺性能(冷弯)试验，其质量必须符合国家有关规定及设计要求。

检验数量：以同牌号、同炉罐号、同规格、同交货状态的钢管，每60t为一批，不足60t按一批计。施工单位每批抽检一次；监理单位按施工单位抽检次数的10%进行见证取样检测，但至少一次。

检验方法:施工单位检查每批质量证明文件并进行相关性能试验;监理单位检查全部质量证明文件和试验报告,并进行见证取样检测或平行检验。

(2)管棚、小导管所用钢管的品种和规格必须符合设计要求。

检验数量:施工单位、监理单位全部检查。

检验方法:观察,钢尺检查。

五 涂料防水层所用材料的性能指标

(1)涂料防水层所用材料的性能指标应符合设计要求。

检验数量:施工单位按进场批次检验;监理单位按施工单位抽检次数的10%进行见证检验,但至少一次。

检验方法:施工单位检查全部产品合格证、质量证明文件,对无机涂料的抗折强度、黏结强度、抗渗性和有机涂料的可操作时间、潮湿基面黏结强度、抗渗性、浸水168h后拉伸强度、浸水168h断裂伸长率等性能进行试验;监理单位检查产品合格证、质量证明文件、试验报告,并见证检验。

(2)卷材防水层所用卷材的性能应符合设计要求。

检验数量:施工单位按进场批次检验;监理单位对于高速铁路施工,按施工单位抽检次数的10%进行见证检验;监理单位对于客货共线铁路施工,按施工单位抽检次数的20%进行见证取样检测。

检验方法:施工单位检查全部产品合格证、质量证明文件,对材料的拉伸强度、断裂伸长率、低温柔度、低温弯折性、不透水性等性能进行试验;监理单位检查产品合格证、质量证明文件、试验报告,并见证检验。

六 止水带、止水条、防水嵌缝材料

(1)施工缝所用止水带、止水条的品种、规格和性能等必须符合设计要求。

检验数量:施工单位按进场批次检验;监理单位按施工单位抽检次数的10%进行见证检验。

检验方法:施工单位检查产品合格证、出厂检验报告,并进行止水带的拉伸强度、扯断伸长率、撕裂强度、压缩永久变形率和止水条的硬度、拉伸强度、扯断伸长率等性能指标试验;监理单位检查全部产品合格证、出厂检验报告、进场试验报告并见证试验。

(2)防水嵌缝材料的品种、规格、性能应符合设计要求。

检验数量:施工单位按进场批次检验;监理单位按施工单位抽检次数的10%进行见证检验,但至少一次。

检验方法:施工单位检查产品合格证、出厂检验报告,并进行嵌缝材料的最大拉伸强度、最大伸长率等性能指标试验;监理单位检查全部产品合格证、出厂检验报告、进场试验报告,并见证试验。

七 防水板、土工复合材料、盲管

(1)防水板、土工复合材料的性质、性能和规格必须符合设计要求。

检验数量:施工单位按进场批次每10000m^3检验一次,不足10000m^3也按一次计;监理单位按施工单位抽检次数的10%进行见证检验,但至少一次。

检验方法:施工单位检查产品合格证、质量证明文件,并对防水板的厚度、密度、抗拉强度、断裂延伸率和土工复合材料单位面积的质量等性能指标进行试验;监理单位检查产品合格证、质量证明文件、试验报告,并见证检验。

(2)盲管材料质量应符合设计要求。

检验数量:施工单位对纵向盲管每2000m检查一次,横向盲管每5000m检查一次;监理单位按施工单位抽检次数的10%进行见证检验,但至少一次。

检验方法:施工单位对盲管所用原材料的透水率、抗变形、有效孔径进行试验;监理单位检查产品合格证和试验报告,见证检验。

八、注浆材料

注浆防水选用的注浆材料质量应符合设计要求。

检验数量:施工单位按进场批次检验;监理单位对于高速铁路施工,按施工单位抽检次数的20%进行见证检验;监理单位对于客货共线铁路施工按施工单位抽检次数的10%进行见证检验。

检验方法:施工单位进行试验;监理单位检查产品合格证、试验报告,见证检验。

第三节 隧道工程试验检测方法

隧道工程试验检测方法包括如下几项:
(1)锚杆抗拔力试验检测方法(参考本教材第五章隧道工程试验检测试验方法)。
(2)混凝土抗渗试验检测方法(参考本教材第十章第九节高性能混凝土试验方法)。
(3)喷射混凝土试验检测方法(参考本教材第五章隧道工程试验检测试验方法)。

喷射混凝土主要技术要求如下:
① 细骨料细度模数应大于2.5,含泥量不应大于3%,泥块含量应不大于0.5%。
② 粗骨料最大粒径不宜大于16mm。
③ 掺速凝剂净浆及硬化砂浆的性能要求,如表11-3所示。

掺速凝剂净浆及硬化砂浆的性能要求　　　　表11-3

净浆凝结时间(min)		1d抗压强度 (MPa)	28d抗压强度比 (%)
初凝	终凝		
≤5	≤10	≥7	≥75

④ 喷射混凝土配合比设计时,水胶比不大于0.5,胶凝材料用量不小于400kg/m³。
⑤ 喷射混凝土强度必须符合设计要求。

a. 喷射混凝土早期强度:

a)检验数量:每一作业班或每工作班检查一次。

b)检验方法:施工单位试验检验,监理单位见证检验。

b. 喷射混凝土28d强度:

a)检验数量:每一作业班或每工作班留置试件一次。隧道循环至少留置试件2组(拱部和边墙各留置一组检验试件)。

b)检验方法:施工单位进行施工单位试验检验,监理单位检查试验报告。

(4)注浆性能试验检测方法(参考本教材第五章隧道工程试验检测试验方法)。

【思考题】

1. 简述钢纤维、锚杆、钢架、钢管等材料的检测指标及频次要求。
2. 简述铁路隧道工程喷射混凝土施工的主要技术要求。

第十二章　客运专线混凝土配合比设计

（1）混凝土应根据强度等级、耐久性等要求和原材料品质以及施工工艺等进行配合比设计。混凝土配合比应通过计算、试配、试件检测后经调整确定。配制成的混凝土应能满足设计强度等级、耐久性指标和施工工艺等要求。混凝土配合比选定试验的检验项目应符合表 12-1 的规定。当设计对混凝土的耐久性指标无具体要求时，应按 12-1 中的规定确定。

混凝土配合比选定试验的检验项目及试验方法　　　表 12-1

序号	检验项目	试验方法	备注
1	坍落度	《普通混凝土拌合物性能试验方法标准》(GB/T 50080—2002)	
2	泌水率		
3	凝结时间		
4	含气量		
5	收缩	《普通混凝土长期性能和耐久性能试验方法》(GB/T 50082—2009)	根据结构所处环境类别、设计要求等进行试验
6	抗压强度	《普通混凝土力学试验方法标准》(GB/T 50081—2002)	
7	电通量	《普通混凝土长期性能和耐久性能试验方法》(GB/T 50082—2009)	
8	弹性模量	《普通混凝土力学试验方法标准》(GB/T 50081—2002)	
9	抗冻性	《普通混凝土长期性能和耐久性能试验方法》(GB/T 50082—2009)	
10	气泡间距系数	《铁路混凝土施工质量验收标准》(TB 10424—2010) 附录 E	根据结构所处环境类别、设计要求等进行试验
11	胶凝材料抗蚀系数	《铁路混凝土施工质量验收标准》(TB 10424—2010) 附录 F	
12	氯离子扩散系数	《普通混凝土长期性能和耐久性能试验方法》(GB/T 50082—2009)	
13	56d 抗硫酸盐结晶破坏等级	《普通混凝土长期性能和耐久性能试验方法》(GB/T 50082—2009)	
14	抗渗性	《普通混凝土长期性能和耐久性能试验方法》(GB/T 50082—2009)	

（2）混凝土中的碱含量应符合设计要求。设计无具体要求的，当骨料的碱—硅酸反应砂浆棒膨胀率为 0.10%~0.20% 时，混凝土的碱含量应符合表 12-2 的规定；当骨料的砂浆棒膨胀率为 0.20%~0.30% 时，除了混凝土的碱含量应符合表 12-2 的规定外，应在混凝土中掺加具有明显抑制效能的矿物掺合料和外加剂，并经试验证明抑制有效，试验方法可采用《普通混凝土长期性能和耐久性能试验方法》(GB/T 50082—2009)。

混凝土最大碱含量(单位:kg/m³)　　　　　　　　　　　　　　　　　　　表 12-2

设计使用年限级别		一级(100 年)	二级(60 年)	三级(30 年)
环境条件	干燥环境	3.5	3.5	3.5
	潮湿环境	3.0	3.0	3.5
	含碱环境	2.1	3.0	3.0

注:1. 带*号项目混凝土必须换用非碱活性骨料。
　2. 混凝土的总碱含量包括水泥、矿物掺合料、外加剂及水的碱含量之和。其中,矿物掺合料的碱含量以其所含可溶性碱计算。粉煤灰的可溶性碱量取粉煤灰总碱量的 1/6,矿渣粉的可溶性碱量取矿渣粉总碱量的 1/2,硅灰的可溶性碱量取硅灰总碱量的 1/2。
　3. 干燥环境是指不直接与水接触、空气平均相对湿度长期不大于 75% 的环境;潮湿环境是指直接与水接触、干湿交替变化的环境、水下或与潮湿土壤接触以及空气平均相对湿度长期大于 75% 的环境;含碱环境是指直接与海水、含碱工业废水、钾(钠)盐等接触的环境;干燥环境或潮湿环境与含碱环境交替变化时,均按含碱环境对待。
　4. 处于含碱环境中的设计年限为 60 年、30 年的混凝土工程,在限制混凝土碱含量的同时,应对混凝土表面作防水、防腐涂层处理,否则应换用非碱活性骨料。

(3) 钢筋混凝土中由水泥、矿物掺合料、骨料、外加剂和拌和用水等引入的氯离子总含量不应超过胶凝材料总量的 0.10%,预应力混凝土结构的氯离子总含量不应超过胶凝材料总量的 0.06%。

(4) 混凝土的最大水胶比和单方混凝土胶凝材料的最低用量应满足设计要求。当设计无具体要求时,应符合表 12-3、表 12-4 的规定。当化学侵蚀介质为硫酸盐时,混凝土的胶凝材料还应符合表 12-5 的规定。胶凝材料的抗蚀系数应按《普通混凝土长期性能和耐久性能试验方法》(GB/T 50082—2009),不得小于 0.8。

钢筋混凝土及预应力钢筋混凝土的最大水胶比和最小胶凝材料用量　　表 12-3

环境类别	环境作用等级	设计使用年限级别					
		一级(100 年)		二级(60 年)		三级(30 年)	
		最大水胶比	最小胶凝材料用量(kg/m³)	最大水胶比	最小胶凝材料用量(kg/m³)	最大水胶比	最小胶凝材料用量(kg/m³)
碳化环境	T1	0.55	280	0.60	260	0.65	260
	T2	0.50	300	0.55	280	0.60	260
	T3	0.45	320	0.50	300	0.50	300
氯盐环境	L1	0.45	320	0.50	300	0.50	300
	L2	0.40	340	0.45	320	0.45	320
	L3	0.36	360	0.40	340	0.40	340
化学侵蚀环境	H1	0.50	300	0.55	280	0.60	260
	H2	0.45	320	0.50	300	0.50	300
	H3	0.40	340	0.45	320	0.45	320
	H4	0.36	360	0.40	340	0.40	340
盐类结晶破坏环境	D1	0.50	300	0.55	280	0.60	260
	D2	0.45	320	0.50	300	0.50	300
	D3	0.40	340	0.45	320	0.45	320
	D4	0.36	360	0.40	340	0.40	340

续上表

环境类别	环境作用等级	设计使用年限级别					
		一级（100年）		二级（60年）		三级（30年）	
		最大水胶比	最小胶凝材料用量（kg/m³）	最大水胶比	最小胶凝材料用量（kg/m³）	最大水胶比	最小胶凝材料用量（kg/m³）
冻融破坏环境	D1	0.50	300	0.55	280	0.60	260
	D2	0.45	320	0.50	300	0.50	300
	D3	0.40	340	0.45	320	0.45	320
	D4	0.36	360	0.40	340	0.40	340
磨蚀环境	M1	0.50	300	0.55	300	0.60	260
	M2	0.45	320	0.50	320	0.50	300
	M3	0.40	340	0.45	340	0.45	320

素混凝土的最大水胶比和最小胶凝材料用量　　　　　　表12-4

环境类别	环境作用等级	设计使用年限级别					
		一级（100年）		二级（60年）		三级（30年）	
		最大水胶比	最小胶凝材料用量（kg/m³）	最大水胶比	最小胶凝材料用量（kg/m³）	最大水胶比	最小胶凝材料用量（kg/m³）
碳化环境	T1、T2、T3	0.60	280	0.65	260	0.65	260
氯盐环境	L1、L2、L3	0.60	280	0.65	260	0.65	260
化学侵蚀环境	H1	0.50	300	0.55	280	0.60	260
	H2	*	*	0.50	300	0.50	300
	H3	*	*	*	*	*	*
	H4	*	*	*	*	*	*
冻融破坏环境	D1	0.50	300	0.55	280	0.60	260
	D2	*	*	0.50	300	0.50	300
	D3	*	*	*	*	*	*
	D4	*	*	*	*	*	*
磨蚀环境	M1	0.50	300	0.55	300	0.60	260
	M2	0.45	320	0.50	320	0.50	300
	M3	*	*	0.45	340	0.45	320

注："*"表示不宜采用素混凝土结构。

硫酸盐侵蚀环境下混凝土胶凝材料的要求　　　　　　表12-5

环境作用等级	水泥品种	水泥熟料中的C_3A含量（%）	粉煤灰或磨细矿渣粉的掺量（%）	最小胶凝材料用量（kg/m³）
H1	普通硅酸盐水泥	≤8	≥20	300
	中抗硫酸盐普通硅酸盐水泥	≤5	—	300
H2	普通硅酸盐水泥	≤8	≥25	330
	中抗硫酸盐普通硅酸盐水泥	≤5	≥20	300
	高抗硫酸盐普通硅酸盐水泥	≤3	—	300
H3、H4	普通硅酸盐水泥	≤6	≥30	360
	中抗硫酸盐普通硅酸盐水泥	≤5	≥25	360
	高抗硫酸盐普通硅酸盐水泥	≤3	≥20	360

> 案例分析

＊＊铁路客运专线 TJ-3 标 C30 混凝土配合比设计申报资料

申报编号：3-HP002

中国交通建设
China Communication Construction Company

中＊＊＊局＊＊＊铁路客运专线工程
经理部中心试验室
＊＊年 02 月 19 日

＊＊＊铁路客运专线混凝土配合比申报表

合同段：＊＊＊标　　　　　　　　施工单位：中＊＊＊局哈大铁路客运专线工程经理部

致：＊＊＊铁路客运专线＊＊＊监理站：
我部现呈报　TJ-3　合同段＊＊＊特大桥—桩基(部位)C30 混凝土配合比，请审批。 　　　　　　附件：1. 设计说明　　　　　　　　　2. 配合比选定报告(56d) 　　　　　　　　　3. 碱含量、氯离子含量计算表　4. 原材料试验报告(详见附表) 　　　　　　　　　5. 混凝土抗裂性试验报告　　　6. 混凝土电通量试验报告(56d) 　　　　　　　　　7. 胶凝材料抗蚀系数计算表 中＊＊＊局＊＊＊铁路客运专线工程经理部 　　　　　中心试验室主任(签名)：　　　　　　　日期　　年　　月　　日
＊＊＊铁路客运专线＊＊＊监理站 　＊＊＊分站监理工程师审核意见：   　　　　　试验监理工程师(签名)：　　　　　　　日期　　年　　月　　日
＊＊＊铁路客运专线＊＊＊监理站 　＊＊＊中心试验室审核意见：   　　　　　中心试验室主任(签名)：　　　　　　　日期　　年　　月　　日
＊＊＊铁路客运专线＊＊＊监理站 　总监审核意见：   　　　　　　　总监(签名)：　　　　　　　　　　日期　　年　　月　　日
备注：

混凝土配合比申请表

合同号：__TJ-3__　　　报验编号：__3-HP002__　　　施工单位：__＊＊＊局项目部__

致：__＊＊＊__分站试验室，__＊＊＊__中心试验室：

我部现已完成__TJ-3__合同段__桩基__（部位）__C30__（标号）混凝土配合比，编号为__HDTJ30307HP-0001__，特呈报贵试验室审批。其每方材料组成如下表：

材料名称	水泥	粉煤灰	矿粉	细骨料	粗骨料	水	外加剂
产地	吉林亚泰	长春二电	—	松花江	二道区泉眼	米沙子	南京瑞迪
规格	PO42.5	Ⅰ级	—	中砂	5～31.5mm	饮用水	HLC-IX
用量	280	120	—	728	1070	148	4.0

附件：
1. 配合比设计说明
2. 配合比选定报告
3. 总碱含量计算书
4. 水泥检测报告（HDTJ30307C-0001）
5. 粉煤灰检测报告（HDTJ30307F-0001）
6. 粗骨料检测报告（HDTJ30307G-0001）
7. 细骨料检测报告（HDTJ30307S-0001）
8. 外加剂检测报告（HDTJ30307WJ-0003）
9. 拌合水检测报告（BHS-0002）
10. 混凝土抗压强度试验报告（KY0711001）
11. 混凝土电通量试验报告（HDTJ30307DT-0001）
12. 混凝土抗硫酸盐侵蚀试验报告（HDTJ30307KS-0001）
13. 混凝土抗裂性能试验报告（HDTJ30307KL-0001）

中＊＊＊局＊＊＊铁路客运专线工程经理部中心试验室

盖章

试验室主任（签名）：　　　　　　日期：　年　月　日

＊＊＊联合体监理站＊＊＊监理分站试验室审核意见：

盖章

试验室主任（签名）：　　　　　　日期：　年　月　日

＊＊＊联合体监理站＊＊＊监理站中心试验室审批意见：

盖章

试验室主任（签名）：　　　　　　日期：　年　月　日

备注：

C30 水下钻孔桩配合比设计书

一、设计要素

1. 设计依据
(1)《铁路混凝土工程施工质量验收补充标准》铁建设〔2005〕160号。
(2)《客运专线高性能混凝土暂行技术条件》。
(3)《铁路耐久性混凝土设计暂行规定》铁建设〔2005〕157号。
(4)《普通混凝土配合比设计规程》(JGJ 55—2011)。
(5)铁建设〔2007〕140号文,铁建设〔2007〕159号文。

2. 设计技术指标及要求
(1)设计强度等级C30。
(2)56d电通量小于1500C(环境作用等级为T1)。
(3)设计坍落度180~220mm。
(4)混凝土含气量不应小于2.0%。
(5)水下灌注桩要求比设计强度提高10%。

3. 配合比使用的材料
(1)水泥:吉林长春亚泰水泥厂。
(2)砂:松花江砂场。
(3)碎石:长春二道区泉眼石场。
(4)粉煤灰:长春二电粉煤灰综合利用有限公司。
(5)外加剂:南京瑞迪高新技术公司。
(6)水:米沙子镇。

4. 拟用工程部位
桥梁工程钻孔灌注桩。

二、配合比设计过程

(1)计算试配强度。
$$f_{cu,o} = 1.10 \times (f_{cu,k} + 1.645\sigma) = 1.10 \times (30 + 1.645 \times 5) = 42.0 (\text{MPa})$$

(2)计算水灰比(水胶比)。
$$W/C = A \times f_{ce}/(f_{cu,o} + A \times B \times f_{ce})$$
$$= (0.46 \times 1.10 \times 42.5)/(42.0 + 0.46 \times 0.07 \times 1.10 \times 42.5)$$
$$= 0.49$$

(3)确定水灰比(水胶比)。

依据现行《铁路耐久性混凝土设计暂行规定》、《铁路混凝土工程施工质量验收补充标准》、《客运专线高性能混凝土暂行技术条件》等技术标准及设计文件的要求,C_{30}及C_{30}以下混凝土的胶凝材料总量不宜高于400kg/m³,水胶比不得大于0.45。经试验,水胶比选取0.37满足耐久性要求。

(4) 确定单位用水量。

根据外加剂的性能,并考虑混凝土耐久性要求选取混凝土单位用水量 $M_{wo}=148\text{kg}$,同时减水剂掺量取 1.0%,即 $M_{外}=4\text{kg}$。

(5) 计算单位胶凝材料用量。

胶凝材料总量 $M_c=148\div0.37=400\text{kg}$,取 400kg/m^3。

粉煤灰掺量取 30.0%,故粉煤灰用量 $M_{FO}=120\text{kg}$,水泥用量 $M_{CO}=280\text{kg}$。

(6) 采用质量法计算各种材料用量。

选取砂率 $\beta_s=40.5\%$,假定质量 $M_{cp}=2350\text{kg/m}^3$。

计算砂、石用量:

$$M_{so}+M_{go}=M_{cp}-M_C-M_{wo}-M_{外}=2350-400-148-4=1798(\text{kg})$$

则 $M_{so}=728\text{kg}$,$M_{go}=1070\text{kg}$。

(7) 试拌调整。

试拌混合料测定混凝土的工作性能,各种材料(砂石均为干燥状态)用量见表12-6,混凝土拌合物性能试验实测结果见表12-7。

试拌材料用量表 表12-6

水泥	砂	碎石(kg)			水	粉煤灰	减水剂
(kg)	(kg)	5~10mm	10~20mm	20~31.5mm	(kg)	(kg)	(kg)
14.0	36.4	10.70	26.74	16.04	7.42	6.0	0.20

拌合物性能实测结果汇总表 表12-7

试验项目	坍落度(mm)		含气量(%)		泌水率(%)	凝结时间	
实测结果	0	30min	0	30min	0	初凝	终凝
	220	210	4.6	3.9		525min	611min
备注	混凝土拌合物和易性良好						

通过试拌可确定基准配合比如下:

水泥:砂:碎石:粉煤灰:水:减水剂 = 280:728:1070:120:148:4.0

拌合物耐久性指标汇总见表12-8。

拌合物耐久性指标汇总表 表12-8

试验项目	抗裂性	电通量(C)	耐蚀系数	抗冻性
实测结果	未开裂	714	0.96	—

＊＊＊铁路客运专线＊＊＊标段

混凝土砂浆配合比选定报告

表　　号：铁建试报 9
批准文号：铁建函(97)203 号

委托单位　中＊＊＊局＊＊＊铁路客运专线工程经理部　　报告编号　HDTJ30307HP-0001
工程名称　＊＊＊铁路客运专线＊＊＊特大桥　　委托编号　HDTJ30307HP-0001
使用部位　桩基　　试验编号　HDTJ30307HP-0001
生产厂家　配合比选定　　报告日期　2007-12-28

<table>
<tr><td colspan="2">工程部位</td><td colspan="2">强度等级</td><td colspan="2">要求坍落度</td><td colspan="2">要求维勃稠度</td><td colspan="2">拌和及捣实方法</td></tr>
<tr><td colspan="2">桩基</td><td colspan="2">C30</td><td colspan="2">180～220(mm)</td><td colspan="2">—(s)</td><td colspan="2">机械</td></tr>
<tr><td colspan="10">使用部位</td></tr>
<tr><td colspan="2">水泥</td><td colspan="2">细骨料</td><td colspan="2">粗骨料</td><td colspan="4">外加剂(掺合料)</td></tr>
<tr><td>报告编号</td><td>HDTJ30307C-0001</td><td>报告编号</td><td>HDTJ30307S-0001</td><td>报告编号</td><td>HDTJ30307G-0001</td><td colspan="2">名称</td><td colspan="2">掺量(%)</td></tr>
<tr><td>产地品种</td><td>吉林亚泰鼎鹿牌</td><td>产地品种</td><td>松花江中砂</td><td>产地品种</td><td>二道区泉眼石场</td><td colspan="2">瑞迪高效减水剂</td><td colspan="2">1.0</td></tr>
<tr><td>标号</td><td>P. O42.5</td><td>细度模数</td><td>2.9</td><td>最大粒径</td><td>31.5mm</td><td colspan="2">长春二电粉煤灰</td><td colspan="2">30</td></tr>
<tr><td>实测强度</td><td>46.8MPa</td><td>表观密度</td><td>2630kg/m³</td><td>表观密度</td><td>2750kg/m³</td><td colspan="2"></td><td colspan="2"></td></tr>
<tr><td colspan="10">配合比选定结果</td></tr>
<tr><td>试配强度</td><td>42.0MPa</td><td>实测坍落度</td><td>210</td><td>理论配合比</td><td colspan="3">1:0.43:2.60:3.82:0.53:0.014</td><td colspan="2">水胶比＝0.37</td></tr>
<tr><td colspan="10">每立方米混凝土(砂浆)用料量(kg)</td></tr>
<tr><td rowspan="2">水泥</td><td rowspan="2">细骨料</td><td rowspan="2">粗骨料</td><td rowspan="2">水</td><td colspan="2">掺合料</td><td colspan="4">外加剂</td></tr>
<tr><td>名称</td><td>质量</td><td colspan="2">名称</td><td colspan="2">质量</td></tr>
<tr><td>280</td><td>728</td><td>1070</td><td>148</td><td>粉煤灰</td><td>120</td><td colspan="2">减水剂</td><td colspan="2">4.00</td></tr>
<tr><td colspan="10">试件强度</td></tr>
<tr><td>试件编号</td><td>试件尺寸(mm)</td><td>制作日期</td><td>试验日期</td><td>龄期(d)</td><td>抗压强度 f_{cu} (MPa)</td><td colspan="2">养护温度(℃)</td><td colspan="2">抗压强度比(%)</td></tr>
<tr><td>HP001-1</td><td>150×150×150</td><td>2007-11-2</td><td>2007-11-5</td><td>3</td><td>21.2</td><td colspan="2">20.3</td><td colspan="2">50.5</td></tr>
<tr><td>HP001-2</td><td>150×150×150</td><td>2007-11-2</td><td>2007-11-9</td><td>7</td><td>30.5</td><td colspan="2">20.3</td><td colspan="2">72.6</td></tr>
<tr><td>HP001-3</td><td>150×150×150</td><td>2007-11-2</td><td>2007-11-30</td><td>28</td><td>38.9</td><td colspan="2">20.5</td><td colspan="2">92.6</td></tr>
<tr><td>HP001-4</td><td>150×150×150</td><td>2007-11-2</td><td>2007-12-28</td><td>56</td><td>44.5</td><td colspan="2">20.4</td><td colspan="2">106.0</td></tr>
<tr><td colspan="5">检测评定依据：
《普通混凝土配合比设计规程》(JGJ 55—2011)
《铁路混凝土工程施工质量验收补充标准》(铁建设〔2005〕160号)
《客运专线高性能混凝土暂行技术条件》(铁科基〔2005〕101 号)</td><td colspan="2">试验意见：
选定配合比的抗压强度等指标均符合设计要求</td><td colspan="3">监理意见：</td></tr>
</table>

试验：　　复核：　　技术负责人：　　单位(章)：

混凝土配合比选定试验报告(续表)

工程名称:＊＊＊铁路客运专线伊通河特大桥　　报告编号:HDTJ30307HP-0001
委托单位:中＊＊＊局＊＊＊铁路客运专线工程经理部　　报告日期:2007-10-27

工程部位	强度等级	环境作用等级	拌和、捣实方法
桩基	C30	T3/H2/L1	机械

每立方米混凝土各材料用量(kg)					
水	水泥	细骨料	粗骨料	掺合料	外加剂
				粉煤灰	HT-HPC 高效减水剂
148	280	753	1041	120	4.0

检测项目	(设计)标准要求	实测结果	备注
胶凝材料总量限值(kg/m³)	不宜高于400	400	—
混凝土水胶比	不宜大于0.45	0.37	—
28天抗压强度值(MPa)	≥强度等级	42.5	—
坍落度(mm)	180～220	220	—
泌水率(%)	0	0	—
含气量(%)	≥2.0	5.87	—
抗裂性	抗裂性良好	抗裂性良好	见混凝土抗裂性试验报告
抗渗性	—	—	
抗蚀系数	>0.8	0.97	见抗蚀系数计算表
凝结时间	—	初凝:9小时15分 终凝:10小时51分	—
28天电通量(C)	<1500	1149	见混凝土氯离子电通量试验记录
混凝土中总碱含量(kg/m³)	<3.0	2.644	见混凝土配合比含碱量、氯离子含量计算表
混凝土中氯离子含量(%)	不超过胶凝材料总量的0.10%且<0.40	0.013	

检测依据:
《普通混凝土拌合物性能试验方法标准》(GB/T 50080—2002)
《铁路混凝土工程施工质量验收补充标准》(铁建设[2005]160号)
《铁路混凝土结构耐久性设计暂行规定》(铁建设[2005]157号)

结论:
　　该配合比经检验各项耐久性能指标符合《铁路混凝土工程施工质量验收补充标准》(铁建设[2005]160号)标准要求,且坍落度及和易性满足混凝土施工要求,可用于铁路耐久性混凝土施工

试验:　　　　复核:　　　　技术负责人:　　　　单位(章):

混凝土配合比含碱量、氯离子含量计算表

混凝土强度等级	C30 水下混凝土		申报编号	3-HP002		申报日期	2007-12-28
使用部位	***特大桥桩基		适用环境			T1	
使用原材料名称	水泥	粉煤灰	碎石	砂	水	外加剂	规范要求
原来材料产地	吉林亚泰	长春热电一厂	长春一道区泉眼石场	松花江砂	米沙子	南京瑞迪	
品种及规格	P.O 42.5	C50 以上	碎石 5~10mm,10~20mm, 20~31.5mm	河砂 中砂	饮用水	HLC-IX	
材料用量（kg/m³）	280	120	1070	728	148	3.80	
材料碱含量	0.53%	1.36%	0%	0%	0.0323%	1.70%	
碱含量计算系数	1.0	1/6	1.0	1.0	1.0	1.0	
每立方米混凝土含碱量（kg）	1.484	0.272	0.000	0.000	0.048	0.065	合计 1.869	潮湿环境计算碱含量上限值 3.00	干燥环境计算碱含量上限值 3.50
材料氯离子含量（%）	0.007	0.009	0.001	0.001	0.0004	0.16	
氯离子计算系数	1.0	1.0	1.0	1.0	1.0	1.0	
每立方米混凝土氯离子含量与胶凝材料比值（%）	0.005	0.003	0.003	0.002	0.000	0.002	合计 0.014	预应力混凝土规定氯离子与胶凝材料的比值上限 0.06	普通混凝土规定氯离子与胶凝材料的比值上限 0.1

计算：　　　　　　　　复核：　　　　　　　　试验室主任：　　　　　　　　单位（章）：

第十三章 客运专线预应力混凝土预制梁试验检测

第一节 技术要求

(1) 原材料应有供应商提供的出厂检验合格证书,并应按有关检验项目、批次规定,严格实施进场检验。

(2) 水泥应采用品质稳定、强度等级不低于42.5级的低碱硅酸盐或低碱普通硅酸盐水泥,水泥熟料中C_3A含量不应大于8%,在强腐蚀环境下不应大于5%;矿物掺合料仅限于磨细矿渣粉或粉煤灰;其余技术要求应符合《客运专线高性能混凝土暂行技术条件》的规定。

(3) 细骨料应采用硬质洁净的天然河砂,细度模数为2.6~3.0,含泥量不应大于2.0%,其余技术要求应符合《客运专线高性能混凝土暂行技术条件》的规定。

(4) 粗骨料应为坚硬耐久的碎石,压碎指标不应大于10%,母岩抗压强度与梁体混凝土设计强度之比应大于2,含泥量不应大于0.5%,针片状颗粒含量不应大于5%,其余技术要求应符合《客运专线高性能混凝土暂行技术条件》的规定。

(5) 不得采用具有碱-碳酸盐反应的骨料,并应优先采用非活性骨料。选用的骨料在试生产前应进行碱活性试验;当所采用骨料的碱-硅酸反应膨胀率在0.10~0.20%时,混凝土中的总碱含量不应超过$3.0kg/m^3$,且按《客运专线高性能混凝土暂行技术条件》的要求进行掺合料和复合外加剂抑制混凝土碱-骨料反应有效性评价。

(6) 采用的复合外加剂应经中国铁路总公司鉴定或评审,并经中国铁路总公司产品质量监督检验中心质量监督检验中心检验合格后方可使用。复合外加剂的品质、指标应符合《客运专线高性能混凝土暂行技术条件》的要求。

(7) 混凝土矿物掺合料应采用粉煤灰或磨细矿渣粉。粉煤灰的需水量比不应大于100%,磨细矿粉比表面积宜为350~500m^2/kg。粉煤灰和磨细矿渣粉的其他品质指标应符合《客运专线高性能混凝土暂行技术条件》要求。

(8) 拌制和养护混凝土用水应符合《客运专线高性能混凝土暂行技术条件》的要求。凡符合饮用标准的水,即可使用。

(9) 混凝土拌合物中各种原材料引入的氯离子含量不得超过胶凝材料总量的0.06%。

(10) 预应力钢绞线性能应符合《预应力混凝土用钢绞线》(GB/T 5224—2003)的要求,供应商提供每批钢绞线的实际弹性模量值。

(11) 非预应力钢筋(带肋、光圆钢筋及盘条)性能应分别符合《钢筋混凝土用钢 第2部分:热轧带肋钢筋》(GB 1499.2—2007)、《钢筋混凝土用钢 第1部分:热轧光圆钢筋》(GB 1499.1—2008)、《低碳钢热轧圆盘条》(GB/T 701—2008)的规定。对HRB335钢筋尚应符合碳当量不大于0.5%的规定。

(12) 锚具、夹具和连接器应符合《预应力筋用锚具、夹具和连接器》(GB/T 14370—2007)的要求,锚具产品应通过省、部级鉴定。

第二节　混凝土施工工艺

一　混凝土灌注工艺

（1）混凝土胶凝材料总量不应超过 500kg/m³，水胶比不应大于 0.35。混凝土原材料配合比、拌和浇筑应满足《客运专线高性能混凝土暂行技术条件》的有关规定和要求。

（2）在配制混凝土拌合物时，水、水泥、掺合料、外加剂的称量应准确到 ±1%，粗、细骨料的称量应准确到 ±2%（均以质量计）。

（3）混凝土拌合物配料应采用自动计量装置，粗、细骨料中的含水率应及时测定，并按实际测定值调整用水量及粗、细骨料用量；禁止拌合物出机后加水。

（4）梁体应采用泵送混凝土连续灌注、一次成型，灌筑时间不宜超过 6h 或不得超过混凝土的初凝时间。

（5）预制梁混凝土拌和物入模前含气量应控制在 2%～4%。

（6）预制梁混凝土灌筑时，模板温度宜为 5～35℃。

（7）预制梁混凝土拌合物入模温度宜为 5～30℃。

（8）试生产前，应进行混凝土配合比选定试验，制作抗冻性、抗渗性、抗氯子渗透性、抗碱骨料—反应性等混凝土耐久性试件各一组，进行耐久性试验。

（9）批量生产中，预制梁每 20000m³ 混凝土抽取抗冻融循环、抗渗性、抗氯子渗透性、碱骨料—反应的耐久性试件各一组，进行耐久性试验。

二　预制梁混凝土养护

预制梁混凝土可采用蒸汽养护和自然养护。

三　预制梁拆模

预制梁拆模时的混凝土强度应符合设计要求。

四　后张法预制梁的预施应力

预施应力宜按预张拉、初张拉、终张拉三个阶段进行。

五　先张法预制梁预应力筋张拉和放张

（1）预应力筋安装宜自下而上进行，先穿直线预应力筋，再穿折线预应力筋，折线预应力筋应通过转折器相应的槽口。

（2）预制梁试生产期间，应至少对两件梁体进行各种预应力瞬时损失测试，确定预应力的实际损失，必要时应由设计方对张拉控制应力进行调整。正常生产后每 100 件进行一次损失测试。

（3）用于同一孔中各榀梁的混凝土灌注时间差、终拉/放张时的混凝土龄期差均不应超过 6d。

（4）预施应力值以油压表读数为主，以预应力筋伸长值作校核，按预应力筋实际弹性模量计算的伸长值与实测伸长值相差不应大于 ±6%；实测伸长值宜以 20% 张拉力作为测量的初始点。

(5) 后张预制梁终拉完成后,宜在 48h 内进行管道真空辅助压浆。压浆时及压浆后 3d 内,梁体及环境温度不得低于 5℃。

六、管道压浆

(1) 压浆用水泥应为强度等级不低于 42.5 级低碱硅酸盐水泥或低碱普通硅酸盐水泥,掺入的粉煤灰应符合标准要求。浆体水胶比不应超过 0.33,水泥浆不得泌水。0.22MPa(当孔道垂直高度≤1.8m)和 0.36MPa(当孔道垂直高度>1.8m)压力下,泌水率不得大于 3.5%;浆体流动度不大于(18±4)s,30min 后不大于 30s;压入管道的浆体不得含未搅匀的水泥团块,终凝时间不宜大于 12h。水泥浆 7d 抗压强度不小于 35MPa,抗折强度不小于 6.5MPa;28d 抗压强度不小于 50MPa,抗折强度不小于 10MPa;24h 内最大自由收缩率不大于 3%。

(2) 严禁掺入含氯盐类、亚硝酸盐类或其他对预应力筋有腐蚀作用的外加剂。

七、预制梁预应力筋封端和转折器处凹穴封堵

封端混凝土应采用无收缩混凝土,抗压强度不应低于设计要求。

第三节 质量要求

(1) 混凝土、水泥浆强度等级不得低于设计强度,弹性模量不低于设计值。

(2) 混凝土抗动性试件在冻融循环次数 200 次后,重量损失不应超过 5%、相对动弹性模量不应低于 60%。

(3) 混凝土抗渗性试件的抗渗等级不应小于 P20。

(4) 混凝土抗氯离子渗透性试件的氯离子渗透电量不应大于 1200C,当处于含氯盐环境时,氯离子渗透电量不应大于 1000C。

(5) 混凝土护筋性试件中钢筋不应出现锈蚀。

第四节 预制梁质量要求和检验频次

预制梁原材料和配件检验项目、质量要求和检验频次见表 13-1。

预制梁原材料和配件检验项目、质量要求和检验频次 表 13-1

序号	项目		抽验项目频次	全面检验项目	质量要求
1	水泥	(1) 烧失量		√	(1) 碱含量≤0.6% (2) C_3A 含量≤8% (3) 比表面积≥300m²/kg (4) 氧化钙含量≤1.5% (5) 其余符合《客运专线高性能混凝土暂行技术条件》
		(2) 氧化镁		√	
		(3) 三氧化镁		√	
		(4) 比表积	√		
		(5) 凝结时间	√	每批散装水泥不大于 500t 或袋装水泥不大于 200t 的同厂家、同品种、同批号、同出厂日期水泥	任何新选货源或同厂家、同品种、同出厂日期的水泥出厂日期达 3 个月水泥	
		(6) 安定性	√		
		(7) 强度	√		
		(8) 碱含量		√	
		(9) 比表面积		√	
		(10) 氧化钙含量		√	

续上表

序号	项目		抽验项目频次	全面检验项目	质量要求
1	水泥	(11)助磨剂名称及掺量	每批散装水泥不大于500t 或袋装水泥不大于200t 的同厂家、同品种、同批号、同出厂日期水泥	任何新选货源或同厂家、同品种、同出厂日期的水泥出厂日期达3个月水泥	(1)碱含量≤0.6% (2)C_3A含量≤8% (3)比表面积≥300m^2/kg (4)氧化钙含量≤1.5% (5)其余符合《客运专线高性能混凝土暂行技术条件》
		(12)石膏名称及掺量			
		(13)混合材名称及掺量			
		(14)Cl^-含量			
		(15)熟料C_3A含量			
2	细骨料	(1)筛分 √	每批不大于600t 或400m^3同厂家、同品种细骨料	任何新选货源或使用同厂家、同品种、同规格产品达一年者	(1)细度模数2.6～3.0 (2)含泥量≤2.0% (3)泥块含量≤0.1% (4)其余符合《客运专线高性能混凝土暂行技术条件》
		(2)吸水率			
		(3)细度模数 √			
		(4)含泥量 √			
		(5)泥块含量 √			
		(6)坚固性			
		(7)云母含量 √			
		(8)轻物质含量 √			
		(9)石粉含量(机制砂) √			
		(10)有机物含量			
		(11)压碎指标(机制砂)			
		(12)硫化物及硫酸盐含量			
		(13)Cl^-含量			
		(14)碱活性			
3	粗骨料	(1)颗粒级配 √	每批不大于600t 或400m^3同厂家、同品种粗骨料	任何新选货源或使用同厂家、同品种、同规格产品达一年者	(1)压碎指标≤10% (2)母岩与混凝土设计抗压强度之比≥2 (3)含泥量≤0.5% (4)泥块含量≤0.1% (5)其余符合《客运专线高性能混凝土暂行技术条件》
		(2)岩石抗压强度			
		(3)吸水率			
		(4)紧密空隙率			
		(5)压碎指标 √			
		(6)坚固性			
		(7)针片状颗粒含量 √			
		(8)含泥量 √			
		(9)泥块含量 √			
		(10)硫化物及硫酸盐含量			
		(11)有机物含量(卵石)			
		(12)碱活性			

预制梁生产过程控制检验和成品出场检验项目、质量要求和检验频次见表13-2。

预制梁生产过程控制检验和成品出场检验项目、质量要求和检验频次　　表13-2

序号	检验项目		指标要求	检验频次
1	撤除保温设施时	混凝土芯部与表层温差	≤15℃	每件预制梁
2		混凝土表层与环境温差	≤15℃	每件预制梁

续上表

序号	检验项目		指标要求	检验频次
3	拆模时温差	混凝土芯部与表层温差	≤15℃	每件预制梁
4		混凝土表层与环境温差	≤15℃	每件预制梁
5		箱内与箱外温差	≤15℃	每件预制梁
6	混凝土力学性能	脱模时随梁养护混凝土抗压强度	符合设计要求	每件预制梁1组
7		初拉时随梁养护混凝土抗压强度	符合设计要求	每件预制梁4组（底、腹、顶板、备用各一组）
8		终拉/放张时随梁养护混凝土抗压强度	符合设计要求	每件预制梁4组（底、腹、顶板、备用各一组）
9		终拉/放张时随梁养护混凝土弹性模量	符合设计要求	每件预制梁3组（底、腹、顶板、各一组）
10		标准养护28d混凝土立方体强度	符合设计要求	每件预制梁15组（底、腹、顶板、备用各五组）
11		标准养护28d混凝土棱柱体弹性模量	符合设计要求	每件预制梁3组（底、腹、顶板、各一组）
12	预应力管道摩阻		必要时调整张拉力	每批不大于100件预制梁
13	预应力筋实际伸长值		0.94~1.06倍计算伸长值	每束/每根预应力筋
14	终拉/放张后实测梁体弹性上拱		≤1.05倍设计计算值	每件预制梁
15	压浆前管道真空度		-0.06~-0.10MPa	每个管道
16	管道中浆体注满后压力		0.50~0.60MPa	每个管道
17	桥面防水层保护层细石混凝土纤维（网）掺量		符合《客运专线桥梁混凝土桥面防水层暂行技术条件》	每次不大于20m³细石混凝土
18	梁体混凝土/桥面防水层保护层细石混凝土耐久性	抗冻融循环	质量损失≤5% 动弹性模量比≥60%	每批不大于20000m³梁体混凝土/1500m³细石混凝土
19		抗渗性	≥P20	
20		抗氯离子渗透性	≤1200C（氯盐环境≤1000C）	
21		抗碱—骨料反应	合格	
22	预制梁成品混凝土保护层厚度		符合铁科技〔2004〕20号文件中表3要求	每件预制梁
23	预制梁产品外观、尺寸偏差及其他质量要求		符合铁科技〔2004〕20号文件中表3要求	每件预制梁

【思考题】

简述客运专线预应力混凝土预制梁原材料的技术要求及检验频率。

参 考 文 献

[1] 中华人民共和国国家标准 GB 175—2007 通用硅酸盐水泥[S]. 北京:中国标准出版社,2008.
[2] 中华人民共和国国家标准 GB 13693—2005 道路硅酸盐水泥[S]. 北京:中国标准出版社,2005.
[3] 中华人民共和国国家标准 GB 12573—2008 水泥取样方法.[S]. 北京:中国标准出版社,2009.
[4] 中华人民共和国国家标准 GB/T 1596—2005 用于水泥和混凝土中的粉煤灰[S]. 北京:中国标准出版社,2005.
[5] 中华人民共和国国家标准 GB/T 14684—2011 建设用砂[S]. 北京:中国标准出版社,2012.
[6] 中华人民共和国国家标准 GB/T 14685—2011 建设用卵石、碎石[S]. 北京:中国标准出版社,2012.
[7] 中华人民共和国国家标准 GB 8076—2008 混凝土外加剂[S]. 北京:中国标准出版社,2009.
[8] 中华人民共和国国家标准 GB 1499.1—2008 钢筋混凝土用钢 第1部分:热轧光圆钢筋[S]. 北京:中国标准出版社,2008.
[9] 中华人民共和国国家标准 GB 1499.2—2007 钢筋混凝土用钢 第2部分:热轧带肋钢筋[S]. 北京:中国标准出版社,2008.
[10] 中华人民共和国国家标准 GB 50080—2002 普通混凝土拌合物性能试验方法标准[S]. 北京:中国建筑工业出版社,2003.
[11] 中华人民共和国国家标准 GB/T 50082—2009 普通混凝土长期性能和耐久性能试验方法标准[S]. 北京:中国建筑工业出版社,2009.
[12] 中华人民共和国行业标准 JTG E30—2005 公路工程水泥及水泥混凝土试验规程[S]. 北京:人民交通出版社,2005.
[13] 中华人民共和国行业标准 JTG E40—2007 公路土工试验规程[S]. 北京:人民交通出版社,2007.
[14] 中华人民共和国行业标准 JTG E42—2005 公路工程集料试验规程[S]. 北京:人民交通出版社,2005.
[15] 中华人民共和国行业标准 JTG E60—2008 公路路基路面现场测试规程[S]. 北京:人民交通出版社,2008.
[16] 中华人民共和国行业标准 JTG E51—2009 公路工程无机结合料稳定材料试验规程[S]. 北京:人民交通出版社,2009.
[17] 中华人民共和国行业标准 JTG E20—2011 公路工程沥青及沥青混合料试验规程[S]. 北京:人民交通出版社,2011.
[18] 中华人民共和国行业标准 JTG F10—2006 公路路基施工技术规范[S]. 北京:人民交通出版社,2006.
[19] 中华人民共和国行业标准 JTG/T F50—2011 公路桥涵施工技术规范[S]. 北京:人民

交通出版社,2011.

[20] 中华人民共和国行业标准 JTG/T F20—2015 公路路面基层施工技术细则[S].北京：人民交通出版社,2015.

[21] 中华人民共和国行业标准 JTG F40—2004 公路沥青路面施工技术规范[S].北京：人民交通出版社,2005.

[22] 中华人民共和国行业标准 JTG/T F30—2014 公路水泥混凝土路面施工技术细则[S].北京：人民交通出版社,2014.

[23] 中华人民共和国行业标准 JTG F60—2009 公路隧道施工技术规范[S].北京：人民交通出版社,2009.

[24] 中华人民共和国行业标准 TB 10001—2005 铁路路基设计规范[S].北京：中国铁道出版社,2005.

[25] 中华人民共和国行业标准 TB 10077—2001 铁路工程岩土分类标准[S].北京：中国铁道出版社,2001.

[26] 中华人民共和国行业标准 TB 10115—2014 铁路工程岩石试验规程[S].北京：中国铁道出版社,2015.

[27] 中华人民共和国行业标准 TB 10102—2010 铁路工程土工试验规程[S].北京：中国铁道出版社,2010.

[28] 中华人民共和国行业标准 TB 10424—2010 铁路混凝土工程质量验收标准[S].北京：中国铁道出版社,2011.

[29] 中华人民共和国行业标准 TB 10425—1994 铁路混凝土强度检验评定标准[S].北京：中国铁道出版社,1994.

[30] 中华人民共和国行业标准 TB 10426—2004 铁路工程结构混凝土强度检测规程[S].北京：中国铁道出版社,2004.

[31] 中华人民共和国行业标准 TZ 202—2008 客货共线铁路路基工程施工技术指南[S].北京：中国铁道出版社,2008.

[32] 中华人民共和国行业标准 TB 10751—2010 高速铁路路基工程施工质量验收标准[S].北京：中国铁道出版社,2011.

[33] 中华人民共和国行业标准 铁建设[2010]241号 高速铁路路基工程施工技术指南[S].北京：中国铁道出版社,2010.

[34] 中华人民共和国行业标准 TB 10417—2003 铁路隧道工程施工质量验收标准[S].北京：中国铁道出版社,2003.

[35] 中华人民共和国行业标准 JGJ 55—2011 普通混凝土配合比设计规程[S].北京：中国建筑工业出版社,2011.

[36] 中华人民共和国行业标准 JGJ/T 98—2010 砌筑砂浆配合比设计规程[S].北京：中国建筑工业出版社,2011.

[37] 中华人民共和国行业标准 JGJ 52—2006 普通混凝土用砂、石质量及检验方法标准[S].北京：中国建筑工业出版社,2007.

[38] 中华人民共和国行业标准 JGJ/T 27—2014 钢筋焊接接头试验方法标准[S].北京：中国建筑工业出版社,2014.

[39] 中华人民共和国行业标准 JGJ 18—2012 钢筋焊接及验收规程[S].北京：中国建筑工业出版社,2012.

[40] 中华人民共和国建材行业标准 JC/T 479—2013 建筑生石灰[S].北京:中国建材工业出版社,2013.
[41] 中华人民共和国行业标准 JGJ 63—2006 混凝土用水标准[S].北京:中国建筑工业出版社,2006.
[42] 中华人民共和国行业标准 JGJ/T 70—2009 建筑砂浆基本性能试验方法标准[S].北京:中国建筑工业出版社,2009.